HISTÓRIA DA LITERATURA OCIDENTAL SEM AS PARTES CHATAS

SANDRA NEWMAN

HISTÓRIA DA LITERATURA OCIDENTAL SEM AS PARTES CHATAS

Um Guia Irreverente para Ler os Clássicos Sem Medo

Tradução
ANA TIEMI MISSATO CIPOLLA
MARCELO BRANDÃO CIPOLLA

Editora Cultrix
SÃO PAULO

Título original: *The Western Lit Survival Kit.*
Copyright © 2012 Sandra Newman.
Copyright da edição brasileira © 2014 Editora Pensamento-Cultrix Ltda.

Publicado pela primeira vez na Grã-Bretanha pela Penguin Books LTD.

Texto de acordo com as novas regras ortográficas da língua portuguesa.

1ª edição 2014.

Todos os direitos reservados. Nenhuma parte desta obra pode ser reproduzida ou usada de qualquer forma ou por qualquer meio, eletrônico ou mecânico, inclusive fotocópias, gravações ou sistema de armazenamento em banco de dados, sem permissão por escrito, exceto nos casos de trechos curtos citados em resenhas críticas ou artigos de revistas.

A Editora Cultrix não se responsabiliza por eventuais mudanças ocorridas nos endereços convencionais ou eletrônicos citados neste livro.

Editor: Adilson Silva Ramachandra
Editora de texto: Denise de C. Rocha Delela
Coordenação editorial: Roseli de S. Ferraz
Produção editorial: Indiara Faria Kayo
Editoração eletrônica: Join Bureau
Revisão: Nilza Agua e Vivian Miwa Matsushita

CIP-Brasil Catalogação na Publicação
Sindicato Nacional dos Editores de Livros, RJ

N461h

    Newman, Sandra, 1965-
       História da literatura ocidental sem as partes chatas : um guia irreverente para ler os clássicos sem medo / Sandra Newman ; tradução Ana Tiemi Missato Cipolla e Marcelo Brandão Cipolla. 1. ed. – São Paulo : Cultrix, 2014.
       400 p. : il. ; 23 cm.

       Tradução de: The western lit survival kit.
       ISBN 978-85-316-1274-9

       1. Bibliografia – Livros selecionados. 2. Literatura. 3. Crítica. I. Título.

14-10642   CDD-011.73
                                                                 CDU: 011

Direitos de tradução para o Brasil adquiridos com exclusividade pela
EDITORA PENSAMENTO-CULTRIX LTDA., que se reserva a
propriedade literária desta tradução.
Rua Dr. Mário Vicente, 368 – 04270-000 – São Paulo, SP
Fone: (11) 2066-9000 – Fax: (11) 2066-9008
http://www.editoracultrix.com.br
E-mail: atendimento@editoracultrix.com.br
Foi feito o depósito legal.

SUMÁRIO

AGRADECIMENTOS 7

INTRODUÇÃO 9

CAPÍTULO 1
A Grécia: Berço da Civilização Grega................................. 13

CAPÍTULO 2
Roma: Quando o Mundo Era Governado pelos Italianos ... 33

CAPÍTULO 3
A Idade Média e Certos Pontos Intermediários 50

CAPÍTULO 4
A Renascença: De Volta para o Futuro 73

CAPÍTULO 5
William Shakespeare, o Único a Ganhar um Capítulo
só para Ele 96

CAPÍTULO 6
Chegam os Puritanos: Chuva no Desfile 125

CAPÍTULO 7
A França e a Inglaterra no Século XVII:
O Fundo do Poço 142

CAPÍTULO 8
A Era da Razão ou: Quando as Pessoas Tomaram Juízo
e Começaram a Acreditar no que Nós Acreditamos 159

CAPÍTULO 9
Os Românticos: O Autor como Herói (do Próprio Autor) ... 191

CAPÍTULO 10
Os Estados Unidos Passam a Existir 226

CAPÍTULO 11
Belo Realismo: O Novo Romance 253

CAPÍTULO 12
Realismo Incômodo: Franceses e Russos se Unem
para Deprimir a Humanidade 290

CAPÍTULO 13
O Confuso Século XX: Ainda Bem que Acabou 323

CAPÍTULO 14
Conclusão: Além da Literatura Ocidental 386

Linha do Tempo: Grandes Momentos na História da
Literatura Ocidental 389

Linha do Tempo: A Vida dos Grandes Escritores 394

AGRADECIMENTOS

Este livro talvez nunca tivesse sido escrito se não fosse pelo meu ex-parceiro de redação e ex-companheiro de quarto Howard Mittelmark, que sugeriu o projeto e me ajudou a lhe dar forma desde o início. Sou grata por todos os seus comentários e contribuições, particularmente nos capítulos dedicados à literatura medieval e à literatura norte-americana. Mesmo assim, todos os erros foram meus. (Exceto um! Se você conseguir descobrir qual erro foi de Howard, me mande sua resposta. Se ganhar, você vai receber uma edição limitada, encadernada em couro, da coletânea dos nossos melhores erros.)

INTRODUÇÃO

Na década de 1920, educadores como Mortimer Adler criaram o programa *Great Books* [Grandes Livros], e selos como o Everyman's Library disponibilizaram aos leitores de língua inglesa os livros clássicos a preços acessíveis. Foi uma cruzada ambiciosa cujo objetivo era levar a literatura ao povo, mas ela só conseguiu fazer uma coisa: a partir de então, todo mundo – e não somente os formandos em Língua e Literatura Inglesa – teve de se sentir culpado por não ter lido os Grandes Livros. Enquanto isso, a educação universal deu aos jovens a oportunidade de associar a literatura ao sofrimento já nos primeiros anos do ginásio. Na época em que entravam na faculdade, eles já sabiam que o romance *Irmã Carrie*, de Theodore Dreiser, era impenetrável, opaco e tedioso, e que a língua que Shakespeare falava – fosse ela qual fosse – não era, com certeza, o inglês. Maculada por essas associações, a literatura passou a ter a mesma popularidade dos estudos bíblicos.

Pouco tempo atrás, as editoras passaram a alimentar os leitores com papinha de nenê (*Ulisses para Idiotas – Edição Extra para Imbecis*), tentaram meter-lhes medo (*1001 Livros para Ler, Senão Você Vai Morrer!!!!*) e chegaram às raias do absurdo (*Como Proust Pode Mudar a Renda de Alain de Botton*). Até as pessoas que não querem ler os Grandes Livros vão ler *sobre* os Grandes Livros. Na verdade, ler sobre os Grandes Livros é agora um ato de devoção, como se matricular na academia e não frequentá-la ou separar o lixo reciclável antes de ir dar uma volta com seu utilitário leve movido a gasolina.

Nisso tudo, só tem uma coisa de errado. A literatura dá prazer. Ela tem de satisfazer as emoções, provocar o intelecto e ser, simplesmente, divertida. Se não for, não há por que se sentir mal de não lê-la.

Este livro trata a literatura ocidental como um parque de diversões. É um guia para os diversos brinquedos; sugere quais são apropriados para todas as idades, quais serão considerados insuportavelmente tediosos por todas as idades e quais talvez exijam bastante de você, mas lhe darão em troca uma experiência que você não vai encontrar em nenhum outro lugar.

Para os leitores que já ingeriram um bocado generoso dos Grandes Livros, esta obra oferecerá uma perspectiva unificadora, novas ideias e piadas de mau gosto à custa dos autores dos quais você mais gosta e menos gosta. Para o leitor que está abordando a literatura ocidental pela primeira vez (ou pela segunda vez, depois de ter sido escaldado na escola), este livro o ajudará a julgar quais autores realmente vale a pena tentar ler.

Atribuí notas de um a dez a todas as obras nos quesitos Importância, Acessibilidade e Diversão. Tentei tornar as notas o mais objetivas possível – o que significa que são avaliações subjetivas, minhas, daquilo que o leitor médio vai sentir. É possível que você tenha lido Joyce numa sentada ou que tenha rido às gargalhadas com *A Letra Escarlate*. Por favor, não se aborreça ao verificar uma ou outra anomalia. Ao contrário, fique contente de saber que, nesse ponto pelo menos, você não é um leitor médio.

Observação: "Diversão" não é o mesmo que "Qualidade". *Paraíso Perdido* é reconhecidamente uma obra de gênio, mas é tão divertida quanto ficar trancado dentro de um freezer. No quesito Diversão, tentei incorporar várias fontes possíveis de divertimento, como a graça da poesia ou aquela qualidade da ficção que nos mantém virando as páginas uma após a outra. Porém, tudo isso se reduz à avaliação da qualidade de entretenimento de uma obra – e não a saber se ela é, ou não, uma obra-prima imortal.

Neste livro, "literatura ocidental" é aquilo que tradicionalmente se aprende quando se vai estudar literatura na faculdade. Este livro não pretende retificar os desequilíbrios nem redefinir o cânone. Vai se concentrar naquelas obras consideradas importantes nos países de língua inglesa, deixando de lado Büchner, Mickiewicz e todos os escritores albaneses sem pestanejar, ou mesmo sem sequer tê-los conhecido.

Esta autora, como quase todas as pessoas, estaria mais contente se a literatura ocidental não fosse tão dominada por escritores brancos do sexo masculino. Mas, como acontece com a maioria das pessoas, não há nada que eu possa fazer para mudar isso, exceto tentar não me incomodar e, depois, ir beber alguma coisa. *C'est la vie*, e esta, como todos sabem, não é um mar de rosas. Se fosse, somente os homens brancos teriam aproveitado o perfume dessas rosas nos séculos passados, enquanto o resto de nós teria se afogado no mar. Mesmo assim, quando estavam inspirados pelo perfume dessas rosas, esses branquelos escreveram uns livros muito bons!

CAPÍTULO 1

A GRÉCIA: BERÇO DA CIVILIZAÇÃO GREGA

O termo "literatura clássica" se refere às obras dos antigos gregos e romanos, escritas na antiguidade clássica – entre cerca de 900 a.C. e 400 d.C. Toda a literatura ocidental se origina, em última análise, desses gregos e romanos, embora às vezes tenha pego um desvio até os ingleses e uma garrafa de uísque. Durante séculos, o aprendizado do grego e do latim era considerado a base de toda boa educação. Muitos escritores que vamos apresentar nas páginas deste livro já conheciam essas línguas mortas aos 5 anos de idade. Agora eles mesmos estão mortos. Será que valeu a pena? Não sabemos.

Hoje em dia, as pessoas só leem as mais importantes entre as obras gregas e latinas, e quase ninguém as lê na língua original. Recomendamos enfaticamente que você leia essas obras – em português. Não é difícil, e você vai começar a parecer inteligente e sabido. Muito embora outra pessoa tenha se empenhado na tarefa dificílima de traduzir do grego, você é quem vai levar o crédito. Mas não cometa o erro de aprender grego, pois isso o levará além do grau de "sabichão" e o introduzirá na categoria de "perturbadora presença assexuada".

Grécia: Os Fundamentos

Na Grécia antiga, os materiais que hoje serviriam de base para um romance ou um roteiro de cinema eram sempre expressos na forma de poesia. Na verdade, os discursos políticos eram escritos em

O CLÁSSICO INSTANTÂNEO

Observação: enquanto "literatura clássica" se refere às obras da antiguidade grega e romana, "os clássicos da literatura" são todas aquelas obras que vale a pena estudar, mesmo que tenham sido escritas por porto-riquenhos na década de 1970. Não confunda a "literatura clássica" com "os clássicos da literatura" – e tome especial cuidado para não confundir nem a primeira nem os segundos com o "clássico instantâneo".

O "clássico instantâneo" é uma expressão sem sentido que só aparece nas citações impressas na contracapa dos livros. O que ela significa na realidade? Em geral, infelizmente, significa que a pessoa citada ganha dinheiro das editoras para fazer esse tipo de elogio. Ou, então, que ele é o namorado da autora.

poesia, a filosofia era escrita em poesia e até a cobertura de esportes era escrita em poesia. Gostaria de poder dizer a vocês que a poesia era escrita em prosa, mas, infelizmente, também ela era escrita em poesia.

Outra diferença: naquele tempo, as poesias não eram recitadas, mas sempre cantadas. Uma poetisa, como Safo, compunha músicas para suas obras e cantava-as em público. Homero também era cantor e compositor. A lira era o violão da época. É essa a origem do termo "poesia lírica" – poesia cantada ao som da lira. Certas músicas eram interpretadas por grupos de belos meninos e meninas, que dançavam enquanto cantavam – mais ou menos como as Pussycat Dolls hoje em dia. Na época, isso não era considerado brega. Parece que até os deuses o apreciavam.

Mesmo depois que os gregos aprenderam a ler e escrever, eles continuaram preferindo ouvir os cantores a ler poesia – como nós, aliás!

> **QUER PARECER INTELIGENTE?**
>
> Em qualquer conversa sobre literatura clássica, é sinal de inteligência exclamar, com um sorriso significativo: "Bem, a homossexualidade era considerada normal na Grécia antiga!". Como todos já sabem disso, é crucial que se fale rapidamente antes que outra pessoa o faça. Se alguém falar primeiro, pisque e diga: "Em Roma, faça como os romanos...".

HOMERO (TALVEZ SÉCULO VIII A.C.)

Quem foi Homero?

Homero, se existiu, era provavelmente um menestrel itinerante, que trocava uma noite de entretenimento por comida, cama e gorjetas. Na verdade, alguns estudiosos especulam que a segunda metade da *Odisseia* é tão longa porque Homero teria encontrado um anfitrião cujo cozinheiro era muito bom e quis garantir mais alguns dias de hospitalidade.

Um fato interessante sobre Homero, o maior escritor da antiguidade, é que ele provavelmente não sabia ler nem escrever. Ninguém teria notado isso, porém, pois mais ninguém sabia. Mais importante que saber se Homero era alfabetizado é saber se ele realmente existiu. Hoje em dia muitos duvidam de que tenha existido um homem chamado Homero que compôs sozinho a *Ilíada* e a *Odisseia*.

As principais teorias são:

- Inúmeros poetas cantaram versões dessas histórias, que foram sendo copiadas e modificadas ao longo das gerações. Visto que os poemas eram longos demais para serem memorizados, parte do material era inventada na hora. Os poemas que temos resultam da compilação do texto no momento em que os gregos começaram a pôr as coisas por escrito. "Homero" seria um nome tradicionalmente associado às canções; mas,

mesmo que tenha existido, estas mudaram ainda muitas vezes depois que ele morreu.
- A *Ilíada* e a *Odisseia* foram escritas por duas pessoas diferentes, que provavelmente se conheciam bem: mestre e discípulo, pai e filho ou dois caubóis secretamente apaixonados.
- Homero era uma mulher. Essa teoria foi proposta por Samuel Butler, autor de *The Way of All Flesh* [O Destino da Carne]. O número de pessoas que acredita nisso é menor ainda do que o que leu *The Way of All Flesh*.
- O principal, porém, é que Homero era cego. Os antigos gregos acreditavam nisso e essa tese é plausível, pois a cegueira é comum entre os bardos nas tradições orais do mundo inteiro. Como um cego não servia para ser agricultor, caçador ou pastor, ele se tornava músico. Essa tradição se perpetua em grandes nomes do blues, como Blind Lemon Jefferson, Blind Willie McTell, Gropes Joe Washhouse e Al "Needs Glasses to Read" [Precisa de Óculos para Ler] Possombone.
- Homero era o clone de Homero, enviado de volta no tempo para impedir a guerra galáctica com as legiões bacteroides em 2045. Ninguém aventou essa hipótese, mas isso não impede que ela seja verdadeira.

A *Ilíada*

Na Grécia antiga, a poesia era considerada resultado da inspiração de uma das nove "Musas", que eram as deusas das artes. Assim, a *Ilíada* começa com uma invocação: "Canta, ó Musa, a fúria de Aquiles". Esse verso é de longe o mais famoso do livro, pois a maioria dos leitores não passa daí. Portanto, "Canta, ó Musa, a fúria de Aquiles" é uma boa citação a ser despejada quando a conversa se voltar para a *Ilíada*. (E vai se voltar. Esteja preparado.)

Ao recitar a citação, faça uma cara sonhadora, como se estivesse se lembrando de ter passado muitas horas sob um caramanchão inebriando-se com esses versos celestiais.

O SUFIXO –ADA

O sufixo -ada, às vezes -ida, significa "a respeito de, referente a". "Ili-" é uma forma abreviada de Ílion ou Ílio, a cidade de Troia, que no poema é cercada e atacada. Ainda vamos conhecer a *Enei(a)da* de Virgílio (um poema sobre o herói Eneias) e a *Dunciada* de Alexander Pope (sobre seus rivais na literatura). Em *The Sotweed Factor*, de John Barth, o herói está escrevendo a *Marylandiad* [Marylandíada], sobre o estado norte-americano de Maryland. Eu poderia citar mais milhões de exemplos como esse se conseguisse me lembrar de mais algum.

Antes de a história começar, Helena de Troia abandonou seu marido Menelau para fugir com um pedaço de mau caminho chamado Páris. Por isso, toda a frota grega cerca Troia por dez anos – o maior esforço de assédio por ciúmes já registrado na história.

Naquela época, quando a civilização ainda não passava de um sonho ruim, os exércitos vencedores tomavam todas as mulheres da nação vencida como escravas para propósitos sexuais e/ou de trabalho, mais ou menos como os franceses fazem hoje em dia. Essa escravização em massa também enlouquecia os soldados vencidos antes de eles serem trucidados. (Uma observação geral: todos os heróis de Homero eram analfabetos que consideravam normais o estupro e o genocídio. Gerações de meninos europeus foram criados lendo Homero. Repito: é só uma observação.) Depois de capturadas, as meninas escravizadas eram distribuídas. A melhor ia para o cabeça do exército, a segunda melhor para o pescoço e assim por diante. Os soldados rasos recebiam meninas que se pareciam com Mickey Rourke depois da plástica, roncavam e não conseguiam cantar sem desafinar.

Quando a história começa, Agamenon, maior rei entre os gregos, está diante de um problema. Sua nova escrava Criseida, a melhor de todas, é filha de Crises, sacerdote do deus Apolo. Este, ofendido, está matando os gregos a rodo. Criseida tem de ser mandada para casa a fim de aplacar a ira de Apolo. O rei Agamenon esbraveja e comunica a seu melhor guerreiro, Aquiles, que vai tomar a escrava deste, chamada Briseida, para substituir Criseida.

Aquiles esbraveja ainda mais e diz que, se assim for, ele não vai mais lutar. E que os gregos não venham chorar perto dele, pois sem Aquiles o exército grego não passa de um bando de fracos que não conseguem fazer quase nada.

"Que se dane", diz Agamenon.

Aquiles, furioso, se recolhe em sua tenda, começa a chorar e conta a triste história a sua mãe, uma ninfa do mar chamada Tétis.

Ela responde: "Meu Deus, por que fui ter filhos?".

Aquiles lhe diz: "Vá pedir a Zeus que puna todo o exército grego até que eles me implorem para voltar". (Nota: como grupo, os heróis de Homero tinham a maturidade emocional de crianças da terceira série.)

Para encurtar uma longa história, Tétis faz exatamente isso e Zeus a atende porque ela é uma das pessoas de que ele mais gosta, embora, como ele diz, "Minha esposa vá me matar por causa disso".

Ao longo de muitas páginas – muitas mesmo –, Zeus pune todo o exército grego com intermináveis derrotas apesar de sua superioridade numérica e de armamentos, e continua, de maneira hipócrita, aceitando os sacrifícios desse povo enquanto ri dele pelas costas. (Ei! Não foi isso que aconteceu no Vietnã? Muito suspeito!)

Em geral, a *Ilíada* consiste numa longa sucessão de combates. Numa cena típica, o herói fura com a lança o olho de seu oponente moribundo e eleva a arma aos céus, fazendo um discurso que se resume a "Ha, ha! Tome esta!". Jorra o sangue, espalham-se os intestinos, voam miolos e o vencedor se gaba como um vilão icônico dos filmes de James Bond. A *Ilíada* devia combinar as alegrias de um filme de ação com as de um filme de terror. Para alguns leitores, ela ainda faz isso. Outros, porém, têm a estranha sensação de estar lendo infinitas vezes o mesmo parágrafo.

Um *spoiler*: um pouco antes do fim, o príncipe troiano Heitor já matou sozinho a maioria dos gregos, enquanto Aquiles está sentado de braços cruzados em sua tenda. Mas quando Pátroclo, o melhor amigo de Aquiles, é morto, o herói dos gregos finalmente sai e mata Heitor. O último terço do livro consiste basicamente em funerais e choradeiras e inclui longas descrições das competições atléticas que tradicionalmente faziam parte dos ritos funerários gregos. Essa era a parte da *Ilíada* de que os gregos mais gostavam e correspondia mais ou menos ao moderno caderno de esportes do jornal.

UM HOMERO DE MUITOS ADJETIVOS

Não se pode folhear uma introdução à *Ilíada* ou à *Odisseia* sem encontrar uma explicação dos epítetos.

Os epítetos são pequenas descrições acrescentadas ao nome de um personagem, antes ou depois dele, como em "Atena dos olhos cinzentos" ou "Diomedes, o domador de cavalos". É provável que originalmente eles servissem para ser encaixados de última hora no texto, de modo a completar o número de sílabas necessárias em cada verso. Alguns epítetos são particulares a uma pessoa ou deus, como "Zeus da Égide" ou "risonha Afrodite". Alguns são mais genéricos, e alguns são tão universais que praticamente significam "Sr." ou "Sra.". Quase todo homem pode ser um "famoso lanceiro" ou ter um "retumbante grito de guerra", por exemplo, enquanto todas as mulheres gregas, sem exceção, pareciam ter "cabelos adoráveis". Os cantores da época de Homero podiam preencher um verso com um desses epítetos sempre que fosse necessário – do mesmo modo que os políticos de hoje usam frases sem sentido como "companheiras e companheiros", "em nosso grande país" e "não aumentarei os impostos".

A *Odisseia*

No começo da *Odisseia*, a Guerra de Troia finalmente terminou e todos os heróis, com suas lanças e gritos retumbantes de guerra, partiram para casa. Mas, dez anos depois, Odisseu ainda não conseguiu voltar de Troia para sua terra natal, Ítaca. Não sem razão, os itaquenses haviam concluído que ele estava morto. A casa de Odisseu estava ocupada por mais de uma centena de homens que queriam se casar com sua esposa, Penélope, e tornar-se reis em seu lugar.

Por razões jamais explicadas, Penélope alimenta e acolhe esses mais de cem homens durante anos em vez de dizer "Obrigada, mas não vou me casar com vocês". Também não está claro o porquê de o casamento com Penélope transformar alguém em rei, uma vez que não é assim que a sucessão real funciona em nenhuma outra obra atribuída a Homero nem na história da Grécia em geral. Alguns estudiosos afirmaram que esse detalhe do enredo é resquício de uma sociedade matriarcal anterior. Ou isso ou o equivalente, no século VIII a.C., da premissa maluca de uma série humorística de TV.

Outro aspecto da literatura grega que não parece convincente nos dias de hoje é o modo como os deuses se intrometiam constantemente nos assuntos humanos. Eles não se intrometiam com uma finalidade mais elevada, como a de recompensar os justos e castigar os malfeitores, como seria de esperar. Geralmente o faziam por razões mesquinhas, como vaidade ou ciúme, ou para atender à solicitação de algum queridinho. Muitas vezes essa intromissão se dava ao tomarem a forma de um vizinho que repentinamente chegava cheio de "bons" conselhos. Zeus tinha a má fama de tomar a forma de praticamente qualquer coisa para fazer com que as garotas dormissem com ele – um touro, um cisne, uma chuva de ouro. Aparentemente nunca lhe ocorreu que talvez as garotas gostassem de dormir com alguém que se parecesse com um deus grego.

Em linhas gerais, metade da *Odisseia* conta a história da viagem de Odisseu (Ulisses) para casa, durante a qual todos os seus homens são mortos. A outra metade conta como ele mata todos os pretendentes em sua casa com a ajuda de seu filho adolescente, Telêmaco. Cada passo seu é acompanhado pela deusa Atena, que lhe diz o que fazer, mata seus inimigos, numa hora o torna invisível e em outra irresistivelmente lindo. Parece que os deuses gregos não tinham mais o que fazer.

Ainda que a *Odisseia* seja mais empolgante que a *Ilíada*, leva algum tempo para deslanchar. Homero esquenta a história quando solta Telêmaco no mundo para procurar pelo pai, mas o ponto alto da narrativa desse episódio acontece quando ele encontra algumas pessoas e janta com elas.

Dos livros 5 ao 12, Odisseu está na corte do rei Alcínoo, onde relata todas as suas aventuras até ali. Essas são as histórias de que todo mundo já ouviu falar, mesmo que não saiba de onde elas vêm. Incontáveis filmes e livros já as relataram, pois continuam sendo histórias muito boas, e também porque os escritores dos filmes e livros querem que todos saibam que eles leram a *Odisseia*.

Talvez a mais conhecida seja a história das Sereias. Em seu caminho de volta, Odisseu precisa navegar próximo às Sereias, cujo lindo canto atrai os homens e os faz naufragar no litoral rochoso e traiçoeiro. Odisseu é esperto demais para cair nessa e manda seus homens tamparem os ouvidos com cera. No entanto, ele próprio quer ouvir as Sereias, e manda os homens amarrarem-no ao mastro e deixarem seus ouvidos destampados. Essa foi a primeira ocorrência na história de uma pessoa que se embriaga e pede que as outras dirijam.

Odisseu tem também um desentendimento com um Ciclope; há um episódio em que Circe, uma bruxa, transforma seus homens em porcos; e uma viagem para o Mundo Inferior, onde ele conversa com vários heróis mortos. Nesse meio-tempo, todos os seus homens morrem brutalmente, enquanto o pobre Odisseu – coitadinho dele – é forçado a dormir com lindas mulheres. Já podemos adivinhar com qual personagem Homero se identificava.

Isso se torna ainda mais claro na segunda metade da *Odisseia*, na qual Odisseu chega em casa e a encontra tomada pelos selvagens pretendentes. Atena, sem motivo nenhum, o disfarça como um velho andarilho, e ele passa nove livros (que nas obras clássicas correspondem a capítulos) vagando pela corte mendigando restos de comida e sendo tratado como lixo pelos aristocratas. Estranhamente, é por esse tipo de situação que o próprio Homero devia estar passando enquanto compunha o poema!

A história acaba quando Odisseu, com a ajuda de Atena e de seu filho, mata os mais de cem vilões. Essa cena acontece exatamente como seria em um filme de ação de Hollywood. Os vilões têm uma mira surpreendentemente ruim e os mocinhos nunca erram, mesmo enquanto realizam façanhas sobre-humanas com habilidades acrobáticas e fazem pequenos comentários mordazes. Em Homero, no entanto, tudo isso acontece pelo puro e simples motivo de que um dos mocinhos é uma deusa todo-poderosa.

Odisseu em latim é Ulisses.

	Importância	Acessibilidade	Diversão
Ilíada	8	3	6
Odisseia	10	5	7

HESÍODO (SÉCULO VII A.C., PROVAVELMENTE)

Os gregos tradicionalmente achavam que Homero e Hesíodo eram contemporâneos. Na realidade, Hesíodo provavelmente viveu um pouco depois de Homero. Só o que sabemos com certeza é que os dois viveram antes de as pessoas começarem a saber exatamente quando as pessoas viveram. Entre os apreciadores de literatura grega, essa época se chama Era Épica.

Ainda que boa parte da poesia de Hesíodo seja sobre mitologia, ao contrário de Homero, ele sempre volta para o presente e fala sobre si mesmo. Além disso, enquanto Homero é o poeta dos aristocratas, Hesíodo é o poeta das classes trabalhadoras. A diferença final entre os dois é que você não tem que ler Hesíodo.

O que você precisa saber sobre Hesíodo

1. Pronuncia-se "E-zí-o-do", com acento tônico no "zí". Ou como você preferir.
2. Escreveu a *Teogonia*, sobre a origem dos deuses.
3. Também escreveu *Os Trabalhos e os Dias*, um longo almanaque de poemas com ditos sábios e conselhos aleatórios sobre

agricultura: quando arar, que madeira usar para o arado, como distinguir os bons e os maus funcionários. *Os Trabalhos e os Dias* é dedicado ao irmão de Hesíodo, Perses, não porque Hesíodo gostasse de Perses, mas porque Perses roubou toda a herança da família subornando funcionários corruptos e Hesíodo nunca se conformou com isso. *Os Trabalhos e os Dias* inclui, assim, um monte de baixarias sobre Perses e os funcionários envolvidos. "Seu grande idiota" é um dos epítetos típicos que Hesíodo usa para se dirigir a Perses.
4. Foi o único poeta grego conhecido da época de Homero que não escreveu as obras de Homero.
5. Para um grego antigo, era muito divertido – e muito, muito mais curto que Homero.

	Importância	Acessibilidade	Diversão
Teogonia	3	6	6
Os Trabalhos e os Dias	3	6	7

A ERA LÍRICA

Como foi dito acima, a época de Homero e Hesíodo é conhecida como Era Épica, ou "Não temos certeza de quando foi isso". É seguida na literatura grega pela Era Lírica, que compreende os séculos VII e VI a.C. (Lembre-se de que esses são séculos em sentido contrário: o século VIII veio antes do VII e o VII, antes do VI. Naquela época, as plantas entravam de novo na terra, a chuva chovia para cima e as pessoas iam ficando mais novas enquanto liam a *Ilíada*.)

De todos os poetas líricos gregos, a que você mais precisa conhecer é a poetisa Safo (fim do século VII e começo do século VI a.C.). Numa época em que as mulheres ainda eram dadas e recebidas como presentes de aniversário, a posição de Safo não tinha precedentes. Havia outras poetisas na época, mas nenhuma tão importante.

Safo é importante não somente como uma grande poetisa, mas como a lésbica original de Lesbos. A história nos diz que ela tinha marido, mas, pelos poemas que ainda existem, ele não lhe parece ter causado uma impressão muito forte. Do começo ao fim, Safo morre de amores por alguma garota.

Conhecemos somente um poema completo de Safo. O resto chegou a nós em papiros que apodreceram, deixando somente frases aqui e ali; ou através de pequenas citações em livros de outros autores gregos. Toda a poesia do período lírico tem um tom mais pessoal do que o da poesia de Homero, mas Safo é um caso extremo; quase todos os versos que ela escrevia são claramente poesias de amor. Até mesmo os fragmentos compostos de uma única palavra tendem a ser coisas como "pele".

Os outros poetas da Era Lírica já não são muito lidos, pois a maior parte de seus trabalhos está perdida e não há muito para se ler. Uma exceção é Píndaro (fim do século VI a meados do século V). Píndaro escrevia todos os tipos de poesia, mas, por mero acaso, todas as que ainda existem são canções que ele compôs para celebrar as vitórias de atletas em eventos de esportes de estilo olímpico. Nesses jogos, a família dos atletas encomendava uma ode à vitória, que era cantada e dançada por um coral de jovens garotos da cidade natal do atleta; líderes de torcida, basicamente. Ainda que as odes de Píndaro sejam aclamações glorificadas, são consideradas alguns dos mais belos poemas de qualquer língua. Na tradução para o inglês, no entanto, é impossível ver por quê.

	Importância	Acessibilidade	Diversão
Safo	9	7	7
Píndaro	4	2	1

Tragédia Grega Antiga: Os Fundamentos

Ao contrário dos dramas contemporâneos, as tragédias gregas falam sobre o sofrimento, não sobre uma história. Assim, em boa parte delas os personagens ficam resmungando e choramingando sobre seus problemas em vez de fazer alguma coisa para entreter o público. É como namorar um escritor.

Em Atenas, as peças só eram representadas em grandes festivais religiosos em honra a Dionísio, deus do teatro. Como em muitas ocasiões religiosas gregas, esses festivais eram competições. A cada dia era representada uma trilogia de tragédias seguida por uma comédia "satírica" de baixo calão, todas do mesmo autor.

Os atores eram todos homens e usavam máscaras durante a peça. Havia um coral que dançava e cantava. (Em nossos termos, todas as tragédias gregas seriam musicais.) Geralmente, o coro fazia o papel de uma espécie de "voz do povo"; era formado por cantores e dançarinos que comentavam a ação. Nas peças satíricas, os membros do coro se vestiam de sátiros, ostentavam grandes falos e faziam piadas sujas e imaturas. Em um fragmento que restou, o herói Perseu, quando criança, masturba um sátiro. Hoje em dia, as tragédias gregas são geralmente representadas sem música, sem dança e sem falos amarrados nos membros do coro, de modo que se tornam "muito longas" (como dizem os especialistas). Se você tiver a chance de assistir a uma tragédia grega, não deixe de ir, mas leve um livro para ler.

Ainda que houvesse muitos dramaturgos gregos, somente três escreveram tragédias que chegaram a nós: Ésquilo (525–456 a.C.), Sófocles (496–406 a.C.) e Eurípedes (480–406 a.C.). Esses três grandes autores eram todos contemporâneos; Ésquilo era aproximadamente trinta anos mais velho que Sófocles e quarenta anos mais velho que Eurípedes. Ésquilo é conhecido por ser justo e piedoso. (É claro que, na Grécia, a piedade incluía o genocídio e o uso de escravas sexuais, de modo que isso não significa muito.) Sófocles era conhecido pela modéstia, pela obediência à lei e por ser um cara legal – assim como a maioria das pessoas. Antes de 1900, Eurípedes era conhecido por criar personagens femininas violentas e escandalosamente lascivas. Depois de 1900, Eurípedes ficou conhecido por seu realismo psicológico.

A seguir, daremos breves descrições das tragédias mais importantes que se deve conhecer.

PROMETEU ACORRENTADO
Ésquilo

As pessoas da época de Ésquilo acreditavam que, tão logo os deuses criaram a humanidade, perceberam que éramos um completo desastre. Zeus queria nos destruir e começar tudo de novo. Mas outro deus, Prometeu, se envolveu e ensinou à humanidade o uso do fogo, a agricultura etc. Devido à intromissão perniciosa de Prometeu, Zeus não pôde destruir os seres humanos. Isso foi muito frustrante, já que Zeus estava louco para acabar conosco.

Para aliviar sua frustração, Zeus acorrentou Prometeu a uma pedra, enfiou uma estaca em seu peito, enterrou-o por centenas de anos e então o trouxe à superfície, onde uma águia rasgava sua carne durante todo o dia e comia seu fígado. Por ser imortal, Prometeu estava numa encrenca e tanto.

Na versão de Ésquilo, Prometeu reclama de seu castigo, diz que é um cara muito legal, joga a culpa em todo mundo e se recusa a pedir desculpas, jurando que a vez de Zeus ainda vai chegar: "E então você vai ver!". Em uma cena longa e incoerente, provavelmente acrescentada para aumentar o número de páginas, Io aparece e começa a reclamar de ter sido transformada em vaca (é uma longa história). É provável que Io fosse originalmente representada por um homem com uma máscara, e não, para nossa decepção, por dois homens fantasiados de vaca.

A ORESTEIA
Ésquilo

A *Oresteia* é uma trilogia que compreende as peças *Agamenon*, *Coéforas* e *Euménides*.

Na primeira peça, o rei de Micenas, Agamenon, volta da guerra trazendo consigo uma nova escrava, Cassandra, uma das filhas do rei troiano. Sua esposa, Clitemnestra, está exultante, pois a volta do marido finalmente lhe dá a chance de matá-lo a facadas. Para completar, ela mata Cassandra e coloca os dois corpos em uma banheira enquanto reclama de Agamenon ter sacrificado sua filha Ifigênia para os deuses antes de partir para a guerra. "O canalha merecia cinco vezes mais! Tome mais esta" etc.

Na segunda peça, Orestes, o único filho homem de Agamenon e Clitemnestra, volta para casa e mata a mãe para vingar o pai. Na terceira, Orestes é castigado por seus atos, sendo levado à loucura pelas deusas da vingança chamadas Erínias, ou Fúrias pelos romanos. Por último, a deusa Atena se cansa de toda essa bagunça e se intromete novamente. Puf! Sem nenhum motivo, as Fúrias abandonam seu modo de vida vingativo e mudam seu nome para As Gentis.

DEUS EX MACHINA

Nos dramas gregos, as peças geralmente terminavam com um deus surgindo do nada para influenciar os acontecimentos e garantir um final feliz. O ator que representava o deus descia para o palco suspenso por uma máquina, um guindaste. Esse tipo de final é, por isso, chamado de *deus ex machina*, "deus saído da máquina". Todos os críticos, de Aristóteles em diante, deploram essa estupidez. Os escritores, de Ésquilo em diante, os ignoram sistematicamente, cientes de que as pessoas babam por efeitos especiais.

ÉDIPO REI/ÉDIPO EM COLONO/ANTÍGONA
Sófocles

Quando Édipo nasce, seus pais, Laio e Jocasta, rei e rainha de Tebas, são avisados por um oráculo de que o filho um dia mataria o pai. Já cansados da paternidade, eles entregam o bebê para um criado para que ele o mate.

Quem é capaz de dizer qual foi o erro deles?

O bebê estava ali, nas mãos deles! Por que não o mataram de uma vez? Não é tão complicado assim!

Mas não, eles não matam o bebê. Entregam-no a um criado, que obviamente o abandona em algum lugar e sai cantarolando. Obviamente, o bebê é resgatado por um pastor e dado para um casal nobre convenientemente sem filhos, que obviamente o criam como se fosse deles. Laio e Jocasta: não digam que eu não avisei!

Quando adulto, Édipo consulta um oráculo e fica sabendo que seu destino é matar o pai e dormir com a mãe. Aterrorizado, ele sai de casa e jura nunca mais voltar. Na estrada, encontra "você sabe quem". Édipo e Laio discutem pelo direito de passagem e, num ímpeto de raiva, Édipo mata o pai. Vai então a Tebas, onde liberta a cidade da maldição da Esfinge e é recompensado casando-se com a rainha Jocasta. Eles têm quatro filhos. Os anos passam.

Em meio a tanta felicidade, os deuses mandam uma praga para castigar os tebanos por não vingarem a morte de Laio. Édipo comanda uma caçada ao assassino.

Saboreie a ironia!

Para encurtar uma longa história, a certa altura Édipo descobre que ele mesmo é o assassino e que a coroa gostosa com quem ele vem dormindo todos esses anos é na verdade sua mãe. Jocasta se enforca e Édipo arranca os próprios olhos. Então vai para o exílio, deixando para trás seus dois filhos, Polinices e Etéocles, e suas filhas Antígona e Ismênia. Fim de *Édipo Rei*.

Na segunda peça, *Édipo em Colono*, o mendigo cego Édipo, guiado pela filha Antígona, agora adolescente, vai para os arredores de Atenas e senta-se em uma pedra. Durante todo o restante da peça, várias pessoas tentam fazer com que ele se levante dali. Sequestram seus filhos, uma guerra começa por conta disso e por aí afora, mas Édipo não arreda pé. Finalmente, morre de velho.

A terceira peça, *Antígona*, começa alguns anos depois. Os filhos adultos de Édipo lutaram numa guerra civil pela coroa de Tebas. Foi perda de tempo, pois os dois morreram. Agora é seu tio Creonte quem manda na cidade. Ele decide que Polinices, que liderou as forças rebeldes na guerra civil, não deve ser enterrado como mandava o costume. Em vez disso, seu cadáver será largado ao ar livre para ser comido pelos pássaros, pelos cães ou por quem quer que esteja com fome.

A irmã de Polinices, Antígona, se recusa a aceitar isso e enterra o irmão clandestinamente.

Creonte reage como os gregos habitualmente reagiam: manda emparedar Antígona viva em uma caverna. Infelizmente, seu filho Hemon, noivo de Antígona, se enterra na caverna junto com a amada. Depois de algum tempo sozinho com o coral, que o critica muito por isso (com muita música e dança, não se esqueça), Creonte desaba e admite que sua reação foi desproporcional. Volta para a caverna, mas encontra seu filho e Antígona mortos. Ao saber das notícias, sua esposa também se mata. Creonte se arrepende quando a peça termina. Que enredo feliz, não?

O COMPLEXO INDUSTRIAL-EDIPIANO

Sigmund Freud ficou famoso por dizer que todos os garotos querem dormir com a mãe e matar o pai. Ele chamou esse impulso de Complexo de Édipo, e inaugurou todo um setor da economia no qual as pessoas se deitam num divã e tentam fazer com que seus sonhos pareçam interessantes. Naquela era áurea da psicanálise, médicos eminentes tentavam curar esquizofrênicos conversando com eles. A melhor maneira de se salvar um casamento era levar o marido e a mulher a meditar sobre a época em que estavam aprendendo a usar o banheiro.

Nas gerações seguintes, as pessoas começaram a se perguntar por que os garotos nunca dormiam com a mãe, nunca tentavam dormir com a mãe e se sentiam enojados ao pensar nisso. Isso nos livrou do freudianismo, assim como dos males da psicanálise que o acompanhavam, dos horríveis filmes surrealistas e de toda essa turma que não se cansava de nos lembrar que a mamãe também tem uma vagina.

MEDEIA
Eurípides

O herói Jasão cumpriu muitos de seus feitos heroicos com a ajuda de sua esposa Medeia. Agora que Jasão é superpopular, o rei de Corinto lhe oferece em casamento sua filha Gláucia. Jasão abandona Medeia imediatamente, mesmo tendo dois filhos com ela. Isso é *muito* injusto. Aparentemente, ele se esqueceu de que Medeia é uma bruxa poderosa, neta do deus Sol e não tem o menor senso de humor. O que se segue serviu de inspiração para o filme *A Vingança de Jennifer*.

Primeiro, Medeia manda para Gláucia um manto e uma tiara envenenados. Gláucia morre de maneira terrível. O pai dela, que a abraça nesse momento, também morre envenenado. Como se isso não bastasse, Medeia ainda esfaqueia os próprios filhos. Pede ao avô, o Sol, que lhe mande uma carruagem alada para ser usada como veículo de fuga. A peça termina com uma longa cena na qual Medeia paira sobre o palco, com os corpos ensanguentados de seus filhos pendurados na carruagem, enquanto Jasão desperdiça sua fúria logo abaixo – antecipando as modernas brigas de casais pela guarda dos filhos.

Uma vez que boa parte da peça se desenrola com discursos repetitivos, essas mortes são surpreendentemente tediosas; é como olhar uma mancha de sangue e esperar que ela coagule.

	Importância	Acessibilidade	Diversão
Prometeu Acorrentado	5	4	4
Oresteia	8	3	7
Édipo Rei	9	6	7
Édipo em Colono	2	2	2
Antígona	6	6	5
Medeia	6	6	5

COMÉDIA ANTIGA ATENIENSE

Nos primórdios do drama grego, as peças satíricas que acompanhavam as trilogias de tragédias eram os únicos alívios cômicos. No tempo de Eurípides, porém, já havia comédias independentes. Elas incluíam as obscenidades e palhaçadas das peças satíricas, mas acrescentavam-lhes uma estrutura de sátira política.

No que nos diz respeito, Comédia Antiga = Aristófanes, uma vez que não chegaram a nós as obras de nenhum outro escritor. Aristófanes (446–386 a.C.) é uma mistura mortal de obscenidades, frases nojentas, sátiras políticas e homens apanhando com bastões. Em suas peças, o que esses ingredientes têm em comum é que eles não têm graça. Mesmo que Aristófanes às vezes seja surpreendentemente contemporâneo e esperto, ele sempre evita habilmente o humor. (Algumas pessoas dizem achar as obras de Aristófanes engraçadas. É melhor evitar essas pessoas. O que quer que elas aleguem, provavelmente são atores envolvidos em uma produção de Aristófanes.)

Ao contrário das tragédias e das peças satíricas, a Comédia Antiga tratava de acontecimentos cotidianos e zombava das celebridades da época. Como todos os cidadãos de destaque compareciam às apresentações teatrais (que, no fim das contas, eram festivais religiosos importantes), os satirizados estavam sentados entre o público. Um exemplo famoso foi a peça *As Nuvens*, de Aristófanes, que ridicularizava ferozmente os ensinamentos de Sócrates. Sócrates foi à peça. No fim, ele se levantou e acenou, sorrindo, para o público. Todos riram e aplaudiram-no calorosamente. Mais tarde, essas mesmas pessoas fizeram-no ingerir veneno.

A mais conhecida das peças de Aristófanes é *Lisístrata*, escrita no fim da Guerra do Peloponeso. Nela, as mulheres das nações em guerra se recusam a dormir com seus maridos até que estes façam a paz. Esse é o início da trama. Você provavelmente já ouviu falar dessa peça porque as companhias de teatro antiguerra continuamente apresentam versões atualizadas. Cada uma tenta aplicar um golpe publicitário, como ambientar a ação em Chicago na década de 1930, usar marionetes de teatro de sombras balineses ou incorporar filmagens de bonobos transando, tudo isso com a esperança de que ninguém perceba que a peça ainda não tem graça.

	Importância	Acessibilidade	Diversão
Lisístrata	6	5	4
As Nuvens	5	5	3
Os Sapos	4	5	4

COMÉDIA NOVA

A Comédia Antiga surgiu entre 480 e 440 a.C. Foi então substituída pela Comédia Média e finalmente pela Comédia Nova, que surgiu após a morte de Alexandre, o Grande, em 323 a.C., e continuou até os gregos pararem de fingir que riam das piadas. Não foram descobertas peças completas da Comédia Média, o que nos salva do trabalho de falar sobre elas. Muitas peças da Comédia Nova, no entanto, foram tragicamente preservadas.

Enquanto a Comédia Antiga, com suas sátiras políticas, muitas vezes se parece com um quadro ruim de *Saturday Night Live*, a Comédia Nova é mais semelhante a um péssimo seriado cômico. Não há conteúdo político; as piadas giram em torno de personagens como o Velho Raivoso e o Soldado Orgulhoso, que previsivelmente se envolvem em um mal-entendido sobre uma Garota. É tão engraçada quanto a Comédia Antiga – ou quanto uma porta.

Menandro (342–291 a.C.) é o mais famoso autor da Comédia Nova. Até há pouco tempo, tínhamos somente longos trechos de seu trabalho; não havia peças completas. As obras mais preservadas eram *O Rabugento*, *A Garota de Samos* e *A Quem Estamos Enganando, Você Nunca Lerá Nada Disto*. Recentemente foi descoberta uma peça completa de Menandro, chamada *Díscolo*. Ela está por aí – estamos lhe avisando. É só uma questão de tempo antes que alguém tente montar uma produção engraçada.

CAPÍTULO 2

ROMA: QUANDO O MUNDO ERA GOVERNADO PELOS ITALIANOS

A literatura romana saiu de moda. Houve época em que todas as pessoas cultas pontuavam suas conversas com frases em latim e eram capazes de descrever sem esforço todas as campanhas de Júlio César. No mundo moderno, isso se restringiu à vaga ideia de que *carpe diem* é a carpa do dia, a Opus Dei é o "dia do pus" e o *habeas corpus* era bom, quando ainda existia, pois significava que ninguém poderia ser preso depois de morto. Agora, se alguém nos acusa de fazer um *argumentum ad hominem*, podemos ridicularizá-lo chamando-o de elitista. Na verdade, a única coisa que as pessoas realmente sabem sobre Roma é que as garotas católicas são fáceis.

É hora de parar essa tendência. Todos estão dizendo: Roma era igual aos Estados Unidos e, por isso, sua literatura é mais pertinente do que nunca. É claro que existem algumas diferenças superficiais. Os romanos iam trabalhar fantasiados de fantasmas e tomavam decisões de Estado examinando as entranhas de vacas. Por outro lado, eles, como os americanos, levaram seu governo à falência com guerras no estrangeiro, nas quais mercenários lutavam enquanto os cidadãos moviam céus e terra para fugir do recrutamento militar obrigatório, dos impostos e dos sinais de envelhecimento. Os romanos compartilhavam da frivolidade básica dos americanos: não havia obscenidade que fosse baixa demais para eles e nenhuma reclamação era trivial demais. Amavam o sarcasmo, a fofoca e os atores. Na verdade, na Era de Prata, os romanos não eram somente americanos, mas nova-iorquinos.

Muitos escritores que vamos examinar adiante, de John Milton a James Joyce, citavam o latim livremente em suas obras e faziam referências improvisadas a generais romanos e aos primeiros padres cristãos. Os leitores contemporâneos lançam mão de várias estratégias para percorrer tais passagens: alguns leem as notas de rodapé, outros pulam as páginas com desgosto, outros ainda consultam a Wikipédia e um bom número afoga as mágoas numa boa cerveja. O mais fácil é tratar todas as citações em latim como se significassem que as garotas católicas são fáceis. Isso não é verdade, mas pode nos dar ânimo para percorrer as passagens mais áridas de *Paraíso Perdido*.

ROMA EM POUCAS PALAVRAS

Roma, como entidade política, existiu por mais de mil anos. Foi de reino a república, de república a império e de império a completa balbúrdia. Todas as grandes obras de literatura pertencem ao período imperial. Na verdade, a Era de Ouro da literatura romana é também conhecida como Era Augusta, por causa de César Augusto, que foi o primeiro imperador de Roma. Em seguida veio uma porção de tiranos loucos que gostavam de assar as pessoas dentro de touros gigantes de latão, de ser adorados como deuses e de ir à guerra contra a Líbia. Não se sabe como, uma Era de Prata acabou surgindo e avançou com dificuldades até ser barrada pelo muro de pedras do cristianismo.

O cristianismo romano produziu Santo Agostinho e então fechou os olhos, tampou o nariz e mergulhou na Era das Trevas. Logo o império estava em frangalhos; a guerra e a pilhagem se generalizaram. Se estudarmos essa série de eventos com olhar imparcial, a conclusão será inevitável: é isso que aguarda os Estados Unidos se o país começar a produzir bons livros. Lembre-se: aqueles que não entendem a História estão fadados a repeti-la. Eles, no entanto, não saberão que a estão repetindo, então pelo menos não vão perder a surpresa.

CATULO,
INVENTOR DA NAMORADA (84-54 a.c.)

Todos admitem que os antigos gregos eram escritores melhores que os romanos. Eram também filósofos melhores, cientistas melhores, historiadores melhores e pessoas mais legais. Mas uma coisa que os gregos desconheciam eram os relacionamentos. A ideia grega de um relacionamento maduro envolvia um garoto de 13 anos e a troca de dinheiro. Os poucos gregos que não gostavam disso (Platão, por exemplo) sugeriram que todos deveriam abdicar completamente do sexo, dar as mãos ao garoto de 13 anos e falar a respeito das suas teorias sobre a ética e a moral humanas. No geral, os gregos eram magníficos, mas agradeça por não ter se casado com um deles.

Então, é com grande alívio que chegamos à poesia de Catulo. Ele foi um pioneiro não somente porque sua poesia tinha uma forma nova, mas porque ele teve uma namorada por bastante tempo. Escreveu centenas de poemas sobre essa namorada, a quem aparentemente foi devotado durante toda a sua breve existência.

A dama em questão – uma tal de Clodia Metelli – é chamada de Lésbia nos poemas, em honra a Safo. Não pense errado: ela não era lésbica. Na verdade, para a decepção de Catulo, ela praticava sua heterossexualidade com a maior parte dos homens notáveis de seu tempo. Sua moral maculada foi ridicularizada publicamente em um famoso discurso de Cícero, "Pro Caelius". Embora o discurso seja engraçado de ler, parece que Cícero também dormiu com ela.

O exemplo de Catulo foi seguido por vários outros cantores de amor com namoradas decididas e geniosas – os mais notáveis são Propércio (namorada: Cíntia) e Tíbulo (namorada: Délia).

Tenha em mente: elas são namoradas, nunca esposas. Levam-se outros mil e quinhentos anos para que os poetas se casem com suas namoradas. Ainda é mais ou menos essa a quantidade de tempo que você terá de esperar antes que um poeta se case com você.

	Importância	Acessibilidade	Diversão
Catulo (poemas em várias edições)	7	7	6
Propércio	5	7	6
Tíbulo	3	7	5

VIRGÍLIO (70-19 A.C.)

Não há muito a se falar sobre a vida de Virgílio. Em parte porque não sabemos muito sobre ela, em parte porque nada aconteceu com ele. Aparentemente, ele passou a vida escrevendo livros em um quarto, sozinho. A tradição biográfica o descreve como tímido, doente e gay. Esses biógrafos, no entanto, podem simplesmente ter especulado com base no fato de que ele escrevia poesia.

Na Idade Média, as pessoas pensavam que Virgílio tinha o dom da profecia, baseadas na crença de que sua Quarta Écloga previu o nascimento de Cristo – pura fantasia. As poesias de Virgílio foram então usadas para prever o futuro. As pessoas faziam uma pergunta e escolhiam um verso de Virgílio ao acaso. Isso ajudou Virgílio a continuar tendo suas obras publicadas até quando os biscoitinhos da sorte chegaram ao Ocidente.

Virgílio voltou ao *hall* da fama ao se tornar um dos personagens principais da *Divina Comédia* de Dante. Agora podemos dar adeus a Virgílio com o coração leve, sabendo que o encontraremos novamente no inferno.

A POESIA COMO RELAÇÕES PÚBLICAS

Virgílio teve sua grande oportunidade quando foi escolhido por Mecenas, ministro da cultura que servia a César Augusto patrocinando poetas para glorificar seu reinado. Uma vez que Augusto era um ditador que acabou com a democracia romana de maneira violenta e impiedosa, essa prática era eticamente questionável. Mesmo assim, ninguém liga mais para isso. Os estudiosos enfocam muito mais o fato de Mecenas ter dado uma fazenda ao poeta Horácio.

Até há pouco tempo, os ricos patronos das artes eram às vezes chamados de Mecenas. Pretendia-se com isso fazer um elogio, ainda que na verdade não seja muito diferente de chamar alguém de Goebbels, chefe da propaganda do Partido Nazista. Por sorte, 99,99% dos patronos das artes não sabiam a que a alusão se referia, e o outro 00,01% era de gente parecida com Goebbels.

Bucólicas (ou *Éclogas*) de Virgílio

(O título dessa coleção de poemas pastorais tem várias traduções. Sinta-se à vontade para inventar um título que soe ainda mais como o nome de uma doença gástrica.)

A poesia pastoral, exemplificada pelas *Bucólicas* de Virgílio, se passa em um mundo onde os pastores cantam canções sobre seus amores, os deuses do bosque às vezes aparecem e cantam junto e ninguém tem que cuidar das ovelhas. Essa tradição começou com o poeta grego Teócrito, a quem esquecemos de mencionar no capítulo da Grécia Antiga porque, incrivelmente, lemos suas obras.

Durante séculos, o campo da poesia pastoral foi rico, amado e respeitado. Nas páginas deste livro, veremos muitos outros exemplos desse gênero. Hoje em dia, é impossível entender por que essas pessoas eram tão fascinadas por descrições de cabras em campos ensolarados ou pela competição de assobios entre o deus Pan e uma moita. Talvez a seleção natural tenha excluído os humanos que relacionavam ovelhas com romance.

Além da previsão (fantasiosa) do nascimento do Cristo na Bucólica nº 4, as *Bucólicas* são notáveis principalmente por popularizarem a Arcádia como o lugar onde todas as coisas pastorais aconteciam. Teócrito inaugurou a Arcádia como contexto poético, mas sua Arcádia era uma província grega propriamente dita, que não tinha nada de extraordinário. As *Bucólicas* de Virgílio inventaram uma versão fantasiosa da Arcádia, a qual impressionou as pessoas tão profundamente que hoje existem 21 Arcádias nos Estados Unidos, duas na Austrália e uma na Ucrânia, no Canadá, na África do Sul e em Marte.

As *Geórgicas*

Esse é um livro de conselhos sobre a agricultura, escrito em versos maravilhosos. Se você tiver um mínimo de sentimento pela natureza ou pela poesia, será tocado pelas descrições que as *Geórgicas* fazem da zona rural italiana, das estrelas, das vacas e dos deuses. Se for, por outro lado, surdo às glórias dos versos, as *Geórgicas* ainda serão o guia a se consultar sobre como arruinar uma fazenda.

Os conselhos de Virgílio variam entre o óbvio – "Plante na primavera!" – e o tolo. Encantador, ele acredita que as abelhas são governadas por um rei e que encontram suas crias nas folhas das árvores, pegam-nas na boca e levam-nas à colmeia. Quem quiser arranjar abelhas novas terá de fazer uma choupana e colocar dentro dela a carcaça podre de um bezerro. Logo as abelhas virão. Presumimos que Virgílio estava somente citando crenças populares sobre o mundo natural, assim como Ovídio quando menciona que as doninhas têm seus filhotes pela boca. (Você alguma vez já viu uma doninha dando à luz? Por que não acreditar em Ovídio?)

A *Eneida*

Essa é não somente a obra-prima de Virgílio, como também foi, por muito tempo, considerada a maior obra-prima de todos os tempos. Virgílio se baseou nas epopeias de Homero, e os povos medievais viam a Eneida como um Homero novo e melhorado. A parte mais famosa da *Eneida* conta o romance de Dido e Eneias, que depois se tornou um tema comum da pintura renascentista.

Quando a história começa, Dido, a rainha de Cartago, está jurando fidelidade eterna ao seu falecido marido. Mesmo quando

Eneias, pra lá de gostoso, aparece no litoral pedindo ajuda, ela continua determinada a se manter casta. De qualquer modo, ela já tem muito o que fazer: está fundando a cidade de Cartago. Pelo jeito, para ela a carreira era mais importante que o amor.

Que azar, Dido: a mãe de Eneias é Vênus, a deusa do amor. Vênus manda seu outro filhinho, Cupido, implantar em Dido o velho feitiço da paixão. Em dois tempos, a Rainha Dido está em uma caverna com Eneias, "se protegendo de uma tempestade". Quando Eneias sai da caverna, Dido está apaixonada.

Infelizmente, Eneias tem que fundar a cidade de Roma, e não não lhe passa pela cabeça a ideia de fundá-la ao lado de Cartago. Pior ainda: em vez de discutir seus planos com Dido, Eneias escapa escondido para seu navio. Quando vislumbra as velas avançando em direção ao mar, Dido, de coração partido, pede para que se construa uma pira e engana sua irmã, dizendo que quer queimar tudo que a lembre de Eneias. Sobe então ao topo da pira e se mata com uma espada. Não há necessidade de mover o corpo nem nada; tudo o que se precisava era de um fósforo. Pelo menos alguém tem a consideração de acender a pira.

No livro seguinte, Eneias desce para o Mundo Inferior, onde vê Dido, mas ela está brigada com ele. Dá-lhe as costas e vai embora com seu falecido marido. Tão comovente! Eneias parte para conquistar a Itália e nunca mais pensa em Dido. Seguem-se seis livros nos quais algumas pessoas têm os olhos arrancados e outras se gabam em meio a chuvas de flechas.

A *Eneida* termina abruptamente no meio da cena da morte de Turno, arqui-inimigo de Eneias. O consenso dos estudiosos diz que Virgílio pretendia acrescentar uma conclusão mais clara, mas infelizmente sua vida se concluiu antes disso. Tal como está, o "não final" traz uma angústia existencial: somos privados da finalização, deixados no meio do campo de batalha sem nenhuma ideia do significado de toda aquela carnificina. O final também cria no leitor uma imagem mental de Virgílio morto, com a cabeça caída sobre a última estrofe da *Eneida*, de caneta na mão.

	Importância	Acessibilidade	Diversão
Bucólicas	5	2	0
Geórgicas	5	4	6
Eneida	10	5	8

OVÍDIO (43 A.C.-17 D.C.)

Ovídio é uma joia rara: um autor da antiguidade cujas piadas são engraçadas. Enquanto Virgílio é o Grande Poeta, severo e imponente, Ovídio é o esteta frívolo, um homem que passou a vida bebendo, escrevendo obscenidades e tirando sarro de Virgílio.

Seu livro mais divertido é *A Arte de Amar*, a coleção de dicas sexuais mais popular da história. Um grande sucesso em Roma, tornou-se posteriormente a maior leitura onanista da Idade Média. Um exemplar foi confiscado pela alfândega dos Estados Unidos na década de 1930, por ser considerada uma obra pornográfica.

O livro aprova qualquer truque ardiloso, desde que no fim você vá para a cama. Ovídio aconselha os homens a não encontrar a namorada no aniversário dela, pois terão de lhe dar presentes. Quem for pobre, que aguente os insultos, ou não conseguirá levar ninguém para a cama. Quem for rico pode jogar fora o livro, pois poderá fazer sexo à vontade. Corruptor imparcial, ele também dá conselhos às mulheres sobre como enganar seus amantes e defende que elas, para apimentar a relação, experimentem tanto homens mais novos quanto mais velhos. No entanto, Ovídio perde toda a precaução quando diz aos homens que "não" sempre significa "sim". (É claro que, uma vez que não falamos latim, não podemos jurar que isso esteja errado. Isso também explicaria algumas características enigmáticas da Igreja Católica.)

Muitos conselhos de Ovídio são imensamente práticos. Algumas seções especificam jeitos de começar uma conversa e coreografam os flertes do sedutor. O livro dá até dicas de beleza. As loiras ficam bem de cinza; as meninas de rosto comprido devem repartir os cabelos ao meio. Os homens devem arrancar os pelos das narinas, mas depilar as pernas já é demais – tudo verdade, tanto hoje como nos tempos de Jesus.

> ### OS PRESENTES DE DEUS
>
> *A Arte de Amar* foi escrito em data próxima à do nascimento de Jesus – entre 1 a.C. e 1 d.C. Enquanto os Reis Magos estavam se dirigindo para Belém, Ovídio estava aconselhando os homens a traçarem a dama de companhia de suas namoradas.

As *Metamorfoses*

A Arte de Amar é um livro muito divertido. Mas a maior obra-prima de Ovídio é *Metamorfoses*. Esse poema épico é, na verdade, uma coleção de contos interligados. Em todos eles, alguém se transforma em alguma outra coisa. Depois de lermos cem páginas de *Metamorfoses*, começamos a pensar que a única reação possível a qualquer acontecimento é se transformar em planta ou animal. Está fugindo de um estuprador? Transforme-se em um loureiro. Fez sexo com o papai e agora está se sentindo suja? Uma árvore de mirra é a solução. Sempre que as coisas ficam feias, o herói se transforma em doninha. (Dica: não tente fazer isso em casa. Não vai acontecer nada.) A maior parte dos mitos greco-romanos começa com Júpiter se transformando em alguma coisa – cisne, touro, chuva de ouro e por aí vai; depois, ele se apaixona por uma novilha; no fim, a novilha se transforma em constelação. Ovídio se inspirou nessas histórias. Alguns séculos mais tarde, Ovídio teria escrito somente um conto – sobre um pacote de bolachas e uma garrafa de vinho tinto que se transformaram em Jesus Cristo.

Ovídio era um grande contador de histórias, e seus contos são brilhantes e interessantes. O livro é também um jeito divertido de aumentarmos nossos conhecimentos dos mitos gregos e romanos.

Na verdade, uma leitura ampla da literatura ocidental mostra que muitos escritores aprenderam os mitos lendo *Metamorfoses*, assim como aprenderam a ser fiéis lendo *A Arte de Amar*.

A transformação final do livro é a de César Augusto em um deus – uma bajulação repugnante que nos faz pensar duas vezes sobre esse tal de Ovídio. Mas é muito possível que a coisa toda tenha sido uma piada sarcástica. Logo em seguida, Ovídio foi exilado para Tomi, hoje mais conhecida como Cafundó da Romênia. A razão mais citada para esse exílio é a imoralidade de *A Arte de Amar* – Augusto estava promovendo uma desastrosa cruzada para limpar a moral pública (especialmente a de sua irmã Júlia, que estava se tornando publicamente embaraçosa; especula-se também que Ovídio fazia parte do "público" de Júlia). Ovídio passou seus dez anos de exílio bajulando César desesperadamente, chorando e implorando para deixar a Romênia. Apesar disso, os romenos casca-grossa adotaram Ovídio como o "Primeiro Poeta Romeno". Muitos meninos romenos recebem o nome de Ovidiu. Tudo isso parece mais razoável quando pensamos que, mesmo odiando os romenos, Ovídio provavelmente deve ter sido pai de muitos deles.

	Importância	Acessibilidade	Diversão
Metamorfoses	10	8	8
A Arte de Amar	8	9	9

HORÁCIO (65-8 A.C.)

É ele mesmo: o homem que ganhou a fazenda de Mecenas. Tendo em mente que a fazenda já vinha com escravos para fazer o trabalho pesado, isso era realmente um equivalente romano do atual emprego concursado.

Filho de um escravo liberto, Horácio é o mais realista dos autores romanos. Corria atrás de escravas e escravos em vez de ter uma "namorada" moderna. Sendo o típico fazendeiro conservador, reverenciava Mecenas, César Augusto e seu pai e exaltava o modo de vida campestre em suas obras.

Seus primeiros poemas, as *Épodas* e as *Sátiras*, são paródias cáusticas e sórdidas da sociedade romana. Descrevem Roma em toda a sua glória e sua baixeza – seria mais ou menos como assistir *The Tudors* se os produtores de *The Tudors* fossem Tudors. As *Odes* são muito mais bonitas, apesar de menos divertidas. Habilmente cinzeladas, serviram de modelo para inúmeros poetas, que desde então produziram milhões de poemas surpreendentemente parecidos com os de Horácio. Estes foram por sua vez imitados, e poemas semelhantes continuam a surgir em novos livros publicados por editoras universitárias. Com efeito, as *Odes* de Horácio se parecem tanto com a poesia contemporânea que a maioria das pessoas vai achá-las tediosas.

UMA NOTA SOBRE AS NOMENCLATURAS

Na literatura romana, o que se chamava de sátira não era necessariamente engraçado. Horácio, por exemplo, escreveu tanto "sátiras" cômicas quanto sérias. Horácio chamava essas obras de *sermones*, que, só para nos confundir, significa "conversas" e não sermões.

Para simplificar: na literatura clássica, encontramos sátiras, odes, elegias, carmes etc. Todas essas palavras significam "poema". Qualquer tentativa séria de diferenciá-las vai começar num tom pedante e terminar com seus ouvintes se esquecendo de avisá-lo que vão sair para tomar uma cervejinha mais tarde.

Citações de Horácio:

(Para o caso de você estar se perguntando de onde essas frases populares vieram.)

Dulce et decorum est pro patria mori. "É doce e honroso morrer pela pátria." Hoje em dia, diga-se de passagem, é suficiente enviar um cheque.

Carpe Diem. "Peixe do dia."

Aurea mediocritas. "O áureo meio-termo." Também é aceitável quando usada por médiuns para dizer que a aura de alguém está "mais ou menos".

	Importância	Acessibilidade	Diversão
Épodas e *Sátiras*	4	8	6
Odes	6	7	4

A POESIA DEPOIS DE CRISTO MAS ANTES DO CRISTIANISMO: A ERA DE PRATA

Nessa época, os romanos se tornaram mais dissolutos. Os imperadores geralmente eram loucos e sádicos. A democracia caiu no esquecimento. Nero tocava lira enquanto Roma ardia em chamas. As respostas literárias variavam de tom, mas todas tinham em comum o fato de não serem da Era do Ouro. Alguns autores da Era de Prata:

Marcial (42–102 d.C.): poeta famoso por seus epigramas (os curtos poemas cômicos que também constituíam uma forma popular de grafite entre os romanos) sarcásticos. Uma amostra de sua concisa malícia:

Você é linda, sim, jovem, rica e culta,
Mas, como é você mesma quem diz
Fica mais parecida com uma puta.

Juvenal (60–140 d.C.): escreveu sátiras compostas de ácido sulfúrico fermentado com bile. Resumo da ópera: tudo era melhor na época de nossos pais. Os homens romanos de hoje em dia são mocinhas debochadas que fazem barulho quando estou tentando dormir. Se existe algo pior que um homem romano, é uma mulher romana. E o pior de todos: um estrangeiro fedorento.

Lucano (39–65 d.C.): escreveu a *Farsália*, sobre a guerra civil entre Júlio César e os defensores da República. Lucano era amigo de Nero e, como aconteceu com a maior parte dos amigos de Nero, a certa altura este lhe pediu que se matasse – o método predileto de execução na época.

Sêneca (4–65 d.C.): foi tutor de Nero. Escreveu peças irremediavelmente empoladas e ensaios falsamente moralistas. No fim, lhe pediram que se matasse. Qualquer um que tenha lido um dos ensaios de Sêneca vai considerar a possibilidade de que esse tal de Nero talvez não fosse de todo ruim. Qualquer um que assista a uma de suas peças vai considerar a hipótese de se matar, mesmo sem Nero pedir.

Luciano (125–180 d.C.): escreveu peças que influenciavam as massas. Agora está completa e totalmente esquecido. É notável por ter escrito a primeira obra de ficção científica, *Uma História Verdadeira*, que era uma história inverídica sobre viagens à Lua e a Vênus, guerras entre planetas etc. Também escreveu a primeira paródia do cristianismo, *A Passagem de Peregrino*. As obras de Luciano ainda existem, só que ninguém as lê.

Quando o Romance Era Recente

Muitos escritores dizem que o romance se originou nas obras medievais e se desenvolveu gradualmente ao longo dos séculos até tomar sua forma atual, quando então floresceu por algum tempo e esgotou-se com Jonathan Franzen.

Infelizmente para essa teoria, havia romances na Roma antiga. Eles eram lidos na Idade Média – quando os romances estavam supostamente se originando e desenvolvendo. Bem, acabou-se aquela teoria! Tomara que a próxima seja melhor.

Podemos dividir o romance greco-romano em duas categorias amplas. Há romances baratos sobre amantes que se separam e depois voltam a se unir – como *Dafne e Cloé*, de Longo, e a *Etiópica*, de Heliodoro. E existem também sátiras obscenas e indecentes, das quais as duas mais importantes são o *Satíricon* de Petrônio e *O Asno de Ouro* de Apuleio.

Não se sabe ao certo quem foi o autor do *Satíricon*. Parece que, em Roma, Petrônio era um nome equivalente a João, José ou Pedro. No entanto, a maior parte dos estudiosos acredita que o autor foi Caio Petrônio Árbitro, um cortesão de Nero e libertino renomado. Ele era, com efeito, o mestre de orgias de Nero, consultado em todos os assuntos de bom gosto.

Tudo o que é bom acaba, e todos os amigos de Nero tiveram o mesmo fim: quando Petrônio caiu em desgraça, pediram que se matasse. Mas a história não acaba aí. Petrônio levou dias para se suicidar. Abriu suas veias, depois as costurou, então as abriu novamente, tudo isso enquanto fazia lautas refeições e conversava despreocupadamente com seus amigos. Aproveitou também para escrever a Nero – não um pedido de misericórdia, mas um compêndio de todos os vícios do imperador, dando os nomes de todas as pessoas, homens e mulheres, com quem Nero havia praticado sua devassidão.

O *Satíricon* é um monumento condigno à vida desse homem. Pouquíssimas cenas do livro sobreviveram integralmente; os fragmentos restantes são confusos, tolos e incansavelmente obscenos. Há uma longa cena, por exemplo, em que o herói e seu garotinho Gitão são abusados sexualmente durante horas por mulheres devotas de Príapo, o deus grego da fertilidade e dos homens bem-dotados. Uma vez que faltam muitas seções, o efeito é como o de desmaiar em meio a uma orgia e despertar a cada duas horas só para descobrir que a suruba está longe de terminar.

O *Asno de Ouro* de Apuleio (também conhecido como *Metamorfoses*) chegou a nós na íntegra. Seu herói é fascinado por magia; mexendo com o que não devia, transforma a si mesmo em burro. Sob essa forma, passa por vários donos: ladrões, escravos fugidos e uma mulher que se apaixona por ele na forma de burro! Cada dez páginas desse livro contêm quatro histórias diferentes, um ato sexual e uma cena de violência gratuita. Enquanto isso, damos um passeio pela vida miserável e pela moral degradada das classes mais baixas do Império Romano. A propósito, Apuleio trabalhava organizando lutas de gladiadores para a cidade de Cartago e uma vez foi processado pela prática de magia negra. Esse tipo de publicidade não tem preço!

AS CONFISSÕES DE SANTO AGOSTINHO

Agostinho de Hipona (354–430) foi um dos primeiros grandes escritores africanos. Nasceu na fronteira da atual Argélia com a Tunísia e era provavelmente de etnia bérbere. (Hipona era o nome da cidade da África do Norte da qual Santo Agostinho foi bispo. Hoje se chama Anaba – nada a ver com o ânus.)

Seu livro *Confissões* é um coquetel mortal de teologia cristã e de histórias comoventes. Ele descreve sua vida e se mata metodicamente de arrependimento por tudo o que já fez – página após página. Agostinho se flagela por pecados como os de roubar as peras da árvore de um vizinho, não escutar sua mãe e ficar vendo uma aranha fazendo sua teia quando deveria estar contemplando a Deus.

A coisa de que mais se arrepende é ter demorado a adotar o cristianismo: quando jovem, era maniqueísta. Os maniqueístas eram cristãos de um ramo menor, ritualistas, que acreditavam, por exemplo, que as pessoas não pecavam. Um espírito maligno pecava através delas. Assim, elas não precisavam morrer de arrependimento por acharem que as aranhas são criaturas interessantes. Em vez disso, podiam sair e se divertir.

O pecado mais concreto de Agostinho era que ele tinha uma namorada. (Para fazer com que isso pareça mais pecaminoso, ela é geralmente chamada de "concubina".) Era um relacionamento que os modernos achariam irrepreensível. Ele ficou com ela por mais de dez anos e teve um filho, a quem amava profundamente e do qual cuidava com carinho. Por outro lado, quando finalmente decidiu se casar, deixou-a por uma garota mais respeitável e com mais dinheiro.

Nos dias de hoje, um homem poderia se sentir mal por deixar a namorada ou pelo fato de sua nova noiva ter oito anos. Isso nunca passou pela cabeça de Agostinho. Ele se sentia mal por querer transar com qualquer garota. A única resposta correta, para um cristão do século IV, era o celibato completo. Mas coitado de Agostinho! O sexo era a coisa de que ele mais gostava! Daí seu conhecido apelo: "Senhor, dai-me castidade e continência, mas não agora!".

Por último, em uma das suas longas noites da alma, Agostinho ouviu uma voz dizendo: "Toma e lê". Talvez essa voz estivesse se referindo a qualquer livro, mas o infeliz Agostinho pegou... o Novo Testamento: "Blá, blá, blá, revesti-vos do Senhor Jesus Cristo", e por aí afora. Suas dúvidas desapareceram e ele se converteu.

Em certa época, quando liam essa história, pessoas de toda a Europa diziam: "Você tirou as palavras da minha boca!". As *Confissões* de Agostinho, na realidade, são como uma cápsula do tempo que contém a vida interna da Era das Trevas. Hoje em dia, muitos autores ainda se identificam com os amores, dores e dilemas éticos de Agostinho. São raros, no entanto, aqueles que ainda se identificam com o enfadonho cristianismo agostiniano. Na verdade, Agostinho é um dinossauro. Se você não tem nenhum interesse por teologia, siga em frente e pule os trechos mais piedosos. Sempre que ele se dirigir a Deus como "tu", cuidado. Acho que essas partes com "tu" deviam ser lidas somente por Deus.

SANTO, MAS NEM TANTO

Não quero pôr em dúvida a infalibilidade dos papas, mas Agostinho de Hipona não era santo, não. Não tinha visões, não fazia milagres, não tinha perfeição moral: não era santo. Está claro que ele ganhou a auréola somente por ser famoso. Isso rebaixa a canonização ao nível da nomeação de aeroportos. É claro que essa ideia é muito atraente para a mente contemporânea. Espera-se que os futuros papas deem o mesmo tratamento a eruditos como Santa Preta de Gil, São Pelé dos Santos e Santa Lady de Gaga.

	Importância	Acessibilidade	Diversão
Confissões	9	5	5

CAPÍTULO 3

A IDADE MÉDIA E CERTOS PONTOS INTERMEDIÁRIOS

A Europa em conjunto respirou aliviada com a chegada do período medieval. Muitos temiam que, com o fim da Antiguidade, tivessem de mergulhar diretamente no Renascimento, sendo obrigados a redescobrir os gregos antes mesmo de tê-los esquecido. Outros haviam levado as previsões da Bíblia a sério e acreditavam que o fim dos tempos chegaria a qualquer minuto. Você bem pode imaginar o alívio que todos sentiram quando perceberam que estavam na Idade Média.

O período medieval durou aproximadamente mil anos, durante os quais muita coisa aconteceu. A Igreja Católica difundiu o cristianismo pela Europa. Os muçulmanos tentaram difundir o islamismo pela Europa mas não conseguiram – por enquanto. Os vikings invadiam e pilhavam as costas marítimas enquanto os senhores feudais aos poucos se uniam para formar nações. Muitos corriam para seguir a última moda: morrer de peste bubônica.

Após séculos da próspera cultura literária romana, a Europa foi tomada por tribos germânicas como os ostrogodos, os visigodos e, é claro, os godos originais, e nenhuma delas conhecia a escrita. Suas culturas eram orais e, às vezes, anais. Toda a população da Europa, exceto um punhado de monges, desaprendeu a ler e escrever. Esses monges escreviam e copiavam manuscritos sobre Deus e o inferno, desincentivando ainda mais as pessoas de aprender a ler.

Aqui estão alguns dos maiores sucessos de mil anos de mediocridade.

BEOWULF
(TRANSCRITO ENTRE OS ANOS 700 E 900)

Beowulf é a primeira grande obra da literatura inglesa. Entretanto, começa falando de um povo chamado dinamarqueses da lança (que hoje chamaríamos de "dinamarqueses com lanças"). Em seguida, apresenta outros dinamarqueses, assim como os suecos, os frísios e os godos, juntamente com vários monstros. Na obra não há um único inglês e ela tampouco se passa na Inglaterra. É, na prática, um texto viking expatriado, e é só uma questão de tempo antes que os dinamarqueses o reclamem para si, como os gregos fazem com os frisos do Partenon.

Está escrito em inglês antigo, a língua dos anglo-saxões. A poesia anglo-saxônica é aliterativa: as primeiras duas sílabas tônicas do verso tinham a mesma consoante que uma ou duas sílabas tônicas da segunda metade do verso. Confuso? É para isso que servem os exemplos.

Veja os primeiros dois versos:

Inglês Antigo
Hwæt! We Gardena in geardagum,
theodcyninga, thrym gefrunon
hu tha æthelingas ellen fremedon.

Português
Ouvi! Chegou-nos a fama dos gloriosos dinamarqueses da lança
outrora rainha entre as tribos
de como príncipes tão nobres tinham grande coragem.

Repare como o poema é másculo. A poesia anglo-saxônica costumava falar sobre guerreiros e às vezes era escrita por guerreiros. Na época, a criação de poesias era considerada uma atividade masculina. Na verdade, no panteão nórdico comum aos diversos povos germânicos, Odin era o deus tanto da guerra quanto da poesia, embora em menor grau (os deuses, naquela época, estavam com falta de mão de obra e às vezes tinham que cumprir duas funções, ou até mais).

Depois dessa digressão histórica – a primeira de muitas –, quando o livro começa Hrotgar está construindo seu grande salão, Heorot. Com o barulho da obra e com toda a bebedeira e cantoria que vêm em seguida, Grendel, um vizinho rabugento, se irrita. Antes que você pense em seus próprios vizinhos barulhentos e simpatize com ele, apresso-me a dizer que Grendel é um gigante horrível e deformado, descendente de Caim e nada sociável. Em vez de simplesmente reclamar ou chamar a polícia, Grendel ataca e come os seguidores de Hrotgar. Ninguém consegue detê-lo, mas pelo menos acabam as reclamações e o barulho.

É então que Beowulf – o homem mais forte, o melhor guerreiro, a cereja do bolo, a última bolachinha do pacote – ouve falar dos problemas de Hrotgar e viaja para a Dinamarca com seus homens. Grendel chega à noite e, depois de uma poderosa luta corporal, Beowulf arranca-lhe o braço. Grendel foge para seu lago pantanoso e morre.

Na noite seguinte, infelizmente, a mãe de Grendel – a quem ninguém pensou em mencionar antes – vem para se vingar e recuperar o braço do filho. Mata o melhor amigo de Hrotgar, que também era seu conselheiro, e vai embora enfurecida, levando o braço consigo.

Pela manhã, todos marcham em direção ao lago infernal onde Grendel morava com a mãe. Beowulf mergulha no lago e passa a maior parte do dia nadando até chegar ao fundo. Ele se engalfinha com monstros marinhos, segue a mãe até sua caverna submarina e mata-a com uma espada gigante que ela guardava ali. A lição que a história ensina é muitas vezes ignorada: os monstros que guardam espadas em seu covil – para defesa pessoal – estão muito mais propensos a serem mortos por intrusos.

Existem outros poemas ingleses desse período, também anônimos. Mas, como não são a primeira grande obra da literatura inglesa, são lidos apenas por pessoas que leem coisas obscuras como meio de ganhar a vida. Os mais conhecidos, ou menos desconhecidos – como *The Wanderer*, a história de um guerreiro que vaga sem rumo pelo mundo, guardando luto pela morte de seu rei – reflete a visão fatalista encontrada em *Beowulf* e uma perspectiva mística cristã cada vez mais forte.

O Sonho da Cruz conta a história da crucificação do ponto de vista da cruz. Embora anônimo, *O Sonho da Cruz* foi muitas vezes atribuído a Caedmon, o primeiro poeta inglês cujo nome conhecemos. Caedmon, que era um pastor iletrado, adquiriu suas habilidades de compositor quando Deus apareceu a ele em sonho (supõe-se que tenha sido um sonho bizarro com uma cruz falante).

	Importância	Acessibilidade	Diversão
Beowulf	9	5	8
Outras poesias anglo-saxônicas	2	4	3

A CANÇÃO DE ROLANDO
(VERSÃO ESCRITA MAIS ANTIGA: MEADOS DO SÉCULO XII)

A *chanson de geste* [canção de gesta] é um gênero de poema narrativo escrito em francês antigo, que surgiu no século XI. As canções de gesta comemoram as aventuras heroicas de Carlos Magno e dos cavaleiros de sua corte, que lutaram nobremente em nome de Cristo. Algumas descrevem acontecimentos históricos, mas muitas são fictícias, incluindo relatos sobre criaturas fantásticas de todo tipo. Com o tempo, os animais proliferam e a realidade some – um processo familiar àqueles que assistem aos noticiários de TV.

O poema mais antigo e mais conhecido das *chansons de geste* é *A Canção de Rolando*, a obra que fundou a literatura francesa. É baseada em uma batalha real do final do século VIII, na qual a retaguarda do exército de Carlos Magno foi atacada por habitantes dos Pireneus.

Através da magia do conto, a fracassada campanha militar de Carlos Magno é transformada em uma corrente de vitórias gloriosas e seus inimigos são transformados em muçulmanos infiéis. Hoje em dia, chamaríamos isso de propaganda. E, na qualidade de propaganda, *Rolando* não demonstra a mínima vergonha. "Os cristãos estão certos e os pagãos estão errados", declama Rolando. Tente fazer uma propaganda assim hoje em dia...

Na principal cena de batalha, nosso herói Rolando, junto com vinte mil cavaleiros, é subjugado por quatrocentos mil muçulmanos. Oh, não! Mas ainda há esperança: basta que Rolando sopre seu olifante – uma trompa feita da presa de um paquiderme – e Carlos Magno virá em seu auxílio com o exército principal.

Mas Rolando sopra o olifante? Não. Seria uma desonra para o seu nome e o de sua família. Rolando e seus companheiros matam milhares de muçulmanos. Apesar da força de seus golpes, que partem em dois não somente os inimigos, mas também seus cavalos, logo eles ficam cara a cara com a derrota. Rolando finalmente sopra o olifante, tão forte e tão alto que bota sangue pelos ouvidos. É o fim! Rolando rasteja para a morte – e morre por ter soprado a própria trompa.

Quando Carlos Magno chega, os muçulmanos pusilânimes fogem. Mas ainda assim o imperador terá sua vingança. Deus faz o Sol parar, dando a Carlos Magno luz diurna e tempo suficientes para que ele persiga e mate os vis pagãos. Derrotados, os muçulmanos se voltam contra seus próprios deuses. Pois é, deuses no plural: os muçulmanos de *Rolando* não adoram a Alá, mas sim a Maomé, a Apolo e a um tal de Tergament. Eles amaldiçoam a estátua de Apolo, arrancam as joias da estátua de Tergament e jogam Maomé aos porcos e aos cães, para que façam o que quer que os porcos e os cães costumem fazer com os ídolos.

Rolando nos dá um vislumbre da mentalidade ocidental na época em que os novos ideais de cavalaria estavam se espalhando pela

Europa. Tais ideais incutiram nos nobres e nos ricos maneiras novas e boas, que se tornariam o sinal distintivo de sua classe – e incutiram também a ideia de que todos os que fossem diferentes deles eram pagãos mentirosos e intriguentos, e que Deus os queria mortos.

	Importância	Acessibilidade	Diversão
A Canção de Rolando	7	6	4

A MATÉRIA DA BRETANHA

A coleção de contos medievais sobre Carlos Magno e sua corte é conhecida como a Matéria de França. Os contos sobre o Rei Artur e seus cavaleiros são chamados de Matéria da Bretanha. Ao contrário de Carlos Magno, é quase certo que Artur é um personagem fictício. Se há uma figura histórica na qual os contos foram vagamente inspirados, é a de um guerreiro celta que lutou contra os anglo-saxões invasores – o que significa que o herói nacional dos ingleses construiu sua reputação matando os antepassados deles.

A febre arturiana começou quando Godofredo de Monmouth escreveu *Historia Regum Brittanniae*, a História dos Reis da Bretanha, no começo do século XII. O livro pôs em voga as histórias de Artur por toda a Europa. Nos torneios, os cavaleiros às vezes se vestiam como seus personagens arturianos preferidos e iam às justas vestidos a caráter. É isso mesmo: já durante a Idade Média as pessoas se fantasiavam de personagens medievais para brincar de luta.

Entre os escritores mais importantes da Matéria da Bretanha figura o cortesão francês Chrétien de Troyes. Ele escreveu cinco romances arturianos influentes no fim do século XII, entre eles *Percival, le conte du grail* [O Romance do Graal], que nos apresentou Camelot e o Santo Graal. Mas a obra mais influente de Troyes foi *Lancelot, le chevalier de la Charrette* [Lancelote, o Cavaleiro da Carreta], sobre o amor entre Lancelot e a rainha Guinevere. Esse relacionamento foi um exemplo de "amor cortês" ou, como diríamos hoje em dia, adultério.

Em *O Cavaleiro da Carreta*, Guinevere foi raptada por *Sir* Maleagent (que, só para constar, é o equivalente francês de um vilão chamado Vilão). Mesmo estando confuso por não conseguir parar de pensar nela, Lancelot enfrenta muitos perigos em sua demanda para resgatar Guinevere. E apesar de derrotar seus oponentes, fazer a arriscada travessia da Ponte da Espada e de declarar seu amor a um único fio de cabelo de Guinevere – encontrado num pente –, quando ele a encontra, ela o trata com indiferença. Parece que o amor dele não era perfeito o bastante para ela.

Quando Lancelot estava à procura dela, um anão conduzindo uma charrete, ou carreta, se oferece para mostrar o caminho com a condição de que Lancelot suba na charrete. Naquela época, explica Troyes, não havia desonra maior para um cavaleiro do que andar de charrete, porque os criminosos eram transportados nelas. Isso talvez pareça tolo para nós, porque realmente é tolice. Mas, ainda assim, *autres temps, autres moeurs tolos*. Lancelot se convence a subir na charrete – depois de pensar duas vezes. Guinevere cita contra ele essas duas pensadas. Mas em dado momento ela passa por cima de seus ressentimentos e eles se entregam ao "amor cortês".

Os ingleses conhecem as histórias de Artur primeiramente por meio da epopeia colossal escrita por *Sir* Thomas Mallory: *Le Morte d'Arthur*. Esse livro começa devagar pelos padrões modernos, mas engrena depois das primeiras oitocentas páginas.

	Importância	Acessibilidade	Diversão
Le Morte d'Arthur	6	4	5
O Cavaleiro da Carreta	4	6	4

PEDRO ABELARDO (1079-1142) E HELOÍSA DE ARGENTEUIL (1101-1164)

Pedro Abelardo era um astro entre os acadêmicos do seu tempo. Sobressaía-se nas preleções e nos debates públicos que eram o cerne da vida intelectual medieval. Muitos estudantes atendiam às suas preleções, o idolatravam e até se metiam em brigas de rua para defender suas teses.

Sua desgraça veio com uma aluna particular chamada Heloísa. Além de ser inteligente, Heloísa era uma bela moça de 19 anos de idade. Logo Abelardo a ensinou uma tese "não defendida" e Heloísa, como era de esperar, deu à luz um filho. Abelardo chamou o menino de Astrolábio e os dois se casaram em segredo.

Final feliz? Não. Quando o tio de Heloísa, Fulberto, descobriu o que acontecera, contratou homens para capturar e castrar Abelardo, a fim de impedi-lo de ter mais filhos e dar-lhes nomes esdrúxulos como Astrolábio. Muitos ouviram falar desse acontecimento e se arrepiam ao lembrar dele. Mas poucos se lembram de que nosso amigo Abelardo castrou e cegou dois dos bandidos contratados.

Essa história de amor que deu errado se prolonga por todo o primeiro terço da autobiografia de Abelardo, *História de Minhas Desventuras*. Durante o resto do livro, Abelardo, desfigurado e amargurado, viaja pela Europa fazendo inimigos aonde quer que vá. Ele atribui sua falta de popularidade tanto à inveja quanto ao fato de sua santidade fazer com que os outros se sintam inferiores. Enquanto isso, escreve detalhadamente sobre quanto ele próprio é brilhante, até fazer o leitor pensar que o titio Fulberto deveria ter terminado o que começou.

Nesse meio-tempo, Heloísa se tornou freira e, depois, abadessa. Ao ler a autobiografia de Abelardo, ela não consegue resistir e lhe escreve. Ele responde. As cartas deles mostram a estranha continuação desse relacionamento. Abelardo confessa que obrigou Heloísa a se tornar freira por ciúme, pensando que "depois da vingança de seu tio, você só estaria a salvo [de outros homens] em um convento". Ele até subornou as outras freiras para que dissessem a Heloísa que gostavam muito de ser freiras. Ainda assim, ele a exorta a se voltar para Deus e esquecer o amor.

Não admira, uma vez que ele é um *castrato* de quarenta e poucos anos. Porém, ela é uma moça de vinte e poucos e com todas as suas partes em pleno funcionamento. Embora ela realmente tenha tentado "se voltar para Deus", as cartas de Heloísa são essencialmente apaixonadas. "Até mesmo... no altar, carrego a lembrança de nosso amor e, longe de lamentar ter sido seduzida pelos prazeres, me lamento por tê-los perdido." Mas Abelardo se faz de surdo aos seus apelos, pois sua capacidade de corresponder tinha sido "cortada".

	Importância	Acessibilidade	Diversão
História de Minhas Desventuras	3	6	5
Cartas – Abelardo e Heloísa	6	6	5

ROMAN DE LA ROSE / ROMANCE DA ROSA
(INICIADO EM 1225, TERMINADO EM 1278)

O *Romance da Rosa* foi um grande *best-seller* em sua época. Foi muito influente e lesou o cérebro de muitas pessoas. Foi a obra icônica das alegorias medievais e a cartilha do amor cortês.

A história: um jovem adormece e sonha que encontra o Jardim do Prazer. Uma dama chamada Ócio o deixa entrar. Uma vez lá, o Deus do Amor atira no jovem cinco flechas; todas entram em seus olhos e ferem seu coração. Resultado: ele se apaixona por uma rosa. (Isso mesmo, a flor. Não uma mulher chamada Rosa ou uma garota de bochechas rosadas, mas um vegetal.) Então, tem que lidar com uma série de personagens alegóricos – Cortesia, Má Língua, Abstinência etc. – antes de poder se unir ao vegetal de seus sonhos.

A glória desse livro é sua prolífera bizarrice. O Deus do Amor se veste com flores e pássaros. Quando a Natureza explica como está o clima, fala sobre sátiros, ninfas e nuvens que experimentam diferentes vestimentas. No Jardim do Prazer, uma das atrações são os "coelhos envolvidos em mais de quarenta jogos diferentes".

Quando o jovem finalmente se apodera da rosa, a seguinte passagem alegórica completa o livro: "Fui obrigado a quebrar o talo um pouquinho, pois não conhecia outra maneira de obter o que tanto desejava. Só posso dizer que, quando sacudi o botão de flor, espalhei algumas sementes por ali. Foi quando toquei o interior do botão de rosa e explorei todas as suas folhinhas, pois muito desejava, e muito bom me parecia, sondar suas profundezas... E o botão de rosa intumesceu e expandiu".

Então o jovem acorda. FIM.

Livros inteiros escritos sobre sonhos longos e envolventes eram comuns na Idade Média. Ninguém se opunha; acreditava-se que a maior parte dos sonhos tinha significado. Agora a ciência nos ensinou que isso não se aplica nem mesmo às coisas que acontecem enquanto estamos acordados.

	Importância	Acessibilidade	Diversão
Romance da Rosa	8	3	3

VELHICE, VERACIDADE E MARIDO BÊBADO

Para quem não sabe, alegoria é um conto em que cada personagem representa uma ideia. Geralmente o personagem tem o mesmo nome dessa ideia – digamos, Calúnia. Calúnia sai por aí e faz tudo o que a calúnia faria se tivesse um corpo, fala como a calúnia faria se falasse, usa as roupas que a calúnia usaria e come o cachorro-quente que a calúnia pediria se existissem barraquinhas de cachorro-quente na França medieval.

As alegorias às vezes são confusas, pois as abstrações são personificadas sem lógica – Calúnia, Vênus e Amigo são todos possíveis personagens alegóricos. Mas são confusas sobretudo porque os críticos não têm coragem de dizer que o sistema alegórico não existe e que nada disso faz sentido.

> Em geral, os personagens alegóricos adoram fazer longos discursos explicando quem são. Gostam também de brigar entre si – Desespero, digamos, briga com Cristão, e Castidade briga com Bela Face. Para uma pessoa da Idade Média, isso era tão divertido quanto assistir ao Super-Homem lutando contra o Batman ou ao Godzilla contra o Mothra. Para nós, é tão divertido quanto um dia frio e chuvoso.

GEOFFREY CHAUCER (1343-1400)

Apesar de suas sólidas origens de classe média, Chaucer se tornou cosmopolita e cortesão. Viajou para a França e para a Itália como diplomata, trabalhou no parlamento e lutou em várias guerras – provavelmente (dado o período) vestindo uma armadura brilhante. Mas o detalhe biográfico que mais fica na cabeça dos leitores é que, em recompensa por seus serviços, Eduardo III concedeu-lhe um galão de vinho, todos os dias, pelo resto da vida.

Chaucer é conhecido sobretudo por sua obra-prima *Os Contos de Cantuária*. Alguns estudiosos chegam a afirmar que Chaucer inventou a língua inglesa para poder escrever esse livro. Isso não aconteceu, mas ainda é considerado aceitável ensinar isso nas escolas. (Nós, que trabalhamos com Literatura Ocidental, gostamos desse tipo de coisa; essas teorias servem para ser, depois, desbancadas pelos professores universitários. Assim, estes têm o que fazer.)

Os Contos de Cantuária sempre foi o livro mais popular de Chaucer, mas, na Idade Média, *Troilo e Créssida* – obra homônima à peça de Shakespeare – era o mais admirado. É um conto de amor cortês que se passa em Troia. Ele tem os seus momentos encantadores, que quase se perdem em meio a infinitos clichês de amor cortês. Esses clichês eram o que transformava um livro em "alta literatura" para os medievais. Felizmente, não há razão para ler *Troilo e Créssida*, a não ser que você esteja com comichão de lê-lo. Mas se esse comichão puder ser coçado como uma coceira normal, coce-o e não leia o livro.

Chaucer foi o primeiro poeta enterrado no Canto dos Poetas da Abadia de Westminster. É claro que na época esse local não era conhecido como Canto dos Poetas, e sim como "o canto onde enterramos Chaucer". Uma lenda popular diz que, se você for à Abadia de Westminster e encostar sua orelha no chão, perto da tumba de Chaucer, você estará engatinhando na Abadia de Westminster com a bunda para cima. E todos vão considerá-lo um tremendo idiota.

Os Contos de Cantuária

Nesse livro, um grupo de peregrinos viaja para Cantuária, contando histórias para passar o tempo. É como o *Decamerão* de Boccaccio, só que sem a peste (ver p. 76).

Quando planejou as histórias, Chaucer pretendia escrever quatro contos para cada peregrino. Ele não terminou nem o primeiro *round*. Não porque morreu muito jovem, mas porque tinha dificuldade para terminar as coisas. Até alguns contos são abandonados pela metade. Talvez isso reflita aquele momento em que Chaucer esvaziava seu galão diário de vinho e desmaiava.

Muitas vezes ensina-se nas escolas – logo depois de ensinarem que Chaucer inventou a língua inglesa – que *Os Contos de Cantuária* foi o primeiro romance do mundo. Essa teoria do primeiro romance tem dois furos. Primeiro, o romance já existia havia mais de mil anos. Segundo que este livro não é um romance. Um graveto se parece mais com um romance, porque um graveto não é escrito em versos. Mas, se não lhe importa que ele não tenha sido o primeiro ou que não seja um romance, nada poderá lhe impedir de ensinar nas escolas que *Os Contos de Cantuária* foi o primeiro romance de todos os tempos. Lembre-se também de ensinar às crianças que, se elas se sentarem muito perto da televisão, vão ficar radioativas.

Enquanto os literatos devotos podem se dar ao trabalho de ler todos os contos, os leitores de primeira viagem devem ser mais seletivos. Você pode começar com estes:

O prólogo geral é maravilhoso para quem tem algum interesse pela Idade Média. Mesmo que você não tenha, ainda assim vale a pena ler o prólogo geral. Além disso, tanto aqueles que gostam de queijo quanto aqueles que não gostam de queijo deveriam ler o prólogo geral. Se é que sobrou alguém, essas pessoas também devem ler o prólogo geral. É uma versão curta e fácil de um gênero chamado sátira social, que envolve a ridicularização de uma profissão de cada vez. Inclui também alguns dos melhores escritos de Chaucer.

"O Conto do Moleiro" fala sobre a esposa de um carpinteiro, que tem o corpo "tão gracioso e esbelto quanto o de uma doninha". Quando um hóspede apaixonado a agarra pela *queynte**, ela também se apaixona instantaneamente. Nesse conto, a dama prega uma peça obscena que continua nojenta até os dias de hoje.

O prólogo de "O Conto da Mulher de Bath" é famoso por resumir como era o casamento na época medieval. A mulher conta que se casou cinco vezes, por dinheiro e luxúria, e fez com que cada um de seus maridos lhe obedecesse sem questionar. "O Conto da Mulher de Bath" começa com o Cavaleiro estuprando uma donzela que conhece por acaso. Para escapar da pena de morte, ele tem que responder à pergunta "O que a mulher mais quer?". Ele tem que mudar alguns de seus conceitos antes de conseguir responder corretamente: as mulheres querem ser obedecidas sem questionamento.

"O Conto do Beleguim" é uma narrativa indecente sobre frades. Seu prólogo explica o lugar que os frades ocupam no inferno (uma dica: Satanás levanta sua cauda para deixá-los sair). O conto principal é ainda mais adolescente. Outra dica: não leia se estiver comendo.

Em "O Conto do Perdoador", três bêbados vão tentar matar a Morte, furiosos com ela por ter matado um amigo deles. Guiados por um velho até a morada da Morte, eles descobrem um

....

* *Queynte* é uma palavra do inglês médio que significa "vagina, vulva". Dela derivaram-se, no inglês moderno, as palavras *quaint* (estranho, esquisito, antiquado) e *cunt* (gíria vulgar para os órgãos sexuais femininos). Supõe-se que a palavra *queynte* tinha um significado intermediário entre essas duas definições, não sendo assim totalmente vulgar. (N. T.)

monte de ouro. Esquecem-se da Morte imediatamente, sem imaginar que a haviam encontrado. Esse conto é muito citado por ser a fonte de inspiração de O Tesouro de Sierra Madre, de B. Traven. O único que não reconheceu esse fato foi o próprio autor de O Tesouro de Sierra Madre.

	Importância	Acessibilidade	Diversão
Troilo e Créssida	4	3	4
Os Contos de Cantuária	10	6	9

INGLÊS MÉDIO

Pode-se desculpar quem pensa que o inglês médio é a língua falada na Terra Média. Há nele uma sonoridade que nos faz imaginar uma raça de hobbits sucumbindo à Peste Negra, guerreando na Batalha de Agincourt e narrando os *Contos de Cantuária*. Apesar disso, vale a pena tentar ler os *Contos* em inglês médio, em uma versão com notas[*]. A maior parte da linguagem pode ser reconhecida de imediato, e cada vez mais à medida que você for se acostumando. Não será vergonha se você não conseguir; mas, se conseguir, terá uma experiência de imersão na Idade Média, uma forma única de escapismo e algo de que poderá se gabar diante dos seus amigos fissurados em literatura fantástica.

SIR GAWAIN E O CAVALEIRO VERDE
(FIM DO SÉCULO XIV)

Sir Gawain e o Cavaleiro Verde começa com toda a corte do Rei Artur reunida para uma comemoração. São interrompidos por um cava-

---

[*] Esta proposta da autora se baseia na diferença que há entre o inglês médio e o inglês moderno. As notas podem facilitar a compreensão da linguagem. (N. T.)

leiro verde gigante que questiona a hombridade de todos e oferece um desafio: o jogo da decapitação. Alguém tente cortar minha cabeça, diz ele. Se eu viver, daqui a um ano cortarei a cabeça daquele que tiver tentado. Gawain se levanta, o gigante se ajoelha e Gawain usa um machado. Pronto: a cabeça do gigante rola para baixo da mesa. Suspiro coletivo de alívio. O gigante então se levanta e pega a cabeça de volta. Já era de imaginar!

Um ano depois, a honra de Gawain pede que ele procure o Cavaleiro Verde e se submeta a seu machado. Depois de muito vagar, ele se depara com um castelo. O senhor do castelo, Lorde Bertilak, sabe onde o Cavaleiro Verde mora. Bertilak convida Gawain a espairecer no castelo por alguns dias antes de prosseguir em sua jornada. Mais tarde, propõe um jogo de Natal. É normal acharmos que Gawain já deveria ter um pé atrás com esses joguinhos, mas a inteligência nunca foi uma qualidade muito prezada entre os cavaleiros.

O novo jogo funciona assim: todas as tardes, depois que Bertilak retornar de sua caçada, ele e Gawain trocarão o que quer que eles tenham conseguido obter durante o dia. Ótimo! Esse jogo é fácil! O problema é que, enquanto Bertilak está caçando, Gawain tem que repelir diariamente as tentativas de aproximação de Lady Bertilak. Ele a repele tão cavalheirescamente quanto pode, mas aceita um presente dela: um cinto verde que torna invulnerável aquele que o estiver usando. Uma vez que está prestes a perder a cabeça, Gawain se vê em um cavalheiresco dilema...

Esse é de longe o mais divertido e interessante dos contos de cavalaria, e sua pequena fama não faz jus à sua grandiosidade.

	Importância	Acessibilidade	Diversão
Sir Gawain e o Cavaleiro Verde	3	9	10

AH, NÃO!... DANTE! (1265-1321)

La Vita Nuova

Quando tinha 9 anos de idade, Dante Alighieri se apaixonou por sua vizinha de 8 anos, Beatriz Portinari. Que gracinha! Mas Dante amou essa mesma Beatriz pelo resto da vida; na idade adulta, isso já não é tão "fofinho". Ele até a imortalizou na *Divina Comédia*, em que ela lhe serviu de guia no Paraíso. (É claro que, se ele estivesse certo sobre o Paraíso, ela teria sido imortalizada ali sem precisar da ajuda dele; mas não nos atenhamos a ninharias.)

La Vita Nuova é a coleção dos poemas que Dante escreveu sobre seu amor. Entre os poemas há trechos em prosa que os contextualizam na autobiografia do autor. O relacionamento não deu em nada por dois motivos. Primeiro: cada vez que Dante chegava perto de Beatriz, ele quase desmaiava por causa da sublime perfeição dela. Segundo: depois de se apaixonar por Beatriz quando ela tinha 8 anos, ele não a viu mais durante nove anos. E então ela já havia se casado com Simone del Bardi, descendente de uma antiga família de banqueiros.

Dante relata que Beatriz era um exemplo de virtude perfeita, mas não deixa claro como ele sabia disso. Eles não conversaram nenhuma vez. Ele também nunca menciona nada que ela tenha dito ou feito. Não diz se ela era gorda ou magra, feliz ou triste, ou se ela era um labrador. Mesmo que o "consenso dos estudiosos" queira ignorar o fato, existe a possibilidade de que ela fosse um cãozinho!

Em seu ensaio mais tardio, "Convívio", Dante se refere à tradição de interpretar os textos em quatro níveis: o literal, o alegórico, o moral e o anagógico. No nível literal, o texto é a história do amor de Dante por Beatriz. Olhando mais profundamente, Beatriz simboliza um aspecto de Deus. Mais fundo ainda, ela representa uma conspiração vasta, secreta, *à la* Thomas Pynchon – conspiração essa que já estava ativa no século XIV em Florença e ainda controla nosso mundo hoje em dia, como comprova a música de Chico Buarque em honra à mesma musa. E, finalmente, ela é... um cãozinho.

> **FATO ENGRAÇADO**
>
> A tumba de Beatriz Portinari se tornou um local preferido para se deixar cartas pedindo sorte no amor. Presumimos que as cartas sejam escritas por garotas que querem que os poetas escrevam sobre como elas são belas, à distância, enquanto elas se casam com banqueiros endinheirados.

A Divina Comédia

A ideia tem um apelo universal de tirar o fôlego – um tour pelo Paraíso e pelo Inferno! Já os detalhes são tacanhos. Todos reparam imediatamente que o Inferno de Dante é cheio de florentinos. Dante conhece pessoalmente um número assustador de seus habitantes; os outros são os *villains du jour*, os equivalentes de Bernie Madoff e Osama bin Laden no século XIV. O Purgatório é parecido, enquanto o Paraíso tem dois tipos de pessoas: santos e os vizinhos de Dante. Graças a isso, muitas edições da *Divina Comédia* têm mais notas do que texto em si.

Antes de continuarmos: Dante é realmente um gênio. Até mesmo nas partes mais monótonas do *Purgatório*, há passagens fascinantes e belas. Ele faz com que as cenas mais fantasmagóricas pareçam reais, e era um grande filósofo e grande poeta. Mas era também um pedante sem senso de humor, e agora vamos rir dele.

Inferno

Quando se fala sobre Dante, quase sempre se faz referência ao *Inferno*: uma massa amorfa de vizinhos de Dante, desfigurados, morrendo de calor e frio. Essa visão do Inferno fez tanto sucesso que a imagem de Inferno da civilização ocidental é toda baseada nela.

O poema se apresenta como uma autobiografia. Pede-se que acreditemos que o próprio Dante estava perdido em uma floresta quando se deparou com o fantasma do poeta Virgílio. Virgílio foi enviado por Beatriz Portinari para guiar Dante pelo Inferno. Convenientemente, a entrada do Inferno se encontra nessa floresta; assim, eles não têm que andar muito.

De acordo com a cosmologia de Dante, o Paraíso, o Purgatório e o Inferno são todos lugares físicos. Ainda que os espíritos dos mortos não sejam materiais, os locais são. O Inferno é um buraco na terra, com nove camadas ou "círculos". Em cada círculo pune-se um pecado diferente – teoricamente. Na verdade, Dante não se atinha muito a manter seus círculos em ordem. Enquanto os primeiros círculos contêm somente um pecado – e uma tortura – cada um, logo ele perde o controle de seu sistema. O penúltimo círculo (fraude) inclui dez subpecados: cafetinagem, bajulação, leitura da sorte, furto etc. Os pecados mais legais têm sua própria tortura individual, feita sob medida, mas alguns dos pecados mais monótonos têm que dividir a mesma tortura.

A princípio, Dante tende a sentir pena das pessoas que estão sofrendo dores excruciantes e eternas por pecados como os de serem rabugentas, comerem muito depressa ou emprestarem dinheiro com taxas de juros muito altas. Mas Virgílio censura a compaixão de Dante. É isso que Deus quer e Deus está sempre certo. Logo Dante fica esperto: começa a empurrar almas para dentro de rios de sangue em ebulição e se diverte com a agonia dos sofredores.

Alguns destaques do Inferno:

- Os portões do Inferno têm uma inscrição assustadora, que termina assim: "Abandonai, ó vós que entrais, toda a esperança". Essa frase é perenemente popular. É usada para descrever todo tipo de coisa, desde manuais de produtos eletrônicos até centros de telemarketing. Ela aparece também em capachos de boas-vindas e em roupas íntimas inovadoras. Fixá-la em qualquer lugar do escritório sempre funciona para aumentar sua popularidade.

- As pessoas que tiram a própria vida aparecem no inferno na forma de árvores e arbustos, onde harpias ficam empoleiradas e se alimentam de suas folhas. Sangue corre dos galhos quebrados e vozes ecoam da madeira rachada. "Ai!", diz Kurt Cobain. "Isso dói!", resmunga Sylvia Plath. Quando chegar o Dia do Juízo, os suicidas recuperarão seus corpos e cada corpo ficará pendurado por uma corda atada à árvore que abriga sua alma.
- Os ladrões são perseguidos por répteis variados (alguns são atacados por répteis de seis pernas que se fundem com eles, produzindo um homem-lagarto) e cobras, cuja mordida causa combustão espontânea nos condenados. Aqui, está claro que Dante já estava sem imaginação para criar torturas razoáveis. Ele já esgotou os besouros, o fogo, os fossos de piche, o sangue em ebulição, os forcados, as esfoladuras...
- Mas Dante ainda tinha uma carta na manga. No andar mais baixo do inferno, Satanás está mergulhado até o peito em um lago de gelo onde os pecadores padecem de frio. As seis asas de Satanás ficam batendo para manter o lago congelado. Ele tem três rostos: um preto, um vermelho e um amarelo. Como esse é o local onde a traição é punida, cada rosto mastiga um traidor – Judas, Brutus e Cássio. Quem já passou um apuro com as companhias telefônicas não vai se surpreender muito.

PLANEJANDO SUA VISITA AO INFERNO

Contanto que você não tenha pressa para ler o *Inferno*, essa tarefa não será difícil. Leia as notas. Divirta-se imaginando para qual círculo você seria enviado. Se não conseguir identificá-lo, pause sua leitura para cometer alguns pecados. Pause-a também para dar uma ligadinha para os amigos e contar que você está lendo o *Inferno* de Dante.

> Dica: quando estiver lendo as notas do *Inferno*, você encontrará muitas referências a facções políticas florentinas, chamadas de Gibelinos e Guelfos (e aos Guelfos Brancos e Pretos). Não é importante entender as disputas entre essas facções. Na verdade, parece que não havia nenhuma boa razão para a animosidade entre elas. Um tal de Major Guelfo começou um banho de sangue por causa de uma guerra de bolas de neve. Supõe-se que os Guelfos deviam apoiar o Papa, e os Gibelinos, o Sacro Imperador Romano. Mas tudo poderia mudar repentinamente, dependendo de quem era o Papa, quem era o imperador e quem estava olhando.
>
> Felizmente, tudo o que você precisa saber é que eles eram inimigos. Você pode imaginá-los como o papa-léguas e o coiote, ou como o Palmeiras e o Corinthians, e está feito.

Purgatório

No *Purgatório*, Dante começa com uma ideia menos apelativa, se perde nos detalhes e faz repetidas digressões sobre suas próprias ideias fixas. Em resumo, é mais uma típica continuação decepcionante.

Para Dante, o Purgatório é uma montanha. Essa montanha é a única terra existente no Hemisfério Sul. Tem a base redonda e várias camadas, como se fosse o Inferno virado do avesso. Dante e Virgílio, juntos novamente, escalam o Monte Purgatório. Lá encontram pessoas não tão ruins quanto as do Inferno e que sofrem menos em lugares menos interessantes. As pessoas do círculo inferior ainda não podem sequer começar a sofrer. Elas ficam somente sentadas em uma ladeira esperando durante séculos, entediadas até o último fio de cabelo. Acima disso há sete círculos, com punições feitas sob medida para purgar os Sete Pecados Capitais. O avarento, por exemplo, tem que ficar deitado de bruços olhando para o chão, pois amava as coisas materiais. A maior parte das pessoas no Purgatório é punida fazendo alguma coisa tediosa, o que é um pouco difícil para o leitor que não fez nada errado.

No topo, Dante e Virgílio encontram o Jardim do Éden, onde acontece uma alegoria longa e desnorteante. Ela envolve um grifo, uma biga e – como não poderia deixar de ser – garotas bonitas. Ler esse capítulo do *Purgatório* vai purgá-lo do pecado da insônia.

Paraíso

O Paraíso de Dante é baseado no modelo ptolomaico do universo. Todas as pessoas razoáveis acreditavam nesse modelo naquela época. Nele, a Terra se encontra no centro de uma série de esferas. Cada esfera envolve a anterior, como as camadas de uma cebola. Os corpos celestes ficavam ligados a essas esferas e as definiam.

Então, para chegar ao Paraíso, Dante voa do topo do Monte Purgatório até a cristalina esfera da Lua. De lá, é um pulo até Mercúrio, e assim por diante. Agora Dante é guiado por Beatriz, pois Virgílio nunca aceitara o cristianismo e portanto não poderia nem mesmo visitar o Paraíso. Virgílio não sabe a sorte que teve.

No Paraíso, as almas perfeitas não têm nada melhor para fazer do que se agruparem formando figuras de cruzes e rosas gigantes. Na esfera de Júpiter, elas se juntam formando palavras. Daí o M se transforma numa águia gigante e as almas entoam hinos enquanto as asas da águia batem. Para Dante, a recompensa paradisíaca é como participar da cerimônia de abertura das Olimpíadas de Pequim.

Quando não estão formando palavras, as almas abençoadas fazem sermões e dão explicações sem sentido sobre as fases da Lua. No fim, o show de luzes inclui a Virgem Maria, os apóstolos e até Jesus. Não inclui nenhum senso de humor, diversão, nada de interessante, amizade, sexo, comida ou qualquer outra coisa de que as pessoas gostem.

Querem nos convencer de que, uma vez perfeitos, gostaremos dessa terra sem graça. Os abençoados insistem sempre que têm uma felicidade delirante e que Deus está certo sobre tudo. É uma mistura de Coreia do Norte, seu primeiro emprego num escritório e uma coreografia da Broadway. Para resumir, é um inferno.

A PORTA PARA O TÉDIO

É um fato curioso que, quanto mais desafiadora for uma obra de literatura, mais provável será o leitor acabar dormindo com a cara no livro. Ao contrário, até o leitor que mais despreza Dan Brown fica desperto sem esforço ao ler os livros dele. Poderíamos pensar que, dando ao cérebro vários nós para desamarrar, ele ficaria mais envolvido e fascinado do que quando anunciamos para ele que dois mais dois são quatro. Mas não é assim que funciona.

Paradoxalmente, as obras de literatura mais interessantes são geralmente também as mais tediosas. Isso porque, quando damos ao cérebro cada vez mais coisas para fazer, as chances de lhe dar algo que ele não está a fim de fazer aumentam consideravelmente. A certa altura, o cérebro ranzinza se desliga automaticamente e deixa você babando entre as páginas de *A Divina Comédia*. Enquanto isso, o mesmo cérebro fica a devanear, sonhando que está fazendo sexo com a pessoa que lhe emprestou o livro – e que nunca dormirá com você se, quando receber o livro de volta, ouvir o comentário: "bem, gostei muito da primeira página...". Vamos encarar o fato de que o cérebro é nosso inimigo.

Não se submeta às exigências desse órgão. Ele só está com inveja porque somos mais bonitos do que ele. Pergunte-se: quem é que manda aqui? Responda para você mesmo: quem manda aqui sou eu. Lembre-se de que, se você der corda ao cérebro, os outros órgãos poderão seguir o exemplo dele, culminando em uma situação na qual você não poderá transar com mais ninguém nem ir ao banheiro.

E, se você se obrigar a ler, um dia também o cérebro lhe agradecerá, porque a literatura tediosa-interessante vai fortalecê-lo e deixá-lo mais rápido, tornando-o assim mais capacitado para citar Dante quando ele estiver tentando se sobrepor aos outros cérebros. Ou então o cérebro não vai lhe agradecer, pois ele é assim mesmo: um ingrato. Mas não se preocupe. Logo poderemos substituí-lo por computadores, de modo que, quando isso acontecer, no século XXII, *A Divina Comédia* será somente um download indolor diretamente no cérebro, ao estilo Matrix.

	Importância	Acessibilidade	Diversão
La Vita Nuova	4	4	4
Inferno	10	6	8
Purgatório	6	5	5
Paraíso	6	4	5

CAPÍTULO 4

A RENASCENÇA: DE VOLTA PARA O FUTURO

Como toda criança sabe, a palavra *renaissance* significa "reestofar" em francês. Também se refere ao período após a Idade Média, quando as pessoas começaram a pensar que a Idade Média havia acabado.

Foi uma época de revolução religiosa. As pessoas acordaram certa manhã e confabularam entre si: "Espere um pouco. E se o papa não for católico?". Martinho Lutero publicou suas *Noventa e Cinco Teses* atacando os abusos da Igreja e iniciou uma era de questionamento religioso, colocando na boca do povo questões como: "Você se confessa agora?" e "Como ele conseguiu aguentar tanta dor?".

Foi também a época dos polímatas. Leonardo da Vinci não era somente um grande artista, mas também um grande cientista e um ótimo cozinheiro, que audaciosamente especulava, em seus cadernos, sobre a possibilidade de criar uma pizza de quatro queijos. A ciência florescia. Usando um telescópio, Galileu observou que a Terra girava em torno do Sol e que sua vizinha Donna era um mulherão. Foi um novo dia para a humanidade, que nos trouxe uma nova visão da vida – e de Donna.

A escrita mudou para sempre com a invenção dos tipos móveis. Os monges não tinham mais de copiar laboriosamente um manuscrito de cada vez; os *best-sellers* não seriam mais anunciados por terem "vendido mais de três cópias!". A nova indústria editorial libertou os escritores de serem alcovitados por patronos ricos e lhes permitiu assumir a orgulhosa indigência que é a marca da sua profissão.

A seguir, conheceremos as mentes maravilhosas que simbolizam a vivacidade e a elegância da Renascença, e também algumas pessoas que simplesmente escreveram alguns livros.

UMA ROSA COM QUALQUER OUTRO NOME CHEIRARIA A JARGÃO

Entre os historiadores da literatura, o nome da Renascença mudou recentemente. Esse período agora é chamado de "Primórdios da Era Moderna", para refletir a nova crença de que o renascimento do conhecimento clássico não foi seu aspecto crucial e para que os acadêmicos possam espezinhar os dinossauros que ainda se referem à "Renascença". Atenho-me à velha nomenclatura baseando-me no fato de que a palavra "Renascença" é chique (vem do francês!). Além disso, os dinossauros são legais. E, para terminar, "Primórdios da Era Moderna" me faz lembrar a mobília moderna. Não gosto de imaginar Cervantes sentado em uma poltrona Eames. Outra coisa: se você prestar atenção, verá que "Primórdios da Era Moderna" é um anagrama de "*anré do maré adsoi d'ro mirpé*", que não significa nada em francês. Isso deve bastar para calar meus críticos.

Você vai reparar que algumas pessoas descritas nesta seção eram contemporâneas de escritores de quem falamos na seção anterior. Não é só a terminologia dessa era que vive mudando, mas também a era em si. Não existem datas precisas que definam o começo e o fim da Renascença. Por isso, escritores do século XIII ao século XV são situados na Idade Média ou no Renascimento com base em critérios altamente científicos, como: eles parecem renascentistas ou não? Usei o Sistema Pusilânime: para escolher as categorias, primeiro vi o que os outros estão fazendo, depois os copiei e, por fim, abri um sorriso amarelo.

FRANCESCO PETRARCA (1304-1374)

A maioria dos estudiosos concorda que Petrarca inaugurou a Renascença, que foi o pai do Humanismo e que seus sonetos são tão lindos que nem o ato de lê-los lhe dará uma ideia exata de quão lindos eles são. Ele foi o primeiro humanista, o primeiro polímata, o primeiro historiador e o primeiro homem a ser o primeiro. Para resumir: um tremendo exagero.

Mesmo tendo escrito muitas obras filosóficas, Petrarca é lembrado principalmente pelo *Canzoniere*, uma sequência de poemas enamorados dedicados a uma mulher chamada Laura. Petrarca nunca sequer conversou com Laura. Nem mesmo queria dormir com ela, apesar de seu amor, uma vez que ela era casada e isso seria errado. Os poemas a ela dedicados, no entanto, se tornaram o modelo de toda a poesia ocidental de amor nos trezentos anos seguintes. Poetas de toda a Europa aprenderam italiano para poder ler o *Canzoniere*.

Mesmo assim, Petrarca não estava nem perto de chegar em Laura. Somente ficou por ali até que ela morreu, e então ele escreveu mais poemas sobre como a morte dela o havia entristecido.

A não ser que você saiba italiano, não há nenhuma boa razão para ler o *Canzoniere*. Os poemas, que são muito formais, não podem ser traduzidos sem mudanças pesadas e frustrantes – é como juntar as várias partes de um gato para tentar montar um cachorro. São poemas curtos e bastante formais sobre os sentimentos dos apaixonados; e mesmo que a doçura da linguagem e as ideias elevadas sejam encantadoras, o leitor moderno talvez conclua que os poemas seriam melhores se o escritor houvesse realmente encontrado sua namorada pelo menos uma vez.

	Importância	Acessibilidade	Diversão
Il Canzoniere	10	7	3

POR QUE JOHNNY NÃO FAZ OUTRA COISA A NÃO SER LER

Na Idade Média/das Trevas, os estudos universitários compreendiam o *trivium* (retórica, lógica, gramática) e o *quadrivium* (aritmética, música, geometria, astronomia). Os humanistas renascentistas, como Petrarca, substituíram esse sistema pelos *studia humanitatis*. Jogaram fora a aritmética, a música, a geometria, a astronomia e a lógica. Mantiveram as úteis gramática e retórica e acrescentaram a história, a poesia e a filosofia moral. Basicamente, o "bem falar" era preferido ao realmente fazer algo. Os efeitos ecoam nos dias de hoje, na forma de um milhão de graduados em filosofia, letras e história que acham que a comida vai simplesmente se materializar sobre a mesa deles.

A salvação do humanismo foi quando as pessoas pararam de aprender ciência lendo teorias que estavam erradas havia centenas de anos e começaram a fazer experimentos. Sem a lógica escolástica, a lógica pura fascinou toda uma geração de pensadores. Os astrônomos pararam de estudar os mapas celestes e finalmente olharam para o céu. Alguém aprendeu a tocar músicas que serviam para dançar. Petrarca levou o crédito por isso, porque foi o primeiro homem a desacreditar a geração anterior de pensadores. Os créditos foram jogados para o alto e Petrarca estava com um balde na mão para pegá-los. Só pela invenção dessa tática, ele merece ser reverenciado como um inovador.

O DECAMERÃO, GIOVANNI BOCCACCIO (1313-1375)

A peste chegou a Florença. Dez jovens ricos e instruídos fogem para uma casa de campo, onde passam o tempo contando histórias. A cada dia um tema é escolhido e cada pessoa conta uma história baseada naquele tema. A aventura dura dez dias, resultando em cem histórias.

As histórias são curtas – de duas a quatro páginas – e a maioria é do tipo "frade safado". Em um dos contos, uma garota pagã de 14 anos ouve falar sobre o cristianismo e foge para a floresta para encontrar Deus. Ela encontra um monge que se dispõe a ensiná-la a "mandar o diabo de volta para o inferno". Na primeira vez em que eles tentam fazer isso, ela sente dor, mas logo passa a gostar. No fim, o monge se torna uma sombra do que era antes, porque ela não se cansa de pedir que ele mande o diabo dele para dentro do inferno dela. Há romances ocasionais sobre princesas náufragas etc., mas a fórmula básica de Boccaccio compreende uma mulher lasciva, um clérigo lascivo e um opcional marido ciumento.

A importância duradoura do *Decamerão* é semelhante à do *Canzoniere* de Petrarca. Os contos foram usados e reusados. Cem histórias são uma mão na roda para os plagiadores. Os contos do *Decamerão* foram roubados por Shakespeare, Keats, Chaucer, Spenser e dez mil peixes pequenos. No século XVII, um dos personagens de Ben Jonson se refere a um vendedor de óleo de serpente que ilude as multidões com "alguns contos no estilo de Boccaccio".

	Importância	Acessibilidade	Diversão
Decamerão	10	10	7

ACIMA DA LEI

Tanto Boccaccio quanto Petrarca (que eram amigos) estudaram direito e ambos deram um jeito de ganhar a vida escrevendo em vez de praticar advocacia. Petrarca disse com pesar: "Não consegui encarar o fato de fazer comércio com minha mente".

Ser um escritor não era "fazer comércio" porque ainda não havia compradores, somente patronos. Assim, mesmo com a mão estendida, Petrarca conseguiu andar de cabeça erguida.

A AUTOBIOGRAFIA DE BENVENUTO CELLINI (1500-1571)

Cellini foi um dos escultores de maior sucesso da Europa renascentista. Michelangelo era seu amigo; seus clientes eram papas, reis e déspotas. Sua reputação como artista declinou um pouco, mas sua fama de sociopata alegre e elegante nunca diminuiu. Literalmente não existem mais pessoas adultas como Cellini, pois as colocamos na prisão enquanto ainda são adolescentes. Isso costuma acabar com sua autoconfiança.

Ele ditou sua autobiografia, enquanto trabalhava, para um garoto de 14 anos. Talvez o público de 14 anos tenha influenciado o tom. O livro é recheado de visões, feitos sobre-humanos e crimes ousados. Cellini relata impossibilidades, como a ocasião em que viu uma salamandra – do tipo que vive no fogo. Conta histórias sobre as proezas incríveis que realizou na guerra – feitos de que nenhuma outra testemunha se recorda. Ademais, confessa ter assassinado cinco pessoas por razões que vão desde a vingança até o mau humor. Teve casos tanto com garotas quanto com garotos. Menciona guerras, incêndios e intrigas.

"Em uma obra como essa, uma certa arrogância é sempre natural", disse Cellini certa vez. Mas sua arrogância é mais divina do que natural; se ele fosse um pouco menos radical, seria insuportável. Tal como está, sua falta de modéstia é puro êxtase.

	Importância	Acessibilidade	Diversão
Autobiografia	5	8	9

FRANÇOIS VILLON (1431 – DEPOIS DE 1463)

Na longa lista de escritores sem reputação, Villon está no topo. Quando não sugava seus patronos, roubava-os com uma gangue. Acredita-se que tenha sido membro da Coquille, uma corporação secreta de ladrões, e alguns dos seus versos são escritos no jargão da bandidagem. Seus poemas geralmente começam com uma referência à prisão onde foram escritos e muitas vezes terminam com um apelo por dinheiro. Ele era o príncipe indigente dos *bad boys* literários.

Sua poesia expressa a miséria dos pobres, mas com o glamour grosseiro de um gênio que não conseguia evitar a demonstração de desdém por seu público. Há poemas de mendicância e um epitáfio em verso para ele mesmo, escrito enquanto ele aguardava a forca. Sua maior obra foi *Testamento*, escrito em forma de zombaria. Villon conta a história pitoresca de sua vida e dá detalhes de como quer que sua herança seja dividida. Sua herança é composta sobretudo de piadas insultuosas sobre pessoas de quem ele não gostava. Mas o *Testamento* inclui também canções, uma com o famoso refrão "Onde está a neve do ano passado?". Outra, "A Balada de Fat Margot", tem o refrão "neste bordel onde reinamos" e ostenta uma das primeiras masturbações da literatura.

	Importância	Acessibilidade	Diversão
Poemas de Villon	6	5	10

FRANÇOIS RABELAIS (1494-1553)

Se você tiver propensão para sofrer de náuseas, não leia esta seção. Rabelais foi o escritor mais nojento que já existiu. Sempre que há sangue e sexo nas obras de Rabelais, eles são eclipsados por coisas que os seres humanos costumam achar difíceis de apreciar. Rabelais não consegue deixar nenhum de seus personagens ir ao banheiro sozinho. Ele faz uso de uma engenhosidade perturbadora para inserir elementos escatológicos em cenas de tribunais, em cenas de sexo, em fábulas de animais e em meditações sobre o nascimento e a morte.

Sua segunda maior preocupação é a bebida: ele geralmente se dirige aos leitores como "vós, bebedores". Seus personagens passam centenas de páginas sem ficar sóbrios uma única vez. Para terminar, os personagens são glutões, e mesmo nesse ponto Rabelais deixa sua marca registrada de nojo – todos os cardápios da casa de Pantagruel incluem "buchada". Diante disso, qualquer outra coisa parece brilhar de tão limpinha – a sitcom norte-americano *South Park*, pornografia hardcore, fezes...

Rabelais era – como os leitores que conhecem o mundo provavelmente imaginaram – um monge. Entrou em um convento franciscano quando era garoto. Apesar das muitas tentativas de sair, e de quase ser queimado vivo por heresia muitas vezes, morreu como viveu – como monge. Teve um filho ilegítimo, mas não cometeu estupros ou homicídios; pelos padrões renascentistas, era um escoteirinho. Não há sequer indícios de que ele bebesse, comesse ou defecasse mais que qualquer outra pessoa.

No entanto, ele tinha mais conhecimento do que a média das pessoas. Intercaladas com as bebedeiras e defecações em *Gargântua e Pantagruel*, há sátiras bem informadas sobre todos os ramos do saber: ciências naturais, direito, teologia, os clássicos – resultado da vida de estudante perpétuo de Rabelais.

O que a comédia de Rabelais tem de singular é que ele faz todos os tipos de humor de uma vez só: os jogos de palavras, as palhaçadas, o humor grosseiro e as sátiras rebeldes de conceitos filosóficos ocorrem a todo momento. Vale a pena encarar *Gargântua e Pantagruel* como um estudo sobre idiotices, mesmo para aqueles leitores que preferem ir ao banheiro sozinhos.

Cenas e Personagens Principais:

Pantagruel – Pantagruel é o filho do príncipe Gargântua e de sua esposa Gargamelle; os três são gigantes. Muitos episódios do livro se baseiam na comédia do grande *versus* o pequeno, como quando o soldado Gargântua afoga as forças inimigas "tirando água do joelho". Muitos desses episódios vêm de um livro anterior de Gargântua, um *best-seller* que deu a Rabelais a ideia para fazer esse outro livro. Às vezes Rabelais se esquece do tamanho de seus heróis e os faz agir de modo totalmente normal. Na verdade, a Rabelais nada disso importa; ele preza tanto a coerência quanto preza o bom gosto.

Frei João – é o modelo de frei de Rabelais – devoto das caçadas, da guerra, do vinho, das refeições requintadas e do amor, sem nenhum peso na consciência. Ganha distinção na guerra do Livro I, ao matar 13.622 homens com o báculo de uma cruz. Como recompensa por seus serviços nessa guerra, o pai de Gargântua constrói para ele...

A Abadia de Theleme – uma utopia rabelaisiana. Theleme tem princípios contrários aos de qualquer outra abadia. São admitidos homens e mulheres em número igual e eles são selecionados por seu charme e boa aparência. Em vez de fazerem votos de castidade, pobreza e obediência, eles podem se casar, são todos ricos e vivem em completa liberdade. A regra de sua ordem consiste em quatro palavras: FAÇA O QUE QUISER.

Panurge – o falstaffiano auxiliar de Pantagruel, pinguço e covarde escolado. Em uma de suas tiradas típicas, Panurge sugere que as muralhas de Paris sejam reconstruídas com a genitália dos parisienses. Primeiro: porque são mais baratas do que pedras. Segundo: não há metal que possa suportar melhor as batidas do martelo. E, finalmente, todos os inimigos morreriam de sífilis. Na primeira edição do livro, essa cena foi tão censurada que a página molhada de tinta caiu, deixando borrões nas páginas subsequentes.

Um Esquete sobre Pantagruel – o autor conta que, em uma das campanhas militares de Pantagruel, ele próprio se protegeu de uma tempestade dentro da boca do gigante. Lá descobriu todo um país com fazendas, florestas, cidades e uma população sem conhecimento algum do mundo exterior. Viveu na boca de

Pantagruel por vários meses em grande prosperidade. Para ganhar a vida, trabalhava como "dormidor" e recebia de acordo com o volume de seu ronco.

	Importância	Acessibilidade	Diversão
Gargântua e Pantagruel	10	5	10

MICHEL DE MONTAIGNE (1533-1592)

Montaigne é o pai do ensaio. Foi inclusive o primeiro a usar a palavra ensaio ou *essai* ("tentativa" em francês) para designar uma pequena obra de não ficção em prosa. Se essa informação não impressioná-lo, eu como meu chapéu.

Ele foi um dos primeiros frutos da superpaternidade. O pai dele determinou um esquema singular de educação para o pequeno Michel. A criança foi criada por uma família de camponeses em seus primeiros três anos, para deixá-lo próximo do povo. Quando tinha 3 anos, foi trazido de volta para casa. Ali não era permitido a ninguém falar com ele a não ser em latim. (Ao que parece, a proximidade com o povo não era mais o objetivo.) Tocava-se música para ele desde o momento em que acordava; alguém o seguia com uma cítara e tocava sempre que ele se cansava. Você deve estar imaginando que isso terminou com Michel matando toda a família a marteladas. Na realidade, ele cresceu e se tornou um adulto alegre que amava o pai. Até seguiu a carreira do pai (que tinha sido prefeito de Bordeaux) na política municipal.

Então, em seu aniversário de 38 anos, Montaigne, "cansado da servidão da corte e dos empregos públicos", aposentou-se. Achando que sua nova vida de ócio o deprimia, voltou-se para a escrita. Mesmo sendo aquela uma época de agitação política, com guerras religiosas pipocando por todo o país, ele não escrevia sobre política e religião. Escreveu: "O mundo sempre olha para a frente; já eu volto minha visão para meu interior... Não tenho assunto nenhum a não ser comigo mesmo; e continuamente me observo".

O resultado é uma série de divagações, reflexões cheias de citações sobre tudo e nada. Sobre polegares, Sobre canibais, Sobre o sono, Sobre Catão, o Jovem. Montaigne também se revelou um baú de tesouros cheio das maravilhosas histórias de pescador que os estudiosos do século XVI levavam a sério. Ao abrir uma página aleatoriamente, você encontrará elefantes treinados que praticam passos de dança nas horas vagas, ou os ídolos do Temistitão, que são "cimentados com o sangue de criancinhas", ou ainda a declaração: "De fato existem nações que reconhecem um cão como seu rei".

Os *Ensaios* eram muito populares e se tornaram parte de uma lenta revolução de pensamento que culminou no Iluminismo. Isso gerou a Ciência Nova e, por último, o moderno Estado laico. Sim, é graças a Montaigne que temos a democracia, a liberdade religiosa e que podemos evoluir em vez de sermos criados em sete dias. Você pode achar que isso é um exagero; mas, sem Montaigne, talvez você estivesse proibido de achar qualquer coisa.

	Importância	Acessibilidade	Diversão
Ensaios	10	8	10

O DOM QUIXOTE DE MIGUEL DE CERVANTES SAAVEDRA (1547-1616)

Considerando que Cervantes é o escritor mais reverenciado da língua castelhana, percebemos que não sabemos tanto assim sobre ele. No entanto, o que sabemos é muito pitoresco. Antes de se tornar escritor profissional, ele lutou contra os turcos na Batalha de Lepanto e perdeu os movimentos da mão esquerda. Entrou e saiu da prisão e foi capturado no mar e mantido como escravo por cinco anos na Argélia.

Ele usou sua outra mão para escrever poesia e peças teatrais, mas sem sucesso, até que escreveu *Dom Quixote*. Até hoje, essa é praticamente a única obra sua lida em inglês. A única exceção são as *Novelas Exemplares*, um conjunto de novelas inteligentes e divertidas, muito parecidas com os contos entretecidos no primeiro volume do *Dom Quixote*.

Muitos dizem que *Dom Quixote* é o melhor romance já escrito. Alguns dos mesmos estudiosos o chamam também de "o primeiro romance". Seria uma incrível sorte de principiante se o primeiro romance fosse também o melhor. Felizmente, como nossos leitores se lembrarão, os romances já eram escritos havia mais de mil anos, e *Dom Quixote* é somente um dos primeiros romances a serem equivocadamente chamados de "o primeiro romance". (Conheceremos muitos mais nas páginas que se seguem.)

O herói é um cavalheiro empobrecido, já com alguma idade, que, tendo lido muitos romances (eu não disse?), acaba acreditando que é um cavaleiro andante perseguido por um feiticeiro do mal. Ele sai montado em seu pangaré faminto – o qual acredita ser o garanhão Rocinante – para remediar as injustiças do mundo. Um camponês local, Sancho Pança, junta-se a ele por causa da promessa de se tornar o rei de uma ilha, sendo essa a sua parte nos espólios.

No primeiro volume, as aventuras de Dom Quixote seguem um padrão fixo. Ele acredita que uma coisa é outra – moinhos de vento são gigantes; rebanhos de ovelhas são exércitos; a camponesa Aldonza é sua amada imaginária, a dama Dulcineia de Toboso. Sancho faz comentários cheios de dúvida e espanto, mas no final acaba cooperando e o cavaleiro ataca. Tais ataques geralmente terminam com Quixote e Sancho, e às vezes suas montarias também, levando uma surra. O humor dessas partes faz com que Os Três Patetas pareçam sofisticados. Ninguém jamais citaria a parte em que Quixote e Sancho vomitam um no outro como prova de que essa foi a Era de Ouro da literatura espanhola.

Mas o livro fala tanto sobre outros livros e histórias quanto sobre Dom Quixote e suas aventuras. Enquanto ataca seus inimigos, Quixote também ensina a Sancho as tradições da cavalaria e quais livros sobre cavaleiros andantes são os melhores. O livro é cheio de opiniões sobre livros e escritores (incluindo o escritor Cervantes). Aproximadamente um terço dele consiste em pequenos contos sobre as pessoas que Quixote encontra, a maior parte deles parodiando estilos então populares, como o pastoral e o pitoresco.

Os personagens que encontramos no segundo volume, publicado dez anos depois do original, reconhecem Dom Quixote por terem lido o primeiro livro. (Houve também um segundo volume ilegítimo que surgiu antes de Cervantes ter a chance de publicar o seu próprio. Para piorar ainda mais o desrespeito aos direitos autorais, o escritor desconhecido usou seu prefácio para repreender o autor do original. É fácil adivinhar o momento em que Cervantes descobriu a existência do livro concorrente. A partir do capítulo 59, Dom Quixote e Sancho Pança denunciam severamente, e muitas vezes, a "falsa história" que havia sido publicada sobre eles.)

O volume II é mais sombrio e maduro que o volume I. Dessa vez, Quixote está mais vulnerável e sua fantasia se torna instável, expondo-o às vezes à dura realidade. Em um episódio, Sancho Pança o faz acreditar que uma camponesa qualquer é sua amada Dulcineia. Um duque e uma duquesa sádicos fingem tratar Quixote como convidado de honra enquanto montam esquemas elaborados para verem-no fazer papel de bobo. No fim ele morre, curado de sua ilusão. A essa altura, porém, já estamos encantados o suficiente para acreditar que o mundo não será tão bom sem o Cavaleiro da Triste Figura e suas fantasias.

	Importância	Acessibilidade	Diversão
Novelas Exemplares	3	7	7
Dom Quixote	10	7	10

NAQUELE DIA FATÍDICO

Muitos acham surpreendente que tanto Cervantes quanto Shakespeare tenham morrido em 23 de abril de 1616. Mas não levam em conta o fato de que a Espanha e a Inglaterra usavam calendários diferentes na época, e que portanto o dia 23 de abril caiu em datas diferentes. Essa confusão de datas foi fatal para a Invencível Armada espanhola, que, se seguisse o calendário inglês, teria encontrado o clima perfeito para navegar.

A Inglaterra Elisabetana

A literatura inglesa da Renascença é relativamente decente. Não há nenhum Villon, Cellini ou Rabelais. Em vez disso, há Spenser, cuja obra poderia ser usada como uma forma de controle de natalidade. Os elementos obscenos são muito mais puritanos do que Chaucer. Por quê? Talvez pelo fato de nessa época a Inglaterra ter sido governada por uma rainha que fingia ser virgem – ou, pior ainda, que realmente era virgem. (Ninguém sabe a verdade.) Isso a tornava amarga e, através da psicologia da osmose, tornava amargas todas as pessoas que trabalhavam com ela e, em seguida, as pessoas que trabalhavam com estas. Esse sofrimento, no entanto, seria mais tarde eclipsado pela diversão, proibida, que os britânicos *não* tiveram sob o governo da rainha Vitória.

Nota: quase toda a literatura elisabetana importante é dramática. Isso significa que você não precisa ler nenhuma obra. Pode assisti-las no teatro ou simplesmente pegar um filme no Netflix. É a subliteratura em pílulas.

UMA HISTÓRIA RÁPIDA DOS PALCOS INGLESES

Quando ainda não havia teatros profissionais na Inglaterra, os dramas tomavam a forma das chamadas peças de mistério: cenas da Bíblia trabalhadas livremente pelos amadores envolvidos. Geralmente eram produzidas por membros de associações e encenadas em feriados religiosos. Caracteristicamente mal escritas, as peças de mistério são interessantes por sua energia anárquica. Costumam incluir algum humor obsceno e palhaçadas junto com uma religiosidade sanguinária. Em resumo, se parecem muito com o que o drama grego seria se tivesse sido escrito por imbecis. Em acréscimo às peças de mistério, há as peças de milagres e as peças morais. Os estudiosos do drama inglês antigo conseguem diferenciar esses três gêneros.

CHRISTOPHER MARLOWE (1564-1593)

Marlowe é um dos primeiros exemplos de um artista em torno de quem se criou um misticismo exagerado pelo fato de ter morrido jovem. Mas ao contrário da versão insípida do século XX, que morre de overdose cercado de *groupies*, Marlowe foi esfaqueado.

Ninguém sabe por que ele foi assassinado. Pode ter sido por causa de sua carreira de espião, se é que realmente foi espião. Pode ter sido por causa de seus crimes, se é que realmente os cometeu. Pode até ter sido por causa de sua homossexualidade, se é que ele era gay, ou por seu ateísmo, se é que ele não acreditava mesmo em Deus. Não se sabe quase nada sobre Marlowe, mas seus fãs já o acusaram de todas essas coisas e ainda mais.

Tomaremos posição em um ponto. Embora eu não seja adepta da moda de dizer que eram gays autores mortos há muito tempo, Marlowe provavelmente era gay. No que nos baseamos? Ele escrevia regularmente sobre personagens gays; nunca se casou nem teve uma namorada; e alguém que o conhecia bem disse que ele era gay. Se compararmos esses dados com os referentes a outros autores do mesmo período, eles levam zero e Marlowe leva 100. A prova final? Ao contrário desses outros autores, Marlowe é gay.

As Peças de Marlowe

A primeira peça de Marlowe foi *Dido, Rainha de Cartago*, uma versão seriocômica da clássica história de amor (ver p. 38) e complementada com sub-histórias de amor. Nessa peça, Ana ama Jarbas que ama Dido que ama Eneias. Quando Eneias vai embora, não é somente Dido que se mata – Jarbas e Ana também se matam, todos na última página, de modo que a cortina desce sobre uma pilha de corpos estrebuchando. Provavelmente a peça teve a coautoria de Thomas Nashe, o que explicaria a parte em que um homem transa com uma mulher.

Tamerlão, o Grande (partes I e II) consiste essencialmente em três cenas que se repetem. Em uma cena, um rei, sultão ou imperador se gaba de que sua máquina de guerra incomparável vai humilhar o inferior Tamerlão. Na outra, Tamerlão se gaba de que vai humilhar a tal "máquina de guerra" e ficará com a máquina para si mesmo. Depois, Tamerlão aparece usando a coroa do tal rei/sultão/imperador – que por sua vez está preso em uma jaula – e se gaba de como humilhou totalmente a tal máquina de guerra e agora tem mais essa máquina ao seu dispor. Dez atos disso aí.

Em *O Judeu de Malta*, Marlowe demonstra novamente que sua genialidade paira sobre o tédio dos enredos. A ação começa quando o governo maltês expropria o personagem principal, Barrabás. Mesmo conseguindo guardar boa parte do seu dinheiro, Barrabás empreende uma caçada sanguinária contra todos os cristãos, motivado pelo fato de que Marlowe não gostava de judeus. O enredo de Marlowe exige que suspendamos a descrença e a mantenhamos assim por muito tempo. Exemplo: Barrabás astuciosamente mata três pessoas usando um chapéu com uma flor envenenada. Como ele previra, as três pessoas pedem a flor e todas elas a cheiram em sequência. Assassinos, não tentem fazer isso em casa.

Doutor Fausto é sobre um homem com sede de poder, riqueza e sexo. Vende a alma ao diabo, e abracadabra! De acordo com o contrato, Fausto tem 24 anos para desfrutar de sua vida perfeita.

Bônus: contanto que ele se arrependa verdadeiramente, não terá que ir para o inferno. De quando em quando, um "anjo bom" e um "anjo mau" aparecem de cada um dos lados de Fausto para lhe dar conselhos. (Esta é a origem desse antigo clichê.) O anjo bom diz "Arrependa-se", o anjo mau diz "A quem estamos enganando? Você é mau, nunca se arrependerá". No final, Fausto é mandado para o inferno, gritando. O anjo mau tinha razão.

Em *Eduardo II*, Marlowe realmente chega ao auge. O recém-coroado Eduardo II está apaixonado por Gaveston, um ser vil e de baixa classe. Eduardo não dá a mínima para a coroa, só quer ficar em paz para se divertir com seu subordinado Gaveston. Isso é pedir demais? É. A nobreza da Inglaterra se revolta, o sangue jorra, Gaveston é decapitado. Droga! Finalmente, Eduardo é aprisionado no sistema de esgotos de um castelo, enquanto um homem do lado de fora toca um tambor dia e noite para que ele não possa dormir. É mais ou menos como viver em um apartamento num grande centro urbano. A não ser pelo fato de que, num grande centro urbano, nenhum assassino entra e nos mata sem mais nem menos com um ferro em brasa. Mas, como se diz, é melhor amar e perder do que nunca ter amado.

O Massacre em Paris é a última peça de Marlowe. Fala sobre o massacre cometido pelos católicos contra os protestantes e tem a linguagem normal de Marlowe – altercações, dezenas de assassinatos, luvas envenenadas, faca envenenada. É mais uma peça que nos faz pensar: "Uau, Shakespeare é ótimo!". Meu conselho: pare em *Eduardo II*.

	Importância	Acessibilidade	Diversão
Dido, a Rainha de Cartago	2	4	5
Tamerlão, o Grande	2	4	6
O Judeu de Malta	8	5	6
Doutor Fausto	9	6	7
Eduardo II	7	5	6
O Massacre em Paris	2	4	4

Do Pastor Apaixonado a seu Vale-Refeição: Poetas da Corte

Como se representasse o João Batista do "Jesus" de Shakespeare, Marlowe escreveu um dos poemas mais famosos da língua inglesa, "Do Pastor Apaixonado a seu Amor". É basicamente uma cantada para conseguir transar, que começa assim:

> Venha viver comigo e ser meu Amor,
> E todos os prazeres provaremos sem temor...

O pastor/narrador promete ao seu amor roupas finas, como chinelos com fivelas de ouro, e horas de diversão observando ovelhas. (Presumimos que esse "observando ovelhas" seja no sentido bíblico da coisa.)

Um amigo de Marlowe, *Sir* Walter Raleigh, escreveu um soneto em resposta: "A Resposta da Ninfa ao Pastor". Diz: Você só ladra, pastor, não tem dinheiro para fivelas de ouro; estou envelhecendo e preciso me casar. Raleigh representa aqui o cínico mundano. É claro que ele não leva em conta que o Pastor Apaixonado de Marlowe (que, em inglês, não tem seu sexo especificado) provavelmente não está escrevendo para uma "ninfa", mas sim para um Pastor Sem Preconceitos, ou simplesmente para um Pastor Bi-Curioso.

Esse tipo de conversação poética fazia parte do ambiente da corte real. Também era comum para as pessoas da corte escrever cartas em forma de poemas — para parabenizar alguém, discutir sobre um tema ou agradecer a alguém por sua hospitalidade. Havia também poemas de amor. Muitos deles eram exercícios formais, usados para fazer galanterias sem importância. Alguns, no entanto, eram reais expressões do desejo de dormir com a mulher do próximo, pois ela era muito bonita. A amada era sempre linda, mas "cruel", o que significava que ela não iria ceder. (P.S.: Na vida real, ela geralmente cedia.)

Para um cortesão, uma carreira de escritor de sucesso significava presentes do monarca, os quais poderiam incluir castelos, direitos comerciais em províncias distantes e esposas abastadas. O fracasso significava a pobreza, a prisão ou a decapitação. Geralmente os escritores oscilavam entre o sucesso e o fracasso até ganharem uma passagem para a pena de morte.

Aqui estão alguns dos mais famosos:

Sir Thomas Wyatt (1503–1542): conhecido por ter sido amante de Ana Bolena e pelo ritmo peculiar e oscilante de suas poesias. (Em vez de: Um, dois, feijão com arroz; é assim: Um, dois, opa, tropecei, feijão com arroz.) *Sir* Thomas Wyatt foi preso na Torre de Londres duas vezes e também serviu como diplomata em vários países. Quando era garoto, diz a lenda, derrotou um leão de estimação que o havia atacado. Com Torre ou sem Torre, essa época não pode ter sido tão ruim, já que as crianças tinham leões de estimação!

Sir Philip Sidney (1554–1586): escreveu uma grande sequência de sonetos intitulada *Astrophel e Stella* (tradução: Amante das Estrelas e Estrela), que fala da "dama cruel" de sempre, mas é mais elegante que a média. Escreveu também um romance pitoresco chamado *Arcádia*. "Arcádia", é claro, é a terra da poetização das ovelhas. Mas Sidney não escreveu aquela estupidez pastoral normal; sintonizou-se com os romances podres da Roma antiga. A cada página há uma virada de roteiro extravagante: naufrágios, sequestros de piratas, revoltas de escravos... Sidney também foi o autor da primeira crítica literária importante em inglês, *A Defesa da Poesia*, que explica por que os poetas são melhores que o resto das pessoas.

E então temos *Sir* Walter Raleigh (1552-1618): um poeta agradável, porém mal-humorado, que tem a honra de provavelmente ter dormido com a Rainha Elizabeth. Mas e aquela história de ele cobrindo a poça com a capa para que ela não molhasse os pés? Mentira. Ele também não trouxe de volta a moda do tabaco, não descobriu a batata, não inventou o guaxinim nem protagonizou qualquer outra história de que você tenha ouvido falar.

THE FAERIE QUEENE DE EDMUND SPENSER
(1552-1599)

The Faerie Queene é uma epopeia em louvor a Elizabeth I, na esperança de que a rainha desse dinheiro ao seu autor. É renomado por ser um livro muito longo que você tem que ler para conseguir seu doutorado em inglês e que precisa de um curso de doutorado em inglês para ser lido.

São seis livros e o esboço de um sétimo. Spenser pretendia escrever 24, mas foi interrompido pela crítica. Cada livro é sobre uma virtude: santidade, temperança, castidade etc. (Isso mesmo: naquela época havia vinte e quatro virtudes, não somente as sete ou oito que conhecemos hoje. Incluíam-se aí as virtudes completamente perdidas chamadas *spasmosium* e *quat*. Já não sabemos o que eram, mas as descrições de *quat* nos sugerem que a palavra poderia explicar o uso de rufos, que serviam como babadores.)

O principal a se saber sobre *The Faerie Queene* é que é uma alegoria. Às vezes os personagens são chamados de Inveja ou Temperança para deixar tudo muito claro. Mas todos eles representam ideias. Una é a única fé verdadeira (a da Igreja da Inglaterra). Duessa é a falsa fé (a da Igreja Católica). Florimell e Britomart são tipos diferentes de castidade. Para complicar, os personagens muitas vezes representam simultaneamente pessoas reais, como num *roman à clef*. Duessa normalmente é identificada com Maria Stuart, por exemplo. Quando vários personagens se põem em ação, a peça se torna um jogo de semântica. Os leitores não devem esquentar a cabeça tentando decodificar as alegorias. Se você gosta de decodificação, fique à vontade. Se não, lembre-se de que tudo se resume a:

Somos os mocinhos, Eles são os vilões. Nós ganhamos e eles perdem.

A salvação de *The Faerie Queene* é seu mau gosto orgástico. Um exemplo: no Livro III, uma giganta aparece (do nada, como tudo o mais em *The Faerie Queene*) cavalgando pelo campo, agarrando cavaleiros pela nuca, pendurando-os na sela e levando-os embora para serem seus escravos sexuais. Se não houver cavaleiros à mão, servem animais. Ela e o irmão Ollyphant, por serem gêmeos, já estavam fazendo sexo dentro do útero; na verdade, já nasceram trepando.

Muitos defensores de Spenser diriam que sua grandeza está na musicalidade da sua poesia. Mas até mesmo o bonito estilo era/é considerado sem graça por alguns. Spenser usava um monte de palavras que já eram arcaicas mesmo no século XVII e torcia a sintaxe em arabescos bizarros. Para resumir, mesmo na época elisabetana ele era como Tolkien escrevendo para um elfo.

Uma dica: tente começar pelo Livro III, sobre a virtude da castidade. Como regra geral, escritores atingem o auge quando falam sobre sexo. É também o ponto alto de *The Faerie Queene*, quando Spenser havia amadurecido sua arte mas ainda não tinha percebido que a Rainha Elizabeth I nunca lhe daria dinheiro por tê-lo escrito.

	Importância	Acessibilidade	Diversão
The Faerie Queene	6	5	6

WILLIAM SHAKESPEARE (1564-1616)

Alguns leitores podem questionar minha decisão de deixar William Shakespeare de fora deste livro. Eu, no entanto, me ressinto tanto do exagero que fazem sobre a reputação desse dramaturgo de segunda categoria que decidi tomar partido. Para mim, a questão não é "quem escreveu as obras de Shakespeare?" e sim "quem precisa das obras de Shakespeare?".

Agora posso dizer: o Bardo está nu.

Brincadeirinha. Na verdade, dedicarei a Shakespeare um capítulo inteiro. Nada mudou, seu *status* continua o mesmo. Perdoem-me, mas Shakespeare é o máximo.

BEN JONSON (1572-1637)

Como muitos escritores elisabetanos, Jonson foi ator antes de tentar ser escritor. Perdeu sua primeira grande chance como ator de modo espetacular, matando um colega ator em um duelo. Por esse crime, foi marcado com ferro em brasa no polegar e escapou da forca por pouco. Impassível, Jonson se gabou do duelo pelo resto da vida, alegando que a espada de seu adversário era um palmo mais comprida que a sua.

Assim era ele. Quando não estava se gabando, estava pondo outras pessoas para baixo, atacando-as e se recusando a admitir que estava errado. Em suas comédias, satirizava brutalmente o governo, seus patrões, seus protegidos, seus colaboradores e seu público, enquanto louvava a si mesmo de modo repugnante. Durante anos, foi largamente odiado, mas com o tempo se tornou um rabugento amado por todos, o tipo de pessoa que, quando destila seu veneno, ouve dos outros um carinhoso "Isso é bem o seu estilo!".

Jonson era renomado por ser culto. Sua erudição lhe deu passe livre para as casas dos aristocratas e também lhe possibilitou roubar os melhores versos de um monte de autores clássicos. Além das peças, escreveu poesias líricas ("Brinde-me somente com seus olhos" etc.) que foram misteriosamente superestimadas até o momento em que, de repente e sem mistério nenhum, foram esquecidas. Durante cem anos, ninguém pensou em imitar Shakespeare, enquanto os imitadores de Jonson estavam por todo lado. Os Poetas *Cavaliers* (ver p. 126) eram até chamados de "A Tribo de Ben" por imitarem os escritos de Jonson. Sua poesia é realmente muito bem construída e, dado o estilo, é muito legal. Mas é chatíssima.

	Importância	Acessibilidade	Diversão
Volpone	7	8	7
O Alquimista	7	7	8
A Feira de Bartolomeu	5	6	7

OS TRÊS MAIORES SUCESSOS DE JONSON

Como dramaturgo, o marco de Jonson foi a "Comédia dos Humores". Pode soar estranho e redundante, como "Tragédia dos Dramas" ou "Culinária da Cozinha". Mas, na crítica literária elisabetana, humor significava um traço único que definia completamente um personagem. Um personagem é beligerante e essa é a sua única qualidade. Sua irmã é reclamona e tudo o que ela faz é reclamar. Os personagens não são pessoas tridimensionais, mas sim adjetivos. A irmã reclamona é chamada de Mona. O homem honesto é chamado de Franco, enquanto o pretendente é chamado de Casadoiro. Parece um pouco forçado? Bem, tudo o que podemos dizer sobre Jonson é que "Shakespeare era ótimo".

As comédias de Jonson são geralmente engraçadas. Têm passagens lindas e ideias interessantes (mesmo que não sejam todas obras de Jonson). Aqui estão seus maiores sucessos.

Em *Volpone*, o personagem principal que dá o nome à obra é um homem que acumula riqueza sem limites fingindo estar à beira da morte e dispondo-se a mudar seu testamento a todo momento. Em *O Alquimista*, o falso alquimista Sutil extorque dinheiro de uma infinidade de otários, desde o sonhador Mammon até o puritano hipócrita Ananias. A última das maiores peças de Jonson é *A Feira de Bartolomeu*, ambientada em uma feira real daquela época – completa, com marionetes, máscaras, cafetões e outro puritano vulgar, que aqui move uma guerra santa contra os biscoitinhos em forma de gente. (Jonson, como a maioria de seus colegas, detestava os puritanos; os puritanos detestavam o teatro e o aboliram tão logo tomaram o poder, junto com o Natal, as roupas coloridas e o orgasmo feminino.)

CAPÍTULO 5

WILLIAM SHAKESPEARE, O ÚNICO A GANHAR UM CAPÍTULO SÓ PARA ELE

O que quer que digam, Shakespeare é o maior escritor que já existiu. Não há por que discordar. Séculos de leituras, diálogos e discussões chegaram a essa conclusão. Hoje em dia, se você negar a genialidade de Shakespeare, sua voz será somente um sussurro que tenta se fazer ouvir entre os gritos ensurdecedores de uma multidão que não está nem aí.

Sabemos muito pouco sobre a vida de Shakespeare. Aqui estão os fatos: ele era de Stratford-on-Avon, onde seu pai era luveiro. Casou-se com uma mulher mais velha, Anne Hathaway, quando tinha 18 anos e ela já estava grávida. Foi para Londres, onde se tornou ator. Com Richard Burbage, dirigia a Lord Chamberlain's Men (que mais tarde se tornou a King's Men), a companhia de atores mais bem-sucedida de Londres. Shakespeare bebia na Mermaid Tavern com Ben Jonson, Robert Herrick e outros grandes poetas do gênero. Em sua época, era considerado brilhante, porém indisciplinado. Perto do fim de sua vida, havia feito fortuna considerável com seus múltiplos esforços. Teve três filhos: Susanna, Hamnet e Judith. E está morto, sem a menor sombra de dúvida.

Escreveu também algumas peças, ou assim pensa a maioria das pessoas. Há, no entanto, uma facção que se recusa a aceitar isso. Esse grupo dos anti-stratfordianos, como são chamados, afirma que Shakespeare não tinha instrução nem experiência suficientes para ter escrito as peças. Assim, estas devem ter sido escritas por

Francis Bacon, pela Condessa de Pembroke, pelo Conde de Oxford, por Christopher Marlowe (que forjou a própria morte para poder escrever como fantasma de Shakespeare) ou qualquer outro candidato esquisito. Há também as teorias de que um grupo de conspiradores trabalhou em conjunto para escrevê-las, ou que as peças foram escritas pelos jesuítas ou pelos rosacrucianos. Os anti-stratfordianos encontram provas de suas teses em todo lugar, desde o funeral de Shakespeare, a que poucas pessoas compareceram, até as várias formas de soletrar seu nome.

O debate é complexo, mas felizmente podemos simplificá-lo para você. Quem escreveu as peças de William Shakespeare foi William Shakespeare. Sua autoria nunca foi questionada por nenhum de seus contemporâneos – incluindo os atores de sua companhia e os muitos outros poetas que eram seus amigos pessoais. Na verdade, ninguém duvidou de sua autoria até o século XIX. Desde então, essa questão entrou no mundo colorido habitado pelas pessoas que acreditam que Obama nasceu no Quênia, que a ida do homem à Lua foi uma farsa ou que o 11 de Setembro foi obra de conspiradores malvados, incluindo aí os republicanos, o Mossad e até o Godzilla. Além disso, na verdade esses anti-stratfordianos são somente testas de ferro dos maçons. Esses canalhas metem o dedo em tudo.

AS TRAGÉDIAS

Por um lado, apreciar as tragédias de Shakespeare é fácil. A poesia é maravilhosa: cada verso é um milagre de beleza e profundidade. Suas caracterizações são sutis e perceptivas; suas histórias têm ressonância universal.

No entanto, os padrões para os enredos eram muito diferentes no século XVI. Em especial, não se exigia que as histórias fossem plausíveis. Havia, no entanto, uma regra incontornável: o palco tinha de estar coberto de cadáveres quando as cortinas desciam. As audiências elisabetanas também tinham um apetite insaciável por cenas malucas, onde a trama se paralisa enquanto alguém dança de pijama ao redor do palco, cantando versos sem sentido. Shakespeare, que escrevia para ganhar a vida, generosamente satisfazia esses gostos.

Para terminar, as tragédias são longas. De certo modo, uma tragédia de cinco atos funciona mais como uma novela do que como uma peça moderna. Isso não é um problema para o leitor, mas uma encenação de *Rei Lear* são três horas de declamações retumbantes, assassinatos terríveis e cenas malucas. Às vezes, a experiência altera a nossa percepção de forma maravilhosa. Outras, você daria uma perna para escapar de lá. As produções amadoras devem ser abordadas com muito cuidado e com um plano para manter seu celular escondido enquanto você joga *Angry Birds* durante três horas.

Hamlet, Príncipe da Dinamarca

A coisa mais marcante para quem assiste *Hamlet* pela primeira vez é que a peça parece um amontoado de clichês. "Sê fiel a ti mesmo", "ser ou não ser"... Tantos versos de *Hamlet* se tornaram parte da nossa linguagem comum que as únicas frases desconhecidas estão em falas como "Lá vem ele!" e "Ha, ha, ha!" Não há o que se possa fazer sobre isso, assim como não podemos mudar o fato de que algumas sinfonias agora evocam comerciais de certos produtos.

Hamlet tem temas políticos poderosos. Quando Marcelo diz "Há algo de podre no reino da Dinamarca", expressa o desgosto universal da juventude pelo *status quo* corrupto. Mas Shakespeare engenhosamente representa a rebeldia de Hamlet como um problema com o pai. Hamlet tem duas figuras paternas. Uma é o pai verdadeiro, que está morto, mas volta como fantasma para exigir que Hamlet vingue sua morte. A outra é o tio de Hamlet, Cláudio, que parece um pouco melhor, a não ser por duas coisas: primeiro, está dormindo com a mãe de Hamlet, o que ninguém gosta de imaginar; e segundo, ele matou o papai nº 1.

Hamlet fica sabendo sobre esse assassinato no Ato I. Nesse ponto, ele poderia facilmente ir até o quarto de Cláudio e esfaqueá-lo. Pronto. Em vez disso, ele decide se fazer de louco. Não mata Cláudio; não o confronta; não conta sobre o crime para a mãe. Ao contrário, ele vaga pelo palácio tagarelando e resmungando sobre falcões e serrotes.

A plateia perplexa imediatamente percebe que isso não faz sentido. Hamlet parece pensar que seu plano é brilhante, mas ele atrai muita atenção para si mesmo, de modo que, agora, se torna dez vezes mais difícil para ele matar o tio. É possível que Shakespeare quisesse que não soubéssemos ao certo se Hamlet está realmente louco ou não. Afinal, ele ouve uma voz que lhe manda matar um familiar – geralmente um sinal de alerta.

No Ato II, a segunda fase do plano de Hamlet começa. Ele prepara uma peça, a ser representada diante de Cláudio, na qual a morte de seu pai é encenada. Hamlet vai tentar ver se Cláudio parece culpado – e isso acontece. No entanto, Hamlet simplesmente continua a agir como um louco. Shakespeare tem assim a oportunidade de montar inúmeras cenas malucas, mas a coisa em si não faz sentido nenhum.

Os sábios de todas as épocas estudaram e concluíram que o defeito trágico de Hamlet é a indecisão. Ele é um sonhador, que gosta mais de sofrer do que da justiça em si. Mesmo que o comportamento de Hamlet não faça sentido, ele não parece algo que o autor tenha idealizado para a sua própria conveniência – gerar cenas malucas e engraçadas – e sim para mostrar como as pessoas se comportam de maneira ineficaz na vida real. Assistir a Hamlet tentando vingar o pai é como assistir ao seu filho adolescente procurando emprego.

Outro personagem da peça é Polônio, um velho tagarela e engraçado. Sua filha Ofélia – a namorada de Hamlet – perde a razão e se afoga depois que o velho é morto, trazendo para o público mais uma cena maluca. O filho de Polônio, Laertes, parte para a ação, vingando seu pai e sua irmã com muito mais eficiência do que Hamlet. A vingança de Laertes termina com a morte de todos os personagens principais, que caem mortos como moscas em questão de minutos. (Nesta passagem, Laertes é mais ou menos como o melhor amigo de seu filho, que está estagiando para uma consultora política antes de ir para a faculdade.)

> ### UMA JAULA DE MACACOS
>
> Dizem que, se colocássemos um número infinito de macacos em frente a um número infinito de máquinas de escrever, em algum momento eles produziriam *Hamlet*. Em algum momento eles também encenariam *Hamlet*, adaptariam *Hamlet* para a Segunda Guerra Mundial e concluiriam que *Hamlet* foi escrito pela Condessa de Pembroke.

	Importância	Acessibilidade	Diversão
Hamlet	10	3	9

Rei Lear

Rei Lear compete com *Hamlet* pela posição de melhor peça que já existiu. As pessoas são menos familiarizadas com ela, pois é incrivelmente confusa. Em dado momento, Shakespeare põe um doido conversando com um homem que finge ser doido enquanto o bobo da corte comenta a cena com charadas. A trama é muito simples – para quem conseguir descobri-la.

O Rei Lear está envelhecendo. Logo entregará seu reino para as três filhas. A parte maior irá para aquela que o amar mais. Como ele faz para saber quem o ama mais? Pergunta para elas. É uma diplomacia tão brilhante quanto a de dividir o reino com base em qual filha consegue memorizar mais nomes de capitais da Europa ou em como elas respondem à pergunta "Minha cor favorita é...?".

As duas filhas do mal, Regan e Goneril, fazem discursos previsíveis sobre como amam Lear loucamente. Mas a boazinha Cordélia, desgostosa com toda essa farsa, diz que ama Lear exatamente como uma filha deve amar o pai – e ponto. Lear fica com raiva e a manda embora sem nada. O rei da França, no entanto, ainda quer se casar com ela. Cordélia vai a Paris para ser rainha. Ela tropeça mas cai de pé.

Lear vai viver com Goneril e o marido, mas em pouco tempo começam as rixas. Não more com seus pais idosos se você puder evitar. Goneril diz a Lear que seu séquito é muito grande e turbulento; Lear bate em um dos homens de Goneril por "repreender seu bobo da corte". E presumivelmente, ainda que Shakespeare não mencione isso, toda aquela gente guerreava pela prioridade no uso do banheiro. De qualquer modo, agora que Lear deu suas terras, transformou-se de uma hora para a outra em Rei Albatroz.

Lear, irado, debanda para a casa de Regan, mas ela tampouco quer seu séquito. Enlouquecido pela ingratidão das filhas, o rei sai ao ar livre no meio de uma tempestade. Por alguma razão jamais explicada, o bobo vai junto. Talvez ele seja realmente bobo. Daí a pouco, Lear, o bobo e Edgar, um personagem que finge ser louco, estão todos discursando uns para os outros em meio a efeitos sonoros de tempestade.

Shakespeare monta o resto da peça de modo a chegar a um ponto onde todos os personagens principais podem morrer. E nisso Shakespeare é mestre: a peça vai de vento em popa até o clímax, a famosa pilha de cadáveres. Seis personagens morrem no Ato V, dificultando para os sobreviventes andarem pelo palco sem tropeçar. Esse morticínio, no entanto, não é nada comparado ao banho de sangue de Macbeth.

	Importância	Acessibilidade	Diversão
Rei Lear	10	2	8

HAMLET DA SILVA, ARQUITETO

Hamlet e Lear, como todos os heróis de Shakespeare, não são especialmente estimados. Em parte por esse motivo, apesar do *status* consagrado de Shakespeare, os pais quase nunca dão os nomes desses heróis a seus filhos. Ninguém quer criar um pequeno Otelo ou Macbeth; muito menos um Hamlet, pronto para uma matança se um de seus pais se casar novamente.

Os pais britânicos de classe média, no entanto, não se envergonham de chamar suas filhas de Pórcia ou Cordélia. Talvez isso seja devido à esperança inconsciente de que suas filhas sejam tão chatas que não consigam dormir com ninguém até terem mais de 30 anos.

Macbeth

Quase todas as cenas dessa peça terminam com o palco inteiro coberto de sangue. Ela é barulhenta, inexorável, digna do Grand Guignol: uma escolha perfeita para a balada de Halloween ou para reforçar a determinação de quem acabou de adotar o vegetarianismo.

A peça começa com dois generais escoceses, Macbeth e Banquo, voltando da guerra. No caminho, eles encontram três bruxas. As bruxas preveem que Macbeth vai se tornar Lorde de Cawdor e, logo depois, rei. (Lorde de Cawdor, ao contrário do que você talvez esteja pensando, não é um prato escocês feito com repolho, mas sim um título nobiliárquico.) Alguns momentos depois, um mensageiro chega para dizer a Macbeth que o Rei Duncan o nomeou Lorde de Cawdor.

Com a ambição atiçada, Macbeth volta para casa planejando matar Duncan para que possa ser rei. Isso revela uma imensa falha em sua compreensão de como as profecias funcionam. Se você tivesse que realizar a profecia você mesmo, para que serviriam as profecias? Até eu posso fazer profecias desse tipo o dia todo!

Mais tarde, quando ele fala com a esposa, ela fica ainda mais entusiasmada do que ele e começa a soltar frases assim: "Preencha-me, da cabeça aos pés, da mais vil crueldade!". Cuidado; às vezes os desejos se tornam realidade. Durante o assassinato de Duncan, Lady Macbeth age como se estivesse possuída e incita Macbeth sempre que ele se acovarda. Ele, aliás, se acovarda o tempo todo. Fica resmungando, dizendo que o assassinato foi assustador e afirmando que nunca dormirá de novo – blá, blá, blá – uma sensibilidade surpreendente num homem que acabou de voltar da guerra.

De qualquer modo, agora ele é rei. Tudo está bem quando acaba bem. O rei Macbeth poderá melhorar o sistema escolar, financiar necessários aperfeiçoamentos da infraestrutura e pôr os cidadãos para trabalhar após as dispendiosas guerras de Duncan.

Mas não. Em vez disso, ele opta por matar qualquer um que lhe encare de um jeito estranho, começando pelo velho amigo Banquo. Mas o fantasma de Banquo retorna, arruinando completamente um jantar chique. (Essa cena é a fonte da expressão "um fantasma no banquete", usada normalmente para designar um ex que aparece logo quando você está saindo com alguém de uma festa.) Enquanto isso, Lady Macbeth arrasta correntes toda noite e lava o sangue imaginário de suas mãos. O casal tem tudo com que sempre sonhou, mas eles ainda estão infelizes.

Macbeth pede às bruxas outra profecia, já que a primeira foi tãããoboa... Elas profetizam que ele não será morto por nenhum homem "nascido de mulher". Devido à sua trágica incapacidade de entender como essas profecias funcionam, Macbeth sai cantarolando despreocupado. O público, é claro, fica só imaginando quem será o homem "não nascido de mulher". Ironicamente, o pior inimigo de Macbeth fora tirado da barriga de sua mãe depois que ela estava morta. Ele mata nosso herói devidamente, em meio a muitos gritos, decapitações e sangue cenográfico.

A MALDIÇÃO

Depois de muitos atores que estavam encenando Macbeth terem morrido enquanto a peça estava em cartaz, desenvolveu-se no teatro a tradição de que a peça nunca seja chamada pelo nome, pois ela carrega uma maldição. Em vez disso, os atores a chamam de *A Peça Escocesa*. Se você fizer isso quando estiver junto com o pessoal do teatro, vai mostrar que conhece um pouco de história da arte dramática. Mesmo assim, talvez você se sinta um pouco bobo. Sugerimos que você diga *A Peça Escocesa*, mas com muita ironia. Isso mostrará a todos que você sabe tudo sobre a peça, mas ao mesmo tempo lhe dará um ar de pessoa ousada e transgressora, de alguém que faria piadinhas mesmo abrindo o sarcófago de uma múmia.

	Importância	Acessibilidade	Diversão
Macbeth	10	3	9

Otelo

Desdêmona, filha de um figurão de Veneza, casou-se em segredo com Otelo, um general mouro. O pai dela fica escandalizado e insiste em que Otelo deve ter drogado a garota – por qual outro motivo ela se casaria com um negro? Desdêmona, no entanto, explica que ele a conquistou com suas emocionantes histórias de guerra. Esse é o único exemplo conhecido de alguém que ficou falando de si mesmo a noite toda e ainda assim ficou com a garota.

Enquanto isso, um dos homens de Otelo, Iago, está tramando para derrubar o general. Iago odeia Otelo por ter sido passado para trás em uma promoção e porque suspeita que Otelo dormiu com sua mulher. Ele está corroído por um duplo ciúme, e a vingança mais natural em que consegue pensar é causar ciúmes em Otelo. É uma ideia muito boa e Iago é muito esperto por tê-la concebido.

Seu plano funciona como um relógio. As pessoas são como massinha de modelar em suas mãos. A cada dez palavras elas o chamam de "honesto Iago", de tão envolvidas que estão. Tão logo ele diz a Otelo que a esposa o está traindo, o general se dispõe a matá-la. Iago forja uma prova boba que aponta para Cássio – o cara que ficou com sua promoção – como amante de Desdêmona. É claro que Cássio também precisa morrer. A vingança é uma beleza!

No final, possuído pelo demônio do ciúme, Otelo estrangula Desdêmona na cama. Ao perceber que ela era inocente, é tomado pelo fantasma do remorso e das lágrimas e então apunhala a si próprio no coração. Iago esfaqueia duas outras pessoas (ele pode ser sorrateiro, mas pelo menos suja as próprias mãos) e, em seguida, é levado para ser torturado e executado. Até esse ponto seu plano foi engenhoso, mas ele se esqueceu completamente de providenciar uma rota de fuga.

	Importância	Acessibilidade	Diversão
Otelo	10	4	9

A TRAMA TOLA

Otelo é um exemplo do que os escritores de ficção científica chamam de trama tola, na qual a história só funciona porque todos os personagens são tolos. Otelo jamais suspeita de que Iago possa estar mentindo. Cássio jamais suspeita de que seu rival Iago não quer senão o seu bem. A esposa de Iago, Emília, é ludibriada de forma a ajudar na conspiração, mesmo sabendo que Iago é um canalha de duas caras. É claro que, para o público elisabetano, nada disso era um problema contanto que houvesse uma pilha de cadáveres no fim da peça.

Júlio César

Quando a peça começa, um adivinho diz a Júlio César: "Tem cuidado com os idos de março". Sinais e prodígios auguram a revolta no Estado. Sua esposa tem uma premonição horrível e o aconselha a ficar em casa. Mesmo assim, ele vai ao Senado e é morto a facadas por uma cambada de senadores rebeldes. Enquanto o nobre

Brutus o esfaqueia, César diz: *"Et tu, Brute?"* – voltando, no momento da morte, a falar sua língua nativa, o latim.

Brutus dirige um discurso à população e diz que agora a democracia pode florescer, uma vez que o ditador está morto. Todos ficam muito contentes com isso até que – surpresa! – chega Marco Antônio. Ele faz o famoso discurso: "Amigos, romanos, compatriotas, emprestai-me vossos ouvidos...". Uma performance dramática de primeira. Antônio se apresenta como um homem simples que não consegue argumentar com o culto Brutus. Mas, caramba, foi uma tremenda maldade matar César depois de todo o bem que ele tinha feito.

Os cidadãos caem nessa totalmente e se voltam contra os conspiradores. Começa a violência popular.

O restante da peça acompanha o doloroso fim da rebelião democrática. Tanto Brutus quanto seu assistente Cássio se suicidam quando seus planos vão por água abaixo. O império fica nas mãos de um *triumvirato*, que inclui – quem diria – Marco Antônio.

	Importância	Acessibilidade	Diversão
Júlio César	9	4	7

Antônio e Cleópatra

Antônio está agora vivendo no Egito, onde foi vitimado pelo charme da rainha Cleópatra. "Não a deixa fanada o tempo, nem sua variedade maravilhosa poderá tornar-se, com o hábito, sediça", como diz o famoso verso. Na verdade, a idade e o hábito sequer tiveram a chance de corroer a multíplice beleza da rainha do Egito.

Antônio e Cleópatra tem alguns dos mais belos textos de Shakespeare e apresenta uma de suas heroínas mais atraentes. Cleópatra é uma vagabunda audaciosa. É neurótica, geniosa e extravagante; ao que parece, é dificílimo conviver com sua "variedade maravilhosa". Ela é também uma soberana terrível, que mata os mensageiros que lhe trazem más notícias.

A história vai revelando um conflito na alma de Antônio, entre seu dever para com o império e seu amor por Cleópatra. Como em um drama contemporâneo, Antônio dá as costas para as armadilhas vazias do poder, percebendo que o amor verdadeiro é o que realmente importa. No mundo de Shakespeare, isso inevitavelmente leva ao morticínio em massa e ao suicídio dos dois amantes. A moral é: o amor tudo vence, mas deixa cinzas e pilhas de corpos em seu rastro. É melhor privilegiar a carreira.

	Importância	Acessibilidade	Diversão
Antônio e Cleópatra	9	3	9

Romeu e Julieta

Depois de assistir *Romeu e Julieta*, Samuel Pepys escreveu a famosa frase: "É a pior peça a que já assisti em toda minha vida". Mesmo não sendo tão ruim assim, é uma das primeiras peças de Shakespeare, muito irregular comparada às outras tragédias famosas. No entanto, é também mais fácil de acompanhar, o que explica em parte sua popularidade. É como se Shakespeare a tivesse escrito especialmente para ser usada em escolas, para apresentar seu trabalho aos adolescentes.

Todos conhecem a história, mas vamos refrescar a memória. Duas famílias ricas de Verona, os Montéquio e os Capuleto, têm uma rixa de muitos anos. Usando uma máscara como disfarce, Romeu Montéquio vai a uma festa dos Capuleto, onde vê Julieta Capuleto e se apaixona na mesma hora. Troca algumas palavras com ela, que também se apaixona instantaneamente. Eles se casam em segredo, na esperança de que tudo se arranje de algum jeito. Mas – opa! – Romeu mata o primo de Julieta num ímpeto de raiva momentâneo.

Enquanto isso, os Capuleto querem casar Julieta com outra pessoa. Em vez de explicar que já está casada, ela decide simular um suicídio. Um frei solícito lhe administra uma misteriosa droga renascentista, que dá o aspecto de morto a quem a toma. A pessoa para de respirar, o corpo esfria e o coração para de bater. Algumas horas depois, ela acorda cheia de vida. Era uma farra para os necrófilos. Na Renascença, essa droga era usada com vários objetivos, mas o resultado invariável era que a usuária acordava e descobria que seu namorado tinha se matado bem ao seu lado.

Julieta encontra Romeu morto ao seu lado e se mata também. Então as famílias que brigavam entre si se juntam na cripta e se penitenciam pela rixa: era tudo brincadeirinha, não sabíamos que ia dar nisso!

	Importância	Acessibilidade	Diversão
Romeu e Julieta	10	5	9

Cimbelino

A trama dessa peça nos conquista pelo ridículo. A princesa Imogen se casa em segredo, seu marido é exilado, um malandro o convence de que Imogen é infiel e dezenas de outras coisas acontecem, sem uma ordem em particular. A certa altura da trama, Imogen simula sua morte e vai para a floresta vestida de homem. Ali, as primeiras pessoas que encontra são seus irmãos, que havia muito estavam sumidos. Alguns estudiosos aventaram, a sério, a hipótese de que Shakespeare estava apenas entediado, fazendo uma brincadeira.

	Importância	Acessibilidade	Diversão
Cimbelino	6	4	8

Coriolano

É uma tragédia sólida com uma linguagem séria e uma trama clara. Baseia-se na obra de Plutarco sobre a vida de Coriolano, o grande general romano que foi banido por seu desdém para com as pessoas comuns. É raramente encenada porque:

1. É uma peça puramente política e não tem nenhum dos episódios cômicos, cenas de amor e derramamentos de sangue que o público adora.
2. Ao personagem de Coriolano falta a vida interna complexa da maioria dos heróis shakespearianos.
3. O título em inglês (*Coriolanus*) contém a palavra "ânus".

	Importância	Acessibilidade	Diversão
Coriolano	6	3	7

As Peças Históricas

Um aspecto do teatro elisabetano eram as peças históricas ou de crônicas, que refletiam o crescente nacionalismo inglês. Hoje em dia, essas peças são muito notáveis por serem difíceis de distinguir entre si. *Henrique IV Parte Dois; Henrique VI Parte Um; Ricardo III Parte Chihuahua; Henrique Desisto, Você Venceu*. Isso só poderia ser pior se Shakespeare tivesse também criado para cada uma delas uma senha de pelo menos oito caracteres, incluindo uma letra maiúscula e um número.

Felizmente, podemos simplificar. Somente cinco dessas peças são significativas. Primeiro, há a tetralogia da Guerra das Duas Rosas: *Ricardo II, Henrique IV Partes Um e Dois e Henrique V*. E há *Ricardo III*. Você pode esquecer as outras peças históricas, que são na maior parte peças primitivas, escritas antes de Shakespeare pegar o jeito e/ou coescritas com algum ser inferior. De qualquer modo, elas nunca irão aparecer nem mesmo no jogo de perguntas e respostas mais difícil.

Ricardo II (reinou de 1367 a 1400)

Essa peça conta a queda de Ricardo e a ascensão de Bolingbroke (que depois se torna Henrique IV), devida à moral fraca de Ricardo e à maior aptidão e persistência de Bolingbroke. É marcante por sua poesia política sobre a natureza da monarquia e pelo herói fraco mas cativante. Quando Ricardo é realmente encostado na parede e recebe as más notícias, murcha completamente e diz: "Pelo amor de Deus, sentemo-nos no chão / E contemos tristes histórias sobre as mortes de reis..." Então, ele manda embora o resto de seus seguidores e se retira para um castelo a fim de remoer seu sofrimento.

Os monarcas nunca gostaram dessa peça. Uma montagem nova feita durante a Restauração foi cancelada pelo nervoso Carlos II.

Henrique IV Parte Um

Essa peça é famosa pelo relacionamento entre o príncipe herdeiro Hal e seu amigo infame, John Falstaff, um cavaleiro gordo, bêbado e criminoso. É notável pela série infindável de piadas de gordo da época elisabetana. Falstaff é chamado de saco de banha, descadeira cavalo, pipa monstruosa de xerex, entre outras coisas. Todos esses epítetos são dados pelo nosso herói, o príncipe Hal; e uma vez que ele é o herdeiro do trono e Falstaff é um zé-ninguém e um pilantra, tudo que este consegue responder é: "Mas eu te amo tanto!".

Quando a Parte Um começa, a Inglaterra encontra-se numa guerra civil aparentemente perpétua. Isso é muito frustrante para o rei Henrique IV, que quer pôr fim a esse derramamento de sangue sem sentido para que possa mandar todos os seus súditos numa Cruzada contra o Oriente Médio (essa forma de diplomacia continua popular até hoje). O rei também está chateado com o príncipe herdeiro Hal, um inútil mimado – muito diferente de seu pai, que se ralou de trabalhar para se tornar rei.

Em seguida, encontramos Hal bebendo e planejando um roubo com Falstaff e outros vagabundos em uma velha pensão. No entanto, no fim dessa primeira cena na pensão, o príncipe Hal, sozinho com o público, diz em segredo que está somente fingindo ser um inútil. Na verdade ele é um cara corajoso e confiável, e no momento certo tirará sua máscara. Então todos se surpreenderão! Vai ser mais impressionante do que se ele tivesse sido bom desde o começo.

No final, a batalha contra os rebeldes começa. Hal salva a vida de seu pai no campo de batalha, provando assim que é, no fim das contas, um cara corajoso e um verdadeiro guerreiro. Enquanto isso, Falstaff se comporta como um covarde sorrateiro, ganhando o coração de todo o público. (As pessoas que vão ao teatro não são assim tão fãs de uma guerra...)

Henrique IV Parte Dois

Aqui há tudo o que se poderia esperar de uma sequência morna. O personagem desenvolvido na Parte Um é esquecido. O príncipe Hal volta a ser o mesmo preguiçoso que era no começo, como se nada tivesse acontecido. O rei Henrique se esquece totalmente de que Hal lhe salvou a vida. Todos vão à guerra novamente e Hal prega mais peças em Falstaff, enquanto o chama de várias versões elisabetanas de "balofo". Para que mexer em time que está ganhando? Sentindo-se subconscientemente culpado de servir ao público esses restos requentados, Shakespeare mantém Falstaff resmungando sobre quanto está velho, cansado e desgastado.

No fim, tendo assumido a coroa, Hal rejeita e humilha Falstaff publicamente. Uma vez que todos adoram o falastrão Falstaff, essa cena é escandalosa para os membros mais pusilânimes e sorrateiros do público. Se eles tivessem tomates podres à mão, Hal estaria coberto deles. Agora, tendo demitido o personagem preferido de todos, Hal tem que provar que consegue segurar sozinho uma peça histórica sem a ajuda de Falstaff.

Henrique V

E ele consegue. Essa peça contém uma das maiores representações de guerra já escritas, nos conduzindo pela grande vitória de Hal sobre os franceses em Agincourt. É famosa sobretudo pelo discurso do Dia de São Crispim, a exortação, antes da guerra, do novo rei para os soldados:

E nenhuma festa de São Crispim e São Crispiniano acontecerá,
Deste dia até o fim do mundo,
Sem que nela sejamos lembrados,
Nós poucos, os poucos felizardos, nós, punhado de irmãos.
Pois aquele que hoje derrama seu sangue junto a mim
Será meu irmão.

Obviamente, não nos lembramos mais nem sequer de quando é o dia de São Crispim, que dirá desses soldados anônimos. Isso não impediu os tipos mais patrióticos de citarem esse discurso incontáveis vezes, com lágrimas nos olhos. Provavelmente, até os patriotas franceses o citam. Mas os patriotas não citam as muitas cenas na peça que falam sobre os soldadinhos que escutam esse discurso e depois saem extorquindo dinheiro de todos os soldados franceses que encontram pelo caminho.

Vida e Morte do Rei Ricardo III

Mesmo que nenhum dos heróis de Shakespeare seja amável, aqui o personagem principal é um vilão traiçoeiro e corcunda que fica retorcendo os bigodes. Como Iago, Ricardo manipula a todos sem esforço. Chega a convencer Anne Neville, cujo marido ele acabou de matar, a se casar com ele. No entanto, os idiotas são todos mortos muito antes do fim da peça e o próprio Ricardo também acaba morrendo em batalha.

Essa foi uma das primeiras peças de Shakespeare, e sua premissa e roteiro são parecidos com os de Marlowe (o vilão esfregando as mãos enquanto planeja a desgraça de inocentes). Seu fascínio vem da construção complexa do protagonista de má índole, mostrando o ciclo de vida do verme invejoso que sofre uma metamorfose, se transforma em um inseto paranoico e finalmente termina a vida como uma mancha disforme.

	Importância	Acessibilidade	Diversão
Ricardo II	9	3	8
Henrique IV Parte Um	10	3	9
Henrique IV Parte Dois	7	3	6
Henrique V	9	3	7
Ricardo III	9	3	8

As Comédias

Em suas comédias, Shakespeare parte de uma premissa ridícula e a preenche de genialidade. A maioria delas são histórias de amor e partem do princípio de que o amor é uma bobagem. Apaixonamo-nos sem motivo algum – por azar, digamos – e então encaramos esse lapso cerebral como um problema de vida ou morte.

Há também nas peças uma forte incidência de travestismos, gêmeos, trocadilhos obscenos, bêbados e piadas de pum. Qualquer que seja a sua candidata ao posto de mais repugnante forma de comédia, você a encontrará aqui, em abundância.

Quando bem representadas, as comédias são também engraçadas e belíssimas. Nem todos podem dizer que gostam de *Rei Lear*; mas, se você não gostar de *Noite de Reis*, dê um tiro no diretor, pois a culpa é dele.

Sonho de uma Noite de Verão

Aqui Shakespeare faz um esquema perfeito da formação "A ama B que ama C que ama D que ama A". Ela termina com os amantes literalmente correndo uns atrás dos outros, em círculos, no palco.

Fadas maliciosas encantam dois pares de amantes, fazendo com que o objeto de seus amores mude violentamente. Tendo professado amor eterno por Hérmia, Lisandro agora persegue Helena com o mesmo ardor enquanto é atormentado pela tediosa Hérmia, que – quem diria – espera que ele seja fiel às besteiras que declarou no passado. Enquanto isso, Demétrio ama Hérmia, enquanto Helena o ama.

Titânia, a rainha das fadas, está nesse meio-tempo sob um encantamento que a faz se apaixonar por um "operário bruto" chamado Fundilhos, que está sob um feitiço que lhe dá orelhas de burro. Aqui, de algum modo, Shakespeare evidencia o lado positivo da noção de que o amor é um sentimento ilusório.

Muito Barulho por Nada

Essa comédia é famosa pela disputa entre os inimigos Benedito e Beatriz. Entediados, os amigos dos dois resolvem pregar uma peça neles. Os amigos de Benedito o convencem de que Beatriz está apaixonada por ele; os amigos dela fazem o mesmo com ela. Na hora em que descobrem a farsa, a piada se tornou uma profecia satisfatória para ambos.

Enquanto isso, os amantes Hero e Cláudio também são vítimas de truques. Temos que ficar lá, esperando essas tramas secundárias se resolverem, para podermos ver no que dá a trama principal de Beatriz e Benedito.

A Megera Domada

A doce Bianca está rodeada por pretendentes obsequiosos. Sua irmã Catarina, no entanto, é uma megera que insulta a todos que vê pela frente. Ainda assim o público adora Catarina, mas os outros personagens não podem dizer o mesmo.

O problema é que o pai das garotas se recusa a deixar Bianca se casar antes de Catarina. Todos os pretendentes de Bianca estão desesperados. É claro que ninguém jamais vai se casar com Catarina!

Petrúquio entra em cena. A primeira coisa que ele diz é que está procurando uma esposa rica – não importa a aparência, a idade ou a megerice. Daí a pouco ele proclama à Catarina: "Sou aquele que nasceu para domar-te, Catarina; / E transformar-te de Cata selvagem numa gata mansa, / Obediente como outras Catas".

Como era de esperar, ela o odeia. No entanto, é obrigada a se casar com Petrúquio contra a vontade. (É aqui que o público feminino começa a ficar um pouco inquieto.) Petrúquio então a atormenta com truques mentais até destruir os nervos dela e fazê-la concordar com tudo o que ele fala. No fim da peça, ele e dois outros homens competem para ver quem tem a esposa mais dócil. Catarina ganha – até mesmo de sua irmã boazinha. Então, a própria Catarina faz o famoso discurso que começa com a frase "Me envergonho da simplicidade das mulheres", dizendo que estas deveriam obedecer a seus maridos, pois eles põem o pão na mesa... e são grandes o suficiente para baterem nelas se discordarem deles.

O público feminino está agora nauseado, para não dizer estarrecido. O único modo de tais acontecimentos fazerem sentido é presumindo que "domar" seja um eufemismo para designar o ato sexual. Os jogos mentais tudo bem, mas essa peça só funciona se o ator escolhido para representar Petrúquio for gostosão. Aí sim ela se torna uma versão respeitável de *A História de O*. Essa fantasia subliminar de estupro, combinada com o texto controverso, explica a popularidade duradoura da peça.

O Mercador de Veneza

Antônio é um rico mercador cristão, Shylock é um rico mercador judeu. Esses dois simplesmente não se entendem. Antônio cospe em Shylock na rua por ser judeu. E também, sempre que Shylock empresta dinheiro a alguém e, em sua judaica perfídia, espera que o mesmo seja pago com juros, Antônio se intromete e paga o principal antes de Shylock receber o que quer que seja. O sensível Shylock se ressente de ser cuspido e de perder negócios; enquanto isso, pelo simples fato de existir e ser judeu, ele atrapalha a vida de Antônio.

Mas um belo dia Antônio bate na porta de Shylock – pedindo um empréstimo! Todo o dinheiro de Antônio está comprometido, mas seu querido amigo Bassânio precisa de grana.

Shylock concorda em emprestar o dinheiro, sem juros – mas, se Antônio não puder pagar-lhe a tempo, terá de entregar 1 libra (em torno de meio quilo) de sua própria carne. Antônio e Bassânio não veem nada de errado com esse trato e o assinam, alegremente. Se o meio quilo de carne saísse do cérebro de Antônio, ele não sentiria falta.

Enquanto isso, outro cristão virtuoso foge com Jéssica, a filha de Shylock. Para piorar as coisas, Jéssica rouba um monte de dinheiro do pai antes de ir embora. Então todos riem do judeu que, angustiado, se lamenta: "Ó meus ducados! Ó minha filha!". É tão engraçado quando nossos filhos nos roubam e nos abandonam! Essa zombaria inspira Shylock a fazer o famoso discurso "Se nos espetardes, não sangramos?", que não comove ninguém, pois todos ali são bons cristãos.

É claro que logo chegam as notícias de que o navio de Antônio se perdeu em alto-mar. Ele não pode pagar Shylock! Mas com certeza Shylock vai perdoar o empréstimo. Não; para a completa surpresa de todos, Shylock quer o seu meio quilo de carne. (Os americanos ainda dizem que alguém "quer seu meio quilo de carne" quando a pessoa, depois de ter sido tratada como lixo durante anos, quer que o outro sofra.)

É difícil fugir à conclusão de que Shakespeare fez essa peça como um ataque ao antissemitismo. Mesmo assim, as companhias de teatro em geral, da Inglaterra elisabetana à Alemanha nazista, fugiram a essa conclusão e produziram a peça como uma propaganda política.

A Tempestade

Próspero, o honesto duque de Milão, teve o trono usurpado pelo irmão muitos anos atrás. Desde então, viveu exilado em uma ilha com sua filha Miranda, que cresceu e se tornou uma linda mulher, como todas as filhas de todas as histórias. Será que ela não poderia ter crescido e se tornado uma baranga com nariz de porco e olhos esbugalhados, para variar? É claro que não!

Próspero encontrou a ilha habitada pela bruxa Sicorax e por seu filho Caliban, um "monstro deformado". Ele derrotou Sicorax, embora esta fosse dona de uma magia tão forte que conseguia "controlar a lua". O que ela fez com a lua não é mencionado. Voltando ao assunto, Próspero venceu porque era um mago ainda mais poderoso – misteriosamente, ele não pensou em usar magia para não perder o trono de Milão ou para recuperá-lo. Em vez disso, usa seus grandes poderes para transformar Caliban e Ariel, um espírito local, em seus escravos, fato que o público sempre acha injusto e digno de dó.

Caliban é o foco de boa parte do interesse atual por essa peça. O personagem foi baseado em antigos relatos sobre os índios americanos, e seu nome realmente é um anagrama de "canibal". Ele não tem a complexidade de Otelo ou Shylock: é mais como um nativo em um filme do Tarzan. A certa altura, ele tenta estuprar Miranda; quando surgem os personagens secundários que põem em movimento a comédia, ele os reverencia como deuses. É obtuso, servil e invejoso. Mesmo assim, o público contemporâneo torce por Caliban, desejando que ele nocauteie Próspero e liberte Ariel. Depois disso, Miranda seria livre e poderia confessar seu amor por ele. Infelizmente, o público torce em vão.

A Comédia dos Erros

Dois pares de gêmeos idênticos são acidentalmente separados quando crianças. Agora eles estão todos na mesma cidade! Será possível que uma comédia de troca de identidades seja realmente engraçada? A resposta é "sim".

As Alegres Comadres de Windsor

A rainha Elizabeth amava tanto Falstaff que pediu a Shakespeare que desse a esse personagem uma peça só sua, derivada das primeiras. Shakespeare escreveu a pior peça que pôde, talvez para desencorajar quaisquer outras sugestões de monarcas prestativos. Esta é a rara comédia shakespeariana que você deve evitar de qualquer maneira.

Trabalhos de Amor Perdidos

Aqui, quatro homens renunciam ao amor. Então, quatro mulheres chegam à cidade. É a diversão de uma peça em que um homem renuncia às mulheres, multiplicada por quatro.

Noite de Reis

Travestismos, gêmeos, travessuras, cenas de bêbados.

A peça é mais conhecida pelo personagem Malvólio, camareiro-chefe de Lady Olívia. Os outros criados pregam uma peça em Malvólio e o fazem acreditar que Olívia o ama e que ele teria de vestir roupas ridículas e fazer caretas para mostrar que corresponde ao amor dela. De modo surpreendente e sem precedentes, por causa da genialidade absoluta de Shakespeare, essa cena é engraçada.

Como Gostais

Travestismos, pastores e uma quase completa falta de enredo. E mesmo assim funciona. Esperamos que Shakespeare tenha realmente ganho uma aposta por ter escrito essa peça, pois ele merecia.

	Importância	Acessibilidade	Diversão
Sonho de uma Noite de Verão	10	5	10
Muito Barulho por Nada	8	5	10
A Comédia dos Erros	8	5	8
Trabalhos de Amor Perdidos	6	5	6
As Alegres Comadres de Windsor	6	5	5
Noite de Reis	8	4	9
Como Gostais	8	5	9
A Megera Domada	8	5	8
O Mercador de Veneza	10	5	8
A Tempestade	10	4	7

As Filhas-Problema de Shakespeare

Três obras de Shakespeare são geralmente classificadas como "peças-problema": *Medida por Medida*, *Troilo e Créssida* e *Tudo Está Bem Quando Acaba Bem*. Foram chamadas de peças-problema pela primeira vez pelo crítico Frederick Samuel Boas, que afirmou que elas deveriam ser entendidas como são as peças de Ibsen. Estas partem de uma questão controversa e dramatizam possíveis soluções.

Medida por Medida realmente apresenta um problema: o equilíbrio entre justiça e tolerância. As outras "peças-problema" são mais problemáticas por serem difíceis de classificar, porque mudam imprevisivelmente de comédias obscenas para tragédias lamuriosas. É difícil encontrar um centro de equilíbrio nelas. A tragédia perde seu valor com as piadas, e muitas das piadas perdem a graça, já que Shakespeare consegue nos pôr num estado melancólico.

Isso não é um problema só na hora de classificar as peças; também é difícil produzi-las. Mesmo tendo partes excelentes, estas não se encaixam facilmente. Podemos dizer, no fim das contas, que o problema real é o de inventar desculpas para Shakespeare em vez de admitir que ele fez besteira.

O problema se torna ainda pior com um conjunto de peças que podemos chamar de "Peças com Necessidades Especiais". Os estudiosos se focaram em provar que elas foram escritas em parte por outra pessoa. Quaisquer partes bem escritas podem ser atribuídas a Shakespeare, enquanto as partes malfeitas devem ser culpa do dramaturgo John Fletcher. Essas peças com autoria disputada são *Tito Andrônico*, *Tímon de Atenas*, *Péricles*, *Henrique VI Partes Um, Dois e Três*, *Henrique VIII* e *Os Dois Nobres Parentes*. Algumas dessas são boas, a não ser que você as compare com Shakespeare.

Ninguém, no entanto, conseguiu jogar em Fletcher a culpa por partes de *Conto do Inverno*. Mesmo tendo discursos adoráveis, ela contém também um monte de coisas inúteis, incluindo uma cena inesquecivelmente idiota. A tarefa dramática de Shakespeare é a de fazer com que um personagem, Antígono, abandone uma criança na praia. Depois, ele precisa se livrar de Antígono e de seu navio. Olhe só como ele faz isso:

Antígono abandona o bebê e faz um discurso sobre como isso é triste. Em seguida, vê que o tempo está fechando e sai do palco. Um urso aparece e o segue.

Um pastor chega, encontra o bebê e faz as exclamações apropriadas. Então outro camponês aparece gritando: "Ó meu Deus! Acabei de ver um cara ser morto por um urso! E um barco afundar!".

Aqui Shakespeare para tudo e o Tempo entra no palco, anunciando que dezesseis anos se passaram.

Não aponte o dedo para John Fletcher. Ele já carregou por tempo suficiente o fardo de Shakespeare. John Fletcher também não é o bardo imortal que concebeu a cena do clímax em *Os Dois Cavalheiros de Verona*.

Proteu, que ficou louco por causa de um amor não correspondido, está prestes a estuprar Sílvia. Valentino, noivo de Sílvia e melhor amigo de Proteu, aparece para impedi-lo. Uma vez impedido, Proteu percebe quanto é errado estuprar as pessoas, principalmente a noiva de seu melhor amigo. Começa a choramingar e diz que está se sentindo péssimo.

"Pobre de ti", diz Valentino. "Se for para você se sentir melhor, fique com Sílvia."

Nesse momento, o pajem de Proteu (que estava lá esse tempo todo) desmaia. Todos se reúnem em volta dele e vem à tona que na verdade o pajem de Proteu é sua antiga paixão Júlia, com vestes de homem. Agora que sabe disso, Proteu percebe que ama Júlia e jura fidelidade eterna a ela, esquecendo-se totalmente de que havia tentado estuprar Sílvia.

Aqui está a essência do "problema" dessas peças. Como pode Shakespeare, o grande pensador e psicólogo sutil que escreveu Hamlet, ter criado essa porcaria?

Leitor, estamos aqui para resolver esse problema. Shakespeare era um grande escritor e não poderia jamais, jamais, ter cometido erros de principiante como esse. Temos que presumir que Shakespeare poderia ter escrito algo ótimo em vez dessa tolice. Ele poderia, mas nós não merecíamos. Se fôssemos um público melhor, ele só teria escrito peças ótimas. É mais ou menos como aquela vez em que o papai não lhe comprou presentes de Natal e gastou todo o dinheiro no bar, porque afinal você não merecia ser amado.

Os Sonetos

Uma vez que você tenha dominado suficientemente a linguagem de Shakespeare, os sonetos serão gratificantes, fascinantes e tudo de bom. Quando tudo o que você consegue entender de um verso como "tantas sombras difundes, enfeixado" é que ele fala de um lugar meio escuro, os sonetos serão completamente frustrantes. Mesmo com notas, lê-los sem ter um conhecimento razoável da língua é como estar preso no trânsito, andando e parando. Assim, sugerimos que você os deixe para o final (ou quase para o final: não pense que você tem que ler *Os Dois Cavalheiros de Verona* sob quaisquer circunstâncias).

Os primeiros 126 sonetos (de 154) são para um jovem bonito de hábitos dissolutos, que reluta em se casar. Essa pessoa é geralmente chamada de "Belo Jovem". Muitos críticos acreditam que esses sonetos provam que Shakespeare estava apaixonado pelo Belo Jovem. Os outros são toupeiras que não sabem nada de homossexualidade. Veja o soneto 20:

> Feminino rosto, pela natureza pintado,
> Comandas, de minhas paixões, a soberana,
> Coração doce de mulher, desavisado
> Do volúvel feitio das falsas, que engana,
>
> Mais brilhante e verdadeiro é teu olhar,
> que tudo aquilo que contempla, atrai;
> Masculino tom, com os tons a comandar,
> De todo ser, o olhar e a alma extrai.

Se criado como mulher houvesse sido,
A natureza que o formou o adoraria;
E eu que aqui estou, a teus pés caído,
Nada ao meu propósito acrescentaria.

Mas tendo-lhe criado para às mulheres dar prazer,
Cabendo a elas o teu uso, possa teu amor me pertencer.

Agora pense nele cercado por 125 outros sonetos dirigidos à mesma pessoa, muitos dos quais, claramente poesias de amor. "Devo comparar-te a um dia de verão", por exemplo, foi escrito para esse homem. Shakespeare passa noites em claro, consumindo-se de ciúmes; declama reiteradamente a beleza do jovem, jura fidelidade, entra em desespero quando está longe dele, fica com ciúmes quando outro homem escreve poemas sobre ele. Se Shakespeare não era gay, foi o último a ficar sabendo. Mas, para terminar, façamos uma pausa para nos lembrar de que Shakespeare era um ator.

Alguns estudiosos acham o amor gay de Shakespeare tão difícil de aceitar que propuseram que os sonetos não têm relação alguma com a vida dele. E quando o Sr. Shakespeare, que era completamente hétero, decidiu escrever poesias de amor, ele simplesmente preferiu escrever seus poemas como se fossem para um homem. Afinal, os homens heterossexuais fazem isso o tempo todo, certo? Só porque você não consegue se lembrar de nenhum exemplo agora, não quer dizer que isso nunca aconteceu.

Uma segunda ruga de preocupação aparece quando chegamos aos sonetos da "Dama Negra". Depois de 126 poemas para um cara, do nada aparece uma mulher. Esses sonetos também têm um conteúdo surpreendente. Poema após poema, Shakespeare diz que a Dama Negra não tem uma beleza convencional. Todos insistem em que ela é feia, mas ele vê a beleza que há nela. Ele dá a entender que talvez esteja cego de amor. (Uma dica para os homens: não tentem esse estratagema com suas namoradas.)

Mais uma reviravolta acontece no soneto 133, quando descobrimos que o Belo Jovem também está apaixonado pela Dama Negra. No soneto 135, o Belo Jovem é chamado pelo nome pela primeira vez; e acontece que ele também se chama Will. Quando Shakespeare não está fazendo comentários maliciosos sobre a compleição da Dama Negra, a está pressionando a aceitar os dois Will como seus amantes.

Pense disso o que quiser. Talvez não haja nada de autobiográfico nisso. Shakespeare somente inventou um triângulo amoroso bissexual fictício, que não se parece com nada de suas peças, de outros escritos da Renascença ou com qualquer coisa que um heterossexual escreveria.

Para terminar, algumas pessoas desesperadas alegaram que Shakespeare não escreveu os sonetos. Não era incomum que os editores usassem o nome de pessoas famosas para vender produtos feitos por picaretas desconhecidos. No entanto, nos impressiona a ousadia suicida de um editor que comprou um pacote de poemas homossexuais e os atribuiu a uma figura pública heterossexual.

Mesmo com o livro tendo sido publicado quando Shakespeare ainda vivia, a dedicatória foi escrita (ou pelo menos assinada) pelo editor. Lê-se:

AO.ÚNICO.INSPIRADOR.DESTES.SEGUINTES.SONETOS.
SR.W.H.TODA.A.FELICIDADE.E.AQUELA.ETERNIDADE.PROMETIDA.
POR.NOSSO.POETA.IMORTAL.LHE.DESEJA.AQUELE.QUE.COM.
OS.MELHORES.DESEJOS.SE.AVENTURA.A.CRIÁ-LOS.

O consenso geral diz que "W.H." é o Belo Jovem; em muitos sonetos, Shakespeare lhe promete que seus versos vão torná-lo imortal. Mesmo que muitas teorias tenham sido apresentadas para tentar identificar tanto o Belo Jovem quanto a Dama Negra, nenhuma delas é conclusiva, e esses dois personagens agora desfrutam da imortalidade limitada do anonimato.

Vênus e Adônis, A Violação de Lucrécia, O Peregrino Apaixonado

Você deve ler estes assim que terminar os sonetos, quando estiver pensando: "Droga, quero mais poesias bonitas e imortais". Se começar a ler *Vênus e Adônis*, você vai perder essa vontade em tempo recorde.

	Importância	Acessibilidade	Diversão
Sonetos	10	4	10
Outros poemas	6	5	5

CAPÍTULO 6

CHEGAM OS PURITANOS: CHUVA NO DESFILE

Tendo passado séculos aperfeiçoando sua franquia até que pudesse literalmente cobrar das pessoas a entrada no paraíso, no século XVI a Igreja Católica foi ameaçada por dois novos inimigos. O primeiro foram as traduções. Por toda a Europa, começou-se a traduzir a Bíblia para que as pessoas comuns pudessem entendê-la. A segunda inovação foi a imprensa, que espalhou essas traduções por toda a parte.

Repentinamente capazes de compreender o que Jesus havia dito, os europeus ficaram chocados ao descobrir que o cristianismo era difícil. Antes, todos rezavam para um relicário com as unhas do pé de São Pedro e lavavam as mãos do padre com uma nota de vinte antes de sair. Mas acontece que, na realidade, Deus nos manda abrir mão de tudo o que mais apreciamos. Alguns, temendo o inferno como nunca, correram para adotar a fé protestante, que era mais austera. Outros lutavam para preservar o Deus de aluguel de seus ancestrais. O resultado foi uma era sangrenta de guerras religiosas na Europa. Regiões inteiras eram despovoadas: os soldados pilhavam, devastavam e massacravam, e a fome levava os poucos que sobravam. Pelo menos aqueles que compraram seu lugar no paraíso chegaram lá bem mais rápido.

Enquanto isso, na Inglaterra, o Parlamento tentava tomar o poder do rei Carlos I, alegando que ele era muito amiguinho dos católicos, muito mandão e muito dispendioso. Isso levou à Guerra

Civil Inglesa. Os parlamentaristas, ou "Cabeças Redondas", formaram o Novo Exército Modelo, cujas tropas eram, em sua maioria, puritanos inspirados por convicções religiosas. Os monarquistas, ou "Cavaliers", formaram um exército que não tinha um apelido tão legal quanto o dos adversários, mas cujos soldados se vestiam muito melhor. Desnecessário dizer que os Cavaliers foram esmagados, fritos, dizimados. Oliver Cromwell se tornou Lorde Protetor e uma nova era começou, no qual todos tentavam ser ótimos cristãos, mas tudo o que conseguiam era ficar insuportavelmente rabugentos.

A Renascença começa com matronas sensuais rindo de piadas sujas e termina com um pastor velho e ranheta reclamando que as mulheres não são castas. Na verdade, o próprio John Donne começa e termina desse jeito. Na época da morte de Cromwell, o único prazer que restava era rir da desgraça alheia, e as pessoas cresciam querendo escrever como Milton. Apresentamos agora o século XVII, um período histórico que vem com o consolo de que você não teve que viver nele. Realmente não era nada agradável.

A ABORDAGEM DOS CAVALIERS

Podemos definir os poetas *cavaliers* de duas maneiras. Ou eles continuavam apoiando a causa de Carlos I ou eram influenciados pelo estilo de Ben Jonson – a "Tribo de Ben". Os grandes nomes são Robert Herrick (1591–1674), Richard Lovelace (1618–1657), *Sir* John Suckling (1609–1642) e Thomas Carew (1595–1640). O poeta *cavalier* arquetípico era um cortesão que lutara ao lado de Carlos I, sofrera o exílio com Carlos II e perdera tudo, mas sempre tivera uma aparência fantástica.

Seus poemas são por vezes obscenos e quase nunca sérios. Vejamos um versinho curto típico de Herrick: "Beijaria, de minha Júlia, a perna delicada / que, como um ovo, é branca e depilada". Ou a reação de Suckling ao complexo tumulto político da Guerra Civil:

"Sou um homem da guerra e do poder, / E penso assim que conseguiria vencer". Não eram pensadores profundos nem inovadores e não chegam a ser importantes. Obviamente, já passou da hora de os críticos saírem alardeando que eles eram gênios incompreendidos.

Herrick é também o autor do famoso "Junta teus botões de rosa enquanto podes", que alerta as garotas de que devem dormir com ele, pois estão ficando velhas e logo ninguém mais vai querê-las. Sugerimos aos nossos leitores do sexo masculino que tentem usar esse verso como cantada e peçam para que alguém filme o resultado.

	Importância	Acessibilidade	Diversão
Robert Herrick	5	8	7
Richard Lovelace	4	8	6
John Suckling	4	8	5
Thomas Carew	4	7	5

JOHN DONNE E POR AÍ AFORA: OS POETAS METAFÍSICOS

O termo "poeta metafísico" geralmente indica um poeta que se expressa através de imagens estranhas e complexas. Em vez de dizer que seu amor é como uma rosa vermelha, ele explica que "Nossas vistas, tecendo, se cruzaram, / nossos olhares em duplo fio se entrelaçaram...". Para um metafísico, uma conversa de amor pode começar com o movimento dos astros, passar pelas entranhas de uma pulga e terminar nos globos oculares de Cristo. Essas imagens extravagantes são chamadas de conceitos.

Os metafísicos eram cristãos ferrenhos e dedicavam boa parte de sua esquisitice histérica à paixão de Cristo. Para esses poetas, se Cristo não está derramando seu sangue sobre eles, Maria Madalena está chorando por eles ou a Virgem os está alimentando com seu leite. Seja como for, eles estão molhados. Essa umidade nunca se expressa numa linguagem clara. Em um exemplo famoso, Crashaw fala que

Cristo "abriu o guarda-roupa vermelho em seu lado". Isso significa que, depois de ser ferido pela lança, Cristo estava vestido com seu sangue vermelho. Quem lê demais dessas coisas mórbidas corre o risco de querer abrir o guarda-roupa vermelho dos próprios pulsos; mas, para leituras rápidas, essa literatura é intrigante e estranha.

Os metafísicos perderam popularidade na geração seguinte, que os rejeitava e repudiava tanto por sua esquisitice quanto por fazerem as pessoas se sentirem ignorantes. A maior parte das outras poesias que estudamos seria clara para qualquer um daquele período. Mas Donne faz com que os leitores sintam que têm o intelecto de um carrapato.

Não há um método consensual para descobrir quem é um poeta metafísico. Alguns especialistas postulam o uso de conceitos, manias religiosas, três referências acadêmicas e "pelos nas palmas das mãos". Outros simplesmente dizem que todos os que viveram nessa época são poetas metafísicos. Mas você pode confiar em minhas classificações, pois apresentarei somente aqueles poetas que todos concordam serem metafísicos. Não é só por preguiça. Embora eu seja de fato preguiçosa, isso é pura coincidência.

John Donne (pronuncia-se "dan") (1572-1631)

Enquanto os poetas *cavaliers* se inspiram em Jonson, a poesia metafísica vem de John Donne. Uma vez que os metafísicos também influenciaram a poesia do começo do século XX, pode-se dizer que a poesia contemporânea vem de Donne. Pode-se dizer também que Donne inventou a máquina a vapor – tanto faz, falar é fácil.

Donne parece ter sido uma pessoa legal. Quando jovem, estudando direito em Londres, ele desperdiçou boa parte da sua herança com mulheres, bebida e viagens. Em seguida, trocou todas as suas perspectivas de trabalho pelo amor verdadeiro. Depois de fugir para se casar com Anne More, o poderoso tio dela o perseguiu sem descanso até conseguir afundar o casal numa terrível pobreza. Eles viveram de caridade durante anos. Ainda assim, Donne continuou a amar a esposa. Não se casou novamente depois da morte de Anne, mesmo ela tendo deixado dez filhos para serem criados por ele.

Sempre mórbido, depois de enviuvar Donne se tornou obcecado pela morte e pela outra vida. Chegou ao ponto de posar para um retrato enrolado na mortalha com a qual seria enterrado. Pendurou então o retrato ao lado de sua cama para se lembrar todos os dias da transitoriedade da vida. Acabou por transformar sua melancolia em vantagem, fazendo carreira na Igreja. Como deão da Catedral de São Paulo, Donne ficou conhecido pela genialidade de seus sermões e pelo retrato bizarro ao lado de sua cama.

Ao contrário da maioria dos metafísicos, Donne escreveu um grande número de poemas de amor, que combinavam o atrevimento com a maluquice que era a marca registrada da escola que ele seguia. Quando o amor se torna sério, as almas dos amantes deixam os corpos e se mesclam no ar, enquanto eles admiram os corpos um do outro – não em pessoa, mas pelo reflexo na superfície de uma lágrima. As obras posteriores de Donne têm modos parecidos de expressar a devoção religiosa. Ele nunca publicou suas obras, mas elas gozavam de grande popularidade na forma de manuscritos; e já havia outros poetas metafísicos que se inspiravam nele muito antes de sua morte (da qual ele fazia tanta questão de falar).

	Importância	Acessibilidade	Diversão
Poesias de Donne	10	3	9

INFORMAÇÃO ERRADA PEGA

Por que Donne não publicou seus livros, considerando sua popularidade e sua pobreza? Bem, nessa época a imprensa já havia sido inventada, mas a lei de direitos autorais, não. Resultado: era difícil para os autores ganharem dinheiro com seu trabalho, mesmo sendo muito populares. É por isso que os autores menos abastados acabavam trabalhando para o teatro, onde tinham a certeza de serem pagos.

Os escritores também não tinham controle algum sobre suas obras ou sobre o uso de seu nome. Rabelais fez um esforço tremendo para expurgar seus escritos controversos, só para descobrir no fim que alguém, sem consultá-lo (nem pagá-lo), havia publicado uma versão sem censura. As reflexões do diário de *Sir* Thomas Browne sobre seus sentimentos pessoais por Deus, *Religio Medici*, caíram nas mãos de um editor, sem seu conhecimento, e se tornaram um *best-seller*.

Aquela foi a era de ouro da *fan fiction*. Um fã podia ler *Dom Quixote*, adorar o livro e copiá-lo, acrescentando uma cena de sexo entre Dom Quixote e Sancho Pança, e assim lucrar mais do que Cervantes havia lucrado com o original. Como Lope de Vega escreveu em sua peça *Fuente Ovejuna*: "Muitos homens famosos já sofreram a humilhação de verem um tolo escrever um livro em seu nome. Outros, por maldade, escreveram absurdos e atribuíram-nos a seus inimigos". Agora, na era das licenças Creative Commons, já não podemos ter a satisfação de fazer essas coisas.

OUTROS METAFÍSICOS

George Herbert (1593–1633). A vida de Herbert foi estranhamente casta: a única mulher para quem ele escreveu um poema foi sua mãe. Quando escreve "Tu és meu amor, minha vida, minha luz, / A única beleza para mim", ele está falando com Deus. Na verdade, todos os seus poemas são para Deus. Nem um único verso sobre gotas de orvalho, sobre um rouxinol ou sobre um melhor amigo ou uma garota. Deus do céu.

Conta a lenda que, em seu leito de morte, Herbert disse que sua única coletânea de poesias, *O Templo*, deveria ser publicada somente se "puder beneficiar alguma alma pobre e triste". Se assim não fosse, os poemas deveriam ser queimados. Repare que Herbert deve ter imaginado alguém realmente *muito* triste. Ele nem pensa na possibilidade de que versos como: "Doce rosa... Tua raiz está sempre em sua tumba, / E deves morrer" pudessem piorar a situação de uma pobre alma que talvez não estivesse se sentindo tão mal antes de ler O Templo.

Henry Vaughan (1622–1695). Vaughan se inspirou em Donne e Herbert. É conhecido por suas descrições da natureza entendida como fonte de revelação divina. Pois é, lá vem mais Deus. "Os ventos crescentes, / E cachoeiras, nascentes, / Pássaros, quadrúpedes, todas as coisas / Adoram-no adequadamente." Tsc, tsc. Pelo menos é melhor do que Herbert, cujo amor pela natureza tinha por principal objeto os vermes do túmulo.

Abraham Cowley (1618–1667). Em vida, Cowley foi considerado um gênio que marcou sua época. Seu primeiro volume de poesia foi publicado quando ele tinha 13 anos e incluía um longo poema que ele havia escrito quando tinha 10. Aqueles que demoram para fazer sucesso ficarão felizes em saber que a reputação de Cowley gorou. Ele é lembrado sobretudo por ter sido ridicularizado maliciosamente por Samuel Johnson em *A Vida de Cowley*: "um nível de banalidade que ultrapassa todas as expectativas... se prolonga até se tornar tedioso... uma poesia insignificante..." e por aí vai. Até que enfim um historiador da literatura com gosto semelhante ao nosso!

Richard Crashaw (1612–1649). Herbert é o tipo de pessoa que se espera encontrar por acaso em um cemitério com as mãos suspeitosamente sujas de terra. Crashaw é mais bizarro ainda. Ele combina as imagens religiosas herbertianas com indícios de excitação sexual. Muitos dos poemas de Crashaw são escritos para mulheres santas, com um espírito de êxtase estranho e quase seboso.

Ele é o homem do guarda-roupa vermelho, que também descreve os seios da Virgem Maria como "dois mares irmãos de leite da Virgem" e os olhos marejados de Maria Madalena como "Dois banhos ambulantes, dois movimentos chorosos; / Oceanos concisos e portáteis". Seus poemas foram compilados e publicados sob o título de *Passos Até o Templo*, como tributo a Herbert. Com Crashaw, pressentimos que esse templo tem manchas estranhas no chão e que à noite ouvem-se gritos esquisitos vindos de suas janelas.

Andrew Marvell (1621-1678). Marvell é mais conhecido por "Para sua Tímida Senhora", um poema do tipo "por favor, posso enfiar?" e do subtipo "junta teus botões de rosa". O amante oferece aqui o argumento encantador de que, se ela não fizer sexo com ele, quando morrer, "vermes experimentarão / tal virgindade por tanto tempo preservada". Bem, se isso não cria o clima...

	Importância	Acessibilidade	Diversão
George Herbert	6	5	5
Henry Vaughan	5	5	4
Abraham Cowley	5	5	3
Richard Crashaw	5	5	6
Andrew Marvell	6	6	6

JOHN BUNYAN (1628-1688)

Bunyan é a voz do puritanismo fanático, e seu autorrepúdio, seus arrebatamentos e suas patetices sérias ecoam em todo o cristianismo evangélico de hoje. Sua autobiografia, que leva o título encantador de *Abundante Graça ao Pior dos Pecadores*, é a primeira de suas obras que ainda são lidas. É basicamente uma história de redenção: o rebelde vê a luz. Esse gênero continua popular nos dias de hoje, mesmo que a ênfase tenha mudado. Agora tendemos a prolongar a "rebeldia" pela maior parte do livro, curtindo a violência, o crack e o sexo pervertido até que o garoto vê a luz no último capítulo. Nos tempos de Bunyan, o "rebelde" mudava no capítulo I e as variedades de luz que o herói via eram o tema principal.

Os pais de Bunyan eram iletrados e ele mesmo teve somente alguns anos de instrução. Quando se casou, ele e a mulher eram muito pobres; "tínhamos de partilhar entre nós o mesmo prato e a mesma colher". Assim, suas confissões têm a simplicidade de um homem do povo: as intuições são brutas; a sinceridade, simplória; a ingenuidade, singela; e essa imagem mental está se tornando um pouco assustadora. O estilo de Bunyan é andar somente de chapéu e tanga. Você entendeu.

Enquanto sua sinceridade é pura e batista, sua psicologia é mais problemática. Em dado momento, ele decide testar sua fé tentando secar poças d'água com a força da oração. No último minuto, no entanto, ele se acovarda e não reza, pois afinal – e se ele fracassar? Significa que irá para o inferno! Em outro momento, quando fica sabendo que alguns cristãos exemplares vivem nas redondezas, ele entra em pânico: pode ser que, depois de Deus ter salvado essas pessoas, Sua cota de escolhidos esteja preenchida naquela parte do país. Bem que ele poderia ter sido salvo alguns anos antes, para ganhar daquelas pessoas! Na verdade, quem dera ele ter nascido peixe. Os peixes não vão para o inferno! Por último, ele se tranquiliza na fé e começa a pregar essa mistura de egocentrismo e histeria para outros infelizes. *Abundante Graça* termina quando Bunyan vai para a prisão por pregar sem licença. Ele ficou preso durante doze anos. No fim, estava pregando para os outros detentos – pelo jeito, para isso ele não precisava de licença. Estava também escrevendo *O Peregrino*.

Em *O Peregrino*, a neurose de Bunyan é representada como um estudo de geografia. Um homem chamado Christian vai ficando cada vez mais inquieto por viver em uma cidade chamada Destruição. Então ele vai embora. Passa pelo Desfiladeiro do Desespero, pelo Vale da Humilhação, pelo Castelo das Dúvidas e pela Feira das Vaidades, chegando por último à Terra que Mana Leite e Mel. Pessoas chamadas Confiança Vã, Ignorância e Amor ao Dinheiro tentam desviá-lo, mas ele escapa com a grande ajuda de seus amigos Fiel e Esperançoso. Esses dignitários passam o tempo discutindo questões teológicas. Vislumbramos brevemente o inferno e o paraíso como se fossem descritos por um carcereiro que adora sua profissão. Uma vez que Bunyan passou a maior parte da vida examinando suas próprias motivações e reações, a psicologia é tão aguçada quanto a imaginação é ingênua. É como se as *Confissões* de Agostinho fossem escritas nos moldes do poema

The Faerie Queene, de Edmund Spenser, por um membro da honesta classe trabalhadora.

O Peregrino vendeu como água. A procura foi tanta que Bunyan escreveu uma segunda parte, quase idêntica à primeira, sobre a esposa e os filhos de Christian viajando pelo mesmo caminho psicodélico.

Uma nota: no paraíso de Bunyan, as ruas são pavimentadas de ouro, os edifícios são recobertos de joias, há ótima comida e até mesmo vinho – o paraíso é uma festa do materialismo. Mas nada de sexo. É isso que sempre acontece quando se quer vender o batismo.

Prova-Surpresa

A primeira obra de Bunyan foi um conto chamado "A Vida e Morte do Senhor Mau". Se você prestou atenção, poderá responder às seguintes perguntas sem precisar ler sequer uma palavra do livro! Boa sorte!

1. O Sr. Mau tinha um monte de boas qualidades?
2. A história é contada pelo Sr. Sábio ao Sr. Atento. O Sr. Atento escuta?
3. O que aconteceu com o Sr. Mau depois que ele morreu?

Respostas

1. Não.
2. Sim.
3. Ele foi para um Senhor Inferno.

	Importância	Acessibilidade	Diversão
Abundante Graça	4	7	5
O Peregrino	9	6	7

JOHN MILTON (1608-1674)

John Milton inaugurou uma nova tradição de poetas: aqueles cujas vidas não são interessantes. Ele estudou com afinco na escola, tornou-se professor e escreveu libelos contra a tirania do Arcebispo Laud. Começou a perder a visão, o que o impediu de fazer qualquer coisa interessante na Guerra Civil Inglesa. Foi secretário sob o governo de Cromwell, encarregado da emocionante tarefa de escrever cartas em latim para outros governantes europeus. A primeira esposa de Milton o deixou durante dois anos, aparentemente por causa da vida tediosa e insuportável do marido. Por seus escritos políticos, ele ficou preso por um curto período depois da Restauração, mas logo foi solto e voltou à sua vida chata de sempre. Nessa época, ele já estava totalmente cego. Tudo bem, ele não estava perdendo muito.

Milton não tinha senso de humor, não tinha jeito com as mulheres e tinha atitudes puritanas no que dizia respeito à bebida, ao teatro, ao sexo e à diversão em geral. Seria possível contar nos dedos as coisas interessantes que Milton fez na vida, e com os dedos livres restantes fazer dez coisas muito mais divertidas do que as que ele fez. No entanto, ele escreveu algumas das poesias mais ambiciosas da literatura, intelectualmente falando, entre elas a influentíssima *Paraíso Perdido*. Isso é impressionante, já que, por ser cego, Milton tinha de segurar a caneta com os dentes.

Paraíso Perdido

Brincadeirinha. Na verdade, esse livro foi ditado por Milton e escrito por outras pessoas, entre elas suas filhas. Até agora, os críticos conseguiram se abster de criar teorias que atribuam às filhas de Milton a autoria real de *Paraíso Perdido*.

O poema começa no inferno, com todos os anjos recém-caídos estatelados no chão ardente. "Ai", dizem os ex-anjos, "isto é terrível, deixem-nos sair!" Satanás, no entanto, não se intimida. "Melhor reinar no inferno que servir no paraíso", diz Satanás, como diria Pollyanna. Mesmo não sendo capazes de derrotar Deus, eles podem incomodá-Lo. Uma vez que incomodá-Lo diretamente é muito perigoso, Satanás decide atacar a recém-criada Terra, tornando-se assim o primeiro terrorista da história.

A rebelião começou quando Deus apresentou os anjos a Jesus, seu novo filho. "Este é meu filho", disse Deus — uma vez que não havia mulheres à vista, os anjos devem ter coçado a cabeça e se perguntado o que "filho" significava. Claramente, Deus criou Jesus do mesmo modo que criara todos os outros — mas os anjos morderam a língua e aplaudiram. Agora esperava-se que eles venerassem e obedecessem a esse recém-chegado. Durante o resto do livro, Deus e Jesus agem como se fossem membros de uma pequena sociedade de admiração mútua.

Sendo assim, é muito compreensível que Satanás tenha reunido ao seu redor um exército de anjos rebeldes. Mais ou menos um terço dos anjos se juntou à rebelião.

O poema épico de Milton é uma fantástica obra-prima da literatura, embora seja um pouco desfigurada por sua premissa ridícula. O Deus Todo-Poderoso cria Adão e Eva, que são amados por Ele acima de todas as coisas. Ele lhes dá uma regra: não comer a fruta de uma árvore específica. Mas Ele põe a árvore ao lado da casa deles, bem à mão. Deus já sabe que Adão e Eva serão enganados por Satanás e comerão a maçã. Na verdade, Ele passa a maior parte do tempo falando sobre o que vai acontecer e sobre como isso se encaixa em Seus planos.

Uma vez comida a fruta, Deus pune Adão, Eva, Satanás, a serpente possuída por Satanás, todos os outros animais e também as plantas. Uma punição infinita vem dessa única maçã. Ela é como a roda da fortuna ao avesso.

Milton alegou que escreveu tudo isso para "justificar os caminhos de Deus perante os homens". Se for isso mesmo, ele fez um péssimo trabalho. William Blake disse que Milton "jogava no time do diabo sem saber". Trata-se de um jeito educado de dizer que o Deus de Milton é estúpido e sem graça e que seu Jesus é um esnobe puxa-saco insuportável.

Como puritano legítimo, Milton põe Adão e Eva para trabalhar em tempo integral no Éden, e eles comentam que seria terrível se não sentissem que trabalharam por seu sustento. Eles também fazem sexo no Éden – na verdade, esse assunto surge tantas vezes que o leitor começa a cogitar se Milton não estaria se masturbando quando escreveu essas partes do texto. Na rebelião dos anjos, Satanás inventa a artilharia e quase derrota as forças celestiais, até que eles inventam a tática de pegar montanhas pela base e atirá-las em Satanás e nos outros anjos maus. Bum! Paf! Pou! Em resumo, por trás dos maravilhosos jogos de palavras e do pedantismo do século XVII, os leitores vão vislumbrar o contorno embaçado de um cara muito, muito imaturo.

ATENÇÃO: TÉDIO À VISTA

Para os leitores modernos, a obra-prima de Milton poderia levar o título de *Consciência Perdida*. Sempre que o ritmo da narrativa parece que vai deslanchar, Milton entra em ação, escrevendo uma longa metáfora que faz referência a um mito grego obscuro, a dois rios cítios e a três conceitos teológicos. Não consegue chegar a nenhuma conclusão sem várias páginas de argumentos. Felizmente, há uma versão resumida de *Consciência Perdida* nas duas primeiras páginas do Gênesis.

MILTON E AS MULHERES

Em Cambridge, por causa de seu longo cabelo e de suas maneiras delicadas, Milton era chamado de "Senhorita do Colégio de Cristo". Sempre que um escritor jovem é chamado de efeminado, sabemos que há misoginia à vista. E Milton não era exceção.

Contanto que uma pessoa tivesse genitália masculina, Milton acreditava na liberdade dela; no que diz respeito às pessoas com órgãos genitais masculinos, ele era inflexivelmente republicano. Já as garotas eram diferentes. Em *Paraíso Perdido*, Eva diz para Adão: "Tu, meu autor, que o ser me deste, o que ordenares / Obedecerei sem discutir; como manda Deus. / Deus é tua Lei, tu és a minha: nada mais saber / é o melhor conhecimento feminino...". Se essa é a boa menina, Pecado – filha/mulher de

> Satanás – é a garota má. Ela é representada como metade mulher, metade cobra. Pecado é rodeada por uma ninhada de cães que, de tempos em tempos, voltam a seu útero. Ali, se alimentam de suas tripas.
>
> Se você está se perguntando como tudo isso foi recebido pelas mulheres da vida de Milton, a reação de sua filha mais velha ao terceiro casamento do pai nos dá uma pista. "Não é nada de mais saber desse casamento", ela disse. "Saber da morte dele, isso sim seria uma notícia e tanto."

Mas Milton ainda não estava morto.

Ele teve tempo de escrever mais dois poemas longos: *Paraíso Reconquistado* e *Sansão Guerreiro*.

Paraíso Reconquistado infelizmente não dá continuidade à história de Adão e Eva, mas muda para a tentação de Jesus Cristo por Satanás no deserto. Uma vez que Jesus não se sente tentado, nada acontece. O roteiro é basicamente Satanás dizendo para Jesus: por favor, deixe acontecer algo neste livro – por favor, por favor! Jesus cruza os braços com um sorriso de superioridade e responde: pensas que me enganas?

Sansão Guerreiro é muito melhor. Mostra-nos Sansão na época de servidão, cego, lamentando-se em frente à sua prisão em Gaza. Mesmo para quem já não gosta muito de Milton, o elemento autobiográfico aqui é triste:

> A luz, a obra primeira de Deus, está para mim extinta
> E todos os seus vários objetos de deleite,
> Anulados... Em poder de outros, nunca sob o meu...
> O sol para mim é negro / E silencioso como a Lua...
> Sou eu mesmo meu Sepulcro, uma Tumba em movimento.

Felizmente, o alívio cômico vem logo depois. Dalila chega para implorar o perdão de Sansão, explicando que o traiu não somente pelo dinheiro, mas para servir ao Deus dela e de seu povo, povo esse do qual Sansão havia matado a muitos. "Sai, sai, hiena", Sansão responde. Então se entrega ao assunto favorito de Milton: "A Lei universal de Deus / deu ao homem poder despótico / Sobre suas fêmeas..." Um coro de hebreus concorda, enquanto Dalila sai, revirando os olhos e girando sua bolsa de dinheiro. Sansão faz seu *grand finale* com os pilares, soterrando-se junto com os nobres filisteus e liberando Dalila para se casar novamente.

Há também uma boa quantidade de poemas curtos, de todos os períodos da vida de Milton. O mais adorado é o soneto à sua cegueira, que começa com "Quando medito em minha luz perdida..." e conclui com o axioma "Também o serve aquele que senta e espera". (Imaginamos suas filhas fazendo caretas enquanto escreviam isso.) Então há o soneto no qual ele sonha que está vendo sua falecida esposa – "minha falecida santa esposa", como ele a chama. Por muito tempo isso intrigou os estudiosos, pois o poema chega a ser enjoativo de tão sentimental, mas ninguém sabe de qual esposa ele está falando.

	Importância	Acessibilidade	Diversão
Paraíso Perdido	10	4	4
Paraíso Reconquistado	5	4	3
Sansão Guerreiro	6	5	5
Outros poemas	6	5	5

CRÉDITO EXTRA: TRÊS ESQUISITICES

Todas as pessoas instruídas devem saber quem são John Donne e John Milton. Mas ninguém precisa saber quem são Samuel Butler, *Sir* Robert Burton e Izaak Walton. Mesmo tendo sido expulsos do cânone ocidental, ainda é ótimo citá-los nas conversas. As pessoas neuróticas já devem estar intrigadas e ansiosas para conhecer esse lixo supérfluo. Neuróticos, vocês estão entre amigos aqui.

Hudibras (1663-1678), de Samuel Butler, disparou como *best-seller* em sua época. É um poema épico de zombaria sobre os Cabeças Redondas, com um herói no estilo de Dom Quixote (Hudibras) e um ajudante no estilo de Sancho Pança (Ralph). Mas, enquanto Cervantes tinha imenso carinho por seu cavaleiro ridículo e seu ajudante camponês, Butler odeia a todos. Nos três livros de *Hudibras*, Butler destila e manifesta seu ódio por seus heróis e por todos os outros personagens. Nem mesmo o cavalo escapa. O livro é escrito em um estilo cômico irregular, de doer os ouvidos. Uma rima do livro que exemplifica o que quero dizer é: "E o púlpito é batido, bumbo eclesiástico, / não com baquetas, mas com punho bombástico". Para quem ainda não entendeu: agora que você já tem uma ideia de como é o *Hudibras*, fuja dele.

Já a enciclopédia lunática de *Sir* Robert Burton, *A Anatomia da Melancolia* (1621), é muito mais adorável. Com mais ou menos mil páginas, esse livro não foi feito para ser lido, e sim para ser citado. Há séculos já se fazem citações dele. Burton começa com a causa principal de toda a infelicidade humana ("o pecado de nosso primeiro pai, Adão". O que mais poderia ser?) e continua com todas as outras causas subsidiárias que anos de trabalho e sua imaginação fértil puderam descobrir. É uma coletânea de excelentes ideias, anedotas e fatos, copiados de escritores anteriores e revestidos com a prosa lenta e divagadora de Burton. É como uma refeição gourmet com um número desconcertante de pratos. Numa ocasião, ele aconselha o leitor a dormir deitado sobre o seu lado direito; em outra, conta a história de como Caracala acidentalmente viu os seios de sua sogra, se apaixonou e se casou com ela. Isso se prolonga por mais 999 páginas. O livro em si é tão pesado quanto uma criança de 4 anos, inútil para se ler no metrô, no banheiro ou sentado no sofá. Se ele cair em cima de você, um abraço. Pessoas mais fracas podem precisar da ajuda do corpo de bombeiros para segurá-lo.

A terceira esquisitice é *O Pescador Completo* (1653-1676), de Izaak Walton, uma excêntrica cartilha de pescaria – que já foi muito popular. Apresenta-se como um diálogo entre um pescador entusiasmado

(Piscator) e um caçador reformado (Venator), que se torna aprendiz do pescador. Eles vagueiam pelo idílico interior da Inglaterra, parando em pousadas onde seus peixes são preparados e os lençóis das camas são perfumados com lavanda. Piscator discorre eloquentemente sobre as glórias da pescaria, citando o fato de que Cristo escolheu três pescadores para serem seus discípulos e recitando poesias de pescaria que havia memorizado. Walton era amigo de Donne, de Herbert e de outros poetas metafísicos e compartilhava de sua moral enjoativa, mas não de sua viscosidade paranormal. Assim, *O Pescador Completo* é bom, divertido e limpo. Tem-se a sensação de que todos os prazeres, a não ser a pescaria, são armadilhas do Príncipe da Mentira. É também um livro penetrante e antisséptico, ou seja, tipicamente inglês.

	Importância	Acessibilidade	Diversão
Hudibras	2	4	2
A Anatomia da Melancolia	4	5	8
O Pescador Completo	2	6	4

CAPÍTULO 7

A FRANÇA E A INGLATERRA NO SÉCULO XVII: O FUNDO DO POÇO

Carlos II retornou ao trono em 1660, com grande júbilo de seu povo, que estava cansado da Guerra Civil, dos puritanos e de um Jesus exigente. O reinado de Carlos II é chamado período da Restauração, por uma razão óbvia: sua corte era renomada pela libertinagem. O próprio rei tinha pencas de filhos ilegítimos com sua coleção de amantes – que não somente eram reconhecidas publicamente, como também eram celebridades. Um cortesão que serve de exemplo extremo, mas não atípico, era John Wilmot, Conde de Rochester, que chegou a se passar por ginecologista durante um breve período. Para pessoas desse tipo, luxúria e escatologia são a mesma coisa.

Essa foi a era de ouro da frivolidade. A malícia se transformou numa arte; tanto na Inglaterra quanto na França, são escritas obras-primas da fofoca. As farsas crescem, a obscenidade prospera – muito. A única coisa que faltava para a pornografia era a câmera de vídeo.

Ler as obras desse período pode não melhorar você como pessoa. Mas vai fazer você se sentir uma pessoa melhor em comparação com aquela gente.

OS DIÁRIOS DE SAMUEL PEPYS (1633–1703)

Pepys era um oficial do Conselho da Marinha de Carlos II, que vivia na agradável periferia da corte da Restauração. Seus diários trazem descrições do retorno de Carlos II, da peste e do Grande Incêndio de Londres – mas também das rotinas mundanas e dos pensamentos dos ingleses de 1660. Ao acompanhar a volta do novo rei após vinte anos de exílio, Pepys repara que o cão do rei "[sujou] o navio, o que nos fez rir, e me trouxe o pensamento de que o rei – e tudo o que a ele pertence – é exatamente como todo mundo". Fala sobre ter passado a noite com uma viúva encantadora que "parece amar muito sua sobrinha, e que estava contente (o que considerei muito estranho) pelo fato de os seios da garota terem começado a crescer desde que veio para cá, sendo que antes ela temia que não crescessem".

As maiores preocupações de Pepys são: correr atrás de garotas, acumular fortuna, ouvir música e correr atrás de garotas. Ele aceita propina – um barril de esturjão, um jogo de garrafas ou dinheiro vivo – com cativante embaraço. Eis como recebe uma carta de um candidato a emprego público: "Não a abri até chegar em meu escritório; lá rasguei o envelope, sem olhar seu conteúdo até que todo o dinheiro tivesse caído, para que pudesse dizer que não vi dinheiro algum se no futuro fosse interrogado". Assim como sua ganância, sua vaidade também parece estranhamente inocente: ele descreve com orgulho o fato de os vizinhos abrirem as janelas para escutar quando sua família começa a cantar no jardim.

Acima de tudo, os diários são registros de uma vida feliz. Quando Pepys nos conta que foi dormir enquanto sua esposa e seus criados continuavam acordados, fazendo tortas para o Natal, o livro emana um poderoso contentamento. Por um instante curtimos a sensação de estar ali, na aconchegante casa de Pepys, na alegre Inglaterra da Restauração. Em seguida, ele menciona seu penico – e todo o glamour vai embora.

	Importância	Acessibilidade	Diversão
Diários	5	9	9

JOHN DRYDEN (1631-1700)

Dryden começou sua carreira com um tributo a Cromwell. Quando o rei voltou, sem perder tempo ele passou a elogiar a grandiosidade de Carlos II. Seus trabalhos para os palcos incluem, por um lado, conversas fiadas e afetadas sobre a imoralidade das comédias da época e, por outro, comédias imorais que ele mesmo criou. Quando ele não está puxando o saco do governante, está cafetinando o gosto popular. Mesmo assim, nunca temos a sensação de que Dryden está rindo interiormente. Ele não parece ter sido um picareta simplório, mas sim um hipócrita profissional, consumado.

Na Restauração Inglesa, ele era considerado o gênio da época. O período chega até a ser chamado de Era de Dryden. Desde então, sua reputação perdeu espaço a cada geração. Isso aconteceu em parte pela natureza tópica de suas obras. Uma vez que perdemos o interesse pelo complô papista, pelas guerras navais inglesas contra a Holanda, por esses tais de Whigs e Tories*... bem, perdemos o interesse. Não importa quanto Dryden descreva bem tais assuntos, nosso interesse só diminui. E perder o interesse é uma das nossas especialidades.

Outro problema de Dryden para o público contemporâneo é que a maior parte de sua obra é escrita em parelhas de versos heroicas. Por exemplo:

> A parelha heroica é o tipo de verso
> Onde o segundo rima com o primeiro, ou o inverso.
> O terceiro e o quarto também rimarão
> E, logo, algumas rimas forçadas surgirão.

É difícil levarmos as parelhas heroicas a sério hoje em dia. É como poesia sendo lida por Tom Cruise ou por um pato de desenho animado. Reconheçamos, porém, o mérito de Dryden, pois também é incrivelmente difícil escrever parelhas heroicas,

---

* Dois partidos políticos da Inglaterra, na época. (N. T.)

especialmente em um poema longo. A maior parte das obras nesse estilo – o *Hudibras* de Butler, por exemplo – são chatas e empoladas. Os versos de Dryden parecem magicamente naturais, como se as rimas caíssem no lugar certo por sorte, como os macacos compondo *Hamlet* em suas máquinas de escrever. Seu estilo é miraculosamente ágil, embora datado; é como assistir a Fred Astaire dançando.

Infelizmente, Dryden também não tem um pingo de paixão. Ele parece um garotinho pedante escrevendo uma redação sobre "O Porquê de Obedecermos às Leis" ou sobre "O Perigo das Drogas". O mais perto que ele chega de um sentimento genuíno é quando ataca outros poetas, o que ele faz sempre que tem uma oportunidade. É por causa de Dryden que todos se lembram do poeta Thomas Shadwell, por exemplo. Mas, graças a Dryden, o que mais lembramos sobre Shadwell é que ele era obeso.

Não há nenhuma razão que nos leve a ler Dryden. A conclusão é: ele não estava escrevendo para nós. Dar os livros dele aos leitores do século XXI é como dar ração de gato para um Chevrolet ou dar gasolina para seu gato beber.

	Importância	Acessibilidade	Diversão
Poemas	8	5	3
Peças	4	7	3

O DRAMA DA RESTAURAÇÃO

Com os puritanos fora do caminho, os teatros reapareceram em Londres. No começo, as companhias representavam peças antigas – Shakespeare e Jonson eram os preferidos. Mas logo as pessoas perderam todo o autocontrole e começaram a escrever peças próprias.

O drama da Restauração é o drama elisabetano diminuído. Não há nada de errado com essas peças, a não ser que alguém queira que você as leia. A arte e a inteligência estão lá, mas de algum modo falta inspiração. Com exceção de algumas comédias independentes, as peças passam a sensação de que foram escritas para serem ruído de fundo. Dada a bagunça que reinava na plateia dos teatros da Restauração, provavelmente era isso mesmo que acontecia.

A prática teatral da época foi marcada por algumas inovações importantes. Na época elisabetana, era considerado imoral que as mulheres aparecessem no palco. No período da Restauração, a própria ideia de que a imoralidade é ruim desapareceu. Surgiram atrizes, que eram continuamente apresentadas como objetos sexuais. Além disso, enquanto os palcos elisabetanos eram vazios, os palcos da Restauração tinham um maquinário complexo e cenários móveis. Os atores voavam sobre a cena e saíam de alçapões enquanto se transformavam em crocodilos e cantavam árias. No fundo, barcos navegavam e a cidade de Cartago aparecia no horizonte, em chamas.

Outra mudança foi o sumiço dos espectadores mais pobres, aqueles membros da plateia que pertenciam às classes mais baixas, ficavam de pé para assistir às peças e pagavam somente o equivalente a uns poucos centavos para comprar sua entrada no Globe. Na Restauração, os ingressos mais baratos custavam um *shilling*, de modo que os mais pobres, que eram bem pobres, não os podiam bancar. A nova audiência era composta principalmente de nobres, e os únicos membros da classe trabalhadora presentes eram as prostitutas que atendiam ao público masculino. Elas usavam máscaras que cobriam todo o rosto – um acessório que as mulheres da Restauração costumavam usar quando não estavam com boas intenções.

As comédias da Restauração eram escritas tomando-se a moral da corte como modelo. Sendo assim, era comum que todas as fraquezas humanas estivessem presentes dentro de uma única peça. Um exemplo típico acontece em *A Mulher do Campo* (1675), de Wycherley, na qual um libertino de Londres espalha a história de que havia sido castrado, podendo assim cornear inúmeros maridos sem levantar suspeitas. Uma cena é notória pelo uso repetido de uma frase de duplo sentido: "Entrar nela pela porta dos fundos". Mesmo com o ritmo frenético, há nessas peças um cinismo e uma falta de profundidade irritantes. A heroína de Congreve em *Assim É o Mundo* (1700) resume esse sentimento nestas palavras: "A crueldade de uma pessoa é o seu poder; e, quando a pessoa se separa da sua crueldade, se separa do seu poder. A essa altura, imagino que já esteja velha e feia".

As tragédias, por outro lado, são ásperas lições de moral. O truque favorito era revisar um dos roteiros de Shakespeare, recompensando os bons e punindo os maus. Um exemplo é *Tudo por Amor* (1678), de Dryden, que é basicamente *Antônio e Cleópatra* de Shakespeare, só que numa versão chata. Há o *Rei Lear* (1681) de Nahum Tate, que é *Rei Lear* se essa peça fosse chata. É claro que muitos dramas da Restauração são chatos sem precisarem da ajuda de Shakespeare.

Uma exceção interessante no que diz respeito tanto à imoralidade quanto à chatice é *Veneza Preservada* (1682), de Thomas Otway. Nesse drama muito sangrento, rebeldes tramam uma revolução contra um senado veneziano corrupto e repressivo. Os revolucionários e os senadores têm múltiplos defeitos e nenhuma das causas é apresentada como justa. Todos os personagens tomam as piores decisões, e os mais compassivos morrem como moscas. A peça também inclui aquela que talvez seja a primeira cena de fetiche por humilhação na história do teatro: um senador idoso pede que sua amante o chicoteie, late como um cão enquanto fareja o chão e então cai a seus pés, adorando-a.

	Importância	Acessibilidade	Diversão
A Mulher do Campo	5	8	8
Assim É o Mundo	6	8	8
Tudo por Amor	5	7	5
Rei Lear	3	6	3
Veneza Preservada	6	6	8

APHRA BEHN (1640-1689)

Outra inovação dos dramas da Restauração é a aparição de autoras. A mais eminente delas foi Aphra Behn. Em *Um Quarto Só para Si*, Virginia Woolf diz que todas as mulheres deveriam "deixar flores no túmulo de Aphra Behn, pois foi ela que lhes conquistou o direito de falarem livremente o que pensam". Trata-se de uma hipérbole, a não ser que o ativismo de Behn fosse bastante moderado; passaram-se mais 250 anos antes que as mulheres ganhassem o direito de votar.

Sabemos muito pouco sobre a vida de Behn. Sabemos que ela viveu na América do Sul quando era adolescente. Sabemos que era uma espiã do governo britânico em Antuérpia e que começou a escrever porque o governo demorava a lhe pagar por seus serviços. Seu nome artístico, Astraea, era originalmente seu nome de agente secreta. Em resumo, tudo o que sabemos com certeza sobre Aphra é que ela era muito mais descolada que Dryden. Também se conjectura que ela era bissexual. A prova é que não sabemos nada sobre sua vida sexual.

Sua reputação teve altos e baixos. Foi muito respeitada em vida, mas os críticos vitorianos a odiavam: "Era uma simples meretriz... Uma libertina endiabrada". Críticas feministas contemporâneas encontram temas "homossociais" e "desconstrutores de gênero" em suas obras – é o modo que elas têm para dizer que gostam de alguma coisa. Por outro lado, Harold Bloom chamou Behn de "autora de nível D". Isso é muito injusto: Aphra Behn é uma autora de nível B. E também é muito mais descolada que Harold Bloom.

Ela escreveu pelo menos dezessete peças travessas, sujas, engenhosas, cheias de libertinos, cortesãos, donzelas luxuriosas e tiradas espertas. *The Rover*, sobre um bando de Cavaliers no exílio, é a melhor e a mais conhecida. A peça tem uma representação de um amigo de Behn, o conhecido e irresponsável Lorde Rochester (veja a seguir). Seguindo a moda típica da Restauração, as mulheres sempre se vestem com roupas de homem, melhores para perseguir garotos (e para que o público veja suas pernas em calças apertadas). Enquanto isso, os homens estão sempre a ponto de estuprar as mulheres, quando não estão correndo atrás de alguma prostituta. Ha, ha, ha! O sexo é tão engraçado!

Behn também escreveu um romance curto, *Oroonoko*, uma das primeiras obras de crítica à escravidão. Nele, um príncipe africano perfeitamente honrado, inteligente e bonitão é traído por seu rival e se torna escravo. Ele e sua linda namorada, Imoinda, são levados para a América do Sul – e continuam lindos, acrescentemos (como Behn, aliás, não se cansa de acrescentar). Lá, eles continuam tendo uma aparência fantástica e são admirados por toda a colônia. No entanto, as promessas de liberdade não são cumpridas e Oroonoko fomenta uma rebelião de escravos. Quando lhe oferecem uma anistia, ele se rende. Tolo inocente! É desmembrado vivo pelos colonos vis e mentirosos. Morre sem dar um pio, nobre até o último suspiro, com seus vários pedaços resplandecendo de tanta beleza.

Mesmo que esse livro seja geralmente visto como uma crítica à escravidão, deve-se ressaltar que Behn era uma entusiasta da monarquia e aparentemente não se incomodava com a escravidão africana. O que a incomoda é quando o príncipe – seja um africano nobre como Oroonoko ou um inglês vulgar como Carlos II – não é respeitado.

Oroonoko foi também chamado de o primeiro romance, fazendo dele o primeiro romance escrito por uma mulher – mas não o último – a ser chamado de "o primeiro romance".

	Importância	Acessibilidade	Diversão
The Rover	4	8	7
Ooronoko	5	8	7

JOHN WILMOT, CONDE DE ROCHESTER (1647-1680)

Quando dissemos que Rochester se passou por ginecologista, você talvez tenha imaginado que estávamos contando a melhor parte dessa história. Na verdade, a farsa foi muito mais complexa. Começou quando ele caiu em desgraça na corte e teve que ficar na moita. Para ficar na moita, passou a posar como um astrólogo e charlatão italiano chamado Alexander Bendo. Como parte de seu disfarce, inventou uma esposa que tratava da esterilidade feminina. Ao que parece, a Sra. Bendo (Rochester vestido de mulher) teve muito sucesso em sua profissão e conseguiu engravidar várias pacientes.

Rochester também é conhecido por ter sequestrado uma garota chamada Elizabeth Malet – algo de que ele poderia ter escapado impune, não fosse pelo fato de ela ser de sua própria classe. Por isso, ele passou algum tempo na Torre. Elizabeth, no entanto, o perdoou, e mais tarde eles se casaram. Rochester causava esse efeito nas mulheres – e também em Carlos II, que o perdoava continuamente por seus múltiplos crimes. Certa vez, Rochester fugiu da corte depois de dar ao rei, por engano, um poema indecente sobre o próprio rei, em vez de outro que Carlos havia pedido. Qualquer um que já tenha mandado um e-mail para a pessoa errada por engano vai entender o pânico do pobre Rochester quando ele viu que tinha dado os seguintes versos ao rei:

> Pobre príncipe! Teu pau, como teus bobos da corte,
> Governar-te-á, pois para ti é um esporte.
> É certamente o pau mais quente que já se viu,
> O mais orgulhoso e peremptório que já existiu.
> Ainda que a segurança, a lei e a religião estejam por tua conta,
> Trocarias tudo por uma xoxota.
> Incansável, passas de puta a puta,
> Monarca alegre, escandaloso e pobre em sua conduta.

E por aí vai, até terminar com a maldição:

> ... tivesse eu o tempo para dizer a ti
> Quanto custa à pobre e esforçada Nelly
> Empregar suas mãos, dedos, boca e quadris
> Para levantar o membro que ela tanto quis.
> Todo monarca odeio, e ao trono em que se entranha,
> Desde o valentão da França até o trouxa da Bretanha.

As poesias de Rochester nos mostram quão pouco a linguagem de baixo calão mudou no intervalo de 350 anos. Todos os palavrões censurados estão ali. (Ótimo trabalho, censores! Daqui a uns duzentos anos, os bebês nascerão xingando.) Sua poesia é tão suja que até os intelectuais da Restauração a deploravam – embora a lessem. Ele morreu aos 33 anos, de alcoolismo, sífilis, ira divina e outras coisas do gênero. Em seu leito de morte, supostamente renunciou ao ateísmo. Seu discurso de penitência foi publicado e se tornou um tratado popular – mas os estudiosos contemporâneos acreditam que ele não era mais autêntico que a Sra. Bendo.

	Importância	Acessibilidade	Diversão
Poemas	3	7	8

A CORTE DO REI SOL

Na França, o reinado de Luís XIV começou e demorou *muito* a terminar. Por acreditar que tudo girava ao seu redor, Luís era chamado de Rei Sol. O Rei Sol infelizmente não vivia em um zigurate mesopotâmico nem presidia ritos primitivos que envolvessem máscaras douradas, corações de virgens e um vulcão ativo. Em vez disso, ele construiu Versalhes. Tudo bem para quem gosta desse tipo de coisa, mas não é nenhum zigurate. Essa é somente uma das razões pelas quais achamos a história da França tão decepcionante.

Estamos então em Versalhes. As flores nas camas são trocadas todos os dias; um milhão de fontes adornam o jardim. Os homens usam bermuda fofinha com meia-calça e salto alto. Acenam usando bengalinhas com uma fita enrolada em volta. Em resumo – tudo era muito gay.

Esse período da história francesa é chamado de Grand Siècle. Não sabemos explicar o porquê. Por que chamamos os cães de "cães"? Por que esses cães fazem "au-au"? Deixemos essas questões para os cientistas.

A PRINCESA DE CLEVES
De Madame de La Fayette (1634-1693)

A *Princesa de Cleves* é o único de muitos romances – escritos geralmente pela alta nobreza – da era de Luís XVI que ainda é lido nos dias de hoje, em parte porque é o único que aguentamos ler. Os romances de Madeleine de Scudéry, então populares, vinham em dez volumes grandes. É o caso, por exemplo, de *L'Astree* de Honoré d'Urfé, que falava sobre pastores. Em contraposição, *A Princesa de Cleves* é uma história de amor compacta e de roteiro claro. E também, embora pareça um romance histórico, é na verdade um retrato primoroso das intrigas na corte do Rei Sol, escrito por uma participante que não as aguentava mais.

É um romance do movimento chamado de *Préciosité* (ver p. 153). O cenário é o mundo cínico da corte; os personagens principais são tão nobres que parecem extraterrestres. Dos três, dois literalmente morrem de amor. Enquanto estão sofrendo de falência múltipla dos órgãos por causa do amor, continuam extraordinariamente educados, expressando seu amor de formas como esta: "Se eu ousasse, diria até que está em teu poder, um dia, impor-te a ti própria o dever de preservares os sentimentos que tens por mim". A resposta só pode ser a seguinte: "Meu dever me proíbe de pensar em qualquer um, em ti menos que em qualquer outro no mundo, por razões que desconheces". Então tá!

Enquanto isso, a história é avivada por subtramas obscenas. Enquanto a heroína faz um esforço sobre-humano para se manter perfeitamente fiel, todas as outras pessoas que ela conhece estão traindo despreocupadamente. A heroína e seus *amants* são como os únicos membros pudicos de uma trupe de bonobos.

Por fim, a heroína epônima rejeita seu amado, o Duc de Nemours, porque seu falecido marido (que sabemos muito bem por que morreu) era "o único homem no mundo capaz de preservar o amor no casamento". Ou seja, como o *duc* está fadado a se cansar dela e a traí-la, por que se preocupar em consumar o relacionamento? Melhor mesmo é ir para um convento e morrer de amor.

Mas – podemos ouvir o leitor se perguntando – esse é o primeiro romance do mundo? Bem, de acordo com ninguém menos que Stendhal, é o primeiro romance francês. Isso teria surpreendido a própria Madame de La Fayatte, uma vez que esse foi o terceiro romance que ela mesma escreveu.

	Importância	Acessibilidade	Diversão
A Princesa de Cleves	6	8	8

OS SALÕES E LES PRECIEUSES

Foi nesse período que a França desenvolveu a tradição dos salões literários – casas onde a alta sociedade e os intelectuais se encontravam, uma vez por semana, para praticar a arte da conversação. Tais reuniões eram presididas principalmente por mulheres. Madame de Lafayette organizava um dos salões que mais fizeram sucesso; entre seus convidados estavam La Fontaine, Molière, Corneille e Madame de Sévigné.

Os salões desse período eram também solo fértil para o culto das *precieuses*. As *precieuses* se orgulhavam de serem as flores das reuniões. Eram patologicamente refinadas e particularmente preocupadas em purificar e adornar a língua francesa. As palavras simples eram consideradas sem graça e eram substituídas por circunlóquios bizarros. Um chapéu era chamado de desafiador do clima; as lágrimas, de pérolas de Íris; os dentes, de mobília da boca. Antoine de Somaize escreveu um dicionário para essas expressões, de modo que um novato que quisesse um copo d'água soubesse que deveria pedir um "banho interior". Em salões como o de Mademoiselle de Scudéry, os convidados usavam apelidos formais como Bradamire, Barsinian, Amílcar e Safo. As *precieuses* se orgulhavam do fato de que as pessoas comuns não conseguiam entendê-las, ou suportá-las. Diversas de suas inovações linguísticas ainda se mantêm no francês moderno, o que explica muitas coisas.

Elas são lembradas principalmente por terem sido satirizadas por Molière em *Les Precieuses Ridicules*. A peça fala sobre duas garotas provincianas que imitam atabalhoadamente suas superiores parisienses. E também marcou alguns pontos contra os aspectos mais ridículos dos salões, como a ideia de que a mulher é capaz de pensar. Os críticos posteriores desistiram das sutilezas de Molière e simplesmente acusaram as *precieuses* de serem feias, frígidas e solteironas. Aqui chegamos ao fenômeno comum das cavalgaduras zombando das patricinhas. Hoje em dia, chamamos esse fenômeno de "luta de classes". Na França isso acabou levando, por vários caminhos entrecruzados, ao crítico mais cortante das afetações da alta roda: a guilhotina.

MOLIÈRE (1622-1673)

Molière era o nome artístico de Jean-Baptiste Poquelin. Filho de um tapeceiro, Jean-Baptiste passou sua juventude como um ator esfarrapado que se apresentava nas províncias com sua trupe esfarrapada. Suas obras mostram os efeitos de terem sido escritas por um ator e um empresário teatral: sempre são baseadas tanto nos personagens quanto na bilheteria. Molière sempre interpretava os personagens principais em suas próprias peças; na verdade, ele morreu de hemorragia pulmonar enquanto representava um hipocondríaco em O *Doente Imaginário*.

A atuação de sua companhia era conhecida por sua naturalidade. Numa era em que os atores declamavam suas falas abanando os braços, os atores de Molière simplesmente falavam e caminhavam. Isso era considerado sem graça quando a companhia encenava tragédias, do mesmo modo que dizer "dentes" em vez de "mobília da boca" era considerado sem graça. Quando eles encenavam uma comédia, no entanto, o público não tinha como não rir.

As peças de Molière sempre são centradas em um personagem principal com uma grave falha de caráter. Os personagens normais são perseguidos, enganados e acossados pelo vilão. No final, ele é punido e a felicidade é restaurada. No *Tartufo*, um hipócrita religioso tenta depenar um homem piedoso; em *O Misantropo*, um rabugento tenta se casar com uma coquete desmiolada; em *O Burguês Ridículo*, um homem de classe média tenta casar sua filha com um aristocrata. Mas nenhum deles consegue. Molière adora uma premissa simples com um final apropriado.

A execução é tão simples quanto. Os personagens passam a maior parte do primeiro ato explicando um para o outro quem são. "Sou uma simples doméstica", diz a serva à sua patroa, "enquanto tu és rica desde a morte de teu marido, que te levava no cabresto. Desde que ele morreu, diria que és uma mulher mais feliz! Sorris o tempo todo, especialmente para o belo Valério, o filho daquele avarento miserável que espera se casar contigo porque pensa que o dinheiro dele vai se sobrepor à sua terrível aparência, uma vez que já passou dos 50".

Quando não está zombando dos avarentos por serem avarentos, Molière gosta de fazer seus personagens se baterem comicamente com paus ou trocarem indiretas. Tudo isso em parelhas de versos heroicas:

O canalha pensa que com minha esposa carícias trocará,
Mas a madeira do meu bastão será tudo o que sentirá.

Neste ponto, você deve estar com calafrios só de pensar em Molière. O problema é que ele é realmente engraçado. Não é algo que os franceses fizeram só porque gostam de ver a humanidade sofrer. Talvez você se sinta superior a esse tipo de coisa. Talvez seja do tipo que não gosta de ver um homem vestido de mulher caindo dentro de um barril cheio de ovos. Mas isso sempre será engraçado, por menos que você o admita.

	Importância	Acessibilidade	Diversão
O Avarento	8	8	8
Tartufo	10	8	8
O Misantropo	8	7	7

CORNEILLE (1606-1684) E RACINE (1639-1699)

Ao contrário de Molière, esses escritores são algo que a França só produziu porque gosta de ver a humanidade sofrer. Eles falharam, já que o resto do mundo em geral ignorou esses escritores. Recusando-se a admitir a derrota, os franceses continuam a fingir bravamente que eles são tão bons quanto Shakespeare. Chegam até a assistir às peças de Racine e Corneille! Essa é uma medida de quanto eles nos odeiam por sermos mais altos que eles.

Corneille é o autor de *O Cid, Cina* e *Polyeucte*; Racine escreveu *Andrômaca, Fedra* e *Atalia*. Tente distinguir essas peças uma da outra. A única diferença entre Corneille e Racine é que Corneille veio antes e Racine é também uma cidade do estado de Wisconsin, nos Estados Unidos. Qualquer outra diferença que pareça existir entre eles é só uma sujeirinha em seus óculos de leitura.

Uma das primeiras coisas que você irá reparar em Corneille/Racine é que eles não faziam piadas. Não há nenhuma frase espirituosa, nenhuma diversão despreocupada. A mistura de comédia e tragédia era, na época, considerada de mau gosto. Sem nenhum motivo. As coisas simplesmente eram assim, do mesmo modo que uma peruca que parecia uma pele de ovelha era considerada de bom gosto.

Corneille/Racine não tentam fazer com que os personagens ou as situações pareçam reais. Em vez disso, são "nobres". Outra coisa: ninguém, nas peças de Corneille/Racine, fala somente uma frase. Toda a expressão vem em monólogos. Para terminar, em Corneille/Racine todos têm emoções fortes e suicidas. Ninguém nessas peças ama o outro de um modo normal. Para lidar com esse grau de histeria, o autor cuidadoso dá a cada personagem principal uma pessoa a quem ele pode fazer confidências, uma espécie de terapeuta particular a quem ele pode contar todos os seus sentimentos. Parece que o autor se esquece de que a plateia ainda está no local – se é que ela ainda estará.

Se você estivesse realmente determinado a desfrutar dessas peças, poderia se concentrar nos sentimentos imponentes e se obrigar a colocar um sorriso no rosto. Não faça isso, pois só iria encorajar os franceses. Por bondade, queremos afastá-los gentilmente das tragédias e fazê-los voltar às coisas em que eles são realmente bons – como o sotaque francês e o jeito que eles fumam, que faz com que fumar pareça muito descolado.

	Importância	Acessibilidade	Diversão
Corneille	7	5	1
Racine	7	5	1

CRÉDITO EXTRA EM FRANCÊS

Um dos maiores alicerces da literatura e da cultura francesas é La Fontaine (1621–1695), cujas *Fábulas* em versos são tão conhecidas na França que um francês pode simplesmente dizer "É como o leão e o rato", ou "Ela é a raposa que casou com o cão", ou ainda "É aquele caso dos sapos, do padre e do enema", e todos sabem exatamente o que ele quer dizer. "Ha, ha, ha!" – eles riem em francês. Enquanto isso ficamos com cara de paisagem, parabenizando-nos interiormente por sermos mais altos do que eles.

No geral, as fábulas de La Fontaine são muito divertidas, são boas e tal. Mas pense bem antes de comprar uma edição: você realmente quer entender do que os franceses estão falando?

Outra escritora muito amada e muito francesa é Madame de Sévigné (1626–1696), cujas *Cartas* contêm todas as fofocas sobre a nobreza francesa que poderiam ser postas no papel. Praticamente todas as cartas são para a filha, que era o amor da vida de Madame de Sévigné. Essa afeição esquenta um pouco o cinismo gelado da época. Em dado momento, Sévigné conta que Vatel, o *chef* de cozinha do príncipe Luís II de Bourbon-Condé, se matou a facadas por vergonha – porque um carregamento de peixe não havia chegado a tempo para uma festa. Ela comenta, indiferente: "É um acontecimento irritante numa festa que custou cinquenta mil francos". Depois, temos: "A Duquesa de Bouillon foi pedir ao Voisin um veneninho para matar o velho marido que a estava matando de tédio, e solicitou um esqueminha para se casar com um jovem... Foi muito engraçado". Mas não deixa de ser admirável a franqueza de "M. de Morangis está morto, e os Barillons ficaram muito aflitos. Mas ficaram também muito ricos, o que acalma os sentimentos naturais".

	Importância	Acessibilidade	Diversão
Fábulas, La Fontaine	3	8	5
Cartas, Madame de Sévigné	4	8	6

CAPÍTULO 8

A ERA DA RAZÃO OU: QUANDO AS PESSOAS TOMARAM JUÍZO E COMEÇARAM A ACREDITAR NO QUE NÓS ACREDITAMOS

Quando o século XVII chegou ao fim, uma nova era de pensamento revolucionário começou. As pessoas começaram a questionar com mais audácia a teologia ortodoxa — e em seguida começaram a questionar as severas punições prometidas a quem questionasse a teologia ortodoxa. Logo inventaram o chamado "liberalismo" ou "progressismo", que continua a causar problemas até hoje. Tal como era naquela época, esse movimento derrubou as antigas crenças sobre o direito hereditário dos reis, o que culminou na Revolução Francesa. Em sua forma atual, ele é a razão pela qual as mães não ligam mais para os filhos e, em vez disso, saem para fazer "carreira" e deixam as crianças entregues a um coquetel mortal de Facebook, bebidas e drogas que, para a decepção de todos, culmina no uso de calmantes para dormir. É também por causa do progressismo que podemos ir para a cadeia por celebrar o Natal e que os homens não usam mais chapéu, a não ser quando tocam em algum grupo de jazz (e não percebem como ficam ridículos). É por isso que os homens não são mais homens, as mulheres não são mais mulheres e as tautologias não são mais tautologias. Em resumo, o progressismo é a melhor coisa do mundo e devemos ser eternamente gratos às pessoas que inventaram esse movimento.

Ao passo que a literatura da Restauração é a voz da nobreza, a literatura do século XVIII é escrita pela classe média, para a classe média e sobre a classe média. A literatura se torna profissionalizada, e até mesmo autores sérios começam a escrever "Cinco Coisas que as Garotas não Devem Vestir" para os jornais. Embora as pessoas continuem lendo poesia, o romance agora é o personagem principal, provavelmente porque vale mais o dinheiro que se paga por ele.

Uma nota: o romance do século XVIII é sutilmente diferente dos nossos romances convencionais. Geralmente tende a quebrar barreiras preestabelecidas, lembrando sempre ao leitor de que é um romance e que o autor pode, se quiser, transformar o herói em coelho a qualquer momento. Tende também a mudar de rumo repentinamente, transformando-se em uma paródia de algum outro estilo literário completamente diferente. Em resumo, é o que agora chamamos de pós-moderno.

Todas as inovações da ficção pós-modernista do século XX surgiram, foram imitadas, se converteram em gêneros estereotipados e caíram em desuso no século XVIII. Na verdade, o romance realista convencional deveria ser chamado de pós-pós-moderno, o que faria do modernismo o pós-pós-pós-modernismo. De qualquer modo, isso é apenas mais uma prova de que aqueles que se esquecem da História estão fadados a repeti-la, com a feliz ressalva de que aquilo que eles esquecem pode às vezes ser muito legal.

ALEXANDER POPE (1688-1744)

Alexander Pope foi reconhecido em vida como o Grande Poeta da Era Augusta. Mesmo sendo famoso e querido, teve uma vida desgraçada. Ao contrário de muitos autores que você já conheceu nestas páginas, Pope não era culpado de sua própria desgraça. O pobre rapaz tinha um azar terrível.

Primeiro, teve tuberculose. E não foi uma simples tosse; ele teve tuberculose óssea. Ela o deixou corcunda, com problemas respiratórios, com dores e propenso à febre. Devido à degeneração de seus ossos, ele tinha apenas 1,37 m de altura. Pope também era católico em uma época em que os católicos eram perseguidos. Eles não podiam lecionar, votar, fazer faculdade nem ir para o céu.

Embora os homens de sucesso sempre tenham algumas *groupies*, por mais feios que sejam, as mulheres fugiam de Alexander Pope. Ele supostamente teve um caso com uma amiga de infância, Martha Blount; alguns chegam a especular que eles se casaram secretamente. No entanto, não há provas concretas de que eles tenham chegado às tais "vias de fato". O pior é que, segundo Samuel Johnson, durante a doença final de Pope, Blount respondeu ao mensageiro que trazia as más notícias com um "O quê? Ainda não morreu?!". Casada ou não, ela esperava por uma herança no valor de alguns milhares de libras.

Se sua vida amorosa e sua saúde eram funestas, sua carreira era o extremo oposto. Aos 22 anos já era um poeta consagrado, que batia papo não somente com grandes escritores como Swift, Addison e Steele, mas também com o *crème de la crème* da sociedade. Para você ter uma ideia, dê uma olhada num dos epigramas mais conhecidos de Pope:

EPIGRAMA GRAVADO NA COLEIRA DO CÃO
QUE DEI PARA SUA ALTEZA REAL

"SOU O CÃO DE SUA ALTEZA, VENHO DE KEW;
RESPONDA-ME, SENHOR, O CÃO DE QUEM ÉS TU?"

A mensagem final é que ele conhecia tão bem o príncipe que lhe deu um cãozinho de presente. Bem, mesmo que a vida de Pope não tenha sido um mar de rosas, pelo menos ele era uma grande celebridade. Se ele quisesse, poderia desdenhar das pessoas saudáveis, bonitas, sem dor e que iam para o céu. Na verdade, é provável que essas pessoas tivessem um retrato de Pope pendurado em casa (no qual certamente não se podia notar que ele era um corcunda de 1,37 m de altura).

A maior parte das obras de Pope eram ensaios escritos em parelhas heroicas. O primeiro foi seu "Ensaio sobre a Crítica". É exatamente o que o nome diz: um ensaio em rima sobre as críticas literárias. Nele há a inteligência, o humor leve e a elegância que deram fama a Pope; e há brilhantes críticas de críticas. Há frases imortais, como "Os tolos entram correndo onde os anjos têm medo de pisar". Mas, no final, nada disso muda o fato de se tratar de uma obra de crítica literária do século XVIII. Se você respirar fundo e fingir que está no século XVIII, ainda pode lê-la com prazer. Mas, assim que você relaxar, será como assistir a uma palestra sobre o uso de temas cristãos espanhóis nas tapeçarias dos Huguenotes.

Vale a pena dar uma olhada em seus ensaios mais tardios – o "Ensaio sobre o Homem" e suas Epístolas – mesmo que os ensaios e as rimas não sejam sua praia. Os argumentos são realmente interessantes, e a poesia é tão cuidadosamente composta e tão lúcida que tem a mesma habilidade engenhosa de uma Bíblia escrita em um grão de arroz. A poesia de Pope é tão perfeita que alguns não gostam dela só por essa razão. É perfeita demais, diz-se; é estéril, ou fria, ou talvez seja simplesmente melhor do que a poesia das pessoas que assim pensam. Tudo bem não gostar de Pope por causa disso, mas talvez seja mais legal seguir o caminho dos românticos, que achavam que a poesia de Pope não era poesia de modo algum. Faltam-lhe Imaginação e Beleza. É só um amontoado de silogismos e paradoxos como: "Se seu Princípio de ação uma vez explorar, / Nesse momento seu Princípio não mais será".

Na maior obra de Pope (excetuados os ensaios), esse é o menor dos problemas. "O Rapto da Madeixa" é um *jeu d'esprit** sobre um pretendente rejeitado cortando uma mecha dos cabelos de uma linda mulher. É baseada em uma história real, e Pope faz tantas rimas que chegamos a nos assustar. Ele acrescenta sílfides, gnomos e uma deusa pagã à mistura e termina a história com o cacho do cabelo sendo imortalizado no céu como uma nova constelação.

---

* Literalmente, "jogo de espírito", artifício retórico que joga com palavras para obter um sentido humorístico, crítico ou didático. (N. E.)

Por causa da impertinência de suas rimas, é muito divertido de se ler; uma bobageira efeminada e delirante, e talvez a única obra clássica sobre o noivado. É um presente perfeito para aquele amigo homofóbico que você não curte.

Três luas de Urano foram batizadas com nomes de personagens de "O Rapto da Madeixa": Belinda, Ariel e Umbriel. Belinda é a heroína, Ariel é uma sílfide e Umbriel é um gnomo do mal. Todos os outros 24 satélites de Urano foram batizados com nomes de personagens de Shakespeare. Sendo um planeta gigante e gelado, Urano é composto de hidrogênio e hélio. Tem a superfície atmosférica mais fria do nosso sistema solar. Provavelmente Alexander Pope não teria sobrevivido por lá, mesmo que tivesse vivido o suficiente para reivindicar a posse de suas luas. Também não tenho certeza se ele tecnicamente seria o dono dessas luas (não sou cientista), mas isso me parece justo e, dada a frieza de sua poesia, apropriado.

	Importância	Acessibilidade	Diversão
"Ensaio sobre a Crítica"	6	7	4
"Ensaio sobre o Homem"	7	6	5
"O Rapto da Madeixa"	5	5	6

GRUB STREET (RUA DO GRUDE)

A Grub Street era uma rua de Londres povoada por escritores competitivos em guerra. Esse nome era um apelido pejorativo que fazia referência à pobreza de seus habitantes, ao seu estilo de vida sujo e à sua má reputação. Nesse gueto, uma grande porcentagem de crianças nascia de pais não casados; muitas dessas crianças seguiam os passos de seus pais e levavam vida de escritor. (É claro que aos escritores agora é permitido viver onde quiserem, e até se casarem com não escritores, graças aos esforços antissegregacionistas da geração de nossos pais.)

Com o tempo, o nome "Grub Street" passou a indicar todo o submundo dos picaretas do século XVIII e dos periódicos que lhes proporcionavam o pão de cada dia (e não muito mais do que isso). Muitos desses periódicos pertenciam a órgãos políticos, como o *Tory Examiner*, editado durante um tempo por Jonathan Swift. Mas aqueles de que nos lembramos hoje em dia – em parte porque sempre aparecem revistas novas que roubam seus nomes – são os periódicos culturais informais, como o *The Spectator* e o *Tatler* de Joseph Addison (1672–1719) e Richard Steele (1672–1729).

Geralmente, cada edição de uma revista incluía somente um ensaio ou "carta". Era então possível que cada edição fosse escrita por uma só pessoa, e algumas efetivamente o eram, como *The Rambler*, de Samuel Johnson. O nome da pessoa, no entanto, não aparecia na revista. As cartas do *The Rambler* eram assinadas por The Rambler [o vagabundo, vadio], as do *The Spectator* por The Spectator [o espectador]. Às vezes a pessoa que escrevia o periódico ganhava um nome próprio, como na *Tatler*, que era assinada sob o pseudônimo de Isaac Bickerstaffe. Essas pessoas fictícias tinham amigos fictícios que viviam aventuras fictícias.

Uma carta típica consistia em uma anedota contada para demonstrar uma lição moral. As anedotas são bem-humoradas. A moralidade é a do Eterno Burguês. O senso comum pode resolver todas as dificuldades; todos devem se casar e ter filhos; a beleza está no interior das pessoas; o trabalho duro será recompensado.

Embora a circulação desses periódicos não pareça muito impressionante – *The Spectator* em seu auge vendia três mil cópias –, o público leitor em si era muito maior. As cafeterias assinavam todos os periódicos populares, e ali as pessoas se juntavam para lê-los e discuti-los. As cafeterias eram também os locais de encontro de clubes, como o Kit-Kat Club, que funcionavam mais ou menos como os salões franceses, mas sem o cinismo, as afetações e as mulheres.

Isso nos leva a falar sobre uma interessante versão francesa do periódico. Além dos periódicos regulares, os franceses tinham também os clandestinos. Estes eram escritos em Paris mas impressos na fronteira francesa, longe do alcance dos censores. O mais famoso era o *Correspondance Litteraire* do Baron von Grimm, escrito por ele e por um pequeno grupo de radicais, entre os quais Denis Diderot e Madame d'Epinay, a partir de 1753. Tinha somente cinquenta assinantes esquisitos, mas todos da realeza europeia, entre eles Catarina, a Grande, da Rússia. O *Correspondance* é lembrado hoje em dia principalmente pela literatura original que publicava. Muitas das obras mais conhecidas de Diderot, inclusive o sujo e escabroso *Jaques, o Fatalista* (ver p. 184), foram publicadas nessas páginas.

DANIEL DEFOE (1660-1731)

Daniel Defoe é habitualmente chamado de pai do romance inglês, num cenário no qual a mãe desse gênero literário era o jornalismo. Tipicamente, ele apresentava seus romances como relatos reais de experiências incríveis e usava a verossimilhança dos detalhes para tornar a farsa ainda mais convincente. A ficção realista, para resumir, começou sua história como uma mentira descarada.

Defoe só escreveu seu primeiro romance, *Robinson Crusoé*, quando tinha quase 60 anos de idade e já era muito conhecido por seus escritos políticos, que ele produzia sem parar. Em centenas de livros e panfletos, ele tomava partido em tudo, desde a união com a Escócia até a sucessão espanhola. No panfleto intitulado "A Obscenidade Conjugal ou a Promiscuidade Matrimonial", por exemplo, ele procura provar que a mulher que usa contraceptivos com o marido não é melhor que uma prostituta. Em 1704, Defoe fundou um periódico político, *The Review*, e publicou três edições por semana durante quase dez anos.

As panelinhas literárias não gostavam muito de Defoe. Aos seus olhos, ele era um picareta da Rua Grub com os instintos baixos de um comerciante. Mas com *A Vida e Aventuras Admiráveis de Robinson Crusoé*, Defoe obteve sucesso tanto comercial quanto de crítica. Contando a história de um náufrago inglês que passa 27 anos em uma ilha deserta, *Robinson Crusoé* foi apresentado como uma história real contada pelo próprio Crusoé – uma mentirinha na qual se acreditou amplamente. Mesmo sem o *frisson* da falsa biografia, o livro continua interessante passados trezentos anos. Não é difícil gostar do domínio estável que Crusoé tem sobre a ilha, do modo como contava, satisfeito, a sua fortuna, e do encanto aconchegante de sua casa asseada, que ele divide com seus amigos animais e com seu devotado companheiro canibal, Sexta-Feira.

O único obstáculo para o leitor contemporâneo são as tentativas de instrução moral de Defoe. Ele pausa a história regularmente para fazer Crusoé se penitenciar pelo terrível pecado que o levou a esse destino terrível. Tal pecado consistiu em não escutar a seu pai, que o havia avisado a não deixar seu lugar na vida, na classe média abençoada por Deus, para procurar estímulo e animação. Os desastres que recaem sobre ele, a escravatura e o naufrágio incluídos, vêm todos daí. É como uma história infantil anti-Disney, em que a moral é "O que quer que aconteça, não procure realizar seus sonhos". Seu destino final, de qualquer modo, é muito bom. Crusoé tem grandes aventuras, derrotando canibais e resgatando um navio de um motim. Acaba sendo recompensado com a alegria, a riqueza e o domínio imperial sobre uma ilha.

Outro livro muito lido de Defoe é *Moll Flanders*. Moll Flanders é conhecida por ser uma prostituta e o livro é conhecido por ser um retrato honesto e solidário da vida de uma mulher da vida. Mas, na verdade, se você tem uma vida sexual normal nos dias de hoje – se dormiu com alguns caras quando estava na faculdade e entrou e saiu de alguns relacionamentos –, você é mais piranha do que ela era. Moll Flanders admite – ó horror! – gostar de sexo, mas quem não deixa escapar essa confissão de vez em quando? Alguns leitores devem até usar contraceptivos no leito conjugal.

Em vez de uma ilha exótica, a história de Moll nos leva a conhecer as classes mais baixas da Inglaterra. Nascida de uma mãe condenada à forca, a certa altura Moll vai viver com uma família respeitável. Ela é seduzida e abandonada por um irmão e, de coração partido, se casa com o outro. Quando esse marido morre, a viúva jovem e atraente roda mais um pouco, deixando um rastro de crianças abandonadas. Depois de várias desventuras, Moll se torna uma ladra profissional, uma lenda do submundo. Em certo momento, no entanto, ela vai parar em Newgate, onde encontra seu marido favorito, um ladrão de estrada. Juntos eles são transportados para a América, onde fazem fortuna e vivem felizes para sempre, pecadores humildes a quem a Providência abençoou. Então, como em *Robinson Crusoé*, o pecador é recompensado no fim, pelo simples fato de ter ficado o tempo todo resmungando que era um pecador.

De seus muitos outros livros, o que se considera melhor é *Os Segredos de Lady Roxana*. A história é parecida com a de *Moll Flanders*, mas aqui a heroína tenta encontrar um lugar na vida entre as classes mais elevadas, e não na classe média e na sarjeta. Para terminar, *Diário do Ano da Peste* é um relato fictício da peste que varreu Londres em 1665, contado como se fosse o diário do dono de uma loja. Baseado em uma pesquisa cuidadosa, ele pode fazer até mesmo os leitores contemporâneos se esquecerem de que Dafoe nunca esteve lá, de que esse dono de loja nunca existiu e de que a ficção é uma mentira descarada.

	Importância	Acessibilidade	Diversão
Robinson Crusoé	8	6	8
Moll Flanders	8	5	9
Roxana	6	5	6
Diário do Ano da Peste	4	6	4

SAMUEL RICHARDSON (1689-1761)

Richardson era o oposto de um homem másculo. Ao longo de toda a sua vida, ele preferiu a companhia e as maneiras das mulheres; acreditava sinceramente que elas eram moralmente superiores aos homens. As mulheres retribuíam o amor de Richardson, tanto pessoalmente quanto através de seus livros. Esse amor era platônico, mas Richardson não ligava – ele era uma aberração da natureza, um puritano que não era hipócrita.

Os outros homens o têm ridicularizado por suas maneiras efeminadas há 250 anos. Os críticos machos zombam de seu medo de ratos e de sua crença na castidade masculina e tratam como uma perversão intersexual o fato de Richardson ter se abstido de beber e brigar. Até mesmo o uso de detalhes mundanos em suas obras foi considerado efeminado, até que se tornou famoso sob o nome de realismo. Em nosso mundo pós-feminista, essas distinções ficaram turvas. Agora, os leitores de ambos os sexos provavelmente acharão que Richardson era recalcado.

Como todos os romances de Richardson, seu primeiro, *Pamela, ou A Virtude Recompensada*, é um romance epistolar, o que significa que é composto inteiramente de cartas. Foi escrito quando ele já tinha 50 anos e era um editor de sucesso, com seu negócio próprio. *Pamela* foi tantas vezes chamado de "o primeiro romance" que dá vontade de bater com um exemplar de *Dom Quixote* em quem diz isso. O que ele realmente é: o primeiro romance sobre a vida diária. Até mesmo Defoe escreveu contos sobre ladrões e náufragos, enquanto *Pamela* fala sobre uma criada em uma casa britânica normal. Foi o começo da ficção que imergia o leitor no mundo em que o leitor já estava imerso.

No decurso das seiscentas páginas do livro, só uma coisa acontece: o dono da casa, o jovem Sr. B., tenta seduzir Pamela enquanto ela defende sua castidade. Isso se repete muitas e muitas vezes. Ele tenta de tudo; é basicamente o roteiro de *Ovos Verdes e Presunto*[*], só que com o ato sexual no lugar dos ovos verdes e do presunto:

"Você transaria com uma raposa? Você transaria em uma caixa?"

"Eu não transaria com uma raposa! Eu não transaria em uma caixa! Eu não gosto de relações sexuais! Não gosto, Sr. B.!"

---

[*] *Green Eggs and Ham*, livro infantil de autoria de Dr. Seuss, publicado em 1960. A trama do livro consiste simplesmente em um personagem fazendo de tudo para convencer outro a experimentar ovos com presunto. O segundo se nega terminantemente a provar o prato, até que, por fim, cede e o aprecia. O livro é um dos mais vendidos da literatura infantil em inglês de todos os tempos. (N. T.)

No final ela transa, só que casada; mas o fim não é tão emocionante quanto a versão do Dr. Seuss, pois ela não volta para uma orgia em um barco, com um bode etc.

Pamela foi escrito em três meses, fazendo dele um daqueles raros livros que se leva mais tempo para ler do que levou para ser escrito. Fez um grande sucesso em todas as classes sociais. Em Slough, durante um tempo, a vila inteira se reunia todas as tardes para ouvir o ferreiro, que lia o livro em voz alta. Quando Pamela se casou, todos comemoraram e correram para tocar os sinos da igreja, extasiados. A popularidade e o pudor do livro ajudaram a inaugurar uma mania pela delicadeza feminina. Uma mulher que dissesse a palavra "perna" era considerada quase como uma prostituta.

Para os leitores contemporâneos, *Pamela* pode parecer lento. Mas é rápido como um raio se comparado aos romances mais tardios de Richardson, *Clarissa* e *Sir Charles Grandison*. *Clarissa* é outro romance de sedução, com a diferença de que a casta heroína é drogada e estuprada pelo personagem libertino, Lovelace. Levam-lhe somente mil páginas de cartas para terminar o trabalho. Ele então quer se casar com Clarissa, mas ela prefere morrer de coração partido, provavelmente porque assim demora mais. Depois de sua morte, os personagens sobreviventes escrevem mais trezentas páginas de cartas um para o outro, contando quanto ela era legal.

Para ler *Clarissa* é necessária uma paciência de Jó; para ler *Sir Charles Grandison* é necessário ter o nível de atenção de uma porta. Se você está procurando o melhor presente de aniversário para dar ao seu sofá predileto, já achou. Esse livro mostra o cavalheiro ideal de Richardson envolvido em um triângulo amoroso com duas moças perfeitas, só que tem tantas páginas que põe *Clarissa*, a Bíblia e alguns arquivos do governo no chinelo. Como Pamela e Clarissa, Sir Charles se recusa a fazer sexo antes do casamento. A porta vai apreciar especialmente essa parte; já os humanos podem achá-la meio difícil de engolir.

	Importância	Acessibilidade	Diversão
Pamela	8	5	5
Clarissa	6	3	3
Sir Charles Grandison	2	ugh	0

HENRY FIELDING (1707-1754)

A carreira de Fielding como romancista começou por causa de uma comichão para ridicularizar *Pamela*. Ele escreve não um, mas dois livros para conseguir coçar a comichão.

O primeiro livro anti-*Pamela* de Fielding foi *Shamela*. Ele reescreveu as cartas de Pamela, com a diferença de que ela era uma vagabunda mercenária que deliberadamente tentava coagir o patrão a se casar com ela. O livro é inteiro uma piada e, se as coisas seguissem seu curso natural, seu autor teria sido esquecido. Tudo mudou com a segunda paródia brilhante: *Joseph Andrews*. Joseph é o irmão de Pamela, igualmente casto, que nobremente resiste aos avanços da irmã do Sr. B., Lady Booby. Aqui, Fielding abandonou a forma epistolar e desistiu do enredo no estilo de *Ovos Verdes e Presunto* em prol de um em que mais de uma coisa acontece. Ele melhora ainda mais em sua obra magna, *Tom Jones*, que é uma versão de *Joseph Andrews* na qual o herói não recusa sexo.

Esses romances são como os de Dickens, só que sem o sentimentalismo. Há piadas por toda parte, como fogos de artifício espocando pelo céu. O estilo, ao mesmo tempo adornado e inexpressivo, é em si uma piada. Enquanto isso, sub-roteiros crescem em todas as direções. As cartas comprometedoras caem em mãos erradas; qualquer encontro ao acaso acaba tendo consequências inimagináveis. Logo antes de as cortinas se fecharem, uma marca de nascença identifica o herói pobre como o filho há muito perdido de uma família rica. Isso o torna livre para se casar com seu verdadeiro amor, e todos os fios soltos são amarradas em um lindo laço – o que é, em si, uma grande piada.

Fielding escreveu dois outros romances, conhecidos pelas pessoas em geral como "aqueles outros romances". O primeiro é *Jonathan Wild*, que usa uma história sobre um famoso gângster notório para satirizar Robert Walpole, o Primeiro-Ministro odiado por todos. É uma imitação descarada da *Ópera dos Mendigos* de Gay. A opereta de Gay foi atualizada por Brecht, tornando-se a *Ópera dos Três Vinténs*, ganhando assim a forma na qual *Jonathan Wild* é mais apreciado.

O outro "outro" romance é *Amélia*, um relato fictício da infelicidade que Fielding causara à sua falecida esposa, Charlotte. Nele, Charlotte aparece como um modelo perfeito de bondade feminina: bela, paciente, gentil e condenada. A opinião que a segunda esposa de Fielding – que estava vivinha da silva – tinha sobre o livro não é relatada. Talvez ela não se importasse: havia sido a dama de companhia da primeira esposa, e os comentaristas indulgentes sugerem que Fielding se casou com ela por causa da ligação que a dor pela morte de Charlotte criara entre os dois. Os comentaristas menos indulgentes sugerem que eles se casaram porque ela já estava grávida de seis meses.

	Importância	Acessibilidade	Diversão
Joseph Andrews	6	8	10
Tom Jones	9	8	10

SAMUEL JOHNSON (1709-1784) E JAMES BOSWELL (1740-1795)

A maior parte dos períodos da literatura é dominada por uma figura imponente, uma estrela que simboliza sua época e é homenageada tanto pelos grandes quanto pelos medíocres. Geralmente essa figura predomina mais por sua forte personalidade do que por suas obras, e assim acaba se diluindo entre os demais após a morte. Com o tempo, Ben Jonson é eclipsado por Shakespeare;

Byron cai para a lista B; Algernon Swinburne, outrora reverenciado, é agora somente um nome ridículo. Lutamos para enxergar o que se via de tão grandioso em seus escritos. Mas é graças à marcante biografia de Boswell que sabemos por que o século XVIII virou a Era de Johnson.

Muitas vezes se ridiculariza Boswell pelo grau exaustivo de detalhamento que ele deu à *Vida de Johnson*. Mesmo em uma versão resumida, temos a impressão de que Boswell corria atrás de Johnson como um cachorrinho, com seu bloquinho de anotações na mão. A versão completa, que tem aproximadamente quinhentas páginas, é uma prova do transtorno obsessivo-compulsivo que afligia tanto o autor quanto o próprio Johnson. Este uma vez reclamou: "Senhor, você tem somente dois temas, você e eu. Estou cansado de ambos". (Agora sabemos, pelos diários do próprio Boswell, que este tinha pelo menos mais dois temas, as prostitutas e a bebida, mas provavelmente nenhum destes agradaria a seu ídolo.)

Com medo de ficar sozinho devido a uma tendência à depressão, Johnson passou a maior parte de sua vida travando conversas brilhantes com um grupo de amigos que o adoravam. *A Vida de Samuel Johnson* é um relato confiável dessas ocasiões. Você pode abrir o livro aleatoriamente e entender em um minuto a razão de todos amarem esse homem.

Johnson era uma lenda não somente por ser extremamente espirituoso, mas também por seus maneirismos bizarros. Um de seus muitos tiques era entrar em um cômodo com um número fixo de passos; se ele passasse sob o batente com o pé errado, voltava e fazia tudo de novo. Também mastigava compulsivamente, fazia gestos descontrolados com as mãos e não parava quieto na cadeira. Nas palavras de Boswell: "Quando ele andava, era com o passo difícil de alguém que está em grilhões; quando cavalgava, não tinha comando ou direção sobre o cavalo, mas era levado ao léu como se estivesse em um balão".

ENTÃO ESSE CARA ERA SÓ PAPO?

Johnson é lembrado principalmente por seu *Dicionário da Língua Inglesa*. O fato de ele tê-lo escrito sozinho foi, na época, uma grande façanha de conhecimento. Agora, o livro é só um dicionário obsoleto. Johnson também criou dois periódicos, *The Idler* e *The Rambler*, que bem podem ser os primores de sua espécie, e compôs algumas poesias, que certamente não o são. Seus poemas mais conhecidos são "Londres" e "A Vaidade dos Desejos Humanos". Não importa quantas vezes você leia esses poemas, tudo o que irá se lembrar sobre eles são seus nomes.

Para terminar, Johnson escreveu um livro de biografias críticas, *As Vidas dos Poetas Ingleses*. Aqui, a cada palavra boa que ele fala sobre cada um seguem-se três palavras ruins. Seu texto mais famoso é sobre Milton: "*Paraíso Perdido* é um daqueles livros que o leitor admira, põe de lado e se esquece de pegar novamente. Ninguém jamais quis que ele fosse mais longo do que é".

	Importância	Acessibilidade	Diversão
A Vida de Samuel Johnson	7	7	9
The Rambler/The Idler	4	6	6
Poesia de Johnson	3	4	3
As Vidas dos Poetas Ingleses	4	4	6

GATIL LITERÁRIO

O comentário de Boswell sobre o amor que Johnson tinha pelo seu gato: "Nunca esquecerei da complacência com que ele tratava Hodge, seu gato, para quem ele mesmo costumava sair para comprar ostras, receoso de que, se deixasse tal trabalho para os criados, poderia causar desgosto à pobre criatura... Me lembro de um dia em que o gato estava afofando o peito do Dr. Johnson loucamente, com muita satisfação, e meu amigo sorria e assobiava, coçando as costas do animal e puxando-o pelo rabo. Quando comentei que aquele gato era ótimo, ele disse: 'Sim, senhor, mas tive gatos de quem gostei mais do que este'; imediatamente, porém, como se percebesse que Hodge estava triste, completou: 'Mas ele é realmente um ótimo gato'."

JONATHAN SWIFT (1667-1745)

Swift nasceu em Dublin, filho de imigrantes ingleses. Passou a infância na Irlanda, estudou no Trinity College e foi para a Inglaterra num daqueles momentos em que os irlandeses tentaram matar todos os ingleses. Assim, Swift é muitas vezes chamado de escritor irlandês. Mesmo durante sua vida, os irlandeses o consideravam como um deles e celebravam seu aniversário com rojões. É claro que na época eles não tinham nenhum escritor de ascendência completamente irlandesa que fosse conhecido internacionalmente. Agora que os irlandeses têm Yeats, Joyce, Beckett e uma economia independente, essa adoção de Swift deveria ser rescindida.

Como muitos escritores da época, Swift começou a carreira como panfleteiro político. Seus panfletos tinham uma inclinação para a sátira, do tipo raivoso. Agora que já não odiamos seus alvos (nem nos lembramos deles), é quase impossível ler a maior parte deles. "Conto de uma Banheira" impressiona por seus rococós pós-modernistas – Swift começa seu prefácio satirizando os prefácios em geral e depois prossegue satirizando as sátiras –, mas sua preocupação com disputas obsoletas acaba deixando o conto arrastado.

A exceção é "Modesta Proposta" (título completo: "Uma Modesta Proposta para Impedir que as Crianças Pobres da Irlanda Sejam um Fardo para Seus Pais ou para Seu País, e para Fazer com que Beneficiem o Público"). Aqui Swift sugere que as crianças pobres da Irlanda sejam abatidas para serem comidas, proporcionando bifes macios aos ricos e uma renda estável aos seus pais. Enquanto houver no mundo crianças pobres e pessoas ricas que figurativamente se alimentam delas, esse ensaio continuará engraçado. Tem também um tom de divertimento mórbido que faz com seja uma das raras obras literárias de que os adolescentes que estão no colegial gostam.

Mas sua obra mais famosa é, claro, *As Viagens de Gulliver*, que se apresenta como as memórias reais do capitão de um navio que se perde em terras desconhecidas. Ela se divide em quatro livros:

Uma Viagem a Lilipute

Esta é a parte mais conhecida, em que o náufrago Gulliver é feito prisioneiro por uma raça de pessoas de somente treze centímetros de altura. Essas pessoinhas são adoráveis e passam a maior parte do livro brincando sobre o lenço de Gulliver ou entrando em sua caixa de rapé, o que resulta em um imenso espirro. A política de Lilipute também é pequenina. Os liliputianos fazem guerras para decidir qual dos lados de um ovo quente deve ser quebrado na hora de comê-lo. Os ministros ganham seu cargo com base em suas habilidades na corda bamba. Tais episódios foram imaginados para satirizar a cena política da época: as guerras dos ovos, por exemplo, representam as guerras religiosas inglesas. Mas a sátira é forçada; é como descrever uma queda de bunda no chão, com a ideia de que os leitores vão compará-la à queda do comunismo e chorar de rir. É melhor imaginar os carinhas dançando sobre uma corda e ficar por isso mesmo.

Uma Viagem a Brobdingnag

Agora a história vira do avesso. Gulliver se vê entre gigantes de 22 metros. Os humanos ampliados são nojentos; pode-se ver cada poro e cada sarda deles. Até os seios são repulsivos. Gulliver é adorado; é tratado como um animal de estimação querido e ganha uma pequena casa em uma mala. No entanto, o rei de Brobdingnag passa a achá-lo menos fofinho quando ele descreve o passatempo predileto de seu povo – as guerras de artilharia. Moral da história: os europeus são nojentos em qualquer tamanho.

Uma Viagem a Laputa, Balnibarbi, Luggnagg, Glubbdubbdrib e Japão

Aqui Swift atira sátiras em todas as direções, e mais erra o alvo do que acerta. Uma ilha flutua no céu e bloqueia a luz do sol da terra abaixo (o tratamento que a Inglaterra dá à Irlanda); um monte de cientistas e estudiosos altruístas (a Real Sociedade de Ciências) dá um monte de palpites errados. Isso não tem mais sentido, pois agora sabemos que os cientistas estão sempre certos sobre tudo.

A parte mais memorável diz respeito a uma raça de pessoas que vivem para sempre. O porém é que elas continuam envelhecendo até cair numa senilidade eterna e grotesca – um cutucão nas pessoas que não querem morrer. Aqui, não podemos evitar o pensamento de que Swift já não tem mais a quem atacar, culminando assim na malícia pura. Tipo – legal, vamos morrer... Veja, estamos morrendo. Está feliz agora?!

Uma Viagem ao País dos Houyhnhmns

As pessoas são nojentas e não merecem viver. Isso nós já aprendemos. Já os cavalos são fofos e legais. No país dos Houyhnhmns, uma raça de humanos degenerados, chamados Yahoo, vivem nas árvores, jogam esterco uns nos outros e ficam no cio. Enquanto isso, uma raça civilizada de cavalos vive uma vida nobre e ascética. Gulliver encontra a felicidade verdadeira entre os cavalos, mas no final é expulso por ser um Yahoo, apesar de toda a sua erudição.

Ele vai para casa, onde passa os dias com seus próprios cavalos, aparentemente despreocupado com o fato de que, em vez de falarem e serem civilizados, eles só ficam ali parados. Pelo menos eles não estão criando uma ciência estúpida.

	Importância	Acessibilidade	Diversão
"Conto de uma Banheira"	3	3	6
"Modesta Proposta"	6	7	7
As Viagens de Gulliver	10	8	7

LAURENCE STERNE (1713-1768)

A Vida e as Opiniões do Cavalheiro Tristram Shandy é apresentado como uma autobiografia. Começa com a concepção do narrador, e somente as desventuras domésticas do dia de seu nascimento ocupam duzentas páginas. Intercalam-se divagações de todo tipo – longas descrições de duas pessoas descendo um lance de escadas, comentários sobre quanto tempo leva para descrever duas pessoas descendo um lance de escadas, discursos sobre narizes, paródias tolas, histórias medíocres sobre histórias medíocres. Os personagens principais são o pai e o tio do narrador. O pai, Walter, é um racionalista amargurado com teorias intoleráveis sobre a importância dos nomes de batismo e dos narizes bem formados. O tio Toby é uma criatura tímida e de bom coração, que tem por hobby relembrar suas aventuras militares construindo fortificações em seu gramado.

Tristram Shandy é tristemente famoso pelo uso de esquisitices tipográficas – uma página preta para expressar luto, uma série de rabiscos representando o acaso do roteiro. Mas ainda assim é muito engraçado. Página por página, talvez seja o romance mais engraçado que já existiu.

Mas antes de começar a rir, você tem que entender as piadas. O livro é exageradamente difícil, e embora algumas piadas dependam da familiaridade do leitor com a literatura anterior, também é bom que ele seja muito inteligente. (Os inteligentes costumam ter mais facilidade para entender as coisas.) Mas se você não entender esse livro, não quer dizer necessariamente que não seja inteligente. Significa que *talvez* você não seja inteligente. Essa é uma de muitas razões possíveis. Se você for inteligente, será capaz de pensar em outras.

Na época em que Sterne escreveu *Tristram Shandy*, sua vida estava muito triste. Sua mãe e seu tio haviam morrido e sua esposa tivera um colapso nervoso. Tanto ele quanto a esposa estavam morrendo de tuberculose. E mesmo assim não há sombra de tristeza no livro. Mesmo quando ele menciona a tuberculose no Volume VII, transforma-a em um *jeu d'esprit*: a Morte está batendo na porta enquanto Shandy conta uma história obscena. Irritado com a interrupção, Shandy manda a Morte voltar mais tarde, usando um tom tão displicente que a Morte começa a duvidar de si mesma e vai embora. Segue-se uma longa digressão na qual Shandy foge para a França com a Morte em seu encalço. Essa parte foi escrita quando o próprio Sterne estava viajando pela França, fraco e doente, com menos de um ano de vida pela frente.

O livro seguinte de Sterne, *Uma Jornada Sentimental através da França e da Itália*, foi escrito durante essa mesma viagem. Esse livro é muito mais direto e sem rodeios: Sterne estava gravemente doente e provavelmente não tinha mais energia para fazer com que nos sentíssemos ignorantes. *Uma Jornada Sentimental* é um tipo de relato de viagem, mas consiste principalmente em repetições e digressões. Geralmente não importa de qual parte da França ou da Itália o livro está falando – tudo se resume a pensões, garotas, o serviçal que o herói contrata e suas divagações na estrada. Uma das passagens mais célebres é sobre um estorninho preso em uma gaiola, que a todos que passam se dirige assim: "Não consigo sair". Isso dá início a uma digressão sentimental sobre todas as pessoas que estão presas; e leva à reflexão de que, apesar de o estorninho ter tido muitos admiradores, nenhum deles jamais o soltou. Aqui, sobre os encontros, desencontros e circunlóquios pairam coincidências felizes e sonhadoras, como se um dia normal fosse pego de surpresa por uma série de aventuras inesperadas.

	Importância	Acessibilidade	Diversão
Tristram Shandy	10	5	10
Uma Jornada Sentimental	6	7	9

Imagine...

Durante a vida de Sterne, seus sermões venderam mais do que seus romances. Imagine como as pessoas eram chatas na Inglaterra daquela época! Difícil de imaginar.

Não, imagine o seguinte...

Depois do enterro de Sterne, ladrões de tumba venderam seu corpo para anatomistas. Um amigo dele reconheceu o corpo e ele foi enterrado novamente. Imagine que você é aquele amigo e está com o bisturi na mão quando de repente reconhece seu amigo Sterne na mesa de dissecação...

LINHA DO TEMPO DOS ROMANCES

1719: Com *Robinson Crusoé*, Defoe introduz o realismo, mostrando que detalhes concretos e monólogos interiores enriquecem a experiência que os leitores têm da história.

1740: Com *Pamela*, Richardson mostra que o realismo funciona mesmo quando a história trata de coisas comuns e cotidianas. Ele cria também o padrão de enredo moderno: um enredo simples baseado na pergunta: "Será que ela vai ou será que ela não vai?".

1742: Com *Joseph Andrews*, Fielding introduz a subtrama, demonstrando que um livro que alterna entre diversas histórias em andamento é ainda mais eficaz.

1759: Com *Tristram Shandy*, Sterne desconstrói o romance, escrevendo um livro que reúne todas as novas regras da ficção, e então as quebra e as subverte – um livro tão revolucionário e metafictício quanto *Infinite Jest* (*Chiste Infinito*, ainda sem tradução no Brasil).

1759 até os dias de hoje: Escrevem-se romances derivados.

ELENCO DE APOIO

Thomas Gray (1716–1771) foi um poeta importante em vida e escreveu um poema que se tornou clássico: "Elegia Escrita em um Cemitério Campestre", no qual faz observações sobre as pessoas que estão enterradas ali. Pelo jeito não podemos desrespeitá-las, pois logo, logo estaremos mortos também. E talvez elas fossem ótimas pessoas, que simplesmente não tiveram as mesmas oportunidades que nós. E, para terminar, a morte é triste. Esse poema deveria ser intitulado "Os Cinco Pensamentos mais Óbvios de se Ter em um Cemitério Campestre".

Frances Burney (1752–1840) foi outrora conhecida principalmente por seus diários, que guardou por mais de setenta anos. Neles estão incluídas as descrições do tempo que ela passou na corte de Jorge III (isso mesmo: o tirano da época da Revolução Americana, que ficou pinel) e um relato em primeira pessoa sobre Waterloo. De seus romances, o melhor é *Evelina*, que fala sobre uma garota tentando se dar bem na sociedade de Londres. Esse livro é cheio de tiradas, daquele tipo que nos faz sorrir quando percebemos que somos inteligentes o suficiente para entendê-las. Jane Austen era fã da obra de Burney e às vezes até a imitava. Se você gosta de Jane Austen, pode ler esse livro e reparar que não é tão bom quanto os da imitadora. Mas muito parecido.

Para mais uma dose de quase-igual-a-Austen, temos Oliver Goldsmith (1730–1774) com O *Vigário de Wakefield*. Nele, um vigário de bom coração perde tudo em uma sequência de calamidades no estilo de Jó. Por fim acaba na prisão dos devedores, doente e moribundo. Do outro lado dos muros da prisão, seus familiares estão morrendo como moscas. Mas ainda assim o vigário, com sua fé inabalada, aproveita essa oportunidade de ouro para pregar aos outros prisioneiros, apesar das zombarias e abusos destes para com ele. Meu Deus, você acha que a fé dele será recompensada? O que você acha? Haverá um final feliz? (É por isso que precisamos dos franceses. Um romancista parisiense teria matado o vigário sem pensar duas vezes.)

	Importância	Acessibilidade	Diversão
"Elegia Escrita em um Cemitério Campestre"	7	7	3
Fanny Burney, diários	1	6	8
Evelina	2	9	7
O Vigário de Wakefield	5	9	7

Enquanto isso, na França...

No centésimo aniversário da morte de Voltaire, Victor Hugo declarou o seguinte sobre ele e seu séquito: "Aqueles poderosos escritores desapareceram, mas nos deixaram sua alma, a Revolução... Por trás de Danton, vemos Diderot; por trás de Robespierre, Rousseau".

Aqui estão os autores que deram à luz o Iluminismo, os gênios que inventaram o pensamento. Com essa nova ferramenta, homens como Voltaire fizeram piadas que mudariam o mundo para sempre, tornando-o mais engraçado. Diderot, com sua enciclopédia, abriu as portas do conhecimento para as pessoas comuns e inaugurou a tradição de misturar o conhecimento com a propaganda liberal. Rousseau nos deu a teoria do "bom selvagem", e é graças a ela que até hoje os estudantes universitários acreditam em sua própria superioridade moral. Em conjunto, esses escritores ajudaram a transformar a Terra na utopia política que ela é hoje em dia.

Incluí também dois autores que não fizeram nada de tão importante. Mas ainda assim seus livros são muito bons – ou talvez eu os tenha incluído por alguma outra razão. Honestamente, eu não incluiria um autor sem motivo nenhum, já que isso dá trabalho.

VOLTAIRE (FRANÇOIS MARIE AROUET) (1694-1778)

Voltaire se tornou o porta-voz do Iluminismo francês, mesmo não sendo o melhor escritor, nem o mais radical, nem aquele cujas obras foram mais lidas. Talvez seja por ter o pseudônimo mais legal. (Voltaire não é o nome perfeito para um carro elétrico compacto?)

Em sua época, nenhum escritor foi exilado tantas vezes quanto Voltaire, ainda que suas crenças estivessem longe de ser as mais radicais. Ele achava o catolicismo bobo, mas não era ateu como seu contemporâneo, o Barão d'Holbach. Em vez disso, professava um deísmo insípido – a crença de que Deus existe em tudo mas não se pode falar com ele, e que no fim das contas nada disso importa. Voltaire também não era democrata, mas defendia uma monarquia mais liberal. Como outros filósofos, acreditava que a chave para resolver os problemas do mundo era a razão e não a fé. Mesmo num país que havia acabado de inventar o pensamento, isso não era nem um pouco chocante.

Sua desgraça foi ter nascido cínico e irritante. Conseguia fazer com que até mesmo um "a" soasse sarcástico. Conseguia se coçar de modo sarcástico. Se escrevesse uma cena em que um padre faz sexo com uma mulher, de algum modo ficaria implícito que todos os padres têm um desvio sexual. É claro que nem o próprio Voltaire acreditava em tudo isso; ele simplesmente não podia evitar que os pensamentos cínicos surgissem em sua mente. Uma vez alguém lhe disse: "Não importa o que você escreva, nunca conseguirá destruir a religião cristã". Ele respondeu: "Veremos".

Ainda assim, como escritor, Voltaire foi um fenômeno de sucesso e de originalidade. Para ele, ser exilado significava viver na corte de Frederico II (um de seus fãs) ou alugar uma mansão no interior. Aposto que ele riu durante todo o caminho até a fronteira.

Seu primeiro exílio ocorreu em 1726, quando estava com 32 anos. Ele já havia alcançado algum sucesso como poeta e tido alguns probleminhas com a lei. Então, por causa de um duelo que deu errado, acabou sendo vítima de uma *lettre de cachet**, um dispositivo legal da França que permitia às pessoas pedir ao rei – geralmente depois de molhar suas mãos – o encarceramento de alguém por tempo indefinido. O rei também usava esse dispositivo para cuidar de seus

---

* Carta em branco assinada pelo rei da França, permitindo aos nobres utilizarem as instalações da Bastilha como cárcere de seus inimigos particulares, por tempo indeterminado, muitas vezes sem julgamento ou oportunidade de defesa. (N. E.)

próprios desafetos; era uma carta na manga contra alguém que ele odiasse, caso esse pobre coitado não tivesse violado lei alguma.

Voltaire conseguiu negociar e comutar sua *lettre de cachet* num exílio, e se mudou às pressas para a Inglaterra. Lá passou três anos, e, ao retornar, escreveu as *Cartas Inglesas* (ou *Cartas Filosóficas*), que são reflexões sobre como a Inglaterra é maravilhosa em relação à França. A religião inglesa é tão mais liberal! *Sir* Isaac Newton é muito mais inteligente que Descartes! A anglofilia de Voltaire é tão intensa que ele nem mesmo menciona o clima ou a comida. Ao longo do livro, faz um relato inteligente (mas possível de ser lido) sobre as ideias do Iluminismo e da sociedade inglesa.

Sua obra mais famosa, o *Cândido*, é um romance que ridiculariza o otimismo de Leibniz – a doutrina de que Deus, por ser tão grande, bom e tudo o mais, deve ter feito deste o melhor de todos os mundos possíveis. Isso significa que tudo aqui é perfeito, de acordo com Seu projeto. O modo pelo qual Voltaire ataca essa doutrina é fazer chover atrocidades em seus personagens. Eles são estuprados, mutilados, escravizados, consumidos pela sífilis, traídos e empobrecidos vezes sem conta. Os horrores são descritos com uma forte indiferença e acontecem à proporção de três por página. Onde quer que vão, os personagens nunca encontram uma pessoa feliz. Os pobres são esmagados pelos ricos e os ricos são entediados e desesperados. Em meio a tudo isso, a cada novo horror, ou o sonhador Cândido ou seu companheiro, o filósofo Pangloss, comentam que "Tudo acaba bem no melhor dos mundos possíveis".

	Importância	Acessibilidade	Diversão
Cartas Filosóficas	4	8	7
Cândido	10	9	8

DENIS DIDEROT (1713-1784)

Diderot foi o Senhor Iluminismo. Durante sua vida, era mais conhecido como o editor principal da *Enciclopédia*. Esta originou-se como uma tradução da *Chamber's Encyclopedia*, que era muito menor; mas logo se transformou em uma obra de referência, onde se encontrava tudo o que se sabia sobre tudo. O projeto empregou centenas de pessoas e incorporou-se em 28 volumes. Incorporava também uma certa propensão aos valores do Iluminismo. (Esses são basicamente os valores que agora chamamos de "liberais" ou "progressistas", só que sem os direitos dos gays.) Devido a essa propensão, a *Enciclopédia* foi oficialmente banida, mas o governo permitia que se continuasse a imprimi-la apesar disso, em parte por influência de amigos importantes e em parte pelo fato de sua criação ter gerado tantos empregos – uma versão mais antiga das empresas "Grandes Demais para Quebrar".

As duas obras de Diderot que hoje são as mais lidas não foram publicadas enquanto ele estava vivo. Foram descobertas em um certo momento como manuscritos soltos no sótão de Catarina, a Grande, no fundo de uma caixa cheia de velhos bloquinhos de Lego e luvas carcomidas.

A primeira, *O Sobrinho de Rameau*, é um diálogo entre Diderot e um bajulador profissional, que por acaso é o sobrinho do grande (e desonesto) compositor Rameau. *Rameau Neveu* alegremente explica a arte do adulador e esboça a amoralidade oca de seus patronos ricos. É como se víssemos Madame de Sévigné & Cia. de um ângulo não muito favorável.

Jacques, o Fatalista é um "Muito Barulho por Nada", só que supercarnal e supercerebral. Essencialmente, é um longo diálogo entre um servo e seu senhor, no qual o servo tenta contar a história de seus amores. Ele é interrompido a todo momento por desventuras intermináveis, inclusive pelo Leitor (que reclama, critica a obra de Diderot e faz perguntas impertinentes) e pelo autor (que defende sua obra e se recusa a responder às perguntas estúpidas do Leitor).

A história dos amores de Jacques é tirada de *Tristram Shandy*. A narrativa lógica, ou ilógica, da peça é também um tributo a Sterne; e, se você gosta de Sterne mas não suporta seu estilo complicado, Diderot é a solução. A linguagem não é apenas mais simples, é traduzida para o século XX, especialmente para nós. Na verdade, é provavelmente a porta de entrada mais fácil para o pós-modernismo, tanto na sua forma do século XVIII quanto na forma do século XX.

	Importância	Acessibilidade	Diversão
O Sobrinho de Rameau	3	9	10
Jacques, o Fatalista	5	8	10

CHODERLOS DE LACLOS (1741-1803): AS LIGAÇÕES PERIGOSAS

As Ligações Perigosas talvez seja o melhor romance epistolar já escrito. Seu núcleo é uma correspondência entre a dissoluta Marquesa de Merteuil e seu ex-amante, o dissoluto Visconde de Valmont. O jogo começa quando ela escreve para dizer que só dormirá com ele novamente quando ele conseguir seduzir a pudica Madame de Tourvel. Ele entra na aposta e se aproxima de Tourvel posando de pecador arrependido – enquanto faz outras intrigas e seduções aqui e ali. A certa altura, ele se diverte ao escrever cartas para Tourvel usando as nádegas de uma prostituta como mesa.

Como era de esperar, ele se apaixona pela pudica mulher. Os homens desse período achavam que a única qualidade a se amar em uma mulher era a frigidez. E mesmo assim, quase até o final, ele posa de cínico libertino para a Marquesa de Merteuil – e para nós, pois suas cartas para ela são as únicas em que ele é honesto. Ou será que não? Todo o romance é um exercício prolongado de leitura das entrelinhas.

Choderlos de Laclos era militar. Ao atingir o seu objetivo de escrever um livro "que continuaria na Terra depois de sua morte", ele nunca mais escreveu outro. No entanto, ele se uniu ao exército de Napoleão e inventou os morteiros modernos, que também continuaram na Terra após a sua morte, eliminando muitos de seus leitores em potencial.

	Importância	Acessibilidade	Diversão
As Ligações Perigosas	7	8	10

JEAN-JACQUES ROUSSEAU (1712-1778): CONFISSÕES

Rousseau talvez seja a figura mais fundamental da história europeia. Foi o pai do romantismo e da Revolução Francesa. Foi também o tio – ou um parente distante – da Revolução Americana. É mais conhecido por sua grande obra política *Do Contrato Social*, um dos documentos fundadores da democracia ocidental. Seu romance/manifesto *Emílio* foi uma das obras fundadoras da educação liberal. Seu romance *Júlia ou a Nova Heloísa* não criou nenhum movimento social, mas foi o maior *best-seller* do século. Assim como Rousseau nos deu a ideia do contrato social, nos deu também a ideia do Bom Selvagem – a ideia de que a humanidade tem uma bondade inata que é estragada pela civilização. Isso se infiltrou em nossa cultura de modo tão indelével que agora todas as criancinhas de prezinho acham que os caçadores de cabeças da Polinésia são mais éticos do que nós.

Para o leitor moderno, a popularidade de *Júlia* no século XVIII é tão misteriosa quanto a moda de colecionar suvenires exóticos como as cabeças encolhidas da Polinésia. *Júlia* é um romance de oitocentas páginas, em cartas, sobre os sentimentos dos personagens ao tentarem – geralmente sem sucesso – ter relações sexuais um com o outro. Quase todos os sentimentos que eles descrevem soam falsos, já que Rousseau era bom em muitas coisas, mas não como psicólogo. Esse é também o defeito fatal de *Emílio*, que poderia ser útil para um pedagogo que quisesse educar crianças – que não se parecessem em nada com crianças normais –, após tê-las gerado em laboratório.

As *Confissões* de Rousseau são outro assunto. Foi uma obra tão inovadora quanto tudo o mais que envolvesse Rousseau, e ainda é relevante e fascinante. Sendo uma autobiografia fiel de uma figura histórica importante, é uma obra única: um esforço de autodesvelamento que praticamente inventou a autobiografia moderna. Na verdade, é tão honesta que quase esbarra no excesso de informação – chega a nos fazer pensar duas vezes na democracia, na educação liberal e em qualquer coisa relacionada a Rousseau.

Durante as primeiras trinta páginas, Rousseau nos fala sobre seu fetiche de apanhar. Diz que se exibia para mulheres em becos escuros e descreve sua participação em um *ménage à trois* que terminou com o suicídio do outro homem. Em seus primeiros anos, Rousseau passa a impressão de ser uma figura patética: um hipocondríaco que não conseguia falar quando estava sob pressão, não conseguia se concentrar o suficiente para estudar e se demitia de todos os empregos dos quais não era demitido. Quando precisava, ele não somente mentia como também construía todo um falso personagem. Durante algum tempo, ganhou a vida ensinando música, matéria sobre a qual não sabia quase nada. Sua máscara caiu quando ele audaciosamente executou uma composição original, que resultou na mais absoluta cacofonia. Posteriormente, estudou música a fundo, compôs óperas bem recebidas pelo público e escreveu artigos sobre música para a *Enciclopédia*. É o caso clássico da pessoa que está por baixo e dá a volta por cima, e o leitor tende a se sentir inspirado pela primeira metade do livro. Se esse mentiroso neurótico conseguiu se tornar um astro, todos nós temos esperança.

Entretanto, incidentes mais chocantes começam aos poucos a se acumular. Rousseau rouba e põe a culpa em uma criada, que é demitida. Abandona um amigo idoso quando este sofre uma convulsão, simplesmente porque não quer ficar preso a ele e aquele momento lhe pareceu bom para escapar. Para terminar, ele obriga a companheira a abandonar os cinco filhos, ainda pequenos, na frente do albergue dos enjeitados. Uma vez que o índice de sobrevivência das crianças ali abandonadas era baixo, esse ato foi, francamente, de uma insensibilidade atroz. Rousseau alega que não pode nos explicar seus motivos para abandonar os próprios filhos, pois se trata de uma razão tão boa que poderia estimular outras pessoas a fazerem o mesmo. Alega também que gostaria que o tivessem abandonado no albergue dos enjeitados, de modo que pudesse ter sido criado para ser um trabalhador honesto. (Rousseau é um daqueles artistas que exaltam de modo arrebatador os efeitos enobrecedores do trabalho manual, trabalho que ele nunca fez nem se ofereceu para fazer.)

Rousseau era uma criança egocêntrica, irresponsável e desonesta e se tornou um adulto ainda mais imaturo. Aos 40 anos, é um mimado detestável, e termina sua vida se comportando como uma criança de 2 anos de idade. Nunca houve exemplo pior da ideia de que o ser humano é dotado de uma bondade inata. Diderot o descreveu como "falso, presunçoso como Satanás, ingrato, cruel, hipócrita e perverso... Ele sugou minhas ideias, as usou e depois fingia me desprezar". Verdade sob todos os aspectos, mas isso é que faz das *Confissões* de Rousseau uma leitura tão cativante.

	Importância	Acessibilidade	Diversão
Confissões	10	8	9

MARQUÊS DE SADE (1740-1814)

Somente incluímos o Marquês de Sade porque a última coisa que queremos é irritar um monte de sádicos. Os não sádicos não se divertirão muito com suas obras, a não ser que sejam masoquistas.

Sade escreve como se fosse a Ayn Rand da violência sexual. Seu estilo é descarado, grosseiramente didático, e a única lição que ele tem para ensinar é "Trepa com teu próximo". Se ele tivesse escrito *Pamela*, seria assim: na primeira cena, o Sr. B., após estuprá-la analmente, a teria chicoteado até cobri-la de sangue; depois, a dividiria com mais três amigos. Depois de cinco páginas disso – com uma boa dose de algemas, pênis artificiais e muitos escravos –, o Sr. B. teria explicado a Pamela que a compaixão não existe e que as pessoas fracas foram feitas para serem usadas pelos fortes.

No final, ela seria torturada até morrer e os assassinos, sem piscar, sairiam em busca de alguma outra garota para torturar, pois assim é o mundo e não há vida após a morte.

Em parte, a natureza horrível de Sade é compreensível. Quando escreveu seus livros, ele estava preso havia anos por causa de uma *lettre de cachet* obtida por sua própria madrasta. (É claro que ela deve ter tido seus motivos.) Ele passou a maior parte da vida adulta na prisão – um total de trinta anos – e o resto dela fugindo, desamparado e temendo a morte. Morreu em um hospício, onde fingia loucura para escapar da execução. O rei o odiava; depois da Revolução, os republicanos o odiavam. Depois disso, Napoleão o odiou. Odiavam-no por ser um sociopata horrível; mas, mesmo assim, a vida era difícil para o pobre Marquês... Não podemos julgá-lo até nos colocarmos no lugar dele, pisando em garotas de 14 anos nuas, amarradas em camas de pregos onde morrerão gritando, ensanguentadas, enquanto satisfazemos nossos desejos pecaminosos.

Sua obra mais popular é *Justine*, que começa com uma virtuosa mocinha de 12 anos que perde todo o seu dinheiro. Então, ela é estuprada e maltratada por todos os homens que encontra. De vez em quando também encontra mulheres, que imediatamente a mandam para os estupradores. Apesar disso, ela se comporta nobremente, como uma típica heroína de Richardson; mas, em vez de se impressionarem com sua virtude e se casarem com ela, os homens a estupram e a torturam. No fim, ela morre atingida por um raio.

Justine foi escrito enquanto Sade ainda conseguia – por pouco – manter alguma sanidade. Já quando escreveu *Os 120 Dias de Sodoma*, não havia mais nada em sua mente a não ser sexo sádico, algumas traças e papéis de bala. A história: um castelo remoto, quatro libertinos, quatro meses, algumas dezenas de adolescentes de ambos os sexos (incluindo as filhas dos quatro libertinos, que já eram molestadas por eles desde a infância), algumas senhoras idosas, que estão ali para dar contraste, e quatro madames que contam as histórias de suas vidas para inspirar os acontecimentos. Tais acontecimentos continuam, desenfreados, até que os horríveis corpos mutilados dos adolescentes estejam prontos para serem enterrados. Esse livro é um bom presente para qualquer um que não acredite no sistema carcerário. Pode até mesmo fazer com que os leitores tenham saudades dos bons tempos das *lettres de cachet*.

	Importância	Acessibilidade	Diversão
Justine	7	6	4
Os 120 Dias de Sodoma	4	5	4

(Nota: Classifiquei a Diversão com base na média dos membros da população. Com certeza, as pessoas que têm certas preferências sexuais ou aqueles que estão de péssimo humor poderão se divertir muito mais lendo esses livros.)

CAPÍTULO 9

OS ROMÂNTICOS: O AUTOR COMO HERÓI (DO PRÓPRIO AUTOR)

Os poetas românticos estavam muito acima de problemas mundanos como, por exemplo, o de ganhar a vida. Sorte deles, já que ninguém comprava suas poesias. Alguns eram filhos de pais ricos, outros eram parasitas. O fato de mais tarde terem sido reconhecidos como gênios tem sido mau exemplo para os vagabundos há mais de cem anos. (Aviso: se você está levando a vida de um poeta romântico, saiba que nunca será reconhecido como gênio. Em vez disso, vai acabar voltando para a faculdade aos trinta e poucos anos para se formar em assistência social.)

O movimento romântico na Inglaterra começou com os *Lake Poets* [Poetas dos Lagos]: Wordsworth, Coleridge e Southey. Eram escritores associados ao Lake District, região do norte da Inglaterra. Boa parte de sua filosofia poética veio do idealismo alemão, para o qual o mundo é uma projeção da mente. Isso inspirou os *Lake Poets* a elaborar uma nova teoria sobre a imaginação, segundo a qual sua imaginação era como uma cartola mágica que fazia com que seus escritos fossem melhores que os dos outros. Também revolucionaram a poesia, abandonando as referências clássicas e desistindo de usar uma linguagem "poética" artificial. Em vez disso, empregavam o inglês normal, usado nas conversas cotidianas.

O leitor contemporâneo talvez se surpreenda ao saber que a linguagem deles era normal, mas isso é verdade. Para se ter uma ideia, os leitores antigos consideravam esses poemas tacanhos e vulgares. Mas é impossível para uma pessoa moderna enxergá-los como esses leitores antigos os enxergavam. É como uma daquelas imagens 3-D que você precisa desfocar o olhar para enxergar – um unicórnio, digamos. Só que você nunca vê o unicórnio; todo mundo fica lhe dando dicas sobre como desfocar o olhar e ver o unicórnio – até que uma hora você finge que está vendo só para que essa gente o deixe em paz.

Por acaso, o sentido que atualmente damos à palavra "romântico" não tem nada a ver com os românticos de quem estamos falando. Os poetas românticos eram menos interessados em amor que os outros poetas. Seu romantismo tinha a ver com a beleza das cachoeiras, com o processo criativo e com a Revolução Francesa, não com as garotas. Quando um romântico menciona o amor, ele está se referindo à força elementar que é o combustível da Arte, e não à força elementar que é o combustível da gravidez na adolescência.

Para terminar, Wordsworth, no prefácio de *Baladas Líricas*, usa a palavra "experimental" para descrever sua poesia. Essa foi a primeira vez em que a noção de "experimento" foi mencionada na literatura, o que criou um balaio enorme, onde gatos de todo tipo fazem festa desde então. Os românticos mais recentes ainda buscam renovar o romance, o poema e os curtas de animação através de experimentos formais ousados. Mesmo que, a rigor, Wordsworth não tenha sido o responsável direto por isso, trata-se de algo a se pensar na próxima vez em que alguém levar você para assistir a um filme de Tarkovsky*. E, quando se está assistindo a um filme de Tarkovsky, não há nada melhor do que ter alguma outra coisa para pensar.

ROBERT BURNS (1759-1796)

Mesmo tendo sido uma grande inspiração para os poetas românticos, Burns não era exatamente um romântico. Não era influenciado pela filosofia alemã, não exaltava a Imaginação, não era um

---

* Andrei Tarkovsky (1932-1986), cineasta russo com fama de fazer filmes tediosos, longos e parados, apesar de ser reconhecidamente um artista brilhante. (N. E.)

efeminado sonhador. Não vivia de dinheiro herdado, nem mesmo daquele herdado por outras pessoas. Burns veio da pobreza rural inescrupulosa e alcoolizada. Era conhecido como o Poeta Lavrador, e por um bom motivo: o trabalho duro que realizava na juventude o deixou corcunda. Não era um vegetariano no estilo de Shelley, cuja desgraça foi o amor pela navegação. Trabalhou como um camelo até se tornar um poeta famoso, e logo depois bebeu tanto que acabou morrendo.

Enquanto a maior parte dos poetas ingleses desse período fala sobre sexo com eufemismos turvos, Burns tinha a típica boca suja dos frequentadores dos *pubs* de sua amada Escócia. Escreveu poemas louvando os filhos ilegítimos, outros em defesa das prostitutas ("Campo de Centeio" é um deles) e inseriu seu amor pela baixaria até nos temas políticos. Aqui ele comenta sobre como Catarina, a Grande, pôs ordem na Polônia intimidando o rei Estanislau (seu antigo amante). O poema se chama "Por Que o Povo Pobre Deve Fornicar?" – onde fornicar (*mowe*) quer dizer "foder" (*fuck*):

Kate pôs as garras no pobre Estanislau
   E a Polônia cedeu sem reclamar:
Que o diabo enfie em seu rabo um cacete de metal!
   E que no inferno condenada possa com ele fornicar!

Assim, Burns era uma inspiração para o movimento romântico não porque os interesses deste se harmonizavam com os dele, mas porque por acaso ele escreveu no momento certo, porque suas poesias celebram o ambiente rural e porque são boas para nos inspirar a dar uma fornicada. Até os românticos mais rabugentos se tornam crianças eufóricas quando o assunto é Robbie Burns.

O dialeto escocês do século XIX será um obstáculo para os leitores contemporâneos, mesmo para os que leem inglês. Tente adivinhar o que significam as suas palavras misteriosas e siga adiante, mesmo que tropeçando. Há grande alegria no lirismo direto e embriagado de Burns. Ele sugere as melodias tradicionais ao som das quais muitos de seus poemas devem ser cantados – e a voz triste das canções de bêbados se revela entre as palavras. Veja os versos intermediários de "Uma Rosa Vermelha, Vermelha":

> Tão bela és, minha bela menina,
> Dominado estou, te amo,
> E te amarei ainda, minha querida,
> Até que seque o oceano.
>
> Até que seque o oceano, minha querida,
> E quando as pedras sob o sol derreterem!
> Amar-te-ei ainda, minha querida,
> Enquanto as areias da vida correrem.

Nenhum poeta poderia expressar melhor um sentimento de bêbado, quer seja verdadeiro, quer não. (Burns não era o mais constante dos amantes.)

Algo para se lembrar: "Uma Rosa Vermelha, Vermelha", como muitos poemas líricos de Burns, era originariamente uma canção folclórica. Ele as coletava e, mesmo que as embelezasse, não se sabe o quanto as alterava. Agora elas estão publicadas, entre suas obras originais, como "de autoria de Robert Burns". Enquanto consumidores, isso não deveria nos afetar pessoalmente. Mas é mais correto considerar o poema acima como de autoria de "todo o povo da Escócia". Saiba que essa gente é traiçoeira.

	Importância	Acessibilidade	Diversão
Poemas de Burns	9	5	10

WILLIAM BLAKE (1757-1827)

Se Wordsworth foi o Paul McCartney dos românticos, e Shelley o John Lennon, Blake seria o mendigo da esquina, que fica gritando coisas sem sentido sobre os reptilianos*. Desde a infância ele sofria de alucinações, as quais chamava de "profecias". Via árvores cheias de anjos e ouvia a voz de seu irmão falecido. Seus poemas lhe eram ditados por essas vozes de espíritos, o que explica a falta de uma edição final. O detalhe é que ele realmente era um gênio – o que nunca acontece com o mendigo da esquina. Essa combinação de loucura e genialidade fez dele um herói para os revolucionários da literatura. Sua defesa do amor livre, sua política radical, seu misticismo insano – Blake tem tudo para entusiasmar o sistema antissistema.

Blake era um gravurista profissional, formado na Academia Real. Apesar de suas excentricidades, continuou a receber encomendas artísticas até o fim da vida. Produziu muitos de seus livros sozinho, gravando-os em placas de cobre e imprimindo-os em casa. Tais livros incluíam ilustrações que ele e a esposa – famosa pela docilidade – pintavam à mão. Blake chamava as figuras de "iluminuras". Elas mostram homens musculosos estranhos e contorcidos, coloridos com tons de vermelho que lembram o inferno.

Suas obras mais acessíveis são os primeiros poemas de *Esboços Poéticos*, *Canções da Inocência* e *Canções da Experiência*. São coletâneas de versos simples e rimados, que vão do meloso ("Cordeirinho, quem te criou?") ao escabroso ("... da jovem Prostituta o fadário / Maldiz do tenro Filho os tristes ais / e do Matrimônio insulta o carro funerário").

Os poemas escabrosos são os melhores, junto com algumas obras obsessivamente encantadoras, como os poemas do limpador de chaminés e aqueles sobre a Menininha Perdida. Eles são bizarros e chorosos; ecoam na mente como aquela sensação inquietante de que você esqueceu alguma coisa no restaurante. Já os poemas melosos são profundamente desagradáveis – desafiamos qualquer

---

* Alusão ao escritor britânico David Icke, que, entre outras teorias conspiratórias, afirma que os membros da família real britânica – e outras pessoas famosas – são na realidade uma raça de répteis humanoides de origem alienígena conhecida como draconianos. (N. E.)

um a ler "A Canção do Riso" sem fazer cara de nojo. Experimente – aqui está o poema completo:

> Quando as verdes árvores riem com a voz da alegria
> E a correnteza ondulante desliza e sorri;
> Quando o próprio ar ri de nossa feliz sabedoria
> E os vales verdejantes riem do riso em si;
>
> Quando as campinas riem com seu vivo verde,
> E o gafanhoto, contente, com a paisagem ri,
> Quando Maria, Susana e Emília
> Com lábios doces entoam "Trá, lá, li!"

Esse poema só seria bom se fosse ilustrado por Henry Darger. Blake chegou ao auge com *O Casamento do Céu e do Inferno*. Esse livro é diversão em estado puro, como mostram alguns exemplos dos "Provérbios do Inferno": "A luxúria do bode é a glória de Deus"; "A Prudência é uma velha solteirona, rica e feia, cortejada pela Incapacidade". Há também uma cena em que Blake visita uma editora no inferno e uma fantasia em que ele captura um anjo e lhe mostra seu "lote eterno", que seria um poço fundo cheio de macacos e babuínos acorrentados, ocupados em arrancar os braços uns dos outros. Que besteira!, diz o anjo. Blake retruca: É, conversar com gente certinha como você é uma perda de tempo. Para simplificar, se você acabou de (por exemplo) dormir com seu cunhado e está se sentindo um lixo, poderá ler isso e instantaneamente se sentirá melhor. (Por outro lado, mandar o livro para sua irmã quando ela descobrir não vai ajudar em nada. E lembrar você disso também não está ajudando.)

Em *O Casamento do Céu e do Inferno*, o diabo não é o princípio do mal, mas sim da energia, enquanto os anjos são covardes tagarelas. O poema é engraçado, bonito e, por acaso, loucamente pró-sexo. Na verdade, é tão dogmaticamente pró-sexo que faz você se sentir culpada por não ser mais promíscua do que já é. Em um piscar de olhos, você estará de volta à banheira com seu cunhado e uma garrafa de champanhe. Se você pegar seu cônjuge lendo o poema, ligue agora mesmo para um advogado.

O Casamento do Céu e do Inferno também foi considerado o primeiro poema de versos livres em inglês. Mas os leitores que prestaram atenção em tudo o que leram até aqui devem ter percebido que dizer que tal obra foi a "primeira" em algum quesito é o equivalente acadêmico de curtir alguma coisa no Facebook.

Todas as obras mais tardias de Blake – geralmente conhecidas como os "Livros Proféticos" – são baseadas em uma teologia pessoal que gira em torno dos Quatro Zoas. No pensamento blakeano, os quatro Zoas existiam no tempo eterno antes da nossa era decaída. Eles eram: Urizen (razão), Tharmas (o corpo), Luvah (amor) e Urthonah (a alma). Cada um deles tinha também uma "emanação", ou seja, uma companheira.

Esses personagens eram minuciosamente desenvolvidos na mente de Blake: Urizen comandava os cavalos da instrução, que puxavam o Sol; Tharmas tinha vagina em vez de pênis, mas era masculino em outros aspectos, enquanto sua emanação, Enion, era uma espécie de travesti. Havia também os subzoas e os sub-subzoas, entre os quais Ozoth, que tinha oito milhões e oito filhos.

O mundo se desviou, na cosmogonia de Blake, quando Urizen (razão) começou a criar leis e se proclamou o Deus Único. Ele invadiu a terra de Urthonah (a alma) e o pandemônio começou. Os Zoas se separaram de suas emanações e o Homem caiu do estado da Inocência para o estado da Experiência. Foi então trancado no Ovo Mundano (o mundo), separado de seus objetos de desejo.

O aluguel do Homem subiu. Quando ele se olhava no espelho, via que estava gordo e acabado. As garotas pararam de olhar para o Homem na rua, mas ele não conseguia parar de olhar para as garotas. Já não era possível encontrar um bom hambúrguer nas redondezas de onde o Homem morava. Maldito Urizen!

Mesmo que você esteja determinado a ver os Zoas como alegorias de estados mentais, quando Blake começa a falar de Urizen, Rintrah, Palamabron e sua turma, ele parece um louco que fugiu de um romance de H. P. Lovecraft. O pior é que ele escreve como se todos os leitores tivessem aprendido sobre os Zoas e sobre o Ovo Mundano no primário. Para resumir, tudo não passa de um palavreado sem sentido. Mesmo com páginas intermináveis de notas, ler esse texto é como bater a cabeça num Ovo Mundano enquanto o terrível Cthulhu entra e sai de foco no olho da sua mente.

	Importância	Acessibilidade	Diversão
Canções de Inocência/ Canções de Experiência	10	9	8
O Casamento do Céu e do Inferno	10	6	10
Os Livros Proféticos, Milton etc.	2	1	2

WILLIAM WORDSWORTH (1770-1850)

Thomas De Quincey descreveu o primeiro livro de Wordsworth, *Baladas Líricas*, como uma "revelação de mundos inexplorados". Esses mundos eram inexplorados em virtude da natureza livre da imaginação do poeta e pelo fato de que este, na época, estava vivendo no meio do nada. Aliás, se você é do tipo que não curte a natureza, esses poemas vão lhe dar sono. Mas se seu coração sempre chora de emoção ao avistar um amentilho no ar invernal, ou um belo jardim, aí eles são da pesada. Ninguém ganha de Wordsworth nas descrições de como as nuvens sombreiam um morro verdejante enquanto uma vaca vagueia, saindo das sombras, e seu couro rubro brilha ao sol, sua quartela enlameada se flexiona e – oh! – o poeta entra num estado de emoção pura, geralmente de êxtase.

Basicamente, todas as poesias de Wordsworth falam sobre esse êxtase da vaca. Ele às vezes disfarça, falando sobre um mendigo, sobre a teoria da imortalidade ou sobre a morte de sua amiga Lucy; mas na prática ele está dizendo: caramba, o Lake District é demais.

O cenário é a parte principal, enquanto os atores e a ação são elementos pequeninos perdidos em algum lugar do poema. Às vezes a predominância do cenário faz com que a poesia pareça uma refeição com centenas de pratos.

Alguns de seus poemas são líricos, simples e envolventes, como os dedicados a Lucy ("Ela vivia sozinha / e ninguém sabia / que Lucy não existia mais / mas ela está em sua tumba, e oh! / que diferença me faz!"). Alguns são relatos densos e ambiciosos de experiências interiores, como "Indícios de Imortalidade", uma contribuição importante para a ideia de que as crianças são mais puras e mais sábias que os adultos. Para Wordsworth, viemos a este mundo como "nuvens de glória esvoaçantes". (Esse poema seria muito diferente se Wordsworth tivesse alguma vez trocado uma fralda.)

Seu *magnum opus* é *O Prelúdio*. (Não é necessariamente o seu melhor *opus*, mas é certamente o maior.) Trata-se de um relato autobiográfico de sua maioridade como poeta e como um cara que anda por aí observando as flores silvestres. Apesar do tema pouco promissor, o livro é surpreendentemente legível, assim como todas as poesias de Wordsworth em geral. A qualidade de suas obras conquistou o grande público e, perto do fim de sua vida, ele foi nomeado Poeta Laureado. Parece que isso o impressionou muito pouco, pois, mesmo com o novo título, ele continuou a andar por aí pensando sobre a aparência das vacas debaixo da chuva.

	Importância	Acessibilidade	Diversão
Poemas	10	5	7

SAMUEL TAYLOR COLERIDGE (1772-1834)

Coleridge era viciado em ópio, como sabem todos os amantes de poesia e todos os toxicômanos cultos. Quando realmente decidia escrever um poema, ele arrasava, mas o problema é que ele passava a maior parte do tempo doidão. No fim, ele desistiu de todas as atividades úteis e se tornou um parasita, habitando os quartos de hóspedes de seus admiradores e se apoiando no reconhecimento de sua genialidade. Era o tipo de hóspede que acorda ao meio-dia e sai cambaleando de cueca pelo corredor, com cara de quem vai vomitar.

Apesar do parasitismo, Coleridge não só criou uma estrutura teórica para o romantismo inglês em sua *Biografia Literária*, como escreveu muitos dos mais belos poemas do século XIX. Um dos mais conhecidos é "A Balada do Velho Marinheiro". Fala sobre um marinheiro cujo navio tem um mascote – um albatroz. Sem motivo algum, o marinheiro atira no albatroz. Imediatamente, a coisa fica preta. Dotado de vontade própria, o navio vai para uma parte erma do oceano e dali não sai. Os companheiros de viagem do marinheiro amarram o albatroz em decomposição em volta de seu pescoço para castigá-lo, com esperanças de apaziguar o espírito vingativo do oceano. Não adianta. Tem início um pesadelo gótico. Todos começam a morrer de sede, a própria Morte passa por eles navegando em um navio fantasma, o mar está infestado de serpentes. Finalmente, nosso herói reflete:

> Uma tripulação tão grande e bela!
> Toda ela ali morreu:
> E milhares de viscosos seres
> Ainda vivem; e também eu.

(Os leitores com mais de 40 anos vão se identificar totalmente com esse sentimento.)

Esse poema deu origem à expressão inglesa "um albatroz no pescoço", que significa um estorvo que nos assombra e acaba com nossa vida. Por exemplo, se Coleridge fosse morar com você, você poderia dizer: "Ele é um albatroz em nosso pescoço" – ou simplesmente: "Coleridge? Aquele albatroz fedorento!".

Seu outro poema conhecido é o lírico "Kubla Khan", que descreve um reino paradisíaco: "Em Xanadu, decretou Kubla Khan / Ergue-se um imponente domo de prazer" etc. Isso tudo veio a ele num sonho. Quando o estava transcrevendo, Coleridge foi interrompido por um infeliz visitante, descrito por ele somente como "uma pessoa de Porlock" (um povoado da Inglaterra). Essa "pessoa" entrou para a história como um estraga-prazeres idiota. O poeta Stevie Smith escreveu um poema discordante, dizendo que é melhor receber essas pessoas de Porlock do que ter de trabalhar.

	Importância	Acessibilidade	Diversão
Poemas	8	6	8

E SOUTHEY?

Robert Southey (1774-1843) foi eliminado na dança das cadeiras da posteridade literária. O trabalho incansável de gerações de estudiosos determinou que Southey é enfadonho. Mas você ainda deve mencioná-lo ao tocar no assunto dos Lake Poets. Não deixe de dizer, no meio da conversa, que ele era um cara muito mais legal que Wordsworth e Coleridge. Então comece a contar em silêncio. Eu lhe garanto que, antes de você chegar a dez, alguém expressará a sábia opinião de que muitas vezes os gênios são pessoas horríveis.

LORDE BYRON (1788-1824)

A reputação de Byron como *bad boy* durou mais que sua reputação como poeta. As palavras da histérica ex-amante que o chamou de "louco, cruel e perigoso" são mais citadas que qualquer coisa que ele tenha escrito. Mesmo quando era autor de *best-sellers* (esse conceito já existia na época), ele era famoso por sua moral pervertida e pelo fascínio que causava nas mulheres. Recebeu muitas cartas anônimas com frases como "Não posso mais viver sem reconhecer o prazer eufórico e doloroso com que minha alma anseia sua beleza ardente". As moças se disfarçavam de camareiras para vê-lo em hotéis. Em Genebra, turistas o espiavam pelo telescópio. Sua esposa descontente chamou essa loucura de "byromania". Quando as pessoas não estavam tentando dormir com Byron, se escandalizavam com ele. Ele comentou: "O *Morning Post*, em específico, descobriu que sou uma espécie de Ricardo III – com deformações na mente e no corpo – ora, essa informação não é nova para quem passou cinco anos em uma escola particular".

Os fatos: Byron de fato tinha deformações, em um dos pés. Mas, do tornozelo para cima, era bonito – e vaidoso. Sempre estava de dieta e dormia com bobes no cabelo. Pelo que dizem suas cartas, ele era no mínimo bissexual; provavelmente gay, mas certamente tirava uma lasquinha das mulheres. Teve até um caso com sua meia-irmã. Suas manias eram muitas: mantinha um urso de estimação em Cambridge, uma vez que cães não eram permitidos ali, e usava um crânio humano como taça para tomar vinho.

Ficou famoso da noite para o dia com a publicação do livro autobiográfico *A Peregrinação de Childe Harold*. Foi essa obra que apresentou o herói byroniano ao mundo – um tipo que não trabalha e perambula pela Europa, resmungando sobre como a vida não tem sentido, enquanto parte o coração das mulheres em uma série de lugares glamourosos. Sendo uma versão oitocentista de um *best-seller* vulgar, é quase impossível lê-lo hoje em dia. *Don Juan*, por outro lado – em que Byron usa o mesmo material, mas para provocar riso –, ainda é bem divertido, assim como seus textos mais curtos, como "Ela Caminha em Formosura".

Como a maior parte dos românticos, Byron era esquerdista. No fim da vida, ele se tornou um herói de verdade – não um mero herói byroniano – ao partir para lutar na Revolução Grega contra os turcos. Misteriosamente, os gregos acolheram o novato – com seus bobes, dietas e tudo o mais – como se fosse um Napoleão. Apesar de não ter experiência militar, ele assumiu o comando de parte do exército, mas morreu de febre antes que pudesse liderar suas tropas em batalha. Graças a essa saída triunfal, ele ainda é venerado como herói pelos crédulos gregos.

	Importância	Acessibilidade	Diversão
Don Juan, poemas curtos	8	9	8
A Peregrinação de Childe Harold	2	9	2

PERCY BYSSHE SHELLEY (1792-1822)

Shelley realmente não sabia viver. Em Eton, era considerado um maricas e vivia apanhando. Em Oxford, escreveu e pôs em circulação um panfleto intitulado "A Necessidade do Ateísmo". Adeus, Oxford. Então, fugiu com uma garota de 16 anos para libertá-la da tirania do pai, não levando em conta o fato de que não estava apaixonado por ela. Nessa altura, seu próprio pai, que era seu único meio de subsistência, já mal falava com ele.

Alguns anos depois, ele abandonou a esposa – com dois filhos e outro a caminho – para fugir com Mary Wollstonecraft Godwin... e sua irmã Claire. Uma vez que o Sr. Godwin era o amigo mais influente que Shelley tinha em Londres, essa jogada não foi muito boa para sua carreira. Para piorar, a esposa abandonada de Shelley se afogou no rio Serpentine, e a única das irmãs Godwin que ele não havia raptado, Fanny, tomou veneno. Shelley e Mary estabeleceram um casamento aberto, que se resumia no seguinte: ele a traía enquanto Mary ficava em casa parindo um monte de bebês, que morriam. Para terminar, ele saiu de barco com mais dois amigos, eles deram de cara com uma tempestade e ele morreu aos 29 anos. Azar puro!

Shelley provavelmente foi o mais fracassado de todos os poetas românticos. Apesar de ser um grande amigo do astro internacional Byron, estima-se que tenha ganho somente quarenta libras com todas as suas obras. É claro que, naquela época, quarenta libras valiam mais do que valem agora. Ainda se podia comprar um sofá razoável com esse dinheiro. Com o que ganhou, Shelley poderia ter comprado um sofá e tê-lo batizado de "sofá da poesia". Ele e Mary Shelley poderiam se sentar no sofá, dizendo: isto certamente valeu o trabalho de toda uma vida!

Shelley era o mais idealista dos românticos. Era igualitário, feminista, pacifista, acreditava no amor livre e era vegetariano. Toda a poesia dele fala sobre cachoeiras, sobre o Amor e sobre a Beleza, expressando-se unicamente por meio de hipérboles extasiantes. Em "Ode a uma Cotovia", ele diz que o canto da cotovia é mais adorável do que "toda a alegria, todo o frescor e toda a jovialidade que já existiram". E mais: Shelley presume que, pelo fato de ter uma bela voz, o pássaro é completamente feliz – e sábio também! Na verdade, o pássaro sabe mais sobre a morte "do que nós Mortais sonhamos". Se você pensar bem, Shelley também está dando a entender que o pássaro é imortal.

Shelley se interessava muito mais pela ciência do que os outros românticos (mesmo que seu interesse claramente não tenha se estendido à ornitologia). Algumas ideias científicas aparecem várias vezes em seus poemas, embora o leitor fique com a impressão de não saber de onde surgiram nem como chegaram lá. São então levadas pela correnteza de uma cachoeira, onde flutuam pedaços de Amor e Beleza.

Às vezes a filosofia de Shelley forma um emaranhado de pensamentos. Em certas ocasiões, suas imagens são tão sublimes que parece que estamos bebendo um galão de mel. Mesmo assim a poesia é bela, embora tola – como uma cotovia, ou Marilyn Monroe. Durante longos trechos é difícil parar de ler, mesmo quando você já não consegue entender uma palavra sequer.

Seus poemas curtos – "Ode ao Vento Oeste", "Ode a uma Cotovia", "Ozymandias" etc. – são bons para começar. Para muitos, eles serão também bons para terminar. Quando passam de uma página, tornam-se radicalmente mais desafiadores. Ainda vale a pena tentar decifrar alguns poemas médios – como "Adonais", "Mont Blanc" e "Epipsychidion". A riqueza das ideias, uma vez que se consiga decifrar quais são, mais do que vale o esforço.

Seus poemas longos, por sua vez, dirigem-se unicamente aos pássaros, se é que eles os querem ouvir. O único de seus poemas longos que ainda é lido é *Prometeu Libertado*, uma sequência da peça de Ésquilo sobre a rebelião de Prometeu contra Júpiter. Nesse poema, depois que Prometeu perdoa Júpiter, ele é libertado magicamente – na verdade, o mundo todo é libertado das correntes da tirania e Júpiter é banido! Viva! Como resultado dessa revolução, não somente há mais liberdade no mundo, como também todos são bons e bonitos; junto com os tiranos, todo o egoísmo, a estupidez e os defeitos se foram. Se havia alguém que conseguiria fazer essa mistura dar certo, era Shelley. Só que ele não fez.

FAÇA VOCÊ MESMO: PROJETO DE CIÊNCIAS

O corpo de Shelley foi cremado por sua esposa e amigos na mesma praia onde foi encontrado. Diz a lenda que Edward Trelawny tirou seu coração das cinzas e Mary Shelley o guardou pelo resto da vida.

A autora se pergunta se essas pessoas, que não eram médicos nem anatomistas, poderiam realmente ter certeza de que tinham achado um coração semicarbonizado. Aquilo poderia ser qualquer coisa, desde uma rótula até um pedaço de madeira. Esse "coração", embrulhado em uma página de "Adonais", ainda estava entre os pertences de Mary Shelley quando ela morreu. Esse "fato" tem sido repetido por gerações de críticos e biógrafos de modo completamente acrítico. A qualquer leitor que acredite nessa história, sugiro que compre o coração de um boi no açougue, asse-o numa fogueira, embrulhe-o em uma página de "Adonais" e espere para ver quantas décadas ele vai durar.

	Importância	Acessibilidade	Diversão
Poemas curtos	10	6	8
Poemas médios	9	2	9
Poemas longos	5	1	2

MARY SHELLEY (1797-1851)

Mesmo tendo tido uma longa carreira de escritora, Mary Shelley é lembrada somente pelo romance *Frankenstein, ou o Prometeu Moderno*, escrito aos seus 19 anos de idade. A inspiração para o livro veio quando ela, Shelley, Byron e John William Polidori (o médico pessoal de Byron, que mais tarde escreveria *O Vampiro*) ficaram presos dentro de casa durante uma longa temporada de chuva em Genebra. Eles começaram a ler histórias de fantasmas para passar o tempo, e Byron sugeriu que cada um deles escrevesse um conto sobrenatural. Mas o clima melhorou, de modo que Shelley e Byron saíram para uma viagem às montanhas e esqueceram-se do combinado. Mas Mary Shelley – que, como sempre, fora deixada para trás – escreveu *Frankenstein*. Percy Shelley havia tentado por muito tempo convencer Mary a escrever (entre as tentativas de convencê-la a dormir com seus amigos), então todos ficaram muito contentes, a não ser Mary, pois todos os seus bebezinhos tinham morrido.

O enredo de *Frankenstein* é completamente caótico. Shelley o contextualiza dentro de uma narrativa despropositada, na forma das cartas de um explorador polar que se encontra por acaso com Victor Frankenstein no Ártico; então, ela assume a forma do *bildungsroman* (romance de formação), acompanhando Victor desde a infância até o ponto em que ele constrói seu monstro. O monstro tem sua própria seção de romance de formação, espiando os seus vizinhos, que também ocupam um ramo próprio da história. Além disso, Victor está o tempo todo saindo para viajar – para fugir ao horror que está acontecendo – e tem tanto sucesso que, na maior parte do tempo, nada acontece. Assim, o livro caminha a esmo e só às vezes tropeça num pedaço do enredo.

O monstro é uma criatura hedionda, detestada pela humanidade. As pessoas fogem dele instantaneamente ou o atacam histéricas. Shelley é vaga ao explicar o que torna o monstro tão grotesco, mas presumimos que o corpo que Frankenstein usou já tinha passado da data de validade. Há também uma sensação muito forte do monstro como um rejeitado, um excluído. Talvez houvesse nisso um elemento autobiográfico, já que o livro foi escrito quando Mary, Percy e Byron haviam fugido para a Suíça por serem párias sociais em seu país. O monstro, como eles, era vegetariano, e afirma várias vezes que era bom e gentil até que a rejeição da humanidade o deixou amargurado. Mas imaginamos que Byron e os Shelley não tiveram um surto de matança por conta da frustração, como teve o monstro. Na verdade, porém, ninguém pode ter certeza.

O CASAMENTO

Após a morte de Percy Bysshe Shelley, Mary nunca se casou novamente, apesar de ter recebido muitas propostas. Ela recusou um homem – um ator que na época era famoso – dizendo que, por ter sido casada com um gênio, só poderia se casar novamente com outro gênio. A reação dele foi tentar fazer com que seu amigo Washington Irving propusesse casamento a ela. Ele não quis, de modo que não sabemos se ela o considerava um gênio ou não.

A autora acha que essa seria uma ótima premissa para uma comédia romântica. Vários gostosões tentam convencer Mary Shelley (Cameron Diaz) de que são gênios, até que ela percebe – após se apaixonar por um cara normal (Owen Wilson) – que o que importa é um bom coração. Esse momento de revelação poderia acontecer numa hora em que ela desembrulhasse o coração de Percy – para dar um efeito ao mesmo tempo simbólico e cômico.

Na vida real, Mary decidiu "viver para seu filho" e promover incansavelmente a reputação de Percy. Meu filme excluiria esse fato infeliz. O mundo seria muito melhor se todos acreditassem que Mary Shelley ficou mais sábia, cresceu como pessoa e se casou com um cara legal, dono de uma loja de ferragens. Ou talvez veterinário. Ainda não decidi.

	Importância	Acessibilidade	Diversão
Frankenstein	7	7	6

JOHN KEATS (1795-1821)

Keats era o típico moleque de rua londrino. Nasceu na pensão de seus pais em Moorgate, chamada O Cisne e o Aro. Quando terminou a escola, foi tomado como aprendiz por um cirurgião e farmacêutico e completou seu aprendizado antes de sucumbir ao seu ímpeto poético. Naquela época, a medicina era considerada uma vocação pouco glamourosa e comercial, assim como voltará a ser quando o lobby da sobrevivência perder um pouco da força que tem.

Os críticos literários mais hostis muitas vezes faziam alusões à origem pobre de Keats.

Em um ensaio publicado na *Blackwood's Magazine*, intitulado "Na Escola de Poesia Cockney*", a abertura – atualmente famosa – do épico *Endimião* é descrita como ridícula: "Um objeto de beleza é uma alegria eterna". Acrescentaram a frase esnobe: "É melhor e mais sábio ser um farmacêutico faminto do que um poeta faminto; de volta à botica, Sr. John". Essa frase é quase presciente de tão perfeitamente equivocada que é.

Por outro lado, a crítica ferina desse periódico trimestral pode ser vista por simpatia por quem já se enroscou com a poesia romântica:

> Os resenhistas já foram acusados, às vezes, de não lerem as obras que criticam. Na presente ocasião, nós (...) sinceramente confessamos que não lemos [*Endimião: Um Romance Poético*]. Não que estejamos descumprindo nosso dever, longe disso; na realidade, para lê-la, fizemos um esforço tão sobre-humano quanto a história em si aparenta ser; mas somos obrigados a confessar que não fomos capazes de passar do primeiro dos quatro livros. (...) Deveríamos lamentar extremamente essa falta de energia, se não fosse por um consolo – o de saber que não estamos mais familiarizados com o

---

* *Cockney* é o nome pejorativo dado ao linguajar próprio das classes baixas de Londres. (N. T.)

significado do livro que nos esforçamos tão arduamente para ler do que estamos com o dos três que não lemos.

Em sua obra "Adonais", Shelley acusa esses críticos maliciosos de terem causado a morte do jovem Keats. A noiva de Keats, Fanny Brawne, também levou a culpa por causa de sua volubilidade. Mas provavelmente não foi a revista *Blackwood's*, nem Fanny, nem uma maldição cigana que matou John Keats, uma vez que ele tinha uma tuberculose galopante.

Mesmo não tendo usado seus conhecimentos de medicina para mais nada, eles serviram para que Keats soubesse exatamente o que havia de errado com ele, que a doença era incurável e quanto tempo de vida ainda lhe restava. A maior parte de suas poesias inclui uma referência à transitoriedade da vida, e às vezes até mesmo à transitoriedade especial e mais rápida da vida do próprio Keats. O pior de tudo é que Keats era o único romântico que não acreditava nem um pouquinho no paraíso. Estava morrendo e pronto! O mínimo que podemos fazer é ler as suas poesias, certo? Leia, por Keats! Ele tinha 26 anos e estava apaixonado! Façamos o pouco que podemos para que a vida desse pobre rapaz adquira algum sentido.

PARA PESAR UM POUCO MAIS NA CONSCIÊNCIA

No túmulo de Keats, lê-se este epitáfio por ele composto: AQUI JAZ UM HOMEM CUJO NOME ESTÁ ESCRITO SOBRE A ÁGUA. Tão triste! Morreu aos 26 anos com esse pensamento em mente!

Veja bem: se você não ler os poemas dele, estará lhe dando razão, e a culpa será toda sua.

Ah, espere – antes que você se vá, falemos sobre a poesia em si. Estava achando que tinha se safado, não é?

Assim como Shelley, Keats tem poemas curtos, médios e longos. Os poemas curtos são sempre uma bênção para os leitores modernos, que geralmente têm baixo índice de atenção e alto índice de uso da internet. Mas os poemas curtos de Keats são também as suas obras mais perfeitas. Comece com as odes, como "Ode a um Rouxinol" e "Ode a uma Urna Grega". Dê uma olhada também em "La Belle Dame Sans Merci" e no soneto "Estrela Brilhante". Daí, vá para seus poemas históricos (médios): "Véspera de Santa Inês", "Lamia", "Isabela". São histórias macabras populares, contadas em versos, e são assustadoramente belas. E finalmente, quando você não conseguir mais se segurar, encare os poemas longos. Para nossa frustração, esses poemas alternam entre bobageiras túrgidas e versos encantadores. E, para incomodar ainda mais, revivem toda aquela coisa dos deuses greco-romanos. Em *Endimião*, a deusa da Lua e um príncipe pastor se apaixonam. Temos então *Hipérion* e *A Queda de Hipérion*, sobre a transição de poder dos velhos titãs para os jovens e belos deuses do Olimpo. Os poemas consistem principalmente nas queixas e brigas mútuas dos titãs perdedores. Nunca foram terminados, pois Keats morreu quando ainda estava entre os olimpianos.

Um prazer a mais vem da leitura das cartas de Keats. Estas vão desde súplicas patéticas até explicações de suas teorias literárias. Um dos pontos mais altos é a explicação da sua teoria da capacidade negativa. Não se refere àqueles momentos em que você não consegue fazer nada, mas a quando "é capaz de estar em meio à incerteza... sem qualquer tentativa irritável de ir atrás de fatos & razões". De acordo com Keats, grandes coisas se realizam quando tentamos não saber nada. Os contemporâneos conseguem entrar nesse estado sem esforço toda vez que perdem sua conexão com a internet.

	Importância	Acessibilidade	Diversão
Odes	10	5	8
Os poemas históricos	9	5	8
Endimião e os *Hipérions*	6	2	4
Cartas	6	8	7

JOHANN WOLFGANG VON GOETHE (1749-1832)

No final do século XVII e começo do século XVIII, a Alemanha – que havia estagnado culturalmente – de repente se tornou a capital filosófica do mundo. Surgiram dezenas de movimentos intelectuais que entravam em conflito entre si, eram elaborados em cafeterias e disseminados em periódicos. Tudo acabou se atolando num brejo hegeliano, descambou num pântano marxista e por fim caiu em uma fossa nacional-socialista que... bem, todos nós conhecemos essa história. Pobres alemães! Pobres de todos aqueles que viviam perto dos alemães!

No mundo daqueles que falam inglês (e português), nos protegemos desse perigoso movimento intelectual mantendo uma ignorância quase completa da sua existência. Desse cenário complexo, cheio de gênios e loucos, o único autor que conhecemos é Goethe.

O âmbito da carreira desse gênio erudito é impressionante. Ele escreveu milhares de páginas de prosa e poesia; elaborou uma teoria sobre as cores; foi botânico; inventou o átomo; compôs sinfonias enquanto plantava bananeira sobre a água; construiu uma esposa para si usando somente elásticos, eletricidade e uma mulher de verdade; e tudo o mais. De qualquer modo, foi mais do que suficiente. Ah, e o nome "Goethe" se pronuncia gemendo como uma múmia e depois emitindo um ruído como o de quem cospe um chiclete.

Embora muitas de suas obras literárias sejam importantes para os alemães, somente duas delas têm sido lidas pelos que não falam alemão: *Os Sofrimentos do Jovem Werther* e *Fausto*.

Os Sofrimentos do Jovem Werther

Os Sofrimentos do Jovem Werther é a manifestação mais pura, até descarada, do herói byroniano. Werther, um jovem desempregado cuja renda se materializa misteriosamente do nada, vai para uma bela cidade rural para pensar seus pensamentos. Durante algumas páginas, ele adora a beleza da natureza e a sabedoria inocente das crianças. Começa então a adorar a beleza e a sabedoria inocente de Charlotte. Oh! Charlotte está noiva! Werther se mantém por perto, mesmo que Charlotte não dê nem sinal de estar disposta a romper seu noivado. Ela ama Werther como a um irmão, ou como amava o purê de batatas do almoço.

Além do mais, seu noivo Albert se torna o melhor amigo de Werther. Werther fica rodeando o casal de modo masoquista, invejando a natureza sensata e o emprego de Albert enquanto inventa desculpas para achar que ele "não é o homem certo para Charlotte". Depois de um tempo, Werther fica tão triste que vai embora da cidade para arranjar emprego. Na nova cidade, encontra até uma garota não comprometida. Será que Werther está no caminho da recuperação? Não. Os habitantes dessa nova cidade não são puros o suficiente para admirar Werther da maneira correta. Em um ímpeto de narcisismo, ele se demite.

Volta para perto de Charlotte e Albert, que agora estão casados e felizes. Nessa nova fase, o desempregado Werther praticamente vive na casa deles, definhando e choramingando. É quase tão ruim quanto viver com Coleridge. No fim – depois de abraçar Charlotte dramaticamente (ela lhe dá um abraço por dó) –, Werther se mata.

O sucesso desse romance foi assustador. Na Europa, Werther se tornou um modelo para a juventude. Todos queriam ser como esse lixo chorão. Pilhas de jovens se mataram para imitá-lo, até o ponto em que Goethe quase se dispôs a sair por aí e matá-los ele mesmo. Durante o resto da vida, Goethe foi reverenciado como o homem que criou Werther, mesmo depois de ter escrito livros muito melhores, inventado as cores e criado o mundo em seis dias.

PIADINHA HISTÓRICA!

Napoleão alegou ter lido *Os Sofrimentos do Jovem Werther* sete vezes. Suponho que, em seu exemplar, algum infeliz tenha apagado a parte em que Werther se mata e escreveu em seu lugar um capítulo no qual, em desespero, ele conquista toda a Europa.

Fausto

Foi uma reelaboração romântico/idealista da história do Doutor Fausto. São duas peças em versos, totalmente inadequadas para serem representadas no palco. Mesmo assim, foram representadas centenas de vezes na Alemanha, para públicos reais que não estavam sendo mantidos como reféns no momento da apresentação. Isso é tão impressionante quanto o fato de os suecos comerem peixe podre. Goethe trabalhou no *Fausto* durante toda a vida, começando a Parte Um quando era jovem e terminando a Parte Dois pouco antes de morrer, com 83 anos. Em anos caninos, isso é tempo suficiente para que até um cão escreva uma peça passível de ser levada aos palcos.

A Parte Um de *Fausto*, apesar de não ser passível de ser levada aos palcos, é muito fácil de ler. É tida como o grande clássico da língua alemã. A Parte Dois é tida como uma miscelânea de filosofias rudimentares com premissas tolas de cair o queixo. Pouquíssimos a leem. Os que efetivamente conseguem podem ser reconhecidos pelos cabelos brancos como algodão, pelas mãos trêmulas e pelos olhos fixos e esgazeados. Para essas pessoas, *Mein Kampf* de Adolf Hitler faz algum sentido.

O *Fausto* de Goethe começa de modo parecido com o de Marlowe. Fausto, respeitado e adorado, está entediado com a vida. Ele então invoca o demônio Mefistófeles, que lhe oferece serviços mágicos em troca de sua alma. Pronto! Fausto usa seus novos poderes para seduzir uma garota pobre, Margarete, com joias chiques que Mefistófeles lhe dá. Nietzsche comentou: "Uma simples costureira é seduzida e fica infeliz. Mas certamente isso poderia ter acontecido sem a necessidade de interferências sobrenaturais, não é? Não, é claro que não! Sem a ajuda do demônio encarnado, o grande estudioso jamais teria realizado essa façanha". A descrição da sedução e do amor inocente de Margarete é muito bem escrita. Mas, mesmo assim, Nietzsche estava cem por cento certo.

Em torno desses acontecimentos centrais giram vários episódios menos importantes, que dão um efeito cômico ao conjunto. Mas a comédia alemã se parece um pouco com a culinária alemã – é pesada e pouco saudável, feita de carne com um pouco mais de carne. Tem até um toque de terror, como um nazista gordão socando a mesa e rindo, chacoalhando a barriga, enquanto a portas fechadas suas vítimas... Em resumo, não tem graça.

Enquanto isso, para a infeliz Margarete, as coisas vão de mal a pior. Ela envenena sua mãe por engano; Fausto mata o irmão dela; para terminar, ela mata seu filho ilegítimo e é presa. Ainda assim, quando morre, ela vai para o paraíso. Tudo bem, que seja. Fim da Parte Um.

Na Parte Dois, Goethe cai de paraquedas no meio da história, olha em volta para descobrir onde está e não consegue atinar com nada. Fausto cria um homúnculo*, que permanece inativo; então vai para a Grécia – não a Grécia que conhecemos, e sim a Grécia antiga, onde vai à guerra para defender sua amada Helena de Troia etc. No fim, Fausto morre por causa de um acordo que havia feito com Mefistófeles de que morreria quando reconhecesse que estava realmente satisfeito. Por que ele está satisfeito agora? Um gênio não precisa de motivos. E então, também sem motivo, Fausto vai para o paraíso. Sem arrependimentos de última hora e sem boas ações. Os anjos simplesmente o sequestram bem debaixo do nariz de Mefistófeles – porque estavam a fim e pronto.

Não preciso dizer que, mesmo que estivesse no dia mais sensível de sua vida, Marlowe não teria mandado Fausto para o paraíso. A única desculpa que podemos aventar é que Goethe se identificava com Fausto, estava morrendo de velhice e sabia que iria encontrar milhares de aspirantes a Werther no inferno.

	Importância	Acessibilidade	Diversão
Os Sofrimentos do Jovem Werther	10	9	8
Fausto	10	4	3

* Em alquimia, ser humano etérico ou semifísico, de mais ou menos trinta centímetros de altura, criado artificialmente por meios alquímicos. Descrito pela primeira vez pelo alquimista alemão Paracelso. (N. E.)

ALEXANDER PUSHKIN (1799-1837)

Parece que todos os grandes vultos da literatura russa contam a mesma história: descobriram Pushkin, esqueceram-se de tudo o mais, esconderam-se dentro de um armário para ler suas obras vorazmente e saíram alguns meses depois – como escritores! Alexander Pushkin é de longe o escritor russo mais adorado; na verdade, ele deve ser o russo mais adorado em geral. Até o Partido Comunista adorava Pushkin, apesar de expressar seu amor de maneira tipicamente assassina: nas escolas, obrigavam as criancinhas a aprenderem de cor não somente sua poesia, mas também sua biografia. O fato de os russos amarem Pushkin de todas as maneiras prova que eles realmente não são como nós.

Os russos ficam contentes quando leem as muitas obras de Pushkin durante o dia e depois, à noite, vão a uma das muitas óperas baseadas nelas. O resto do mundo reparou somente em sua prosa – que vai de romances históricos como *A Filha do Capitão* a contos góticos como "A Rainha de Espadas" – e em sua obra-prima, o romance em versos *Eugênio Onegin*.

Como muitas das produções de Pushkin, *Eugênio Onegin* foi influenciado por Byron, particularmente por *Don Juan*. Eugênio é um herói byroniano típico, sexy e sem nenhuma ética. Ele vai ao interior para tentar vencer o tédio e imediatamente chama a atenção da jovem Tatiana.

Tatiana é tão amarrada ao tédio quanto Eugênio. Para se distrair, ela lhe escreve uma carta, oferecendo-se a ele. Mas, ao contrário dos heróis de Byron, Eugênio não vai dormir com uma mulher só para deixar o poema mais apimentado ou para provar aos leitores que seu autor não é gay. Ele inventa mil desculpas para Tatiana, dizendo-lhe quanto ela está melhor sem ele. E então vai embora para matar seu melhor amigo em um duelo, mas fica decepcionado ao descobrir que até isso é muito tedioso. Anos depois, ele encontra Tatiana novamente e cai de amores por ela, talvez porque ela já não esteja nem aí para ele e porque ele esteja entediado.

Pushkin nos permitiu ver a psique romântica por dentro; ele mesmo morreu em um duelo com um homem de quem se dizia que estava dormindo com a esposa do escritor. Se você tiver algum amigo russo nascido antes de 1970, ele poderá lhe contar toda a história, arrematando-a no fim com uma canção grave e deprimente.

O HOMEM SUPÉRFLUO

Eugênio Onegin é o primeiro exemplo de uma figura da literatura russa conhecida como "o homem supérfluo". Ele é "supérfluo" porque não consegue dar uso algum ao seu talento e energia. Em vez disso, ele anda por aí irritando a todos.

Depois de Onegin, essa figura reaparece em *Herói do nosso Tempo*, de Lermontov. Essa versão retoma uma falta de profundidade, uma misoginia e um egoísmo tipicamente byronianos. Apesar dessas vantagens, Lermontov nunca engrenou fora da Rússia. Outros homens supérfluos notáveis são Bazarov em *Pais e Filhos*, de Turgenev, e o herói cômico de Goncharov, *Oblomov*, que literalmente se recusa a sair da cama.

À medida que a literatura russa foi se desenvolvendo, os críticos e escritores foram se tornando cada vez menos simpáticos a esse tipo de personagem. Logo estavam tratando o homem supérfluo como um fraco inútil que deveria arrumar um emprego. Também não seria nada ruim se ele se tornasse um ativista político e talvez até arrumasse uma boa garota para se casar. O homem supérfluo persiste na Rússia até os dias de hoje, mesmo que tenha mudado com o tempo: se tornou o supérfluo prisioneiro do *gulag* da era Stalin e depois atingiu sua forma definitiva, a do bêbado supérfluo de hoje em dia.

	Importância	Acessibilidade	Diversão
Contos	3	10	8
Eugênio Onegin	8	7	9

ALFRED TENNYSON (1809-1892)

Enquanto o romantismo estava morrendo, dando lugar à cultura vitoriana, que era muito materialista e mercantilista para arroubos poéticos, um homem ainda carregava sua bandeira. Durante toda a sua longa vida pós-romântica, Alfred Tennyson tentou ser como Keats. Nunca o conseguiu exatamente, mas em seus melhores momentos ninguém poderia manifestar a melancolia de modo mais adorável ou mais solitário.

Hoje em dia ele é conhecido como o mais chato dos poetas. A média dos adoradores de Tennyson tem mais de 100 anos de idade, toma xerez e pratica caça a cavalo. Pertence ao partido conservador e vem de uma parte tão rural da Inglaterra que seus aldeões ainda reverenciam os texugos. Em resumo, um colecionador de guardanapos que usa suíças e um homem que gosta de Tennyson têm o mesmo nível de chatice. Por isso, somente as pessoas muito legais devem ler além desse parágrafo.

Bem-vinda, pessoa legal. Que camiseta descolada! Veja só: os dois primeiros livros de Tennyson foram tão criticados que ele ficou amuado e não publicou nada durante dez anos. Apesar disso, o segundo livro contém alguns dos seus maiores sucessos. Para citar um dos mais louvados, "Os Comedores de Lótus" talvez seja a melhor coisa já escrita sobre o uso de drogas por alguém que não era viciado. Nele, os homens de Odisseu, que comeram lótus, não querem mais navegar de volta para casa; preferem simplesmente ficar por ali "com os olhos semicerrados, aparentando / sempre dormirem, meio sonhando". O poema mostra a estranha paixão do viciado por sua droga, mas omite sabiamente a parte em que o viciado assiste *Transformers II* dez vezes seguidas sem perceber que duas horas atrás ele fez xixi nas calças – tudo isso apesar do fato de o irmão de Tennyson ser um viciado, de modo que ele já tinha passado por isso. Em parte por causa desse instinto de evitar dar muitas informações, esses primeiros poemas têm uma pureza lúgubre.

Quando Tennyson publicou sua terceira coleção, o mundo já estava pronto para receber seus poemas. As críticas foram extáticas e as vendas, enormes. Seu livro seguinte foi *In Memoriam*, um poema de cem páginas lamentando a morte de seu melhor amigo Arthur Hallam. Tennyson trabalhou no poema durante dezessete anos, de modo que podemos afirmar, sem medo de errar, que a morte de Arthur foi um choque muito grande para ele. O sucesso do poema pode ter compensado um pouco a sua dor. Por causa do poema, ele ganhou o título de Poeta Laureado, o título de baronete e a garota que já vinha cortejando havia quase vinte anos.

In Memoriam ainda é considerada a obra-prima de Tennyson. Ao contrário de outros poemas de luto anteriores, como "Lycidas" de Milton ou "Adonais" de Shelley, a dor desse poema é pessoal. Os versos de Tennyson sobre o primeiro Natal triste e estranho sem seu amigo tocarão a todos que já perderam algum ente querido, ou a todos que têm que voltar para casa no Natal. Logo o poema se torna especulativo, investigando as implicações cristãs da vida após a morte. Se Arthur está no paraíso, será que ele cuida de Tennyson? Mas espere; talvez Tennyson não queira que Arthur veja tudo o que ele apronta. Se Arthur é um anjo agora, será que ele ainda gosta de Tennyson? Para resumir, Tennyson conclui: "É melhor ter amado e perdido do nunca ter amado absolutamente". Pode acreditar, esse verso fala sobre amizade. Realmente não é melhor ter amado e perdido no sentido romântico, se é que você ainda não percebeu.

Quando Tennyson se tornou Poeta Laureado, perdeu seu espírito keatsiano. Agora parecia estar sempre dolorosamente consciente de seu público, como se a cada vez em que estivesse entrando em um transe etéreo uma voz dentro dele falasse: "O que você está fazendo, Tennyson? Está escrevendo suas poesias?". Ele começou a embarcar em projetos longos e idealistas para manter seu papel de Patrimônio Nacional. Ainda pior, escreveu porcarias patrióticas como *A Carga da Brigada Ligeira*. Essa obra louva solenemente uma manobra militar estúpida e catastrófica na Guerra da Crimeia, na qual soldados de cavalaria entraram num vale entre dois batalhões russos de artilharia, morrendo como moscas sem motivo algum. Todos sabem que é muito bom encorajar esse tipo de coisa.

Os poemas do Patrimônio Nacional incluem *Maud*, um longo poema psicológico que seria legal você ler se estivesse na prisão e esse fosse o único livro disponível. E também *Os Idílios do Rei*, uma versão triste e enlevada da história de Artur, que seria legal ler mesmo que você tivesse cinco outros livros na prisão. Esses poemas representaram um divisor de águas na história da literatura inglesa. Foi nesse momento que as pessoas começaram a se afastar da poesia e a preferir o romance. É isso mesmo: todos leram essas obras e nunca mais compraram nenhum outro livro de poesia. Correlação não implica causalidade, mas, ainda assim, onde há fumaça... vá em frente e ponha a culpa em Tennyson.

	Importância	Acessibilidade	Diversão
Primeiros poemas	8	7	8
In Memoriam	8	5	6
Maud, Idílios do Rei	5	5	4

ROBERT BROWNING (1812-1889)

Se Tennyson queria ser Keats, Robert Browning passou a juventude lutando para ser Shelley. Durante um tempo, ele chegou ao ponto de abrir mão de Deus e da carne para imitar seu herói. Talvez tenha ido longe demais: seu primeiro poema publicado, "Pauline", teve a distinção de não vender nenhum exemplar, um marco de vendas que faz com que até Shelley pareça um mercantilista.

Considera-se que Browning, quanto ao tema e à técnica, represente uma ponte entre os românticos e os poetas modernos. Browning também antecipou a era moderna na medida em que viveu do dinheiro de sua família até os trinta e poucos anos de idade, quando se casou com uma mulher mais velha e mais bem--sucedida e começou a viver do dinheiro dela.

Esse casamento, entre Browning e Elizabeth Barrett, é a história de amor literária mais conhecida do século XIX. Ela era delicada e enclausurada, guardada por seu pai ciumento; ele era um rapaz espirituoso que se apaixonou ao ler os poemas dela. Durante quinze anos de casamento, eles viveram na Itália – o país cuja capital deu nome ao movimento romântico –, enquanto as revoluções de 1848 pipocavam ao redor deles. A fama e o desenvolvimento de Elizabeth como poetisa cresceram; e a fama de Robert como "o homem com quem ela era casada" cresceu também.

Depois da morte de Elizabeth, Browning retornou à Inglaterra. Lá ele se tornou uma figurinha carimbada da cena literária e a opinião dos críticos sobre suas obras começou a melhorar. Finalmente, ele foi reconhecido como um dos grandes da sua época. Uma vez que sua poesia ficou popular, nunca mais deixou de sê-lo: a *Browning Society*, fundada quando ele estava vivo, ainda tem muitos membros. Enquanto isso, das obras de Elizabeth, a única que ainda é lida é "Como te amo? Deixa-me contar de quantas maneiras". (Oito, para sermos exatos. É um poema bem curto. Mas, por nobreza, ela não menciona pagar o aluguel como uma das maneiras.)

Os poemas de Browning muitas vezes se apresentam como contos sutis e psicologicamente perspicazes, que se passam em cenários reais evocados com vivacidade. A linguagem é densa, por vezes quase impenetrável, e inclui algumas palavras inventadas por Browning. Ele aprendeu tudo sozinho e tinha um amor autodidata pelo conhecimento arcaico, que ele adorava despejar sobre os leitores. Tinha também as lacunas típicas dos autodidatas – um dos poemas termina com uma referência ao "*twat*[*] de uma freira velha", que Browning acreditava ser uma espécie de apetrecho para cobrir a cabeça.

Ele é mais conhecido por seus monólogos dramáticos. O mais famoso é "Minha Última Duquesa", no qual um aristocrata do século XVI explica por que o comportamento indigno de sua esposa lhe deu o direito de matá-la. No final, percebemos que ele está se dirigindo a um emissário do pai da próxima duquesa. Vale a pena

---

[*] *Twat* é uma gíria em inglês para "vagina, órgãos genitais femininos", usada às vezes para se referir a alguém em tom pejorativo. (N. T.)

ler para ter uma ideia da obra de Browning, e também porque é bem curto.

O poema mais citado de Browning é "Childe Roland à Torre Negra Chegou", favorito não somente dos poetas modernistas, mas também de escritores de ficção fantástica e científica; inspirou obras de Stephen King e Neil Gaiman. Tirado de uma passagem de *Rei Lear*, é a história de uma viagem medieval através de um lugar estranho e apocalíptico, marcada por um sentimento de temor existencial. *O Anel e o Livro*, a obra magna de Browning, é mais interessante de se discutir do que de se ler. Baseia-se em uma pilha de autos de um julgamento de homicídio do século XVII, que Browning encontrou em uma banca de livros em Florença. O Conde Guido Franceschini havia matado sua esposa, os pais dela e um padre; isso era sabido. O julgamento tinha o objetivo de determinar se ele tinha tido justificativa para matá-los, uma vez que acreditava que a esposa estava dormindo com o padre. O primeiro e o último dos doze livros são escritos na voz do poeta; cada um dos outros dez revela o ponto de vista de um personagem envolvido no processo. Quando foi publicado, foi amplamente lido e ainda mais admirado; 140 anos depois, continua a ter 21 mil versos e parece destinado a ser encontrado por alguém, algum dia, em uma banca de livros em Florença.

Para terminar, qualquer um que tenha cinco minutos livres poderá gostar da versão vivaz e encantadora de "O Flautista de Hamelin". É um poema infantil; um dos seus pontos altos é o relato do único rato sobrevivente sobre o que aconteceu a ele e a todos os seus amigos ratos.

	Importância	Acessibilidade	Diversão
"Minha Última Duquesa"	7	6	5
"Childe Roland"	5	6	6
O Anel e o Livro	4	4	4
"O Flautista de Hamelin"	4	8	8

ROMANCES ROMÂNTICOS

Por romances românticos, nos referimos às obras de *Sir* Walter Scott (1771–1832), Victor Hugo (1802–1885), Alexandre Dumas, pai (1802–1870), Alexandre Dumas, filho (1824-1895) e um punhado de outros que, há dois séculos, vêm entretendo magnificamente todos aqueles capazes de acreditar no impossível.

Tudo bem, a maior parte dessa literatura não é muito boa. Tem a profundidade de uma poça d'água. Mas também dá o mesmo prazer frívolo de comer um bolinho com chantili, com a vantagem de não engordar.

Foi nessa época que surgiu o gênero do romance histórico. Os autores descobriram que, no passado, as pessoas eram bidimensionais. O mal sempre era punido e as garotas eram muito bonitas. Gostosões fanfarrões, respostas espirituosas, roteiros rápidos e interessantes, coincidências cósmicas – está tudo aqui.

A única coisa que esses autores não perceberam é que o público preferiria que toda essa bobagem fosse escrita em linguagem de quinta série; mas tal avanço na ficção popular teve de esperar até o século XX. Assim, esses romances têm uma elegância linguística que, de certo modo, enobrece seu conteúdo medíocre. No quesito literatura relaxante, esses livros têm somente um porém: as descrições longas. Em *O Corcunda de Notre Dame*, por exemplo, Hugo dedica todo um capítulo às descrições de Paris do século XV, devotando um parágrafo para cada edifício principal.

Algumas notas sobre os autores: Dumas *père* era negro, ou negro o suficiente para merecer um projeto de tese de doutorado. Digamos que no Alabama da década de 1950 ele seria um grande escritor em perigo. Victor Hugo é considerado um dos gênios poéticos da literatura francesa. Na França, sua poesia é mais valorizada que seus romances. Mas nós vamos seguir o costume predominante no mundo de língua inglesa, tratando-o somente como o homem que criou Quasimodo e Jean Valjean.

Pergunta: Então por que esses romances não são literatura de verdade, mas Dickens é?

Resposta: Porque tomate não é legume? Não me pergunte. A vida não é justa.

Cardápio de Guloseimas

Em *Os Três Mosqueteiros*, Dumas *père* nos apresenta toda a ousadia da época de Richelieu. As batalhas de conhecimento dos salões de Paris, os duelos e juras de amizade de D'Artagnan e do trio epônimo – são de matar. Na verdade, é tudo tão bom que Dumas escreveu duas continuações – *Vinte Anos Depois* e *O Visconde de Bragelonne* (no qual os mosqueteiros, praticamente geriátricos, restituem o trono da Inglaterra a Carlos II. É bem certo que isso não aconteceu realmente). Também escrito pelo Dumas mais velho e melhor, *O Conde de Monte Cristo* foi um sucesso, menos engraçado, mas igualmente fascinante. A fuga da prisão de Château D'If! Contrabandistas! Bandidos! Pessoas enterradas vivas! Esse livro é deliciosamente tolo. Sendo um homem como nós, Dumas construiu para si um Château de Monte Cristo, com sua riqueza duramente conquistada. Encheu o Château de parasitas, ratos de festa e sujeitos aleatórios que ele não conseguia reconhecer quando os via no corredor, tarde da noite.

Dumas filho não era tão adorável. Na realidade, ele era aquele tipo insuportável que corre atrás das garotas fáceis até ficar velho demais, época em que começa a condenar as garotas fáceis. Ainda assim ele escreveu *A Dama das Camélias*, ou *Camille*, que é quase tão divertido quanto as obras de seu pai. Em *Camille* ele descreve – com desonestidade e autoglorificação quase admiráveis – seu caso de juventude com a famosa cortesã Marie DuPlessis.

O Corcunda de Notre Dame de Victor Hugo nos mostra a caótica Paris de Villon do século XV, com sua religião sombria e suas barbáries festivas. Hugo apresenta o corcunda Quasimodo e uma dançarina cigana, Esmeralda, junto com um bode de chifres dourados. *Os Miseráveis* é uma obra muito mais séria, mas, ainda assim, tem suspenses, arrepios e personagens bidimensionais em número suficiente para vulgarizar confortavelmente sua visão de uma das rebeliões sangrentas de Paris. (Não a da grande Revolução Francesa, que foi uma versão posterior da mesma coisa.)

A peça *Cyrano de Bergerac* (1897) de Edmond Rostand não é um romance, mas é fútil demais para ser ignorada. O feio Cyrano escreve cartas de amor no lugar de seu amigo bonito, que ironicamente está cortejando... bem, você conhece essa história. Enfim, a cena em que todos aqueles poetas se esgoelam na padaria é a melhor parte. Um pouco menos saborosa, mas ainda assim, digamos, nota oito, é *Carmen* (1845), de Prosper Mérimée. Aqui, a cigana vigarista da ópera é realmente abominável e odiosa, a ponto de quebrar o clima romântico. Mas ainda assim não é bem de realismo que estamos falando, pois o número de crimes ousados e flores entre os dentes é grande demais para nos convencer de que tudo aquilo poderia acontecer na vida real.

Na Inglaterra, o único capaz de rivalizar com essa bobageira é *Sir* Walter Scott. Citemos apenas três obras – não tão – primas que, quando pegamos para ler, não largamos até terminar: *A Noiva de Lammermoor*, uma história no estilo de Romeu e Julieta com um toque de gótico; *Rob Roy*, sobre rebeldes jacobitas nobres e selvagens nas montanhas da Escócia; e *Ivanhoé*, que se passa na Inglaterra da época de Ricardo Coração de Leão.

Fato: *Sir* Walter Scott escreveu mais cem outros romances. Talvez duzentos.

Fato: O coquetel "Rob Roy" ganhou o nome do personagem homônimo. É basicamente um Manhattan, só que com uísque em vez de bourbon. Vai bem com bolinhos doces e romances de Scott.

Fato: Foi oferecida a Scott a posição de Poeta Laureado, mas ele a recusou porque não gostava de suas conotações de bajulação e tolice. Recomendou Southey (lembra-se de Southey?), que a aceitou na hora.

Fato: Apesar de seus trezentos *best-sellers* e do seu título de baronete, Scott morreu endividado. Um verdadeiro cavaleiro da escrita!

CAPÍTULO 10

OS ESTADOS UNIDOS PASSAM A EXISTIR

Nos séculos XVII e XVIII, os americanos estavam muito ocupados – massacrando índios, importando escravos, queimando bruxas e inventando a democracia – e, portanto, não tinham tempo para ler romances de cabeceira. Mas, com a chegada do século XIX, as coisas começaram a se acalmar. Nesse período, os escritores americanos ajudaram a criar a ideia do modo de vida americano como uma nova maneira de encarar o mundo, livre de milhares de anos de bagagem cultural. É verdade que fizeram isso ignorando o modo de vida dos índios americanos, usando formas europeias de literatura e morando na Europa sempre que possível. E seu individualismo e sua teologia radical podem parecer, à primeira vista, idênticos ao romantismo europeu – mas, abrindo bem os olhos, percebemos que suas obras têm a flora e a fauna americanas como cenário. Não há como nos enganar quanto ao significado daqueles perus, guaxinins e gambás.

Para terminar, a diferença real e duradoura é que, na Europa, os românticos eram tratados, na melhor das hipóteses, como sonhadores inúteis. Na América, seus devaneios se tornaram elementos centrais da ideia nacional. A liberdade religiosa estava na Constituição, mas foi popularizada pelas obras de Emerson, Whitman e Twain. O herói romântico de Byron se tornou o cavaleiro errante solitário de todos os mitos do faroeste. A América já contava, desde antes, com seus nobres selvagens e extensões imaculadas de florestas e pradarias que se tornariam tema de hinos patrióticos. Nos discursos políticos e nos filmes de Hollywood, esses ideais iconoclastas de liberdade pessoal sobrevivem até hoje, muito depois de as florestas, pradarias e nobres selvagens terem sido completamente destruídos.

WASHINGTON IRVING (1783-1859)

Antes da época de Washington Irving, a literatura americana consistia mais em sermões e em poemas que talvez fossem melhores como sermões. Essas obras sombrias almejavam que o leitor se lembrasse da morte e do fogo infernal que a segue. Mas, no começo do século XIX, os autores começaram a escrever coisas que você pode ler tomando o café da manhã, sem correr o risco de explodir em lágrimas.

Washington Irving foi o primeiro astro da recém-nascida indústria editorial americana. Ganhou fama internacional e, em suas obras, promovia conscientemente seu país jovem e impudente diante da Europa, que às vezes mostrava-se cética. A maior parte de suas obras eram ensaios e contos cheios de opiniões pessoais, semelhantes aos do *Spectator*, escritos para periódicos e publicados sob pseudônimos engraçados: Jonathan Oldstyle (Jonathan das Antigas), Diedrich Knickerbocker (Diedrich Polaco), Geoffrey Crayon. Hoje em dia, podem-se encontrar as obras de Irving principalmente em seleções de contos como "Rip van Winkle" e "A Lenda do Cavaleiro Sem Cabeça", junto com ilustrações vivas e coloridas e publicados como literatura infantil. Para um adulto, ler esses contos é como ficar enroladinho em um cobertor elétrico. Todas as ideias são benignas; todas as partes pontiagudas são podadas. Quer se trate de uma história de terror ou uma história de amor, quer venha dos Irmãos Grimm ou das *Mil e Uma Noites* – todas, quando lidas, equivalem a uma dose de Valium.

A única obra de Irving que tem tamanho suficiente para ser chamada de livro, *História de Nova York*, é uma sátira comprida sobre a colônia holandesa em sua Manhattan natal. Começa, no estilo de *Tristram Shandy*, com a criação do mundo, e incorpora paródias de filosofia, ciência e mitologia clássica em uma história anarquicamente artificial e atrapalhada.

Pode-se argumentar que esse livro foi injustamente esquecido. Ele é muito bem construído, prende nossa atenção e é tão astucioso quanto uma obra de Mark Twain. Por outro lado, foi deixado de lado por tanto tempo que ficou com um pouco de cheiro de mofo. É uma sátira obscura sobre um aspecto pouco conhecido da história, e quando o lemos não podemos evitar a sensação de estarmos sozinhos em uma biblioteca deserta, engasgando com a poeira quando viramos as páginas, que se desfazem em nossas mãos.

Uma obra menos datada, embora provavelmente também seja menos boa, é *Contos de Alhambra*. Durante suas viagens à Espanha, Irving realmente morou um tempo em Alhambra, então povoada por nativos esfarrapados que haviam ocupado o local muito tempo antes. Esse livro é um diário de sua estadia, que se ramifica em narrações e contos sobre o palácio andaluz desde a época dos príncipes mouros até o presente. Como os outros contos de Irving, este tem o poder de se transformar em literatura infantil quando é lido. Para melhor desfrutar dele, é bom ter uma xícara de chocolate quente e um gato obeso ao alcance das mãos.

	Importância	Acessibilidade	Diversão
Contos de Alhambra	2	9	6
Outros contos	6	9	5
História de Nova York	2	5	6

RALPH WALDO EMERSON (1803-1882) E O TRANSCENDENTALISMO

O transcendentalismo é como um romantismo apregoado em uma igreja de Massachusetts. Começou no Harvard College e se espalhou por uma rede de escolas experimentais, grupos abolicionistas e comunidades utópicas, tudo isso em meio à natureza ainda selvagem da Nova Inglaterra. Muitos transcendentalistas eram socialistas e alguns eram até veganos – pessoas que se sentiriam em casa em uma reunião do Partido Verde hoje em dia. O mais influente foi Emerson. Ele propunha um individualismo extremo, que ajudou a moldar nossa ideia do que significa ser americano. Quando Sarah Palin chama a si mesma de *maverick* (independente, dissidente), está evocando não os Pais Fundadores da república, mas sim o Hippie Fundador.

O pensamento de Emerson é, sob certos aspectos, parecido com o de Wordsworth. As crianças são puras. A inspiração é melhor que a tradição. Não se encontra Deus estudando a Bíblia, mas olhando para um talo de mandioca e pensando: "Uau... Deus fez você!". Mas Emerson vai muito além. Em vez de prescrever um sistema de ética, ele aconselha seus leitores a encontrarem sua própria ética no eu superior deles. Chega ao extremo de propor que cada indivíduo decida se deve ou não obedecer às leis.

Você talvez se pergunte: será que isso não vai causar problemas, uma vez que alguns indivíduos são simplesmente uns patifes? Não, diz Emerson. Enquanto Shelley sonhava com um dia em que todos seriam puros de coração, Emerson acreditava que esse dia já havia chegado: "Todos os homens são amantes da verdade". Mas certamente alguns são mais do que outros? Não. "Assim como o homem é igual à Igreja e igual ao Estado, é igual também a todos os outros homens." A filosofia dos românticos ingleses nunca seguiu esse curso, pois todos eles haviam conhecido Coleridge.

Outra diferença entre Emerson e os românticos ingleses é que Emerson era um cara certinho. Ele escrevia sob a influência não do láudano, mas da oração. Quando procurava por um amor, ele sabia – sem que ninguém precisasse falar – que sua irmã era proibida. Não usava uma caveira humana como taça enquanto batia em seu bichinho de estimação. Na verdade, ele nem sequer bebia. Suas crenças estoicas também incluíam a indiferença à dificuldade. Por exemplo: em seus últimos anos, Emerson sofreu tão gravemente de demência que às vezes não conseguia se lembrar de seu próprio nome. Mesmo assim, quando lhe perguntavam ele dizia que estava "Muito bem! Perdi todas as minhas faculdades mentais, mas estou perfeitamente bem".

Quando as pessoas falam sobre os escritos de Emerson, quase sempre se referem aos seus ensaios. Os melhores ("Autoconfiança", "Supra-Alma", "O Letrado Norte-Americano") são brilhantes e inspiradores, mesmo nas partes mais impraticáveis. Mas só leia os poemas de Emerson se quiser rir da cara dele. Os poemas eram admirados enquanto ele estava vivo, mas agora soam como tolice – algo que uma tia solteirona falaria num filme para proporcionar alívio cômico a alguma situação tensa. Tendo isso em mente, não há melhor forma de darmos adeus a Emerson do que com uma pequena citação de seu poema "Abelhinha":

> Sonolenta e forte abelhinha,
> Onde estás é para mim moradia.
> Deixa-os para a Porto Rique embarcar,
> Calor longínquo, pelos mares a buscar;
> Seguirei a ti somente,
> A ti, alma da zona quente!

	Importância	Acessibilidade	Diversão
Ensaios	8	4	7
Poemas	1	9	1

FESTIVAL DA CONTRACULTURA

As duas principais comunidades transcendentalistas eram a Brook Farm e a Fruitlands. Brook Farm, a mais famosa das duas, teve nomes famosos como Margaret Fuller e Nathaniel Hawthorne (por um curto período) como moradores. Foi fundada como uma sociedade – mais ou menos como uma cooperativa, onde cada membro é dono de uma cota da fazenda e teoricamente ganha uma parte dos lucros. Mas acontece que não havia lucros. Apesar de seu rápido crescimento e inúmeros visitantes – mais de mil por ano –, a fazenda começou a acumular dívidas.

Na tentativa de revitalizar o projeto, os membros se voltaram para as ideias utópicas do comunista francês Fourier e começaram a construir um falanstério – um edifício construído especificamente para a vida, o trabalho e a socialização em comunidade. Mas aparentemente ele não era à prova de fogo e não tinha seguro. Depois de o edifício ser destruído por um incêndio, os moradores de Brook Farm ficaram financeiramente arruinados e acabaram seguindo caminhos diferentes.

Fruitlands era uma comunidade muito mais rigorosa: um membro foi expulso por comer um pedaço de peixe. Os habitantes de Fruitlands não somente eram veganos, como também não comiam raízes, pois estas crescem para baixo e as coisas baixas são ruins. Também não utilizavam os animais como força motriz e consideravam a criação de animais como uma forma de "libertinagem". Mesmo que o único nudista tivesse de usar um poncho de algodão, os membros eram encorajados a seguir seus próprios caminhos espirituais: um expressava suas emoções chorando ou rolando de alegria pelo chão; outro tocava música para acompanhar seus pensamentos. Louisa May Alcott viveu lá por um curto período; seu pai foi um dos fundadores, o que dá a entender que *Mulherzinhas* foi um dos primeiros exemplos das fantasias de estabilidade imaginadas por filhos criados por pais alternativos.

O uso de filósofos no lugar dos bois acabou não dando certo. O experimento acabou em fome e anarquia, e Fruitlands é mais conhecida como o projeto utópico de nome mais pitoresco e um antecessor mais legal do festival Burning Man, no deserto de Nevada.

HENRY DAVID THOREAU (1817-1862)

Thoreau levou a ideia do bom selvagem mais a sério do que qualquer outro Rousseauzinho. Seu maior livro, *Walden*, é um relato dos dois anos que ele passou vivendo como o bom selvagem, numa cabana na floresta, plantando sua própria comida em união com a natureza. Sua meta era provar que as melhores coisas da vida são de graça – se partirmos do princípio de que as melhores coisas são a natureza, o ócio e a solidão. Assim, todos poderiam largar do pé dele e parar de insistir para que ele arranjasse um emprego de verdade. Talvez ele devesse ter ido viver em Fruitlands.

Boa parte de seu livro zomba dos mariquinhas que acreditam que as melhores coisas da vida são uma casa com aquecimento central, um trabalho satisfatório e pelo menos um amigo com quem conversar. Não era suficiente para Thoreau ir morar numa cabana e só comer feijões, lendo a *Ilíada* em grego. Não era suficiente acordar com as galinhas, nadar num lago congelante e passar o dia inteiro meditando sobre o infinito. Ele queria que todos os outros fizessem o mesmo. Não era correto desfrutar de uma cama macia ou de uma torta de amoras; e Thoreau também acreditava que todas as realizações da vida eram vãs – até mesmo a ajuda aos pobres. Não é de estranhar que, como Emerson educadamente disse, Thoreau fosse "mais solitário do que ele próprio desejara".

Também não será surpresa alguma para os cínicos o fato de que Thoreau fazia uma caminhada de meia hora toda semana até a casa da mãe dele, levando sua roupa suja para que ela a lavasse, e às vezes saía de seu eremitério para ir a festas. Podemos dizer que ele era um mimadinho do século XIX, que construiu uma barraca no quintal da mamãe porque não conseguia encarar o fato de ter de trabalhar para o sistema.

Hoje em dia, até o mais fraco dos sibaritas consegue prezar sua obra. Em parte porque Walden têm muitas descrições da natureza, que apreciamos muito agora que nos livramos dela junto com aqueles horríveis insetos e tudo o mais. E também porque agora ficamos à vontade aplaudindo o discursório de Thoreau, estirados no sofá e pedindo comida fora – o iconoclasmo destemido do século XXI.

	Importância	Acessibilidade	Diversão
Walden	6	6	6

EDGAR ALLAN POE (1809-1849)

Não é difícil ter pena de Edgar Allan Poe. Tudo o que ele queria era respeito e algum dinheiro no bolso; mas, sempre que chegava perto disso, metia os pés pelas mãos. Ele bebia demais, perdia suas oportunidades de emprego e desdenhava publicamente de autores de mais sucesso do que ele. Além disso, casou-se com sua prima de 13 anos de idade. Mesmo naquela época, em que infringir a lei ainda era legal, casar com a prima de 13 anos era exagero.

Seu poema "O Corvo" trouxe-lhe certa fama, mas foi uma série de brutais críticas literárias que realmente fez com que as atenções se voltassem para ele. As críticas de Poe eram populares entre os apreciadores de esportes sangrentos. Ele dedicava um desprezo particular aos *"Frogpondians"* (algo como "amantes dos charcos"), o modo como chamava os transcendentalistas; mas atacava a todos. (Nota para os aspirantes a escritores: a palavra "todos" inclui inevitavelmente aquelas pessoas que, não fosse por isso, poderiam tê-los ajudado em sua carreira.)

Poe morreu jovem, pouco depois de ter sido encontrado vagando pelas ruas de Baltimore, bêbado e confuso. As circunstâncias exatas que o levaram a esse estado permanecem misteriosas, e sua morte é, desde então, fonte interminável de fascinação e especulação para aqueles que gostam de especular sobre seus fascínios.

Outra fonte de controvérsias é o "problema de Poe", que essencialmente é a questão de saber se ele era bom mesmo. Poe goza de uma reputação muito maior na França do que em sua terra natal, resultado das traduções de suas obras para o francês feitas por Charles Baudelaire, notáveis pelo alto índice de baudelairismo e pela baixa taxa de poeismo. No mundo daqueles que falam inglês, alguns o consideram um gênio, outros um cabeça-dura. Assim, quer você ame suas obras, quer as odeie, você não estará sozinho. Mas tenha em mente que não há o que se discutir sobre o "problema da prima de 13 anos", de modo que já lhe aviso: nenhuma citação de Poe vai ajudar você na paquera.

As Obras

Poe admirava os românticos; o público queria o Baixo Gótico. Ele conciliou os dois em um coquetel terrível. Suas histórias eram ou melodramáticas e mórbidas ou intelectuais e elaboradas, e às vezes as duas coisas. A maior parte parece com o que realmente é: uma única ideia obsessiva, torneada de modo a se tornar um produto vendável. (Vamos falar sério. "O Poço e o Pêndulo"? "O Enterro Prematuro"? Deve existir por aí algum conto ainda não descoberto chamado "O Lugar Escuro e a Coisa Assustadora".) A linguagem é densa e exagerada, quase pegajosa. Mas os melhores contos, como "A Queda da Casa de Usher", têm uma ambientação rica, e a histeria de histórias como "O Coração Delator" e "O Gato Preto" é inesquecível. Poe transforma esses contos em estudos de uma psicologia gótica que nunca existiu realmente, mas ainda assim é estranhamente familiar. Não há, porém, razão para prosseguir em direção ao seu único romance. *A Narrativa de Arthur Gordon Pym* é uma mistura sensacionalista de naufrágios, canibalismo, racismo e uma espécie de ficção científica primitiva. Agora imagine que seu colega de quarto da faculdade escreveu o livro.

Sua poesia é extravagante, cheia de síncopes, e sempre termina com uma morte prematura. Seus versos pequenos têm o potencial inocente das cantigas de ninar: "Eu era uma criança / E ela era uma criança / Naquele reino à beira-mar / Mas com mais que amor ficávamos / Eu e Annabel Lee a amar". Em grande escala, ela tem a impotência inocente da poesia ruim. Por vezes o estilo intrincado de Poe cria comédias não propositais: em "O Corvo", por exemplo, quando um pássaro desgarrado voa para dentro de seu quarto, o narrador solenemente se dirige a ele com a pergunta: "Diz-me qual é teu nome senhorial na baía plutoniana da noite?". Esse é só o começo de uma série de perguntas como "Porventura há bálsamo em Gileade?". Apesar de o pássaro repetir a mesma palavra reiteradamente, como faria um papagaio treinado, o narrador está convicto de que a ave é um profeta do além. Para fechar o horror do poema com chave de ouro, o animal não voa e vai embora. Em vez disso... ele fica ali, parado. Provavelmente dormindo.

Poe também é famoso por ter escrito a primeira história de detetive. (Na verdade outro escritor gótico, E. T. A. Hoffman, escreveu primeiro; mas veja bem, todos lembramos o que "primeiro" significa.) Suas três histórias com o aristocrata falido e condescendente Auguste Dupin, começando com "Os Assassinatos da Rua Morgue", serviram de inspiração para que *Sir* Arthur Conan Doyle criasse seu personagem mais famoso, Sherlock Holmes. Poe usa Dupin para expor o que ele chamava de "raciocinação", a ação da mente superior que encaixa as pistas que as pessoas comuns não conseguem ver. Infelizmente, as histórias são, na melhor das hipóteses, artificiais, e devem ser tratadas como fósseis literários em uma linha evolutiva que, no decorrer do tempo, culminou em algo legível.

EXERCÍCIO DE "RACIOCINAÇÃO"

Ligue os pontos:

Fato nº 1: Edgar Allan Poe goza de uma reputação muito melhor na França do que em seu país.

Fato nº 2: Assim como Edgar Allan Poe, Jerry Lee Lewis, antigo astro do rockabilly, casou-se com a prima de 13 anos.

Fato nº 3: O outro artista americano que goza de uma reputação muito melhor na França do que em seu país é o comediante Jerry Lewis.

	Importância	Acessibilidade	Diversão
Contos góticos	4	6	6
Contos, Dupin	7	7	5
Poemas	3	9	6
Arthur Gordon Pym	3	6	4

WALT WHITMAN (1819-1892)

Whitman passa uma impressão imediata de grandeza. Isso acontece porque o pano de fundo de sua poesia é sempre o universo inteiro. A tática favorita de Whitman é mostrar uma coisa pequena – um ovo de passarinho, por exemplo – e então passar a evidenciar o cosmos infinito por trás dela. "Eu contenho multidões" é o resumo de sua poesia.

Assim como Blake, Whitman gosta de contrapor o mal ao bem e então fazer os dois se abraçarem numa união extática. Tudo é sagrado: "O odor dessas axilas é um aroma melhor que a oração". Não é só a distinção moral que desaparece: todas as distinções desaparecem. Todas as coisas são uma coisa só. Todas as épocas são o agora. Todos os homens são eu, e eu sou bom. Whitman é como um drogado que faz de tudo para que os outros entendam como ele está se sentindo quando toma aquela dose.

A desgraça de Whitman é que ele tenta listar as coisas boas. "Acredito que uma folha de relva não é menor do que o trabalho diário das estrelas / E a formiga é igualmente perfeita, e um grão de areia, e o ovo da carriça, / E a perereca é a *chef-d'oeuvre* do Altíssimo / E os feixes de amoras adornariam os salões do paraíso". Ele não consegue listar todas as coisas boas, porque antes disso morre de velho; mas faz o melhor que pode.

Em pequenas doses, essas ladainhas são maravilhosas. Mas, se você tentar ler mais que cinco páginas de uma vez, vai se sentir vítima de uma daquelas operações bizarras de inteligência militar nas quais a tortura principal é pôr o prisioneiro para ouvir John Denver sem parar durante dias a fio.

Os contemporâneos de Whitman acharam que *Folhas de Relva* era obsceno, em grande parte porque os poemas anunciam – de modo vago mas muito enfático – que Whitman era gay. Quando ele lista pessoas, tende a citar mais os estivadores bonitos. E às vezes essa citação dá início a uma cena em que parece... meio embaçado, mas certamente parece... bem, o que Whitman está fazendo com aquele estivador bonitão? Não temos certeza, mas parece ser algo que termina com o que ele chama, eufemisticamente, de "coisa paterna".

Não há registro de seus relacionamentos sexuais com homens, mas é difícil de acreditar que não houve nenhum. Ele parece muito feliz com esses estivadores e com o que quer que aconteça depois que eles estão "Desabotoando minhas roupas e me segurando pela cintura nua". Ele nunca sai propriamente do armário, mas deixa a porta bem aberta e permite que espiemos lá dentro. O gaysismo de Whitman foi muito ignorado na geração seguinte e ele foi consagrado no cânone com o título de "O Bom Poeta Cinzento", um modelo ideal de masculinidade compassiva. Isso provavelmente graças às fotografias que o mostram com uma barba branca e volumosa, usando roupas rústicas e parecendo um Papai Noel da roça. Os leitores do começo do século XX decidiram fechar a porta do armário bem na cara de Whitman. "Não me venha com essa de gay", disseram eles, "guarde sua sexualidade de Papai Noel para você mesmo".

De modo apropriado para um poeta que repete incansavelmente que Tudo é Um, Whitman escreveu um único livro, que foi expandindo durante sua vida. A primeira edição – que foi publicada por ele – de *Folhas de Relva* teve doze poemas. Quarenta anos depois, a edição considerada "do leito de morte" tinha quase quatrocentos. Para o leitor que desanima ao se deparar com um livro de poesias de quase quinhentas páginas, o poema "Canção de Mim Mesmo" é bom para começar. Contém multidões e é o exemplo mais puro dos versos livres entorpecentes de Whitman. Um verso favorito: "Onde o balão em forma de pera flutua no céu, dentro dele flutuo eu, serenamente olhando para baixo".

	Importância	Acessibilidade	Diversão
Folhas de Relva	10	5	8

EMILY DICKINSON (1830-1886)

Se os poemas de Whitman ficam melhores quando lidos em pequenas doses, os de Emily Dickinson deveriam ser lidos às baciadas. São todos em pequenos versos rimados e são tão fáceis de engolir quanto batatas fritas. Quando se lê apenas um, ele parece brincadeira de criança. Quando se leem cinco, eles se tornam enigmáticos. Quando chegamos aos dez, dimensões misteriosas começam a surgir e nada mais é real. Depois de cem, tudo o que você ainda conseguirá entender é que essa mulher era um gênio.

Parte desse efeito vem da morbidez da poesia. Dickinson gosta de nos descrever os pensamentos dos cadáveres e escreve com satisfação maligna sobre naufrágios em que todos os tripulantes morreram. Metade de seus poemas diz respeito ao momento "Quando todos os relógios param / e o espaço olha em volta". Esses poemas misturam imagens simples com arroubos bizarros. Aqui está uma estrofe típica:

Ela morreu, – foi assim que ela morreu;
E ao pela última vez suspirar,
Pegou suas vestimentas simples
E foi, rumo ao sol, viajar.

Dickinson também era a poetisa da agorafobia. Ela era, como seu correspondente Thomas Higginson nos conta, "uma reclusa... que literalmente passava anos sem pôr o pé fora de casa". Ela lhe explicou que evitava a companhia humana porque as pessoas "falam sobre coisas sagradas em voz alta e perturbam meu cão". Ela publicou somente dez poemas durante a vida, e Higginson – que na época era um importante escritor abolicionista – era seu único contato com o mundo literário.

Vale a pena ler as cartas dela para ele. São um exemplo raro de uma autora agressivamente brilhante e louca de pedra. Sobre seu primeiro impulso de escrever poesia, ela disse: "Tive um terror desde setembro sobre o qual não podia falar a ninguém; e então cantei, como um garotinho canta no cemitério, porque está com medo".

Na verdade, a janela do quarto onde ela passou a vida dava para um cemitério, de modo que ela realmente cantou junto ao cemitério. Ela se vestia toda de branco e, durante anos, o único contato que tinha com a comunidade acontecia quando ela pendurava cestas de doces em sua janela para as crianças do bairro. É só uma questão de tempo para Tim Burton fazer um filme biográfico sobre ela.

As ideias predominantes de Dickinson são: a morte é sublime; a pontuação é ridícula. Dickinson usava as letras maiúsculas aleatoriamente e empregava travessões sem motivo algum. Durante um bom tempo, os editores simplesmente consertavam essas coisas. Mas uma vez que sua genialidade foi reconhecida, presumiu-se que essa genialidade se estendia também à pontuação; os travessões se tornaram uma "manifestação artística deliberada". Mas já que os mesmos maneirismos aparecem em suas cartas, parece que Dickinson usava a pontuação de maneira obstinadamente particular – assim como outros autores entendem a ortografia de maneira obstinadamente particular. (Note o uso correto do travessão.)

Dickinson pediu que seus papéis fossem queimados após a sua morte. Junto com as cartas e tudo o mais, foi encontrada uma pilha enorme de poemas não publicados; ela havia escrito quase dois mil. Sua irmã Lavinia decidiu queimar tudo, menos a poesia. Essa fogueira fez com que a tímida Dickinson se tornasse querida dos fantasistas literários, permitindo-lhes imaginar livremente, sem medo de surgirem provas em contrário, as muitas vidas diferentes que ela poderia ter vivido. Ela foi chamada de epiléptica e (inevitavelmente) de lésbica; os estudiosos lhe atribuíram um caso amoroso com um homem no fim da vida e um caso amoroso com o pai no começo da vida. A falta de informação sobre ela só serviu para tornar suas biografias mais ricas e interessantes, na medida em que os fãs projetam sobre Dickinson a vida que queriam que ela tivesse. Quem sabe, talvez Lavinia fosse um gênio das relações públicas e fosse exatamente esse o resultado que ela planejara.

	Importância	Acessibilidade	Diversão
Poemas	10	6	8

NATHANIEL HAWTHORNE (1804-1864)

Hawthorne é o principal expoente do movimento gótico da Nova Inglaterra, um gênero que combina repressão sexual, prosa atormentada e tempo ruim. É o equivalente literário de pisar em uma poça d'água assim que saímos de casa. Nossas meias fazem aquele barulho ensopado a cada passo que damos pelas obras de Hawthorne.

Suas primeiras obras que ainda são lidas são contos. São principalmente parábolas ultradesenvolvidas com uma moral clara. Qualquer um deles poderia servir de base para um episódio de *Além da Imaginação*. Para exemplificar: "O Jovem Goodman Brown" fala sobre um homem da época em que os puritanos chegaram à América, que vai à floresta encontrar o demônio para um sabá negro. No último minuto, ele fica em dúvida. O demônio (que é exatamente igual a Brown, sem chifres nem cauda) tenta persuadi-lo a terminar o que começou, dizendo que todos faziam a mesma coisa; basicamente, quatro em cada cinco puritanos o recomendavam. Brown o repudia, mas acaba indo ao sabá negro do mesmo jeito e fica apavorado quando vê que todos os seus vizinhos estão presentes – até mesmo sua esposa Faith. O jovem Goodman Brown grita pedindo ajuda a Deus e a visão se desfaz.

Quando vai para casa, não consegue mais encarar as pessoas de frente. Torna-se um cínico desconfiado e amargurado, que não ama nem é amado. É por isso que você deve tomar cuidado quando entra na floresta à noite. Mesmo com a melhor das intenções, você pode pegar o caminho errado e ir parar... num episódio de *Além da Imaginação*.

Os contos de Hawthorne – e todos os seus outros romances – foram ofuscados por sua obra seguinte, *A Letra Escarlate*.

Estamos em Boston, na era puritana. Quando o romance começa, a jovem Hester Prynne é levada da prisão para o cadafalso, como exemplo público para os cidadãos ali reunidos. Ela carrega um bebê nos braços e leva a letra A – de Adultério – bordada em vermelho em seu vestido. Mas Hawthorne nos conduz então a um evento anterior: Hester foi enviada da Inglaterra para Massachusetts por seu marido muito mais velho e muito mais experiente. Ele deveria ter vindo em seguida, mas nunca apareceu. Enquanto isso, Hester ficou grávida e deu à luz um bebê ilegítimo. Mas ela não diz a ninguém quem é o pai.

No cadafalso, Hester repara em uma figura estranha atrás da multidão. É um homem muito mais velho, com olhar experiente. Espere, ela conhece aquele rosto! É... o marido dela! Acontece que alguns índios o tinham feito refém e... para resumir, ele chega no pior momento possível.

Agora o Reverendo Dimmesdale – que é jovem e bonito – começa a exortar Hester a contar quem é o pai da criança. Pálido e trêmulo, ele implora que ela conte. Mesmo que um homem venha a perder uma alta posição, ela deve dizer o nome dele. Ele pode não ter a coragem de confessar – na verdade, ele pode estar bem na frente dela... Em resumo, Dimmesdale faz tudo o que pode para deixar claro que ele é o culpado, menos dizer "quando eu engravidei você" – quer dizer, "quando ele engravidou você". É claro que não fui eu! Que ideia! Ha, ha, ha!

Efeitos baratos como esse abundam no texto. Os personagens evitam falar até que possam usar um ponto de exclamação. Hawthorne bate na tecla da letra escarlate até nos sentirmos como se estivéssemos presos em um elevador por cinco dias junto com uma enorme letra "A" escrita em vermelho. Enquanto isso, sua prosa é floreada, deselegante e cheia de rodeios. Leia este parágrafo para formar sua opinião: "Assim condenado por sua própria escolha, como o Sr. Dimmesdale evidentemente estava, a ter de comer seu bocado insípido sempre na mesa de outro e a aguentar o frio que aguentam aqueles que buscam se aquecer somente na lareira dos outros, realmente parecia que esse velho médico sagaz, experiente e benevolente, que tratava o jovem pastor com amor paternal e reverencial, era o único homem, de toda a humanidade, a estar constantemente ao alcance da sua voz".

Meu pesar acompanha todos aqueles que foram obrigados a estudar esse livro na escola. Não tenho explicações a dar e não posso fazer com que você recupere aqueles dias perdidos. Se servir de conforto, saiba que eu também sofri, e que sem dúvida terei um grande número de fãs de Hawthorne me condenando por ter tido a coragem de falar a terrível verdade.

OUTROS ROMANCES DE HAWTHORNE QUE VOCÊ NÃO DEVE LER

Um Romance de Blithedale é o romance de Hawthorne sobre a comunidade de Brook Farm, onde ele viveu por algum tempo. Parece interessante? Pois não é.

A Casa das Sete Torres é um conto gótico sobre a maldição de uma família. A ação é ínfima. Clifford é um inválido supersensitivo, deprimido por causa dos anos que passou na prisão por um assassinato que não cometeu. O grosseiro e avarento Juiz Pyncheon quer questioná-lo sobre as escrituras de uma terra no Maine, que desapareceram. Aí está o enredo. E encontramos mais da prosa clássica de Hawthorne: "O Juiz, de um lado! E quem está do outro? O condenado Clifford! Antes, uma pessoa proverbial! Agora, uma ignomínia vagamente relembrada!".

Em *O Fauno de Mármore*, quatro pessoas são perseguidas por uma entidade do mal, só que dessa vez em Roma. Quando foi publicado, esse livro recebeu críticas arrebatadas; só Emerson teve a sabedoria e a honestidade de chamá-lo de "pieguice".

	Importância	Acessibilidade	Diversão
Contos	5	5	5
A Letra Escarlate	9, Ai de mim!	3	4
Um Romance de Blithedale	2	4	5
A Casa das Sete Torres	4	4	5
O Fauno de Mármore	2	3	3

HERMAN MELVILLE (1819-1891)

"Chamai-me Ismael", as palavras de abertura de *Moby Dick*, talvez sejam as mais famosas da literatura norte-americana. Muitos autores se contentariam com isso, mas Herman Melville continuou acrescentando mais duzentas mil palavras até escrever a grande baleia branca dos romances americanos.

Melville cresceu em um ramo empobrecido de uma família distinta. Foi para o mar em busca de fortuna e, mesmo não a tendo encontrado a bordo do navio, os anos que ali passou viriam a se tornar seu capital literário. Seu primeiro romance, *Typee*, baseado no tempo que ele passou entre canibais nas Ilhas Marquesas, foi um *best-seller* imediato. Apesar de os leitores terem adorado o livro, eles pressupunham que as aventuras eram excentricidades da imaginação do autor: mas Melville realmente abandonou seu navio, foi capturado por caçadores de cabeças e se tornou um nativo entre eles. A sequência, *Omoo*, acompanha o mesmo personagem melvilliano em um motim a bordo de um baleeiro e então até o Taiti, consolidando sua reputação de escritor que levava o exotismo a todos e que tinha sido burro o suficiente para voltar do Taiti à Nova Inglaterra.

Agora Melville estava decidido a ganhar a vida como escritor. Tal ganho deveria ser suficiente para sustentar uma esposa, oito filhos, sua mãe idosa e quatro irmãs solteiras. Infelizmente, suas ambições literárias já haviam surgido. Enquanto seus primeiros livros eram interessantes narrativas de viagem, no terceiro livro ele libertou seu Melville interior. *Mardi* começa como outro conto de marinheiro, mas logo descamba em alegorias, filosofias e receitas de fracasso. Como era de esperar, esse livro não foi tão bem recebido quanto os anteriores, e os quatorze parentes começaram a olhar torto para Melville. Como resultado, os dois livros seguintes, *Redburn* e *Whitejacket*, foram aventuras marítimas. E, nas próprias palavras de Melville: "dois trabalhos que fiz por dinheiro – sendo forçado a isso, assim como outros homens são forçados a serrar madeira".

Com seu livro seguinte, a mente de Melville deixou um pouco de lado a ideia de lucro e mergulhou nas profundas águas filosóficas que fizeram de *Moby Dick* o Grande Romance Americano. A história é muito simples. Ismael, um marinheiro cansado e sem rumo, está em New Bedford, cidade de pesca de baleias, procurando um navio para embarcar. Ele conhece o arpoador Queequeg, um canibal da Polinésia cheio de tatuagens. Apesar da aparência assustadora de Queequeg, rapidamente eles se tornam amigos e se alistam para o *Pequod*. Seu capitão, Ahab, é um monomaníaco – com uma perna de pau – que está sempre perseguindo a baleia branca que comeu sua perna original de carne. Pode parecer loucura guardar tanto ressentimento por um mamífero aquático. E é: Ahab, cada vez mais, se mostra completamente louco. Após uma longa jornada e vários encontros com baleias do elenco de apoio, Ahab encontra Moby Dick, e começa a luta final.

O que há de tão grandioso nisso? Primeiro: Melville acrescentou à história tudo o que sabia e tudo o que pensava – histórias, técnicas para caçar baleias, contos de marinheiro, lições de biologia – tudo isso levado adiante pela perseguição da fantasia bizarra de Ahab. Melville também consegue ser muito engraçado, com um humor sarcástico e diferente. Mas o mais impressionante é que ele nos faz sentir que estamos participando da jornada, com os meses monótonos e intermináveis no mar; a companhia intensa e claustrofóbica dos marinheiros; o drama de combater um cachalote de dentro de um barquinho a remo – tudo isso parece real e inesquecível.

Mas o público da época atolou nos arroubos filosóficos e pôs o livro de lado, pensando: "Que raios aconteceu com Melville?". Alguns poucos críticos reconheceram sua genialidade, mas até mesmo a maior parte de seus admiradores achou que *Moby Dick* era melhor quando se atinha à história do que quando parava a ação para explorar o significado simbólico da brancura da baleia.

O romance seguinte, *Pierre, ou as Ambiguidades*, foi literalmente recebido com manchetes como: MELVILLE ENDOIDOU! Uma rápida olhada no livro nos leva a concluir que ele realmente estava doido – doido de imaginar que estava escrevendo um romance popular que lhe daria muito dinheiro, que foi o que ele declarou na época. *Pierre* é um melodrama no qual o herói nascido em berço de ouro abre mão do amor e do dinheiro para fazer um casamento falso com sua pobre meia-irmã em vez de desgraçar a família revelando o caso de seu pai. Boa notícia: a noiva que ele larga o perdoa e os três vivem juntos. Os problemas logo surgem: o herói escreve um romance para sustentar a todos mas o editor o rejeita (acredite). Isso dá a Melville motivo para reclamar sobre como as editoras são uma droga. No fim, todos os personagens se matam.

Até mesmo os familiares de Melville se perguntaram se ele havia perdido a razão e chamaram médicos para examiná-lo. Na verdade – mesmo que tenha conseguido escapar do hospício –, ele estava sofrendo de misantropia; evitava seus amigos literatos e perdia a calma facilmente. Foi nesse período que escreveu sua pequena obra-prima do desengano, "Bartleby, o Escriturário". Esse conto, com seu anti-herói que finge doença para fugir do dever, antecipa em cem anos a vida profissional em cubículos e deu ao mundo o grito de guerra dos passivo-agressivos: "Prefiro não fazer isso".

Porém, com seu romance seguinte, Melville continuou em declínio. *The Confidence Man* é uma estranha anti-história sobre um caloteiro que está descendo o rio Mississippi e interagindo com vários personagens, cada um deles com uma história para contar. John Updike chamou-o de "confuso e inerte", e o crítico R.W. Leavis disse que o romance "parece mais engordar e se complicar do que progredir".

Com isso, Melville oficialmente se aposentou da literatura. Com um emprego fixo na alfândega e algumas heranças que vieram bem a calhar, ele não teve mais de produzir romances mal recebidos. Escreveu uns poucos volumes de poesia, que foram publicados por sua conta, e continuou trabalhando em *Billy Budd* até o fim. Quando morreu, em 1891, era considerado um escritor da geração anterior. A reação do público à sua morte foi mais ou menos assim: "Sério? Ele ainda estava vivo?"

	Importância	Acessibilidade	Diversão
Typee, Oomo	4	9	7
Mardi	5	5	4
Whitejacket, Redburn	3	7	6
Moby Dick	10	4	8
Pierre	4	5	5
The Confidence Man	4	2	1
Billy Budd, Uma Narrativa Interna	8	5	6
Os Contos da Piazza (pequena coleção de contos, incluindo Bartleby)	8	5	7
Poesia	3	6	2

MARK TWAIN (SAMUEL LANGHORNE CLEMENS) (1835-1910)

Em sua época, Mark Twain era mundialmente famoso como humorista e orador. Era perspicaz, engraçado, progressista e adorava cutucar o *status quo*; uma espécie de Jon Stewart do século XIX, com um toque de caipirice norte-americana. Escreveu também vários livros, dos quais um é considerado muito bom.

Twain foi criado em Hannibal, no Missouri, cenário que ficcionalizou em seus dois romances mais populares, *Tom Sawyer* e *Huckleberry Finn*. Começou sua vida de trabalho aos 11 anos de idade, quando o pai morreu. (Os pais de Conrad e Melville também morreram quando eles tinham 11 anos. Embora isso talvez pareça uma coincidência trivial, nossos leitores de 11 anos que pensam seriamente em levar vida de escritor não devem confiar na sorte. Vocês já sabem o que têm de fazer.) Twain era piloto de uma embarcação fluvial quando estava com vinte e poucos anos e depois disso foi para o oeste, onde não conseguiu fazer fortuna minerando ouro. Começou a escrever para jornais na Califórnia, onde fez fortuna minerando a voz e o comportamento peculiares dos nativos. Suas composições curtas e divertidas lhe renderam reputação, viagens jornalísticas e uma carreira bem-sucedida como conferencista. Ele transformou suas viagens e experiências em livros populares como Os Inocentes no Estrangeiro, Roughing It [Levando a Vida] e A Vida no Mississippi, e então começou a escrever romances.

No começo, sua ficção é perspicaz e animada; no fim, é perspicaz e melancólica, mas quase todas são obras para crianças. O Príncipe e o Mendigo, Na Corte do Rei Artur, As Aventuras de Tom Sawyer – são todos aperitivos, mais aproveitados por crianças de 11 anos que ainda não conheceram o pecado (como você era antes de fazer aquilo que mencionamos há pouco). O lugar de Twain no cânone literário se baseia totalmente em As Aventuras de Huckleberry Finn. Sequência de Tom Sawyer, Huckleberry Finn é melhor por causa de sua seriedade moral e por retratar perfeitamente os Estados Unidos de antes da Guerra Civil. O dito de Hemingway é muito citado: "Toda a moderna literatura americana vem de Huckleberry Finn". É claro que isso não é verdade, mas Twain foi o primeiro grande escritor americano a se distanciar da tradição literária europeia e escrever com uma voz caracteristicamente americana.

Huck Finn, grosseiro mas de bom coração, filho do bêbado da cidade, foi adotado por uma família "de bem" no final de Tom Sawyer. No começo de Huckleberry Finn, ele é raptado por seu inepto pai por questões de dinheiro. Para escapar, ele simula a própria morte; enquanto está escondido em uma ilha próxima, encontra o escravo fugitivo Jim. Juntos, eles descem o Mississippi de canoa. Huck foi criado em uma sociedade que considera os escravos uma propriedade, de modo que ajudar um escravo a escapar é "roubo", ou seja, um pecado. Mas lentamente ele começa a reconhecer a humanidade de Jim. Huck decide que é mais importante ajudar Jim a conseguir a liberdade do que fazer o que é "certo". Essa percepção moral se constrói através de uma série de encontros variados, sendo que o mais memorável se dá com dois trapaceiros que fingem ser o Duque e o Rei e que se juntam a Huck e Jim na canoa.

Perto do fim, o romance se transforma num embaraço grotesco. Jim é capturado e mantido preso até que possa ser mandado de volta a seu dono. Tom Sawyer aparece na história, e ele e Huck fazem Jim passar por uma série de esquemas para escapar, todos humilhantes e sem razão, só para que Tom pudesse se divertir. Tudo se encaixa quando Tom revela que Jim já foi libertado; e Huck, que já aguentou quanto podia o lixo da civilização, decide ir para o oeste.

Já houve muito debate para determinar se esse livro e seu autor são racistas. Se você não gosta de ver a palavra "negrinho" impressa, esse livro não é para você. Além disso, apesar de sua nobreza, Jim tem um forte toque de "o bom negro com qualidades de homem branco". Mas é difícil não notar que Mark Twain estava fazendo tudo o que podia para combater a escravidão. Quando Huck decide que está disposto a ir ao inferno para conseguir a liberdade de Jim, é difícil não se emocionar, mesmo que Huck tenha tomado essa decisão porque viu Jim como "branco por dentro".

ATRÁS DE TODO GRANDE HOMEM

Mark Twain teve muitos problemas por causa de sua linguagem rudimentar, mas nunca teve problemas por causa de suas constantes dúvidas religiosas, que às vezes resultavam em um ateísmo impertinente. Isso porque ele tinha um censor no seu pé 24 horas por dia, na forma de sua amada esposa. É graças à influência dela que muitas de suas obras mais escandalosas, como *Cartas da Terra*, nunca foram terminadas em vida e as passagens mais raivosas sobre a estupidez sufocante do cristianismo do século XIX nunca vieram à luz. O próprio Twain era declaradamente grato a ela por guiá-lo, embora nos pareça que um pouco da irritação que Huck sente com as bem-intencionadas mulheres cristãs – que tentam civilizá-lo – tenha sido inspirada pela convivência cotidiana de Twain com sua esposa cristã.

	Importância	Acessibilidade	Diversão
A Vida no Mississippi	4	6	6
Roughing It	4	6	5
Os Inocentes no Estrangeiro	2	6	3
O Príncipe e o Mendigo	4	10	7
Na Corte do Rei Artur	4	10	7
As Aventuras de Tom Sawyer	5	10	5
Aventuras de Huckleberry Finn	9	9	8
Cartas da Terra	3	8	8

STEPHEN CRANE (1871-1900)

A obra de Stephen Crane é a contribuição mais importante dos Estados Unidos ao gênero do naturalismo (ver p. 300). Enquanto os outros americanos naturalistas, como Theodore Dreiser e Frank Norris, não passam agora de incentivos para que os doutorandos se transformem em alcoólatras, mesmo as pessoas que têm empregos de verdade ainda leem as obras de Crane com interesse e prazer. O motivo é que ele é incomparável como psicólogo. O motivo secundário é que seu estilo bruto – às vezes entusiástico e desajeitado – tem um carisma peculiar. Sua prosa soa como a de um Hemingway lutando para nascer, sendo abortado e, em seguida, sendo fotografado por um ativista pró-vida problemático.

O primeiro livro de Crane, *Maggie: Uma Garota das Ruas*, é um romance no estilo "seduzida e abandonada", ambientado entre moradores de rua. Foi escrito quando Crane era muito jovem e, para falar a verdade, ainda não havia aprendido a escrever bem. Uma sequência típica de diálogo acontece mais ou menos assim: "É, nóis guenta co's forgado da rua Row". Um exemplo das figuras de linguagem de Crane: "O garotinho correu para as escadas, guinchando como um macaco no meio de um terremoto". Aqui um personagem demonstra ternura e paixão:

Pete reparou em Maggie.
"Ei, Mag, não dá pra tirá os zoio do teu corpo. É gostos'dimais", comentou, de passagem, com um sorriso afável.

O enredo é encantadoramente rudimentar. Maggie é uma garota nascida em uma família violenta e alcoólatra em que toda noite é noite do abuso infantil. O pai bate na mãe; a mãe bate no pai; os dois batem nos filhos; e o irmão de Maggie, Jimmy, bate nela. Maggie, na rabeira da cadeia de espancamento, se encolhe de medo com suas roupas rotas. Sua história de amor se encaixa no padrão desse começo, e Crane rapidamente a tira de seu amante imundo e a leva em direção à prostituição e à morte.

Todos os personagens são estúpidos e embrutecidos. Não há esperança nem gentileza. A prosa não flui, mas sim abre caminho às cotoveladas. O que Crane tem a dizer não é bonito, e ele vira a linguagem do avesso para encontrar um modo feio de dizê-lo. Mas no final o efeito fica mais interessante do que seria se o livro fosse bem escrito.

Em suas obras posteriores, Crane refinou consideravelmente sua técnica. Esse estilo tardio observa atentamente as regras da boa prosa jornalística. Mas, quando ele tenta criar um efeito poético, este soa como uma interpolação sentimental feita por um bêbado de rua. Mais uma vez, porém, tais momentos nos satisfazem de uma maneira estranha. De algum modo, ele parece encarnar seus personagens menos educados e permitir que sua grosseria agite a calma superfície branca da página.

Seus contos, como "O Barco Aberto", que fala sobre um grupo de homens tentando sobreviver a um naufrágio, e "O Hotel Azul", que fala sobre um tiroteio em uma cidade do Velho Oeste, são estudos sociológicos brilhantes e concisos. Assim como seu clássico romance de guerra, *O Emblema Vermelho da Coragem*.

O Emblema Vermelho da Coragem acompanha o conflito interior de um garoto de fazenda durante sua primeira batalha na Guerra Civil Americana. O maior medo do protagonista é o de vir a descobrir que é um covarde. Crane nos dá um relato detalhado de seus vários encontros com o inimigo, enfocando seus pensamentos e sentimentos. Ali os soldados são crianças amedrontadas, incompetentes e desamparadas. Mesmo quando são corajosos, Crane deixa claro que isso é somente um reflexo sem sentido. Ainda assim, a experiência da batalha os transforma no que querem ser: "Homens de verdade". Crane não diz que isso é uma coisa boa, diz somente que isso faz os soldados felizes. É um raro exemplo de um romance de guerra que pode ser lido tanto por ovelhas quanto por lobos, e ambos o apreciarão igualmente. Isso serve também para as hienas: as descrições dos ferimentos, das mortes e dos cadáveres são explícitas e aterrorizantes.

Crane, que nunca lutou em guerra nenhuma, fez a pesquisa para seu romance viajando para a Virgínia para entrevistar veteranos da Guerra Civil. O livro é tão convincente que alguns críticos concluíram que ele era um homem muito mais velho e descreveu suas próprias experiências. Já os críticos mais críticos zombavam dele por sua falta de experiência de combate, então Crane se tornou um correspondente de guerra para provar que não era covarde – um típico exemplo da vida imitando a arte.

Crane era filho de um pastor metodista com a filha de um pastor metodista, mas se sentia mais à vontade em um bordel do que em uma igreja. Conheceu sua amante quando ela era a dona de um bordel da Flórida, o Hotel de Dream. Ele era pobre quando jovem – voltou da viagem de pesquisa pela Virgínia a pé, usando galochas de borracha porque seu único par de sapatos estava destruído. Ainda assim, acreditava muito em si mesmo, e um dos seus companheiros de quarto lembrava que Crane costumava escrever o próprio nome em qualquer pedaço de papel, preparando-se para o dia em que seria uma celebridade. O *Emblema Vermelho da Coragem* o transformou nessa celebridade, mas ele morreu pouco depois, com 28 anos de idade, vítima de nossa velha conhecida, a tuberculose.

	Importância	Acessibilidade	Diversão
Maggie: Uma Garota das Ruas	5	5	6
Contos	5	8	6
O Emblema Vermelho da Coragem	7	8	8

CAPÍTULO 11

BELO REALISMO: O NOVO ROMANCE

Todos os romances vitorianos são concordes em afirmar certas verdades agradáveis. O amor é um belo sentimento; as crianças são nossos bens mais preciosos; mesmo que a virtude não seja sempre recompensada aqui em nosso mundo, o vício definitivamente é punido. O que aqui chamo de "belo realismo" é a ficção dos ingleses em seu mundo cor-de-rosa. Geralmente os autores ressaltam que os conceitos morais da época são imperfeitos: não valorizamos suficientemente o amor e as crianças. Mas estamos com sorte! O autor tem conceitos melhores na manga, todos prontinhos! Quando o mundo os compreender, será um lugar muito melhor.

Aqui encontramos dois esquemas principais de enredo: casamento e dinheiro. Uma vez que uma autora belo-realista coloca esses esquemas para funcionar, ela pode relaxar e deixar que o romance se escreva sozinho. No enredo mais comum, uma garota pobre arranja um marido rico — esse enredo ainda é tão adorado que, se todos os outros enredos desaparecessem, algumas pessoas nem perceberiam. Quando os personagens já resolveram seus problemas de dinheiro e se casaram, o romance acaba. É como se o romance fosse um jogo de tabuleiro que os personagens estão jogando e no qual todos aqueles que não têm dinheiro morrem antes do fim do livro. Qualquer personagem feminina de vinte e poucos anos precisa de dinheiro e de um marido. Senão, ela se transforma em um elemento esquecido do enredo, e ninguém gosta de ser um elemento esquecido do enredo em um romance realista. Os personagens que desafiam a moralidade do autor também estão por um fio. O belo realismo apresenta-se a si mesmo como a literatura da sanidade e da sabedoria simples. Assim, os adolescentes geralmente repelem esses romances, enquanto os adultos sempre lhes empurram esses livros. Gerações de educadores fizeram com que os jovens perdessem o interesse pela leitura mandando-lhes ler Charles Dickens, a contribuição dos departamentos universitários de Inglês aos programas que promovem a abstinência de álcool. A melhor época para ler esse tipo de romance é na meia-idade, de preferência quando se está doente, de cama por causa do estresse causado pela realidade muito real da vida.

Como hoje em dia passamos a maior parte da nossa vida nesse estado, o belo realismo se tornou o paradigma dos romances. Não há diferenças formais importantes entre George Eliot, Jonathan Franzen e Maeve Binchy. É claro que, durante décadas, os escritores – um clã de pessoas falidas, imorais e divorciadas – tentaram escapar dessa fórmula. Inventaram o modernismo, mas o público só conseguiu aceitar umas poucas obras modernistas antes de elas ultrapassarem um certo limiar de dificuldade de leitura. Então os escritores tentaram retornar ao romance do século XVIII, chamando-o de "pós-modernismo" para fazer com que soasse novo e atual. Tentaram escrever livros do ponto de vista dos cães, livros que podem ser lidos em qualquer ordem, livros que não podem ser lidos e livros com forma de cães – qualquer coisa menos belo realismo. O resultado de todo esse esforço colossal são Jonathan Franzen e Maeve Binchy. É mais ou menos como as tentativas de fuga de *O Prisioneiro*: não importa quanto o esquema seja elaborado, ele sempre acorda na vila novamente. Pode-se começar a suspeitar de que os leitores realmente acreditam que os escritores são legais e merecem encontrar o amor verdadeiro, casando-se com um conde.

JANE AUSTEN (1775-1817)

A prosa de Jane Austen tem o decoro ideal do século XVIII. É convencional demais para o lirismo, mas eleva a inteligência a ponto de transformá-la em beleza. A prosa perfeita que Gibbon usou para o declínio e queda do Império Romano é usada por Austen para o declínio e queda da vaidade de uma garota provinciana. Seu humor nos passa a impressão de ser um subproduto de sua limpidez – as piadas são tão bem integradas no padrão perfeito que só reparamos que Austen as fez depois que já estamos rindo. Ela faz o uso mais elegante possível do humor inexpressivo.

O principal a se saber sobre os romances de Jane Austen é que eles são literatura escapista. Você não precisa ser esperto para gostar de Jane Austen, nem ser muito atento, nem se preparar para fazer um exercício mental. Tudo de que você precisa são olhos. Se você deixar o livro no chão, quando voltar para casa o gato estará lendo. O público entendeu isso há muito tempo, e a moderna "indústria Austen" está espalhando uma pilha de livros, biografias, filmes e séries *spin-off*. Sendo assim, você deve estar pensando que não é possível ter sobrado alguém que ainda não tenha sido apresentado às obras dela. Mas uma grande parcela da população ficou completamente de fora: os homens.

A combinação de seu gosto pelas boas maneiras, sua obsessão pelo casamento, pelo sexo de suas protagonistas e pelo seu próprio sexo fez com que muitas gerações de homens heterossexuais sentissem que ler Jane Austen seria equivalente a vestir roupas de mulher em casa. Não queremos forçar a barra, mas os leitores homens deveriam reconsiderar essa ideia. Em Jane Austen, não encontramos muitos dos elementos que fazem com que as comédias românticas sejam insuportáveis para os homens. Mesmo sendo histórias de amor, Austen tende a pular a parte das confissões de amor e também a dos casamentos, dos sentimentos e dos beijos. Ela usa o enredo de casamento como um simples suporte para um milhão de comentários sarcásticos. Na verdade, os livros são mais como situações de comédia da vida diária, ambientadas no século XVIII, em que a situação exige que se "consiga casar as filhas".

Orgulho e Preconceito é o livro mais engraçado. Tem também a melhor história de amor e o menor falatório. Os personagens principais, Elizabeth Bennet e Mr. Darcy, são um exemplo clássico do casal que expressa sua tensão sexual através de brigas. O pai da heroína, que vive para ridicularizar as pessoas, é exatamente o que um romance de Austen precisa para passar do engraçado ao hilário.

Emma talvez seja um romance mais compacto, mas com premissas falhas e sem nenhum personagem que vive para ridicularizar aos outros. As premissas: Emma está sempre tentando casar todas as garotas que conhece, mas nunca pensa em homens para si mesma, até que repentinamente se dá conta de que está apaixonada. Sua paixão secreta se dirige a um amigo da família com o dobro de sua idade, a quem ela vê quase todos os dias desde que era criança. Austen se safa dessa – por pouco – por nunca nos fazer pensar na imagem do noivo brincando de cavalinho com a bebê Emma sentada em seus joelhos. Além disso, em alguns momentos Emma dá sinais de que está se transformando em um personagem que vive para ridicularizar os outros.

O resto dos romances serve, principalmente, para você se consolar por ter terminado *Orgulho e Preconceito*. Ou são muito batidos ou não têm conteúdo. A escrita é igualmente bela, mas a ausência de um personagem que vive para ridicularizar as pessoas parece um desperdício. Aqui está a melhor ordem para lê-los depois que você tiver terminado de ler *Orgulho e Preconceito* pela primeira, segunda e terceira vez: *Emma, Persuasão, Razão e Sensibilidade, Mansfield Park, A Abadia de Northanger*.

Para terminar: existe um debate para saber se Jane Austen é superestimada (e se, na verdade, suas obras são só livrinhos para mocinhas) ou subestimada (e se ela é uma grande autora menosprezada por causa de seus temas femininos). A minha opinião? Todos os livrinhos para mocinhas são subestimados e todos os grandes autores são superestimados. O tomate é um fruto ou um legume? Moral da história: nada que é bom pode ser ruim.

	Importância	Acessibilidade	Diversão
Orgulho e Preconceito	10	10	10
Emma	9	10	9
Persuasão	6	10	8
Razão e Sensibilidade	6	10	7
Mansfield Park	6	8	6
A Abadia de Northanger	5	9	6

AS BRONTË

Assim como Jane Austen, Charlotte (1816–1855), Emily (1818–1848) e Anne (1820–1849) Brontë eram filhas de um clérigo, solteironas, isoladas da sociedade e pobres. Ao contrário de Jane Austen, isso as transformou em pessoas muito raivosas. A casa das Brontë era uma pequena biosfera de infelicidade literária.

As irmãs cresceram com o irmão Branwell em uma casa paroquial em Haworth, uma vila isolada de Yorkshire. Duas irmãs mais velhas morreram depois de passarem um tempo em um horrível internato. A mãe também morreu jovem. (Morrer jovem era uma das especialidades das Brontë.) Sendo a única família de classe média de Haworth, as Brontë não tinham amigos. Nenhum amigo. Ninguém as visitava, não passavam temporadas em Londres, ficavam só entre elas o tempo todo.

Em seu isolamento, as crianças Brontë criavam mundos complexos de faz de conta, originalmente baseados nas peças representadas pelos soldadinhos de brinquedo de Branwell. Charlotte e Branwell inventaram um país da África chamado Angria, povoado por uma família real de exilados ingleses. Como esse país pertencia aos soldadinhos de brinquedo, os livros eram escritos em uma letra minúscula, legível somente com o auxílio de uma lupa. Os angrianos tinham nomes como Duque de Zamorna e Albion; viviam na cidade de Verdópolis e não conseguiam ficar muito tempo sem se expressar em rimas e versos. Um exemplo de frase dos angrianos: "Oh, abomino agora, com toda minha alma, cada traço de beleza que pareça etéreo demais para a humanidade; cada tom na cor de uma face, cada raio da luz de um olhar, que tenha muito de celestial e pouco de terrestre". Charlotte e Branwell trabalharam nas crônicas de Angria até estarem com vinte e poucos anos; e acabaram por preencher 23 volumes. Emily e Anne tinham um país de faz de conta separado, chamado de Terra de Gondal, mas as crônicas da Terra de Gondal foram destruídas. (Possivelmente por agentes angrianos, mas não temos nenhuma prova.)

Até mesmo os mais otimistas adivinhariam que essas crianças não prosperariam no mundo exterior.

Todas as três irmãs tentaram ser professoras e/ou preceptoras para aumentar a escassa renda da família. Todas elas odiavam cada emprego que encontravam e corriam de volta para casa. Emily era tão tímida que nunca chegou a conhecer ninguém que não fosse de sua família mais próxima; e até mesmo para Anne, a mais normal das Brontë, a vida entre os não Brontë era dolorosa. Enquanto isso, Branwell havia começado a se embebedar e a usar láudano; suas várias tentativas de trabalhar foram pelo ralo, e ele também voltou para casa para se desmanchar na solidão angriana.

Antes disso, Charlotte enviou alguns dos seus poemas para Robert Southey (lembra dele?) e recebeu a famosa resposta: "A literatura não pode e não deve ser o meio de vida de uma mulher. Quanto mais a mulher estiver dedicada aos deveres que lhe são próprios, menos tempo livre terá para isso". Desconsiderando esse sábio conselho, as Brontë logo publicaram uma coletânea de poesias às suas próprias custas. Foi escrita por todas as três irmãs, usando os nomes de Currer, Ellis e Acton Bell. O livro vendeu dois exemplares. Ainda assim, elas perseveraram e todas escreveram romances. Estes fizeram um "pouquinho" mais de sucesso. *Jane Eyre*, que foi publicado primeiro, foi um *best-seller* imediato e agradou a crítica. *O Morro dos Ventos Uivantes*, apesar de terem-no chamado de menos refinado, também vendeu muitíssimo.

Agora o cenário estava montado para os Brontë começarem a morrer. Branwell se foi primeiro, por causa do alcoolismo e das drogas; Emily bateu as botas de tuberculose, três meses depois. Anne durou mais seis meses, antes que a tuberculose também a levasse.

E então sobrou uma. Cinco anos se passaram. Charlotte publicou mais dois romances: *Shirley* e *Villette*. Parecia que a tuberculose a havia esquecido. Perdendo todo o autocontrole, ela se casou e ficou grávida. Ao pressentir a iminência de um final feliz, a tuberculose voltou a atacar. Com 38 anos (o equivalente a 96, em anos brontëanos), Charlotte morreu, junto com seu filho que ainda não havia nascido.

Charlotte Brontë

Dos romances de Charlotte, *Jane Eyre* é o mais popular. *Villette*, o último, é geralmente considerado sua obra-prima. Ambos são narrativas em primeira pessoa, feitas do ponto de vista de uma preceptora. É como se fossem contados por uma Charlotte com mais sorte no amor.

O romance intermediário, *Shirley*, é uma produção descuidada sobre o ludismo e a "questão feminina". Para Brontë, a "questão feminina" se resolve completamente com a "solução do casamento". Para resumir, o romance intermediário se parece com um filho do meio: sem rumo, esforçado, mas que nunca consegue brilhar tanto quanto os outros.

Jane Eyre é um híbrido estranho: um *bildungsroman* recheado com um toque de romance gótico. A heroína epônima é órfã, criada pela família da tia. Essa família a trata mal, sem compreender que em um romance o personagem epônimo está sempre com a razão. Quando Jane se rebela, é mandada embora para um terrível internato, onde continua a ser tratada como lixo por pessoas insignificantes que nunca terão um livro com seu nome na capa.

Com o tempo, quando já tem idade suficiente, ela se candidata a um emprego como preceptora. Ela sairá desse horrível *bildungsroman*, no qual é alimentada com gororoba! Mas mal se dá conta de que agora está entrando em um romance gótico.

É claro que o romance gótico é ambientado em uma mansão semideserta. O nome da mansão, Thornfield Hall [Mansão do Campo de Espinheiros], deveria alertá-la de que o novo emprego não será um mar de rosas. Ou será, mas só com os espinhos e sem as flores. De começo, ela fica sozinha com a pequena Adele, a menina que está sob a guarda de Rochester, o dono ausente de Thornfield. Logo Rochester em pessoa chega em casa. Ele é misterioso, desagradável e byroniano. Qualquer um poderia adivinhar que ele vai fazer sexo com a personagem epônima.

Durante um tempo, a autora cria obstáculos artificiais para mantê-los separados. Pularemos essa parte e os encontraremos novamente no Capítulo 26, quando estão na igreja, prestes a se casarem. "Se alguém souber de algum impedimento para essa união, que fale agora ou se cale para sempre." Como era de esperar, um homem ao fundo anuncia que Rochester já é casado. Pego no flagra! Todos marcham de volta para Thornfield e sobem até o sótão, onde Rochester escondeu a esposa.

"O que era, se animal ou humana, não se poderia dizer à primeira vista: ela grunhia e engatinhava como um estranho animal selvagem; mas estava vestida, e uma grande quantidade de cabelo escuro e grisalho, rebelde como uma juba, cobria sua cabeça e sua face." A Senhora Rochester é louca! Ela sempre ataca Rochester e tenta matá-lo! E mais, diz Rochester para Jane, ela é vagabunda e estúpida; mesmo antes de ficar louca, os dois nunca haviam conversado decentemente. Em resumo, ela é como qualquer outra esposa, se você escutar o que os caras casados falam quando estão tentando levar alguma garota para a cama.

Isso não funciona com Jane mais do que funcionaria na noite de quinta-feira naquele barzinho. Ela foge durante a noite, voltando para o *bildungsroman* que ainda está acontecendo do lado de fora.

Ainda há um longo caminho a percorrer antes de chegarmos às famosas palavras "Leitor, eu me casei com ele", mas deixaremos a parte final para o leitor. Pode ficar tranquilo, que coisas boas o aguardam ali.

> ## ESPERE, O QUE É UM ROMANCE GÓTICO, E POR QUE ELE É GÓTICO?
>
> A ficção gótica é muito variada e vai desde *O Estranho Caso do Doutor Jekyll e do Senhor Hyde* até Faulkner. Os elementos sobrenaturais ajudam, mas não são necessários; uma mansão semiabandonada é preferível, mas não essencial. A característica principal é a presença de um mal oculto, que assombra e ameaça a vida, a alma e a sanidade dos heróis.
>
> Os romancistas góticos gostam de fazer mistério sobre esse mal. Fica implícito que ele é algo tão perverso e aterrorizante que não pode ser descrito em palavras. Por exemplo: em *Frankenstein*, as pessoas gritam e correm quando veem o monstro, mas sua feiura nunca é claramente especificada. Somos forçados a imaginar que há ali um horror arrepiante, que ultrapassa o poder da descrição. Outra manobra é dar a um personagem um passado sombrio, cheio de incontáveis atos sexuais – malignamente sexuais – que corroem toda uma família junto com suas posses. O importante é mostrar as pessoas reagindo de maneira histérica e desmedida a um elemento X obscuro.
>
> Esse tipo de romance é chamado "gótico" em analogia à arquitetura gótica revivalista, particularmente o tipo de mansão habitada por Horace Walpole, que escreveu o primeiro reconhecidamente romance gótico O *Castelo de Otranto*. Como, exatamente, a palavra "gótico" passou a ser associada ao seu romance, nós não sabemos.

Mas espere – há mais um romance.

Ainda não falamos sobre *Villette,* um livro no qual Charlotte Brontë volta ao *bildungsroman,* mas permite que este se transforme em um romance realista em vez de um romance gótico. A heroína, Lucy Snowe, tem a personalidade sem graça e invisível. Ela é comum, não gosta das pessoas, não tem charme nem talento e é patologicamente introvertida e deprimida. Mas ainda assim gostamos dela, porque o leitor médio de Charlotte Brontë já teve pelo menos um ano em que se sentiu desse modo. Assim como Jane Eyre, Lucy é jogada de um canto para o outro até que, cansada dessa porcaria de *bildungsroman*, foge para a Bélgica. Por ser a Bélgica, pode-se imaginar que não haverá muito drama.

Ela consegue um emprego em uma escola e aí a diversão realmente para. É o relato da vida diária de uma garota comum e pobre. Um homem alto e bonito aparece – e usa o ombro de Lucy para chorar enquanto corre atrás de garotas bonitas. Ela não tem charme suficiente nem sequer para ter amigos de verdade, e tem que se contentar com uma estudante que a chama de "velha senhora" para demonstrar seu afeto. Para terminar, um pomposo católico fanático é atraído por ela, mas no momento em que ele aparece em cena, qualquer interesse, de qualquer pessoa, soa como amor.

Aqui a virtude é recompensada, mas de modo tão parcimonioso que chega a parecer um insulto. Mas mesmo essa recompensa foi mil vezes melhor que a vida real de Charlotte.

	Importância	Acessibilidade	Diversão
Jane Eyre	10	7	8
Shirley	3	5	5
Villette	8	7	7

Emily Brontë

O Morro dos Ventos Uivantes é o protótipo do gótico realista. É o primo ilustre de Faulkner, Flannery O'Connor e todo o seu gênero maligno e sangrento. Nele vemos de imediato que os góticos do século XX serão muito diferentes de *Frankenstein*: Emily fica do lado dos monstros. A monstruosidade destes é uma estranha superioridade; sua profanidade é um egoísmo sagrado. Cercados por criaturas estúpidas que ficam indignadas com eles ou os adoram, eles as tratam com crueldade irrefletida, porque os inferiores simplesmente não significam nada para eles. Para resumir, eles são adolescentes. Isso faz com que a melhor idade para se ler *O Morro dos Ventos Uivantes* pela primeira vez seja aos 16 anos.

O enredo é mais ou menos assim: Mr. Earnshaw, dono de terras num canto desolado de Yorkshire, volta para casa certo dia com um garoto pobre e faminto que encontrou nas ruas. O garoto, Heathcliff, se torna seu filho favorito, e Earnshaw começa a deixar seus próprios filhos – Hindley e Cathy – de lado. Hindley odeia Heathcliff por isso. Já Cathy se apega ao grosseiro recém-chegado. Eles tornam-se inseparáveis e, conforme vão crescendo, em seu relacionamento não há somente algo de sexual, mas também algo de muito incestuoso. Isso realmente nos faz conjecturar sobre o que acontecia às ocultas na casa dos Brontë.

Quando Earnshaw morre, Hindley usa toda sua energia para degradar Heathcliff. Tratado como um serviçal, rapidamente Heathcliff se torna brutal. Ele é, nas palavras de Cathy, como "uma região selvagem e árida, de tojo e pedras". Ela põe um pé no mundo da classe média de Yorkshire, mas só é realmente leal a Heathcliff e às charnecas longínquas e tempestuosas.

Então ela conhece a família nobre local, os Linton, com sua bela casa, cheia de candelabros e roupas chiques. Cathy, que é egoísta e carnal, imediatamente se apega àqueles candelabros. Os Linton também têm um filho – o frufruzinho Edgar – que tem exatamente a idade dela. Qualquer um consegue ver que ela vai se casar com Edgar e arruinar a vida de todos.

Emily Brontë enterra sua história sob um emaranhado de subtramas. O narrador não tem nada a ver com a história; é apenas o inquilino de um dos personagens. Quem lhe conta a maior parte da história é a pessoa que cuidava da casa antigamente, cujo conhecimento do caso se limita a alguns momentos reveladores. O enredo principal desaparece sob uma pilha de personagens secundários, cujo único papel é o de ser esmagado pelos monstros. Mas nada disso é sem propósito: o estilo gótico clássico usa o obscurecimento da história para mistificá-la. Será que Heathcliff era na verdade um filho ilegítimo de Earnshaw, sendo assim irmão de Cathy? Será que ele e Cathy chegaram a consumar sua paixão? O que os monstros fazem com suas vítimas, longe dos olhares das pessoas? Os segredos obscuros transformam um conto prosaico sobre duas famílias problemáticas em um horror inominável – mesmo que às vezes seja infinitamente confuso.

	Importância	Acessibilidade	Diversão
O Morro dos Ventos Uivantes	10	8	9

ANNE – TAMBÉM CONHECIDA COMO "A OUTRA" BRONTË

Anne era a irmã bonitinha. Infelizmente, essa é sua maior contribuição para a história das Brontë. Seus romances, *A Inquilina de Wildfell Hall* e *Agnes Grey*, são lidos pela mesma razão que as crônicas de Angria são lidas, e geralmente pelas mesmas pessoas.

Já que estamos dispensando Anne, deveríamos mencionar que as Brontë também escreviam poesia. Para os admiradores ferrenhos de *O Morro dos Ventos Uivantes*, ainda vale a pena ler a poesia de Emily; ela tem a mesma melancolia e charme dos romances. O resto dos poemas, junto com os romances de Anne, devem ser mantidos na mais empoeirada de suas prateleiras, ao lado das obras de Robert Southey.

CHARLES DICKENS (1812-1870)

A infância de Dickens foi notoriamente infeliz, marcada por um episódio em que seus pais falidos o tiraram da escola e o mandaram trabalhar em uma fábrica de graxa. Sua vida adulta, no entanto, foi um sucesso avassalador. Desde os vinte e poucos anos, ele foi *o* romancista inglês, uma figura pública admirada por políticos e aristocratas. Todos os escritores britânicos da época imitavam e invejavam Dickens.

Ele foi também o primeiro autor a vender sua imagem como celebridade. Como era um ator amador entusiástico, inaugurou o costume dos escritores de fazer leituras de suas obras. Isso lhe rendeu enormes cachês de comparecimento, os quais usou para bancar sua grande família (dez filhos) e seu amargo divórcio. Esse divórcio, aliás, foi a única mancha em sua vida alegre e inocente, e parece ter proporcionado a Dickens, como pessoa, uma personalidade mais melancólica. Já como romancista, Dickens continuou exatamente o mesmo. Do começo ao fim, Dickens foi o mais belo dos belos realistas.

Seus heróis, e especialmente suas heroínas, são criaturas puras e tediosas. Só querem o bem e se sentem culpados se deixarem cair o chapéu, mesmo que este não sofra um arranhão sequer na queda. Muitos são crianças inocentes, tratadas brutalmente por uma longa série de adultos sem coração. Para extorquir nossa simpatia por esses pobres garotos, Dickens força a barra sem misericórdia, mas nem sempre consegue. Esta foi a observação de Oscar Wilde sobre a pequena Nell em *A Velha Loja de Curiosidades*: "É necessário ter um coração de pedra para ler a morte de Nell sem gargalhar".

Esses tolos anódinos são cercados pelos personagens de que todos se recordam: um bando de caricaturas de todos os níveis da sociedade. Na melhor das hipóteses, esses personagens são bidimensionais. Eles servem para nos mostrar um ponto de vista; depois que o mostram, tornam a mostrá-lo a cada cena. Às vezes isso se transforma num humor de frases feitas. Não há uma passagem com o otimista fracassado Micawber, de *Grandes Esperanças*, em que ele não diga "Algo de bom há de aparecer!". O esquisito bajulador Uriah Heep refere-se compulsivamente a si mesmo como "humirde". Mas Dickens usa engenhosamente essas vozes como parte da sinfonia do enredo; só lhes falta refinamento quando são consideradas isoladamente. Rebaixar suas obras por esse motivo (por mais tentador que possa ser) seria como rebaixar uma sinfonia porque a tuba toca as mesmas duas notas repetidamente.

Outra objeção feita com mais frequência é a de que os enredos de Dickens não são plausíveis. Se uma personagem sai de casa e se dirige a qualquer lugar – a padaria, digamos –, ela sempre acaba encontrando o personagem que vai criar a situação mais engraçada para nós. Não importa se, na última vez em que vimos o tal personagem, ele estava no Peru. Não importa se, na última vez em que o vimos, ele estava sendo enterrado. Nada importa, a não ser quanto será engraçado os dois se encontrarem. Deve-se ter em mente que originariamente esses romances eram publicados em capítulos, o que dava aos leitores a oportunidade de descansarem e voltarem mais revigorados, prontos para acreditar mais um pouco no impossível.

Dickens era um defensor ferrenho dos pobres, e seus romances são obras-primas da propaganda política. Todos incluem alguma apresentação simples e atraente da pobreza. Um estilo de personagem recorrente de Dickens é a pessoa bondosa que perde a razão por causa das dificuldades; então, pessoas influentes e maliciosas zombam de seus resmungos patéticos. Essas cenas são tão sutis e eficazes quanto uma clava. Deve-se dizer que Dickens ajudou a criar o consenso do século XX de que os pobres merecem a ajuda da sociedade. (Isso pode ser motivo de riso agora. Mas juro que, antigamente, as pessoas realmente acreditavam nisso.)

Aqui estão os romances mais famosos de Dickens:

Oliver Twist

Oliver nasce no asilo dos pobres. Sua mãe morre no ato de dar à luz, deixando-o para ser explorado por um vilão atrás do outro. Ele chega até a viver entre ladrões, mas logo é resgatado por um rico de bom coração – que mais tarde descobrimos ser um membro de sua família desconhecida. Esse livro foi popularizado pelo musical baseado nele, não por sua qualidade. Ele nunca deixa de ser enjoativo. É como comer marshmallows com calda de açúcar e, depois, tomar uma boa colherada de xarope para tosse.

Na história encontramos Fagin, líder de um grupo de batedores de carteiras e uma das representações mais antissemitas da literatura mundial. O filme de David Lean, de 1949, baseado no livro, causou uma rebelião dos judeus na Berlim do pós-guerra. (É claro que esses judeus deviam estar um pouco sensíveis demais na época.)

A Casa Soturna

Esse livro é uma extensa crítica ao sistema jurídico centrada num processo legal interminável, Jarndyce e Jarndyce. Os advogados são sanguessugas, não se meta com eles. Talvez você já soubesse disso.

Como muitos romances de Dickens, esse é mais famoso por causa de seus personagens secundários, principalmente Harold Skimpole, uma paródia do poeta radical Leigh Hunt. Skimpole é pomposo demais para se interessar por assuntos financeiros; é como uma criança nesses assuntos, ele diz. Enquanto isso, outras pessoas pagam as dívidas dele. Esse foi o comentário irônico e mordaz de Dickens sobre escritores que não ganhavam tanto quanto ele.

Um Conto de Duas Cidades

Um melodrama ambientado durante a Revolução Francesa. Normalmente Dickens ama os pobres, mas, se eles começarem uma revolução, o encanto se desfaz. Aqui, as questões morais são preto carvão no branco neve. Geralmente esse romance é de leitura obrigatória nas escolas, provavelmente para desencorajar as crianças a fazerem revoluções sangrentas. O livro tem uma das aberturas mais famosas da literatura: "Esse foi o melhor dos tempos, o pior dos tempos. Foi a época da sabedoria, a época da loucura. Foi a época da crença, a época da incredulidade" – você pode reparar que tudo isso não tem sentido algum.

No fim, o advogado dissoluto Sydney Carton – cujo sarcasmo é nosso único alívio durante o livro – vai à guilhotina voluntariamente no lugar do purinho Charles Darnay. Enquanto caminha para a morte, Sydney diz: "O que faço hoje é muito melhor do que qualquer coisa que já tenha feito em toda a minha vida". Trata-se de uma frase ótima para se dizer sempre que você fizer um favor para alguém.

David Copperfield

Um romance semiautobiográfico sobre um menino inocente que é perseguido por todos. Ele então cresce, se casa com a garota errada e, quando a garota errada morre, ele se casa com a garota certa. Na vida real, Dickens só conseguiu a errada, que ao contrário de sua versão fictícia, não foi gentil o suficiente para morrer jovem.

A primeira metade de *David Copperfield* inclui parte dos escritos mais maduros e inteligentes de Dickens, principalmente sobre a natureza da memória. Tem também alguns dos seus melhores personagens cômicos. Betsey Trotwood, que odeia os homens, mostra, de maneira convincente e tocante, que tem um coração de ouro. O louco Mr. Dick, obcecado pela cabeça de Carlos I, é um dos dispositivos de humor de mais sucesso na história da literatura. O mais amado é Micawber, o pobre e incauto otimista, que foi baseado no próprio pai de Dickens. No final, Micawber vai para a Austrália e faz fortuna. Na vida real, Dickens pai passou seus últimos anos vivendo por conta de seu filho famoso.

Grandes Esperanças

O pobre e abusado garoto Pip cresce apaixonado por Estella, protegida da velha amargurada Miss Havisham. Abandonada no dia do casamento, Miss Havisham, que ainda usa seu vestido branco, trama vinganças contra os homens usando a beleza de Estella como sua arma secreta. Como Pip é um homem, o jogo começa. (Nesse livro, Dickens deflagra como uma bomba sua roda de acontecimentos implausíveis.)

Então, um misterioso benfeitor começa a dar uma renda para Pip, com o objetivo de transformá-lo em um cavalheiro. Pip é mais interessante do que a maioria dos heróis de Dickens – seu novo *status* o transforma em um esnobe, e seu amor por Estella é apresentado como uma doença. Assim, realmente nos importamos com o que acontece com ele. Por outro lado, também é aqui que Dickens joga fora todo e qualquer vestígio de credibilidade. A história é inteiramente construída a partir de acontecimentos ridículos, sem um único caso de algo que poderia realmente acontecer.

Um Conto de Natal

Você provavelmente conhece o enredo de *Um Conto de Natal*. Se não conhece, você é uma joia rara que deve ser mantida no estado em que se encontra.

	Importância	Acessibilidade	Diversão
As Aventuras do Sr. Pickwick	5	5	6
Oliver Twist	4	7	4
Assim são Dombey e Filho	5	7	7
David Copperfield	8	7	8
A Casa Soturna	8	7	7
Tempos Difíceis	5	8	6
A Pequena Dorrit	6	7	6
Um Conto de Duas Cidades	5	7	4
Grandes Esperanças	8	8	8

(Nota: Mesmo que nenhum dos romances de Dickens ganhe mais do que 8 no quesito Importância, o fato de você ter lido pelo menos um deles definitivamente merece um 10.)

WILLIAM MAKEPEACE THACKERAY (1811–1863)

No que nos diz respeito, Thackeray é sinônimo de *A Feira das Vaidades*, um livro belo-realista com um detalhe revolucionário: uma anti-heroína. Thackeray construiu sua personagem, Becky Sharp, para ser uma sociopata que não sente remorso, mas lhe deu todas as virtudes que uma sociopata poderia ter: alegria, senso de humor, autoconhecimento, autoconfiança, inteligência, coragem e ousadia. Ela é capaz de cometer homicídio, mas também é capaz de fazer tudo o mais. Mesmo no século XIX, as pessoas adoravam Becky Sharp.

Thackeray tenta pôr Becky para baixo, mas não consegue: mesmo no fundo do poço, vivendo em meio à pobreza da Alemanha, ela se diverte muito. Logo ela dá a volta por cima, seduz o irmão gordo e estúpido de Amélia e, quando a história termina, ela é rica e respeitável novamente. "Ela tem seus inimigos. Quem não os tem? A vida dela é sua resposta para eles... Ela vai à igreja, e sempre com um lacaio... A pobre vendedora de laranjas, a lavadeira abandonada, o padeiro angustiado encontram nela uma amiga fiel e generosa." E de algum modo, apesar do lacaio insignificante, acreditamos na bondade de Becky para com esses pobres explorados.

Os outros romances de Thackeray têm seus méritos, mas simplesmente não conseguiram escalar para o topo do seu gênero. Ainda assim faremos um apelo especial em favor de um romance antigo e pitoresco: *Barry Lyndon*, no qual um rufião, que é a versão masculina de Becky Sharp, conta sua própria história.

	Importância	Acessibilidade	Diversão
A Feira das Vaidades	9	7	9
Barry Lyndon	3	6	9

GEORGE ELIOT (MARY ANN EVANS) (1819-1880)

George Eliot foi a primeira escritora a conseguir combinar o belo realismo com a realidade. Seus personagens não são caricaturas; nenhum dos acontecimentos é inverossímil; nenhum de seus sentimentos é falso. Suas obras são "legais", como dizemos, porque ela se interessa principalmente pela vida privada de pessoas éticas e compassivas. Você não conseguiria o papel principal em seus romances se ela não gostasse de você.

O principal defeito de seus personagens secundários é sua incrível estupidez. Eles são gananciosos, invejosos e lamurientos, mas sua estupidez supera tudo isso. Uma das técnicas favoritas dela é descrever os efeitos da fofoca, semelhantes aos causados pela brincadeira do telefone sem fio: tudo começa com um mal-entendido e termina com uma fantasia maliciosa. Quando atinge esse ponto, a fofoca se transforma em certeza e arruína a vida de alguém.

Os melhores romances de Eliot são tão complexos e cheios de enredo quanto os de Dickens. Aqui está uma linha de enredo típica (de *Meados de Março*): uma jovem herdeira, Dorothea Brooke, deseja fazer o bem para o mundo. Assim, casa-se com Edward Casaubon, que é muito mais velho do que ela, porque acredita que pode ajudá-lo com seu trabalho acadêmico. Todos, menos Dorothea, percebem que Casaubon é um velho tedioso, pedante e medíocre. Mesmo sendo dotada de inteligência acadêmica, Dorothea é ofuscada pelo próprio idealismo. Logo Casaubon dá um banho de água fria nesse idealismo e em qualquer outra fagulha de felicidade que exista na vida dela. E, além disso, ela começa a perceber que a pesquisa dele não está dando resultado. Além de ser um velho medíocre e pedante, ele é incompetente. E, para completar, seu nome parece um erro de tipografia. Ela então encontra seu atraente e charmoso primo Will...

Esse é somente um de uma dezena de enredos interligados, sendo que cada um deles poderia gerar um livro de trezentas páginas. Levando isso em consideração, com pouco menos de novecentas páginas, o livro é milagrosamente conciso.

Seus outros romances são muito mais simples, mas não muito mais curtos. Isso faz com que *Daniel Deronda* fique cansativo, com suas oitocentas páginas, muitas das quais se perdem em digressões sobre a religião judaica. (Com tantos assuntos possíveis! É de se pensar que ela poderia ter evitado esse!) *O Moinho à Beira do Rio* usa bem sua simplicidade (seiscentas páginas), mas *Silas Marner* chega a ser enjoativo, e *Adam Bede* só pode ser lido se você estiver em um albergue na Tailândia, a quilômetros de distância da livraria mais próxima, e esse for o único livro esquecido ali pelos viajantes anteriores e que não esteja em alemão. (E não quero dizer "em situações semelhantes". Essa é literalmente a única situação em que podemos garantir que você adoraria o livro. E diga a Bhichai que eu mandei um oi.)

P.S.: ELIOT

Dentre os romancistas de sua época, os críticos consideravam Eliot um gênio. Ela gosta de fazer uma pausa para a filosofia, e seus romances são cheios de frases significativas, que pedem para ser postadas em um blog como "frase do dia". Aqui estão algumas, tiradas de um blog de pensamentos diários. Deguste a sabedoria!

"Nenhum mal nos condena sem volta, a não ser o mal que amamos, no qual desejamos continuar e do qual não fazemos esforço para escapar."

"Isto é o que um homem geralmente quer em uma esposa: assegurar-se de que pelo menos um tolo afirme que ele é sábio."

"O importante trabalho de fazer o mundo andar não espera ser feito por homens perfeitos."

"A oposição pode ser doce para um homem quando ele a chama de perseguição."

"As pessoas que não conseguem ser inteligentes empenham-se em ser devotas e afetuosas."

A maior parte dos romances de Eliot é ambientada no mundo rural de sua juventude. O cenário deles tem fazendas e o verde do campo. Mas Eliot nunca nos força a engolir essa vida campestre. Há pouco do dialeto interiorano, e mantém-se uma distância respeitável do gado. Nosso próximo autor quebra essas barreiras e nos leva diretamente para o pornô bestial pesado: ovino, bovino e galináceo.

	Importância	Acessibilidade	Diversão
Meados de Março	10	5	8
Daniel Deronda	7	4	7
O Moinho à Beira do Rio	7	5	8
Silas Marner	6	6	6
Adam Bede	5	4	5

O PODER DO NOME

Mary Ann Evans usava o pseudônimo de George Eliot por uma única razão: para esconder seu sexo, pelo menos temporariamente. Ficou famosa por discorrer sobre as críticas tacanhas dirigidas às escritoras, reclamando que os críticos não somente eram negativos e injustos como também tendiam a valorizar obras medíocres (propriamente "femininas"), enquanto se mostravam incomodados e indiferentes diante de obras realmente valiosas feitas por mulheres. É claro que no mundo de hoje deixamos tudo isso para trás, com escritoras aclamadas como A. M. Homes, Lionel Shriver, J. T. Leroy, Curtis Sittenfeld e James Tiptree Jr.

THOMAS HARDY (1840-1928)

"Nunca pretendi ser um escritor de prosa, menos ainda um contador de histórias – mas, ainda assim, tem-se que ganhar a vida." Foi assim que Hardy avaliou sua carreira no fim da vida. Ele não quis dizer que na verdade deveria ter sido domador de leões, mas sim que se considerava um poeta. E aqui está ele, em nosso capítulo sobre o novo romance – passamos sobre o seu cadáver. (Para falar a verdade, tudo acontece sobre o cadáver dele, ou talvez "sob" o cadáver dele, para os leitores que estão na Austrália.)

Entre outras pessoas, Philip Larkin concordava que Hardy era um grande poeta. Já esta autora que vos fala deve confessar que não é perceptiva e sensível o suficiente para enxergar tamanha grandeza. Para mim, as poesias de Hardy são cheias de rimas forçadas e sintaxes estraçalhadas. Em um poema para sua falecida esposa, ele rima *listlessness* (desânimo) com *"existlessness"* (algo como "desexistência"). Quando se refere à longa desavença entre eles, ele diz: "As coisas não foram tão bem ultimamente quanto foram inicialmente / Conosco, não sentes?". Nos poemas de Hardy, o vento "escorre"; a garoa "embebe"; os corações estão "a transbordar" e um poeta "labia" suas rimas. Isso soa um pouco como poesia ruim. Ainda assim, inclino-me perante a genialidade de Larkin e transmito confiante a vocês a notícia de que a poesia de Hardy é ótima. Agora vamos aos romances, cujo valor qualquer um consegue ver.

Como a maior parte dos escritores da época, Hardy publicava suas obras em séries de capítulos. O termo *"cliff-hanger"* (pendurado no abismo), que serve para designar as séries em que cada capítulo termina em suspense, provavelmente se originou por causa de seu livro *Um Par de Olhos Azuis*: no final de um dos capítulos, literalmente deixamos um personagem pendurado num abismo. Hardy ambientava seus romances em um estado fictício da Inglaterra, Wessex (que é basicamente Dorset), e todos eram contos da vida rural, tirados da experiência de vivenciar a pobreza rural onde Hardy havia nascido. Seus pais eram exatamente como um casal de personagens de Hardy: a mãe era uma empregada e tinha por livro favorito *A Divina Comédia*, e o pai era um pedreiro que tocava violino na igreja local. Ninguém consegue escrever sobre ordenhar, mexer o feno ou recolher ovos melhor do que Thomas Hardy.

Provavelmente seu livro mais acessível é *Longe da Multidão Estulta*. É um romance normal sobre escolher um parceiro, com uma grande abundância de feno e de ovelhas. Bathsheba Everdine herda a fazenda da família e decide administrá-la sozinha, apesar de ser mulher. ("Apesar de ser mulher" torna qualquer enredo mais divertido: é a nata dos esquemas de enredo.) Bathsheba é cortejada por três homens. Jovem, ela escolhe o mulherengo podre (por alguma razão darwiniana do tipo: ele é gostosão). Mas o enredo continua até que o melhor homem vence – e é tão previsível e prazeroso quanto aquela época em que as garotas Cro-Magnon ficavam de bobeira com os Neandertais, mas acabavam se casando com o primo de segundo grau bonzinho.

Em *O Retorno do Nativo*, Hardy casa o garoto bonzinho com a garota má e o garoto mau com a garota boazinha. Então, surpresa! Os personagens maus ficam entediados. Esse é o primeiro dos romances de Hardy que é propriamente triste: nossos personagens preferidos são sistematicamente destruídos. Mesmo assim amamos cada minuto da história, porque assim somos nós. Estrelando a gostosona Eustacia Vye (pense em Catherine Zeta-Jones) como garota má. Esse romance tem também Digory Venn, que vende o giz vermelho usado para marcar ovelhas e, por isso, é vermelho da cabeça aos pés. Homem simples e abnegado, ele zela pelos outros personagens. É um exemplo de "negro mágico"* antes que os negros entrassem em cena nos romances.

O Prefeito de Casterbridge começa com a cena de um lavrador bêbado leiloando sua esposa em um momento de fúria. Anos depois, tendo repudiado a bebida, ele se reergueu e se transformou em prefeito. Então sua ex aparece em Casterbridge, incógnita e sem recursos, implorando por sua ajuda – junto com uma filha adolescente. Novamente, o propósito desse livro é judiar do prefeito (e de sua garota má, Lucetta) tanto quanto possível antes de matá-los. A essa altura, Hardy decide que está escrevendo uma tragédia, de modo que o prefeito se desgraça por causa dos mesmos defeitos que fazem dele um personagem interessante. Sua filha, a garota boazinha, sai ilesa, mas quem se importa?

---

* "Negro mágico" é o nome dado na crítica literária americana àqueles personagens secundários, geralmente negros ou índios, que, nos momentos mais críticos da trama, socorrem o protagonista branco com conselhos ou magias. (N. T.)

Mas e se a garota boazinha e a garota má fossem a mesma pessoa? Essa é a premissa de *Tess of the D'Urbervilles*. Seduzida por um garoto rico local, Tess dá à luz um bebê ilegítimo. O bebê morre, ela vai para outra cidade e tenta reconstruir sua vida. Agora que Hardy percebeu que é autor de tragédias, ela já era. Aqui, Tess se desgraça não por causa de seus defeitos, mas pela sociedade: ela é uma inocente filha da natureza, uma Eva perseguida por um mundo de hipócritas por causa um pecadinho que pode até não ter sido consensual. (Hardy não é muito claro nesse ponto.)

Ainda assim, ela é sortuda por não ter estrelado em *Judas, o Obscuro*. Essa história começa mal e vai piorando. O pobre garoto órfão Judas, aprendiz de pedreiro, estuda latim e grego em seu tempo livre. Temos certeza de que esse romance vai falar sobre um garoto brilhante que abre seu caminho em direção à classe média. Mas não: Judas acaba como um pedreiro desiludido que fala latim. Nesse meio-tempo, ele se casa com a garota errada; então se apaixona por sua prima, que também é casada. Os primos se juntam, mas, por não poderem se casar, são perseguidos aonde quer que vão. Enlouquecido pela pobreza, o filho mais velho de Judas comete suicídio depois de assassinar seus dois irmãos. A essa altura, merecemos um final feliz, tão feliz que deveria incluir uma massagem tailandesa. Mas não: a história de Hardy está rolando, e quem é que já ouviu falar de alguma coisa rolando morro acima?

Enquanto *Tess* era uma crítica à hipocrisia da sociedade, *Judas* vai direto ao ponto e dá um tapa na cara do cristianismo. Por isso, e pela descrição honesta de um relacionamento extraconjugal, foi condenado pelos críticos e apelidado de *Judas, o Obsceno*. Acredita-se que tal recepção tenha convencido Hardy a parar de escrever romances, ainda que suspeitemos que ele não conseguiria construir outro romance, porque os personagens, pressentindo o que estava por vir, já se matariam no primeiro capítulo.

	Importância	Acessibilidade	Diversão
Longe da Multidão Estulta	6	9	9
O Retorno do Nativo	6	7	7
O Prefeito de Casterbridge	8	7	7
Tess of the D'Urbervilles	8	5	6
Judas, o Obscuro	8	5	5

RUDYARD KIPLING (1865-1936)

Kipling foi o primeiro inglês a ganhar o Prêmio Nobel. Essa é uma de duas razões para levarmos sua obra meio a sério. A outra é o *status* contínuo de seu poema "Se..." – o poema mais perenemente amado da Inglaterra. Aqui estão os primeiros versos:

> Se consegues manter a calma quando todos
> À tua volta já a perderam, e por isso culpam a ti;
> Se confias em ti mesmo quando todos de ti duvidam,
> Mas também aceitas que duvidem...

E assim vai, enumerando as muitas coisas maduras que alguém deve fazer e pensar, tendo por recompensa:

> Tua será a Terra e tudo que ela contém
> E – ainda mais – serás um Homem, meu filho!

Repare que você não ganhará somente uma letra maiúscula em sua Hombridade, mas também um ponto de exclamação (que sem dúvida ficará firme e rijo mesmo quando todos os homens duvidarem de você). Por um lado, esse poema é realmente muito inspirador. Às vezes, só conseguimos seguir em frente imaginando que somos heróis destemidos. Quando estamos de ressaca, está chovendo e temos de pegar o ônibus para ir para o escritório, qualquer palavra de encorajamento é preciosa. Por outro lado, "Se..." também pode encorajar as crianças a se alistarem no exército. Pode ser que no passado se alistar no exército fosse uma ótima ideia e a profissão de soldado fosse muito nobre, mas no geral isso é uma tremenda mentira. Acontece que tenho um exemplo bem à mão, uma vez que o filho de Kipling morreu na Primeira Guerra Mundial, quando ninguém ficou mais nobre nem conseguiu nada. Nem preciso dizer que o próprio Kipling nunca esteve no exército e nem sequer passou perto de uma guerra. Depois da morte do filho, Kipling escreveu um poema condenando a Primeira Guerra Mundial, com os famosos versos: "Se perguntarem por que morremos / Digam: porque nossos pais mentiram". Ele realmente tirou as palavras da minha boca com esse poema.

Kipling nasceu na Índia. Com 5 anos, foi mandado para a Inglaterra para estudar – essa era a prática comum entre os colonos britânicos na época –, e voltou aos 18 anos para trabalhar como jornalista. Após sete anos escrevendo para várias publicações coloniais, ele deixou a Índia para sempre, ainda que tenha escrito sobre o país pelo resto da vida. Entre suas obras mais famosas sobre a Índia estão *Gunga Din* e *O Fardo do Homem Branco*. Este último parece um *jingle* feito para recrutar opressores colonialistas:

> Tomai o fardo do Homem Branco –
> Enviai vossos melhores filhos –
> Condenai-nos ao exílio
> Para que sirvam aos seus cativos;
> Para que esperem, arreados,
> Entre agitadores e selvagens –
> Seus novos cativos obstinados,
> Meio demônios, meio infantes.

Mesmo na época, esse poema foi considerado de mau gosto. Os apologistas de Kipling alegam que o poema é irônico. Mas não é. No que dizia respeito a Kipling, o poema era uma poderosa expressão de suas crenças mais sinceras.

Gunga Din é um poema igualmente encantador, sobre um menino indiano que tinha como trabalho servir água aos soldados. O narrador é um soldado inglês. Ele e seus companheiros batem em Gunga Din e despejam epítetos racistas sobre ele, embora ele seja trabalhador e corajoso. No fim, o garoto leva um tiro e morre para salvar o narrador. Este reflete e conclui que, quando chegar ao inferno, Gunga Din ainda estará lhe servindo água. Os versos finais são muito citados: "Mesmo lhe tendo batido e surrado, / Pelo Deus que o criou, / És um homem melhor que eu, Gunga Din!". Isso é um louvor bem fraco a Gunga Din. Apesar de seu conteúdo brutal, o poema é muito intenso, assim como toda a poesia de Kipling ou como *O Triunfo da Vontade*.

Se você está se perguntando o que fez com que esse cara ganhasse o Prêmio Nobel, saiba que ler sua ficção não vai lhe dar a resposta. Dentre seus livros, aqueles que ainda são publicados foram deslizando, aos poucos, para a seção infantil. Enquanto isso as crianças deslizaram, aos poucos, até o nível de não ler mais suas obras. O mais famoso é, com toda certeza, *O Livro da Selva*. Mesmo sendo cérebre apenas em sua versão de desenho da Disney, o livro original ainda é interessante o suficiente para uma criança inteligente de 10 anos. Para os adultos, o melhor é *Kim*, sobre um esperto garoto de rua da Índia que acaba sendo recrutado como espião para os ingleses. Como todas as obras de Kipling, *Kim* tem um carisma vampiresco e retrô. Mesmo assim, não conseguimos fugir à ideia de que Kipling está, neste exato momento, levando água para os outros ganhadores do Prêmio Nobel no inferno.

	Importância	Acessibilidade	Diversão	Malignidade
"Se..."	10	0	10	5
Outros poemas	4	0	9	10
O Livro da Selva	4	0	7	7
Kim	5	0	10	7

OSCAR WILDE (1854-1900)

Wilde disse a André Gide que a diferença entre uma obra da natureza (ruim) e uma obra de arte (boa) é que uma obra de arte é sempre única. Sua própria obra-prima, *A Importância de Ser Prudente*, cumpre essa regra em um nível fora do comum. Universalmente adorada, nunca foi imitada com sucesso. "Foi escrita por uma borboleta para borboletas", disse Wilde, explicando a filosofia de sua obra assim: "Devemos tratar todas as coisas triviais com seriedade, e as coisas sérias da vida com uma trivialidade sincera e calculada".

Seguindo essa filosofia, seus personagens dão importância máxima a problemas como casar-se com um homem chamado "Ernesto", enquanto deixam de lado tudo que é considerado importante. "Se um dia eu me casar, certamente tentarei me esquecer do fato", diz Algernon. A reação de Lady Bracknell à notícia de que os pais de Jack morreram ficou famosa: "Perder um dos pais, Mr. Worthing, pode ser considerado uma desgraça; perder o pai e a mãe parece descuido". Wilde usa essa técnica de tratar o sério como trivial e vice-versa repetidas vezes, para causar riso. Uma vez que você compreende essa fórmula, a peça se desenrola com perfeita previsibilidade, mas sem perder a graça. Mesmo que nenhum dos personagens de Wilde nunca diga nada que uma pessoa falaria na vida real, a peça nos passa a sensação de que conhecemos esse mundo — já que vivemos nessa sociedade que dá a máxima importância para a última moda, mas fica entediada diante das desgraças nos noticiários.

Wilde também escreveu outras comédias, aproveitáveis mas não muito notáveis (*Um Marido Ideal*, *O Leque de Lady Windermere*, *Uma Mulher Sem Importância*), e um drama poético (*Salomé*). Este último é muito seguro do seu próprio requinte, cheio de frases como "Egípcios silenciosos e perspicazes, com longas unhas de jade e mantos de veludo". Todos os personagens falam com essa dicção empolada: é um banquete para as pessoas que gostam de ouvir outras comparando coisas com uma donzela de sapatinhos de prata.

A maior obra em prosa de Wilde, O Retrato de Dorian Gray, é levemente menos afetada. Sua história é bem conhecida: um jovem muito bonito é gradualmente corrompido. Enquanto ele descamba para o vício e para a dissipação, um retrato dele, pintado em tempos de mais inocência, está guardado em seu sótão. O homem é miraculosamente preservado e mantém a mesma aparência pura e saudável de sua juventude. O retrato não só envelhece como também reflete a frieza irônica do libertino. Esse romance é um metro quadrado de parábola em meio a quilômetros de prosa estética.

Afora a fama de autor de A Importância de Ser Honesto, Wilde é famoso sobretudo por ter sido preso por indecência – prisão instigada pelo pai de seu amante. O que mais nos surpreende hoje em dia é que as pessoas tinham a cara de pau de reagir com surpresa à notícia de que Oscar Wilde era gay. É como se a sociedade tivesse de repente resolvido processar o elefante que estava na sala o tempo todo. O elefante foi condenado a dois anos de trabalhos forçados, durante os quais foi abandonado por todos os seus amigos chiques – incluindo o jovem amante, Albert Douglas, que era a causa de toda aquela comoção.

Wilde quase morreu por causa da dureza de sua sentença. Mas, mesmo assim, alegou ser grato pela experiência, que lhe ensinou a compaixão e a humildade. Na prisão, ele escreveu mais duas obras usando esses novos conhecimentos. A primeira é "A Balada do Cárcere de Reading", um poema de protesto sobre o enforcamento de um homem que matara sua amante. Aqui está um excerto:

O homem matara aquilo que amava
E, portanto, tinha de morrer.

Mas todo homem mata aquilo que ama.
Que cada um deles me ouça agora:
Alguns com uma palavra lisonjeira,
Outros com uma face amarga;
O covarde o faz com um beijo,
O corajoso com uma espada!

Mas Wilde está sendo um pouco irônico nesse caso. É claro que, normalmente, qualquer pessoa agradeceria se fosse morta com uma palavra lisonjeira – melhor do que isso, somente se fosse morta com dinheiro –, mas se oporia fortemente a ser morta com uma espada.

Já sua obra seguinte é dolorosamente ingênua. *De Profundis* é uma carta que Wilde escreveu para Douglas enquanto estava preso. Começa com uma longa seção na qual Wilde acusa Douglas, culpando-o por seu infortúnio criativo, por sua falência e por sua queda nos vícios e nos maus hábitos. Mas então se transforma num discurso de motivação e inspiração, tocante como algo escrito por um alcoólatra em seu primeiro ano de AA. "O defeito supremo é a superficialidade", diz Wilde, com o autorrepúdio de um homem que se corrigiu. Acontece que a virtude suprema é a Humildade; e, agora que Douglas perdeu seu trono, o amor supremo de Wilde é Jesus Cristo.

Se de vez em quando você precisar de um texto que lhe dê ânimo na adversidade e você se der bem com Jesus, *De Profundis* é muito belo e até profundo. E também ainda é sequiosamente lido por pessoas interessadas nos direitos dos gays, situação que provavelmente persistirá até que os gays tenham direitos iguais. Douglas, a pessoa a quem a carta se dirigia, nunca a leu. Isso é o que costuma acontecer quando você escreve uma carta de cinquenta mil palavras para seu ex-namorado, falando de seu recém-descoberto amor por Jesus. A carta também não comoveu outros ex-companheiros de Wilde da época da "superficialidade". André Gide comentou que a humildade era só "um nome pomposo que [Wilde] deu à sua própria impotência".

Por que impotência? Porque, depois de *De Profundis*, Wilde nunca mais escreveu nada. A sociedade destruiu tudo nele, menos a homossexualidade – que é tão passível de ressurreição quanto um Jesus. Já o talento, infelizmente, é frágil. (Belo trabalho, sociedade.) Wilde voltou para Douglas pouco depois de ser libertado e morreu algum tempo depois dessa reunião malvista.

DEPOIS DE OSCAR

Alfred Douglas (ou "Bosie", como ele era chamado) foi quem cunhou a frase "o amor que não ousa dizer seu nome", em uma carta para Wilde. No caso de Bosie, esse amor se dirigia tipicamente a um garoto de programa pago com o dinheiro de Wilde. Um dos erros de Wilde em seu julgamento foi elucidar essa frase com um discurso inspirador em homenagem ao amor grego. Ele se esqueceu que sua defesa deveria se basear na negação de que ele fosse gay.

Depois da morte de Wilde, Bosie ainda viveu muitos anos e se tornou inimigo ferrenho dos homossexuais, caçando qualquer gay que encontrasse e mandando-o aos tribunais. Começou também uma vendeta contra a conspiração dos judeus, na qual por capricho incluiu Winston Churchill. Fica claro que seus ataques aos homossexuais eram uma expressão do ódio que ele sentia por si mesmo, mas seus ataques aos judeus só podem ser justificados pelo fato de que, às vezes, a homofobia mascara a idiotice completa.

EDITH WHARTON (1862-1937)

Os romances belo-realistas são muito semelhantes, como se pertencessem todos a uma mesma linha de produtos confiáveis. De todos os belo-realistas, Wharton é a mais típica – como o carro-chefe de uma lanchonete McDonald's. Seus romances se destacam não por se diferenciarem na forma ou no contexto, mas por serem os mais engraçados. Esses livros realmente são transformadores; leituras de bordo tão interessantes que você ainda estará tentando ler mesmo quando o avião estiver caindo.

Eles são ambientados nas classes mais elevadas da Era de Ouro americana. Essa sociedade é superficial, obcecada pela respeitabilidade mesmo sem ter nenhuma virtude. As heroínas de Wharton ficam sufocadas dentro dessa estufa, mas não conseguem viver fora dela. O medo de serem exiladas as leva a atos criminosos, envenena seus relacionamentos amorosos e muitas vezes as mata. Geralmente nós nos identificamos com elas, pois sabemos como é terrível ter um emprego que nos ocupa o dia todo. Mas como essa campanha é totalmente superficial, e Wharton sabe disso, a linguagem é mais espirituosa do que melancólica.

O melhor de todos é *A Casa da Alegria*, sobre o declínio e a queda de um destaque da sociedade, Lily Bart. A falida Lily se mantém como hóspede de gente rica contando somente com seu charme, vivendo de migalhas e sendo passada de mão em mão. Sua salvação seria um marido rico, mas ela sempre dá um passo atrás por escrúpulo antes que sua caça ao tesouro possa render-lhe um pedido de casamento. A história de sua batalha perdida para escapar da mediocridade é brilhante, engraçada e interessante, e realmente nos faz acreditar que vale mais a pena morrer do que viver "na pior". Em *The Custom of the Country* [Costumes da Vida Rural], Undine Spragg é do meio-oeste dos EUA e quer subir de classe. Ela tem mais sorte e menos moral. Passa por uma série de homens da sociedade, entra e sai de moda, mas nunca escorrega. Para terminar, Wharton considerava *A Época da Inocência* como uma apologia do escabroso *A Casa da Alegria*. Aqui, a mesma esfera social é vista pelos olhos de um homem, Newland Archer, noivo de uma garota boazinha, mas que se apaixona pela Condessa Ellen Olenska, que é de tirar o fôlego. Esse livro não é bem uma apologia; é o tipo de livro que a esposa jogaria na cabeça do marido e faria com que ele tivesse que passar a noite em um quarto de hotel. Na verdade, a esterilidade alienígena da moral final do livro faz com que agradeçamos a Deus pelo fato de a sociedade ter perdido essa moral.

Então temos *Ethan Frome*. É um gótico túrgido, ambientado numa cidade pobre da Nova Inglaterra, e tem tão pouco em comum com os outros romances de Edith Wharton que ficamos suspeitando que a pessoa que a inspirava a estava traindo com o carteiro. Se você adorar *A Casa da Alegria*, vai odiar *Ethan Frome*. Mas se você não adorar *A Casa da Alegria*, vai odiar *Ethan Frome* do mesmo jeito. Se você tem a capacidade de odiar, vai odiar *Ethan Frome*. Esse romance tem tudo que fez com que *A Letra Escarlate* afundasse como um tijolo: um simbolismo tosco das cores, um enredo sem sentido, personagens melancólicos e um clima frio. No clímax, os personagens tentam se matar com um trenó, mas sem um objetivo cômico. Para resumir, se você leu *Ethan Frome* e gostou, está dormindo e sonhando. Logo irá acordar em um mundo em que você também odiou *Ethan Frome*.

	Importância	Acessibilidade	Diversão
A Casa da Alegria	7	8	10
The Custom of the Country	5	8	8
A Idade da Inocência	7	7	8
Ethan Frome	6	6	2

Antes da Harlequim

Teste seus conhecimentos! Qual escritor dos primórdios do gênero analisado neste capítulo produziu as seguintes frases:

> Sua beleza deslumbrante, sua hombridade, como um lobo jovem, bem-humorado e sorridente não a cegaram à calma significativa e sinistra de seu porte, ao perigo oculto em seu gênio indômito. "Seu totem é o do lobo", ela repetia para si mesma.
>
> Seu coração chorava todo o tempo, como em meio a uma provação: "Quero voltar, quero ir embora, não quero saber, saber que isso existe". Mas, ainda assim, ela precisa continuar.
>
> Foi torturada pelo desejo de vê-lo novamente, uma nostalgia, uma necessidade de vê-lo novamente, para certificar-se de que não fora tudo um engano, que ela não estava se iludindo, de que realmente sentira essa sensação estranha e poderosa por causa dele, conhecendo-o em sua essência, essa poderosa compreensão perceptiva sobre ele. "Será que realmente fui escolhida para ele de algum modo, existirá realmente uma aurora boreal, uma luz dourada que envolve somente a nós dois?" – ela se perguntava.

Tempo!

Alguns leitores se surpreenderão ao saber que a resposta é D. H. Lawrence. Vão se surpreender ainda mais ao saber que esses três parágrafos são todos da mesma cena – uma cena em que duas irmãs deixam os bordados de lado e vão dar uma volta para assistir ao casamento de alguns conhecidos. No último minuto, decidem não entrar na igreja e, em vez disso, ficam a uma certa distância, observando os outros convidados entrarem.

Não acontece mais nada.

Assim, vamos começar de novo.

D. H. LAWRENCE (1885-1930)

Algumas pessoas acreditam piamente que ele seja um bom escritor. Não tenho a intenção de ofender essas pessoas. Mas se elas ficarem no meu caminho no que diz respeito a D. H. Lawrence, podem contar que vou soltar o verbo.

Lawrence não é um escritor ruim – nem sempre. Na verdade, ele é um dos escritores mais heterogêneos da literatura ocidental. A primeira parte de *Filhos e Amantes*, por exemplo, é um relato sensível e cuidadoso da infância em uma família de mineradores de carvão. Mas, no meio do livro, ele pega o caminho errado – na altura em que o herói atinge a idade de sentir desejos sexuais. Logo somos levados a uma exegese interminável sobre esses desejos, que pegam pesado na relação com a mãe e na pornografia – e pegam leve demais na sexualidade normal. Lawrence se confundiu em algum ponto: em vez de escrever seu romance, escreveu a carta de rompimento mais perturbadora e obsessiva do mundo.

No começo de *O Arco-Íris*, Lawrence deixa explícita sua ideia sobre a força vital primitiva: "Sentiam a seiva correndo na primavera, conheciam a onda que não descansa, mas que a cada ano semeia para procriar, e, retirando-se, deixa os recém-nascidos na terra". Bem, se você gosta de forças vitais, ainda vai. Mas depois de algumas frases o texto amadurece e se transforma em: "Pegaram no úbere das vacas, as vacas deram o leite e pulsaram nas mãos dos homens, o pulsar do sangue das tetas das vacas marcando ritmo com o pulsar das mãos dos homens". Depois de alguns parágrafos, ele ainda está igual: "... viviam plenamente, seus sentidos completamente satisfeitos, seu rosto sempre demonstrava o calor do sangue, olhando para o sol, contemplando a fonte de sua geração...".

Ele ainda não apresentou um personagem sequer. Não aconteceu nada, não temos certeza se estamos na Terra ou na Lua. Tudo que ele disse foi "Veja só toda aquela força vital!".

Apesar desse começo meloso, O Arco-Íris é um romance maravilhoso e de muito poder poético. Aqui Lawrence realmente domina a força vital e faz com que ela lhe obedeça. Sua coragem vem de sua esquisitice, mas ele também mostra discrição e mantém em mente que estamos aqui para ler uma história, não para saber de suas teorias bizarras.

Mas, quando chegamos a Mulheres Apaixonadas, ele está banhado em força vital, babando, gritando, fazendo discursos empolados e raivosos e, ocasionalmente, sussurrando. Aqui Lawrence é capaz de descrever um personagem durante toda uma página e nos deixar sem a menor ideia de como a pessoa é. É aqui também que seus instintos normais de escritor o abandonam e ele produz passagens como esta: "'Ele é um satanista terrível, não acha?', ela falou lentamente para Úrsula, com uma voz ressonante e estranha, que terminou com uma risadinha áspera de pura zombaria. As duas mulheres estavam zombando dele, zombando de sua nulidade. A risada feminina e penetrante viera de Hermione, zombando dele como se ele fosse castrado". Personagens, diálogos, descrições – tudo murcha na página. É como se os personagens estivessem encolhidos, tampando seus ouvidos, enquanto Lawrence divulga suas teorias preferidas com um alto-falante.

É aqui também que seu lado gay enrustido começa a aparecer. Mesmo que ninguém saiba quanto Lawrence punha em prática sua gayzice (parece que ele teve um amante, mas ninguém tem certeza), fica claro que seus romances posteriores eram muito gays. Em *Mulheres Apaixonadas*, os dois protagonistas homens lutam nus enquanto borrifam água um no outro com um sifão; então adormecem, ainda nus, abraçados. Mas o mais gay disso tudo é que Lawrence insiste em dizer que não há nada de gay nisso: são só bons amigos! Entre essa repressão e as muitas descrições dos físicos masculinos, Lawrence começa a ficar muito bizarro. Sempre que ele usa a palavra "lombo", parece que está lambendo os lábios. O mesmo acontece com a palavra "homem". A homossexualidade de academia, o material no estilo de Édipo, a impressão que ele passa de ser um perseguidor, o medo constante da *vagina dentata* — tudo isso se acumula até que Lawrence não consegue nem falar do tempo sem que pareça haver algo implícito ali.

De seus romances tardios, *O Amante de Lady Chatterley* provavelmente é o mais divertido, ainda que agora soe ao mesmo tempo muito enrustido e muito gay. A história de uma dama que se apaixona por um guarda-caça forte e misterioso — é óbvio que essa era a fantasia sexual do próprio Lawrence. Ele também escreveu vários outros livros, com nomes como *A Vara de Aarão*, *A Serpente Emplumada* e *Canguru* (espere, o que há de fálico em um canguru?). Alguns de seus contos merecem a notoriedade que têm ("O Vencedor do Cavalinho de Balanço", "Odor de Crisântemos"). Qualquer um com nome menos conhecido fala provavelmente sobre a paixão de alguma mulher peituda por um homem bruto de poucas palavras. E ele escreveu algumas poesias. Numa resposta cruel aos seus outros livros, uma coleção póstuma foi publicada sob o título de *Mais Florzinhas*.

Para terminar, ele pintava. Aqui está a descrição de uma de suas pinturas pelo *Daily Express*: "Um terrível homem de barba segurando uma mulher loura em um abraço lascivo, enquanto lobos salivando olham com expectativa". Que triste. Lawrence realmente deveria ter contratado alguém para chicoteá-lo e livrá-lo dessa obsessão.

A vida de Lawrence foi aquele coquetel normal de penúria, tuberculose, morar nas casas de amigos e ser levado a julgamento por obscenidade. Para dificultar ainda mais a própria vida, ele saiu com uma alemã logo antes da Primeira Guerra Mundial, dando à sociedade uma desculpa a mais para persegui-lo.

	Importância	Acessibilidade	Diversão
Filhos e Amantes	5	6	6
O Arco-Íris	5	5	6
Mulheres Apaixonadas	5	4	4
O Amante de Lady Chatterley	5	6	6

CAPÍTULO 12

REALISMO INCÔMODO: FRANCESES E RUSSOS SE UNEM PARA DEPRIMIR A HUMANIDADE

Na Inglaterra, o romance realista começa com Richardson, Defoe e Fielding e vai se desenvolvendo por meio de pequenos ajustes, como alguém que buscasse sintonizar uma imagem perfeita em um aparelho de TV. Na França, ele começa como uma reação contra o romance romântico, principalmente contra as epopeias liberais comoventes de Victor Hugo e George Sand. Seus ideais elevados e sentimentos belos pareciam vazios depois de cinco revoluções, das guerras napoleônicas e da sífilis (que todos os realistas franceses tinham). Para resumir, os franceses desse período eram um amontoado de canalhas degenerados, que se matavam uns aos outros e queimavam igrejas quando dava na telha. Não se adaptavam ao romantismo.

Assim, o realismo francês é caracterizado pela misantropia extrema. Há um toque investigativo forense em sua atenção desmedida aos detalhes. Mas nem todas as lupas e pinças do mundo conseguiriam encontrar um impulso razoável em seus personagens. Alguma demonstração de bondade parece despontar ocasionalmente; mas, quando aumentamos o foco, o autor nos revela que tal sentimento é na verdade vaidade ou ignorância.

As pessoas de destaque nesse movimento eram rabugentos sifilíticos que nunca se casaram nem nunca quiseram se casar. Em geral, odiavam seus pais e seus pais também os odiavam. Tinham amigos – outros realistas franceses, a quem podiam escrever longas cartas falando sobre seu desgosto pela raça humana. Para resumir, eles odiavam a tudo e a todos.

Os realistas russos, mesmo sendo tão deprimentes quanto os franceses, eram muito mais bondosos. A humanidade é essencialmente falha e condenada, mas pelo menos o autor sente muito por isso. O autor sente muitíssimo, mas não há razão para meias palavras: estamos condenados. Agora vamos acompanhar a vida de algumas pessoas imperfeitas mas muito adoráveis, apesar de estarem condenadas. Ha, ha! Vejam como elas se debatem! Elas querem parar de se torturar entre si, pobres criaturas! É quase uma pena que não consigam.

De modo alarmante, os realistas incômodos são conhecidos por sua acuidade psicológica. A carapuça serve, mas machuca. Às vezes parece uma carapuça de ferro. Ler um monte desses livros é tão bom quanto uma psicanálise. Eles vão apresentá-lo a cantos obscuros do seu coração que você não sabia que existiam. Você vai adquirir novas compreensões, não apenas sobre você mesmo, mas sobre a condição humana. É muito mais barato do que fazer psicanálise, mas lembre-se: sua família não poderá processar Flaubert se você se enforcar depois de ler um dos livros dele.

STENDHAL (MARIE-HENRI BEYLE) (1783-1842)

Stendhal disse ter aprendido seu estilo sem floreios lendo diariamente o Código Napoleônico. Inspirou seus enredos em romances românticos, e sua habilidade veio de anos de experiência como escritor de aluguel; durante esse tempo, ele teve mais de uma centena de pseudônimos. Em um obituário que escreveu para si mesmo, ele relata que "aprendeu a entender os homens e sua torpeza" ainda em idade escolar. No mesmo auto-obituário, ele diz que "respeitava somente um homem: NAPOLEÃO" e dá uma lista de seis mulheres que amou "apaixonadamente". Essa mistura de arrogância, romantismo e ódio por todos os homens menos Napoleão tempera toda a sua obra.

Esse ódio era recíproco. O próprio Stendhal previu que sua obra só começaria a ser reconhecida no ano de 1880. Na verdade, demorou bem menos do que isso. As pessoas simplesmente esperaram que ele morresse para que o reconhecimento explodisse. Talvez tenha sido mero acaso, mas é difícil evitar a impressão de que os leitores só não queriam admitir que gostavam de seus romances enquanto Stendhal ainda estivesse vivo para saber disso.

Ele é conhecido sobretudo por *O Vermelho e o Negro*, seu romance – que não dá para parar de ler – sobre o alpinista social Julien Sorel. Sorel, filho de um carpinteiro, é menosprezado por sua família por causa de sua inteligência acadêmica. Ele escapa desses trogloditas entrando na Igreja. Dali se torna preceptor da família do prefeito local e, logo após, amante da esposa do prefeito. Sua carreira começou! De agora em diante, ele será um peão de vários homens e mulheres poderosos, mas um peão que avança rapidamente no tabuleiro.

O romance é fascinante por causa de sua psicologia pouco lisonjeira. Do começo ao fim, Sorel é motivado pelo egoísmo. Seus amores são somente sintomas de seu amor-próprio. Seu entusiasmo político se baseia no fato de que os filhos de carpinteiros, em sua época, não podiam subir na vida tão facilmente quanto faziam sob o governo de Napoleão. Para resumir, Sorel é o retrato realista de um romântico. O próprio Stendhal disse que o romance falava sobre a "imensa vaidade que se tornou praticamente a única paixão identificável nesta cidade". As palavras "se tornou" são significativas: Stendhal havia sido um seguidor de Napoleão. Ele acreditava que o mundo pós-napoleônico era cheio de burocratas insignificantes e egoísmo banal. Era também o mundo onde Stendhal perdeu um ótimo emprego diplomático na Itália, mas temos certeza de que isso não teve absolutamente nada a ver com sua misantropia.

Seu outro grande romance, *A Cartuxa de Parma*, é ambientado na Itália, um país que deixava Stendhal semirromântico. Uma vez que essa história fala sobre italianos, Stendhal ama seus personagens. De quando em quando, deixa escapar um comentário sobre como os italianos são melhores do que os franceses.

Engenhosa e fora do comum como uma vilã dos filmes de James Bond, a heroína, Gina, facilmente manipula as pessoas normais em torno dela até que se torna a comandante de fato de Parma. Ela é bonita de tirar o fôlego, assim como seu sobrinho (e amado) Fabrice; todos que eles encontram se apaixonam pelos dois de imediato. Quando o esquema de Gina emperra, um poeta bandoleiro aparece do nada, confessa seu amor e se oferece para fazer qualquer coisa por ela. Problema resolvido.

É claro que coisas ruins também acontecem com eles. O único medo de Fabrice é ser preso, e naturalmente ele é jogado na prisão. Sua última visão antes de ser preso é o adorável rosto de Clélia, a filha do carcereiro. Uma vez que ela vive no complexo prisional, ele consegue vê-la através das grades da janela de sua torre, em seu aviário, quando ela vai alimentar os pássaros. Os dois começam a se comunicar em linguagem de sinais, se apaixonam e essa situação se estende por nove meses, nos quais o herói está idilicamente feliz apesar das constantes tentativas do príncipe de Parma de envená-lo.

Esse é um daqueles achados raros, um conto de aventura para pessoas espertas. É um uso especial do realismo, no qual a única coisa real é que os personagens são realmente muito egoístas. É também miraculosamente leve, considerando-se as circunstâncias em que foi escrito. Stendhal terminou-o em 52 dias. Foi ditado, pois ele estava passando por um tratamento particularmente agressivo contra a sífilis, e estava tão fraco que nem sequer conseguia segurar uma pena.

O PRETO E O AZUL

Sete anos depois de escrever *O Vermelho e o Negro*, Stendhal começou uma novela chamada *O Rosa e o Verde*. Depois ela foi abandonada, provavelmente porque Stendhal não conseguia suportar essas cores.

	Importância	Acessibilidade	Diversão
O Vermelho e o Negro	10	8	8
A Cartuxa de Parma	8	7	10

HONORÉ DE BALZAC (1799-1850)

Como aconteceu com muitos dos grandes escritores que surgiram depois da Renascença, os pais de Balzac queriam que ele se tornasse advogado. Ele levava tão pouco jeito para isso que, em seu primeiro emprego como escrevente, recebeu uma nota dizendo: "Pede-se que o Sr. Balzac não venha para o escritório hoje porque há muito trabalho a ser feito".

Balzac começou sua carreira como escritor de aluguel, produzindo nove péssimos romances sensacionalistas, usando pseudônimos. Também começou vários negócios – todos faliram, mas ele nunca perdeu a esperança de que um dia seria rico e famoso. Até que um dia ele teve uma ideia: uma série de romances que fariam um relato enciclopédico da sociedade humana. Entusiasmado, ele correu para a casa de sua irmã para anunciar: "Estou prestes a me tornar um gênio!". Alguns de nossos leitores talvez tenham irmãos assim e já estejam um pouco cansados de ouvir esse tipo de coisa. Mas, ao contrário do irmão do leitor, Balzac estava totalmente certo.

Os romances que ele então produziu são coletivamente conhecidos como *La Comedie Humaine* (*A Comédia Humana*, para aqueles que são lentos na decodificação do francês). Como todas as obras produzidas visando riqueza, esses livros foram feitos às pressas e são apelativos e emocionantes. Os personagens reaparecem de um livro para o outro – especialmente o gênio do crime Vautrin –, transformando toda a série em uma longa novela em forma de livro. Ao contrário do que acontece normalmente no realismo francês, ocasionalmente aparecem bons personagens, todos virgens e altruístas (algo mais comum nas novelas). Todos os demais vão se corrompendo, cada vez mais, com vícios assombrosos.

Às vezes, como em *Eugênia Grandet*, o avarento é destruído por sua própria cegueira e o pecador é punido. Mas, na mesma proporção, acontece de eles seguirem carreiras brilhantes. Em *O Pai Goriot*, por exemplo, que é a versão balzaquiana da história de rei Lear, o abnegado pai Goriot morre na miséria enquanto a inescrupulosa Rastignac começa uma carreira brilhante e o covarde vilão Vautrin escapa para corromper os jovens mais uma vez. (Para esquentar a história, Vautrin é um homossexual que corrompe os jovens para satisfazer seu desejo infernal.)

Balzac é um escritor que agrada às multidões, não um estilista fino. No lugar da simplicidade descritiva de Stendhal, aqui temos todos os absurdos coloridos do sensacionalismo do século XIX. Esta frase foi tirada de *Esplendores e Misérias das Cortesãs*: "Por uma circunstância rara, se é isto que alguma vez se verifica numa garota bem jovem, suas mãos, incomparavelmente formosas, eram macias, transparentes e brancas como as mãos de uma mulher que está na cama para ter seu segundo filho". Quem poderia esquecer como nossas mãos ficam transparentes quando damos à luz nosso segundo filho?

Embora suas descrições sejam hiperbólicas e pegajosas, geralmente elas acertam o alvo. As maquinações da personagem epônima em *Prima Bete* são completamente inacreditáveis, suas motivações – inveja, frustração sexual, ciúmes – são tão palpáveis e reais que o romance fica cheio de eletricidade. Além do mais, aqueles enredos improváveis (como bem se sabe) poupam-nos do trabalho de virar as páginas. Poupam-nos também do trabalho de dormir ou de chegar ao escritório na hora certa. Você cai em si dez horas depois, com todas as páginas viradas e um torcicolo. Por causa dos enredos lascivos, as obras de Balzac nunca são tão deprimentes quanto os realistas franceses mais convincentes, mas também não espere terminar o livro enaltecido. O amor verdadeiro é sempre traído. Todos os casamentos são por causa de dinheiro ou de bens. O bem sempre será punido. O mal sempre será recompensado, mesmo que às vezes seja punido também, já que não há coisa mais engraçada do que ver o corpo de alguém se desintegrar por causa de uma estranha toxina brasileira.

Como a maior parte dos realistas franceses, Balzac detestava seus pais e era odiado por eles. Ele conseguiu se casar, mesmo que sua história seja um exemplo clássico da vida de um realista francês. Ele amarrou o burro em Kiev, quando já estava gravemente doente, e então voltou para casa com dores terríveis. Quando a carruagem chegou em sua casa, ninguém respondeu às batidas na porta, ainda que se pudesse ver uma luz pela janela. Ele ficou lá fora durante toda aquela noite fria, sofrendo — uma circunstância que precipitou para ele o declínio final. Isso só poderia acontecer com um realista francês: naquele mesmo dia, mais cedo, a governanta havia enlouquecido.

	Importância	Acessibilidade	Diversão
Eugênia Grandet	7	8	6
O Pai Goriot	8	9	8
Ilusões Perdidas	5	8	7
Esplendores e Misérias das Cortesãs	4	5	6
Prima Bete	6	8	7

GUSTAVE FLAUBERT (1821-1880)

O ditado favorito de Flaubert era *La vie est bete* — "A vida é uma idiotice". Com isso, ele queria dizer que os acontecimentos não têm significado. A história não leva a nada e quaisquer padrões que possamos discernir são invenções de nossa imaginação. Em seus melhores romances, o narrador toma a voz de um Deus indiferente; simplesmente não se importa com o que acontece conosco.

Durante sua vida, essa postura imparcial era o que acabava com suas vendas. Os críticos que engoliam com gosto as descrições sentimentais de adultério sentiam repulsa por *Madame Bovary*. "Não há bondade nessa obra", protestava Sainte-Beuve, enquanto Matthew Arnold resmungava, aflito: "Essa obra petrifica os sentimentos". Ainda que não tenha uma única cena de sexo, o romance foi objeto de um julgamento por atentado ao pudor. O promotor disse que o livro era indecente não só por seu conteúdo, mas porque "não se pode discernir o que está se passando pela consciência do autor". Do ponto de vista de Flaubert, isso faz tanto sentido quanto reclamar que não se podia enxergar o unicórnio do autor.

Enquanto o público se chocava com sua amoralidade, Flaubert refinava seu estilo obsessivamente lúcido e sóbrio. Ele foi a origem do culto do *le mot juste* – "a palavra certa". A palavra certa não era a mais bonita, mas a mais simples e exata. As gerações seguintes pegaram essa mania, e agora é comum para os escritores trabalharem durante horas para produzir frases como "O consultório do médico ficava no primeiro andar".

Essa dedicação profunda à sua ficção significava que Flaubert se contentou de não ter vida própria. Morava com a mãe no interior e teve somente um caso amoroso, que foi um fracasso. Fora isso, o amor para Flaubert foi um atalho que levou do bordel à sífilis galopante. Seus amigos eram escritores, com quem ele se correspondia sobre a arte de escrever. Essa dedicação solitária à manufatura de sua arte influenciou e arruinou a vida de inúmeros escritores que queriam ser como Flaubert. A cada ano, uma nova safra de esperançosos escritores abre mão da carreira, da família e das férias em prol de enriquecer o mundo com suas próprias versões pessoais de "O consultório do médico ficava no primeiro andar".

Aqui estão suas obras principais:

Salambô

Flaubert disse que dentro dele existiam dois escritores: o realista e outro, que "ama o lirismo, os grandes voos das águias e a frase sonora". Esse livro, um romance histórico sobre Cartago, é do lado sonoro de Flaubert. É meloso, leve, fraco, afetado e sentimental, e ainda assim não é divertido. Consegue até soar bizarro e racista, mesmo que a maior parte dos grupos étnicos que ele descreve (cários, gauleses, cantábricos) já não existam. Aqui está um diálogo típico da heroína, falando com seus deuses pagãos: "Mortos! Todos mortos! Nunca mais vireis, obedecendo ao meu chamado, como quando, sentada na margem do lago, costumava jogar sementes de melancia em vossas bocas! O mistério de Tanith brilhava nas profundezas dos vossos olhos, que eram mais límpidos do que os glóbulos dos rios". É isso o que se ganha alimentando deuses com sementes de melancia. O que é que ela esperava?

As Tentações de Santo Antão

Outra obra sonora, que Flaubert considerava sua obra-prima apesar das tentativas obstinadas dos amigos de fazer com que ele reconsiderasse essa ideia. É escrita na forma de roteiro de peça e descreve a noite em que Santo Antão foi tentado pelo demônio na forma da Luxúria, da Morte e da Rainha de Sabá, entre outras. Aqui temos Antão remoendo o passado: "Ainda assim, essa era mais alta... e bonita... prodigiosamente bonita! (Coloca as mãos na testa.) Não! Não! Não devo pensar nisso!".

Nada acelera mais o batimento cardíaco... do que um ponto de exclamação!

Apesar de ser muito fácil zombar de seus exageros, Flaubert tinha o dom raro de ainda ser interessante mesmo quando o livro era péssimo.

Madame Bovary

Entediada com seu marido medíocre, Emma Bovary o trai com outros homens, mais atraentes e igualmente medíocres. Ela tem um filho a quem não ama e gasta o dinheiro que não tem. Para terminar, em um rompante de desespero justificável, ela toma veneno.

A história é baseada em um caso real, e Flaubert é muito generoso em suas descrições dos acontecimentos banais. Às vezes pensamos que Emma é fraca e egoísta; às vezes parece que a sociedade não tem lugar para suas capacidades elevadas. Em última análise, as duas coisas são verdadeiras. Emma não é boa; as pessoas não são boas; as coisas não são boas; o bem não é bom. Que "bem" é esse de que estamos falando? A vida não tem sentido, e o que nos resta é tomar veneno.

Ao mesmo tempo, a escrita de Flaubert é tão boa que o livro fica menos deprimente do que parece. A elegância desapegada de sua mente nos dá a impressão de que Flaubert vive em uma dimensão mais pura, até que nos lembramos de que ele morava com a mãe – quando não estava num bordel pegando doenças desagradáveis.

A Educação Sentimental

Esse é um romance autobiográfico sobre o amor de um jovem por uma mulher doze anos mais velha. Aqui, Flaubert – que fez uso de um enredo dramático para alcovitar *Madame Bovary* – se volta para uma forma episódica, que distancia ainda mais o leitor. O resultado é tão seco que até as partes mais sentimentais fazem com que a vida pareça vazia e desoladora. Se você ler esse livro em voz alta em uma floresta, os pássaros vão cair mortos à sua volta.

Assim como acontece com *Madame Bovary*, esse livro nunca é totalmente melancólico, porque é entrelaçado com uma grande graça intelectual. Mas o estilo ascético de Flaubert parece menos adequado para um livro sobre a juventude inocente; é honesto, mas não parece real. É como assistir a um primeiro amor através de um telescópio potente. Talvez por isso *A Educação Sentimental* tenha sido muito admirado, mas nunca muito popular.

Bouvard e Pécuchet

Aqui Flaubert sistematicamente se dispõe a nos deprimir muito. Seu título original para essa obra era *Os Dois Piolhos*. Mas novamente esse livro tem uma graça que faz com ele se sobreponha ao seu gênero, que costuma ser deprimente. E também é engraçado.

A história começa com Bouvard e Pécuchet trabalhando juntos como escreventes. Eles são solteirões de meia-idade, contentes com sua vida monótona e limitada. Essa vida é interrompida quando Bouvard ganha uma grande herança e decide dividir sua riqueza com o melhor amigo.

Livres da necessidade de trabalhar, eles se mudam para o interior, onde pretendem levar uma vida perfeita. Mas a vida perfeita é um objetivo que está sempre em movimento. Em um mês eles se interessam por ciência; então voltam toda sua energia para criar um lindo jardim; ou então adotam crianças desamparadas. Flaubert demonstra cuidadosamente como cada um dos seus esforços leva a uma desilusão arrasadora. Nada funciona, essencialmente porque não há bem neste mundo. A religião, a arte, a política, o amor — todos são vazios e sem sentido. Mas eles não experimentam ir morar com a mãe e frequentar bordéis à noite, então talvez tenham deixado essa possibilidade passar em branco.

	Importância	Acessibilidade	Diversão
Salambô	5	7	6
As Tentações de Santo Antão	5	4	6
Madame Bovary	10	10	8
A Educação Sentimental	7	7	7
Bouvard e Pécuchet	5	7	7

ÉMILE ZOLA (1840-1902)

Na terapia cognitivo-comportamental, as pessoas aprendem a evitar "pensamentos inúteis" – pensamentos sobre sua própria natureza imprestável, sobre os problemas do mundo e sobre nossa impotência ante um destino cruel. O naturalismo é uma forma de realismo que consiste inteiramente em pensamentos inúteis. Aqui, todos os desejos humanos são vis e nós somos escravos desses desejos. De modo que é muito justo que estejamos todos condenados. Sinto muito, mas a ciência o comprova. Mesmo assim, aproveite o momento, porque o mundo está piorando inexoravelmente. E tem mais: o paraíso não existe. As pessoas que têm um histórico de distúrbios de humor devem evitar as obras naturalistas a todo custo.

O principal representante europeu do naturalismo é Émile Zola. Ele escreveu uma série de vinte romances interligados chamada *Os Rougon-Macquart*. A série ganhou o nome da família de anti-heróis que ela retrata. Émile pretendia mostrar "como a raça é modificada pelo meio ambiente", ou seja, como foi de mal a pior. Todos os Rougon-Macquart herdam um "apetite voraz", que pode ser por dinheiro, por álcool ou pelo puro e simples assassinato. A heroína arquetípica de Zola, *Nana*, destrói todo homem que encontra – um se fura com uma tesoura, outro se mata em um celeiro – antes de contrair varíola e terminar sua carreira como "uma baciada de carne podre". Em *A Besta Humana*, Jacques é atormentado por um anseio insaciável de assassinar mulheres sem motivo algum: uma "necessidade perversa de jogar a fêmea sobre seu ombro e carregá-la como uma presa morta". Não preciso dizer que ele vai coçar essa comichão homicida antes de o romance terminar, e ele não será o único.

Assim como Balzac, Zola tinha uma sensibilidade densa e sintética; assim como Flaubert, era um perfeccionista na pesquisa, tornando-se um especialista em guetos miseráveis, em trabalhadores de ferrovias e em qualquer ambiente onde um Rougon-Macquart pudesse cair em má companhia, cometer crimes brutais e ser desmembrado. O que faz com que valha a pena ler as obras de Zola, para aqueles de coração forte, é sua capacidade mágica de criar um mundo social complexo e incorporar nele o desprezível. Escreveu cenas interessantes e convincentes sobre a vida dos pobres alcoólatras, sobre uma revolta de mineiros sendo violentamente suprimida, sobre um catastrófico acidente de trem – qualquer coisa que arraste os mais vulneráveis numa espiral de pensamentos suicidas. Nesses livros, Zola se agarra com tanto gosto aos assuntos depressivos que há algo de revigorante em sua negatividade melancólica.

O naturalismo também se tornou um elemento importante na ficção americana, particularmente nas obras de Stephen Crane (ver p. 261) e Theodore Dreiser (veja algum outro livro, escrito por alguém que pense que as pessoas devem ler Dreiser).

A TÉCNICA DE ZOLA PARA SE LIVRAR DE AMIGOS INDESEJADOS

Um dia, o artista Paul Cézanne recebeu pelo correio um pacote de seu velho amigo Émile Zola. O que era? Bem, era o novo romance de Émile, *A Obra-Prima*. O herói do livro é um tal de Claude Lantier, um garoto Rougon-Macquart que se torna um pintor muito parecido com Cézanne, um inovador caluniado pelos críticos. No romance, o gênio de Lantier gradualmente descamba na incoerência. Ele luta para se recuperar, mas falha catastroficamente. Ao perceber que sua obra não presta, ele acaba se enforcando.

Cézanne escreveu uma carta educada de agradecimento a Zola e nunca mais falou com ele.

O CASO DREYFUS

O caso Dreyfus foi um julgamento controverso que dividiu a sociedade francesa durante anos – algo como o homicídio cometido por O. J. Simpson ou o julgamento dos Rosenberg, só que mil vezes pior.

Amigos se voltaram contra amigos. Brigas irromperam. Membros da mesma família deixaram de se falar.

Foi basicamente um debate exaltado sobre a possibilidade de se confiar que os judeus não trairiam o governo francês. Uma vez que a cada poucos anos a França enfrentava uma revolução, era de esperar que não houvesse nada de mais francês do que trair o governo, mas os franceses da época não viam as coisas desse jeito.

O Capitão Alfred Dreyfus, um oficial da artilharia – que era judeu – foi acusado de passar informações militares aos alemães. Foi condenado e mandado para a Ilha do Diabo. Dois anos depois, oficiais do exército francês descobriram que outra pessoa era a culpada. Esconderam a informação e até chamaram alguém para forjar documentos a fim de encobrir o caso. Esse segredo era público, ainda que muitos se recusassem a acreditar nele, tomando-o por uma teoria de conspiração.

Foi aí que Zola se intrometeu. Publicou uma carta aberta para o presidente, conhecida como a carta "*J'accuse*", em que ele expunha a armação contra Dreyfus. Ela culmina com uma série de frases que começavam com "Eu acuso...". Zola nomeou todos os envolvidos na armação e especificou o que cada um deles fez. Desafiou cada um deles a processá-lo por calúnia, sabendo que um julgamento levaria a um novo exame do caso Dreyfus.

Como consequência do escândalo que se seguiu, Dreyfus foi julgado novamente... e novamente considerado culpado. Opa! Mas foi perdoado e libertado, pondo fim ao furor. Nesse meio-tempo, os franceses devem ter aprendido alguma coisa. Pararam tanto de tentar derrubar o governo quanto de perseguir os judeus, percebendo que havia um país vizinho inteiro pronto e disposto a libertá-los desse fardo.

	Importância	Acessibilidade	Diversão
Germinal	6	6	6
Nana	6	6	5
A Besta Humana	4	7	6
L'Assomoir	4	7	5

JOSEPH CONRAD (JÓZEF TEODOR KONRAD KORZENIOWSKI) (1857-1924)

Joseph Conrad nasceu numa família aristocrata polonesa que vivia sob o governo do Império Russo. Naturalizou-se inglês e o inglês era sua terceira língua. Isso faz com que, ao escrever inglês, ele seja como um pianista que toca usando dois pares de luvas de bebê. E também faz da sua ficção uma mistura diferente, de belo realismo e realismo incômodo.

Nos romances de Conrad, os homens têm de encarar um universo intimidador e quase insultuoso, que os massacra até que todos os defeitos que eles tenham sejam expostos. Mas a redenção se encontra na lealdade máscula a uma causa. Ninguém é tão bom quanto um simples marinheiro que não abandona seu posto, e ninguém é tão ruim quanto os desertores europeus que infestam os postos avançados do império, fugindo dos seus deveres durante a vida.

Quando era adolescente, Conrad foi ao mar e trabalhou duro para subir de posto. Aos 37 anos, cansado de ser valorizado e remunerado, ele se aposentou do mar para escrever. Quase tudo o que escreveu foi baseado diretamente em suas experiências de marujo. Quem lê sua descrição de uma tempestade no mar sente como se realmente tivesse vivido essa situação. Mas, depois disso, quando sair ao ar livre você olhará para o céu e ficará decepcionado ao descobrir que ele não está cheio de significado.

Charles Marlow, um dublê do autor, geralmente narra as histórias. No conto *Coração das Trevas*, ele é um piloto de barco a vapor que sobe o rio através do Congo Belga para encontrar o negociante Kurtz, que está quebrando todos os recordes de fornecimento de marfim. Kurtz, que um dia fora um ilustre exemplar da civilização ocidental, foi renegado e se instalou como líder local. E, pior, ele está dormindo com uma garota negra. O horror! Os tambores selvagens! Os excessos prosaicos! (Para ter uma ideia rápida e suja do Congo Belga, veja o conto mordaz e tedioso "Um Posto Avançado do Progresso", uma espécie de ensaio para *Coração das Trevas*. Muito horror, nenhuma emoção.)

Marlow também narra a história de *Lorde Jim*, sobre um jovem oficial náutico que sonha com a glória. Mas, quando o momento crítico se apresenta, Jim não tem *cojones* e abandona oitocentos passageiros para morrer no naufrágio. Mas o navio não naufraga. Oitocentas pessoas saem contando essa história muitas e muitas vezes. Jim começa a se esconder, fugindo de porto em porto com a vergonha em sua cola. Finalmente encontra paz e respeito entre alguns aldeões malaios, que o aceitam como seu "senhor". Esse livro é psicologicamente perspicaz, com um estilo brilhante, mas pega o caminho errado no final, se transformando em uma aventura *pulp*.

Outro favorito é *Nostromo*, um romance político complexo ambientado em uma nação sul-americana fictícia. Aqui, o que expõe os defeitos dos homens é sua ganância pela prata que vem das minas do *Señor* Gould. O livro nos leva através de revoluções, do amor impossível e das habituais escapadas masculinas – que dessa vez acontecem geralmente em terra – e então pega o caminho errado no final, se transformando em um romance *pulp*.

Na primeira metade do século XX, as discussões sobre a obra de Conrad se focavam no estilo, no simbolismo e nas técnicas de narrativa. Mais recentemente, as atenções se voltaram para o modo como ele trata as questões raciais, particularmente depois de 1975, quando Chinua Achebe fez um discurso denunciando *Coração das Trevas*. Seus africanos eram símbolos, não pessoas; suas mortes eram mero pano de fundo para a história dos homens brancos. A crítica básica de Conrad ao genocídio colonial é de que ele corrompe a moral branca. É como um romance alemão sobre a má influência que Auschwitz teve sobre Rudolf Hess.

"Ah, vai cuidar da sua vida" é a reação dos fãs de Conrad, que apontam que o autor estava na vanguarda da opinião, então progressista, sobre tudo isso. Parece injusto direcionar para ele os holofotes quando Kipling estava bem ao seu lado. Mas não se pode escapar dos problemas raciais ao discutir o último livro que mencionarei, *O Neguinho do "Narcissus"*. Vá em frente, tente discuti--lo sem pensar no problema racial. O título foi um problema até mesmo em 1897; foi publicado na América como *Filhos do Mar*. O personagem "neguinho", Jimmy Wait, é um marinheiro adoentado que vai a bordo do *Narcissus* e cai de cama na mesma hora. As reações da tripulação a ele constroem a trama do livro, mas Jimmy também é um personagem completamente realizado, e não um pano preto de fundo. O livro não seria significativamente diferente se fosse chamado de *O Portuga do "Narcissus"*, tirando o fato de que provavelmente seria um dos livros mais lidos de Conrad hoje em dia.

	Importância	Acessibilidade	Diversão
Lord Jim	9	5	8
Coração das Trevas	9	4	7
Nostromo	7	6	8
O Neguinho do "Narcissus"	6	6	8

NIKOLAI GOGOL (1809-1852)

Gogol é o bardo dos oficiais de baixa patente do Império Russo, com toda sua sordidez, sua aceitação de propinas e sua dissolução moral. No mundo de Gogol, a maior parte dos homens vive uma vida de ruidoso desespero. O tipo silencioso que aparece ocasionalmente é um inseto que será esmagado e ninguém vai dar a mínima, pois ele não tem alma. Felizmente, tudo isso é feito para causar riso – ainda que o leitor que não seja russo talvez ache um pouco difícil rir de toda essa desgraça.

Seus contos são de leitura mais fácil, e "Diário de um Louco" talvez seja o mais fácil de todos. Seu herói é um oficial insignificante e miserável que desenvolve a estranha capacidade de ouvir as conversas dos cães. Logo ele se convence de que é o rei da Espanha e termina suas aventuras em um hospício. "O Nariz" também é muito popular. Esse conto começa com um barbeiro que encontra um nariz em seu pão matinal. Fica aterrorizado quando percebe que o nariz é de um dos seus clientes, Kovalev, e corre para se livrar dele. Do outro lado da cidade, Kovalev acorda e fica horrorizado quando descobre que seu nariz sumiu. O nariz fugido adquire vida própria e, para piorar a situação, se dá melhor que seu dono.

A peça clássica de Gogol, *O Inspetor-Geral*, chega quase a desapontar de tão convencional que é em comparação com esses contos. Um homem que está visitando uma cidade provinciana é confundido com um inspetor da capital. Uma horda de oficiais corruptos fica em volta dele, fazendo-lhe favores, oferecendo-lhe presentes e tentando casá-lo com suas filhas. Por um curto período, ele vive como um rei, até que, inevitavelmente, o verdadeiro inspetor aparece.

No regime de servidão russo, os agricultores realmente eram propriedade legal dos proprietários de terras. Os servos eram chamados, no coletivo, de "almas". Quando um proprietário de terras dizia que tinha duzentas almas, ele não queria dizer que estava possuído por legiões de espíritos, mas que tinha uma fazenda grande com um monte de trabalhadores. Então, embora o título de *Almas Mortas* soe como um exemplo particularmente desagradável de os russos tentando nos deprimir, na verdade é uma comédia.

O herói Chichikov é um golpista que compra servos mortos que ainda não foram oficialmente registrados como mortos e riscados das listas. Quando os acumula em número suficiente, usa-os como caução para tomar um empréstimo enorme, tornando-se assim rico da noite para o dia. Mas é claro que ele também é (como Nabokov aponta em suas *Conferências sobre a Literatura Russa*) um agente do demônio, que compra as almas dos servos mortos que adquire dos proprietários de terras.

Com essa premissa, Gogol nos leva a uma expedição para descobrir os vários tipos inferiores de russos. Os espécimes que ele apresenta são tão bem caracterizados e classificados que seus nomes entraram para a língua russa. Agora os russos dizem que alguém é um *korobochka*, ou reclamam sobre o violento *nozdrevismo*.

Eles inevitavelmente afetam os não russos de modo diferente, pois são tipos que não encontramos por aqui, dando um ar mais fantasmagórico ao livro e fazendo com que fique menos emocionante para quem não é russo.

Esse é um dos muitos livros feitos para espelhar *A Divina Comédia*, ainda que (como é típico nessas iniciativas), Gogol tenha publicado somente a parte do inferno. Ele escreveu a parte do purgatório, onde Chichikov está reformado, mas a queimou em um ímpeto de mania religiosa e criticismo literário. Isso é admirável, em comparação com tantos escritores fracos, que pediram a outras pessoas que queimassem suas obras, como se, para eles, fosse esforço demais levar um manuscrito até a lareira.

Essa mania religiosa progrediu, levando Gogol a se sujeitar a mortificações cada vez maiores de seu próprio corpo. A certa altura, ele parou completamente de comer e morreu. Ou pelo menos foi essa a impressão que se teve. Mais tarde, quando seu corpo foi exumado, descobriu-se que estava de bruços, dando a entender que Gogol fora enterrado vivo. Mas, mesmo assim, considerando o modo como ele passou seus anos finais, ser enterrado vivo provavelmente só atingiu nota 5 na escala de dias ruins.

	Importância	Acessibilidade	Diversão
Contos	8	6	8
O Inspetor-Geral	6	7	7
Almas Mortas	8	4	9

OCIDENTALIZADORES E ESLAVÓFILOS

Na história cultural russa, os ocidentalizadores (*zapadniks*) eram aqueles que viam os russos simplesmente como alemães que deram errado. Durante gerações, a nobreza russa falava francês em casa e considerava seu país atrasado. Era comum para um russo abastado passar a maior parte de sua vida na Europa Ocidental, só voltando à Rússia ocasionalmente para poder desprezar as pessoas. A monarquia absolutista da Rússia era medieval; seu regime de servidão era bárbaro; sua população era miserável e iletrada; havia somente duas estações: o inverno e a lama. Embora a lama não fosse exatamente culpa do governo, o fato de a maior parte das estradas serem enlameadas era. Até mesmo o piso dos hotéis em Moscou às vezes era sujo.

Já os eslavófilos acreditavam na superioridade do modo de vida russo e da alma russa sobre qualquer sociedade ocidental ímpia. Eles eram típicos cristãos ortodoxos russos, que acreditavam que os agricultores russos estavam mais próximos de Deus do que qualquer outra pessoa. Para um estrangeiro, a ideia de que os eslavos eram o povo eleito por Deus tem de ser confrontada algumas vezes antes que se perceba que ela é levada a sério. Ainda assim, alguns dos maiores escritores da época assinavam embaixo dessa ideia, entre eles Gogol, Dostoievski e Tolstoi. (Gogol não era tecnicamente russo, mas sim ucraniano, fato que importa para os ucranianos. Para os não ucranianos: os ucranianos são iguais aos russos, exceto pelo fato de odiarem os russos.)

Na época pré-revolucionária, tanto os ocidentalizadores quanto os eslavófilos tendiam a ser comunistas, mas Gogol – ao contrário da maioria das pessoas inteligentes o suficiente para amarrar o próprio sapato – era fã do regime de servidão e da monarquia absolutista. Dostoievski também começou a acreditar no czar depois que passou quatro anos na Sibéria por não acreditar no czar.

LEON TOLSTOI (1828-1910)

Mesmo que *Anna Karenina* seja o preferido de todos, a melhor e maior obra de Tolstoi é *Guerra e Paz*. Essa obra estabeleceu e ainda mantém sua reputação de pensador. Não só porque o público tem um respeito exagerado por livros longos (isso acontece) ou porque os livros de guerra são desproporcionalmente admirados (eles são). *Guerra e Paz* evoca milhares de momentos de experiência vivida e os incorpora todos em uma filosofia unificada. Há centenas de personagens de todas as idades, sexos e tipos de personalidade, todos envolvidos nas guerras napoleônicas (da geração dos avós de Tolstoi) com um realismo tão transparente que, no fim, passamos a sentir uma nostalgia pessoal por aquelas guerras. Como disse Isaac Babel depois de tê-lo lido, "Se o mundo pudesse escrever por si, escreveria como Tolstoi".

Tolstoi faz tudo isso para mostrar que somos todos peões nas mãos de Deus. Tudo é predestinado. Nós não – repito, NÃO – temos vontade própria. Napoleão só queria invadir a Rússia porque Deus queria que ele invadisse; Natasha se apaixona por Anatole porque Deus quer que ela se apaixone; você só está lendo este livro porque Deus queria que você o lesse. Pode ser que algum dia, diz Tolstoi, possamos compreender a vontade de Deus, como a história a reflete. Enquanto isso, o principal é lembrarmos que Napoleão não era um grande general. Napoleão era só um peão como todos nós, ou ainda mais peão do que nós. E também era um francês sujo.

Tolstoi poderia ter demonstrado essa teoria do mesmo jeito sem arrastar Napoleão para dentro dela, e muitos leitores desejarão que ele tivesse feito assim. Em *Guerra e Paz*, as partes de guerra são notoriamente menos interessantes do que as partes de paz. Não nos entenda mal; as partes de guerras geralmente são ótimas. Mas Tolstoi paralisa a ação várias vezes para corrigir nosso engano de que Napoleão tinha livre-arbítrio.

Um editor esperto poderia fazer um favor para os leitores preguiçosos do mundo criando uma edição de *Paz*, sem a *Guerra*. Uma edição ainda mais criteriosa resultaria em *Paz sem Deus*, tirando as muitas experiências religiosas, orações e discursos sobre o amor de Cristo. O livro então consistiria inteiramente em romance, brigas domésticas e cenas de caça. Em resumo, seria *Anna Karenina*.

Anna Karenina é um dos clássicos mais agradáveis de se ler. Foi até um dos livros escolhidos pela Oprah (causando uma onda de reprovação quando o nome de Oprah saiu maior que o nome de

Tolstoi na nova edição). Um livro revolucionário sobre adultério entre os aristocratas da Rússia, *Anna Karenina* é cheio de bailes, caçadas, cenas de amor e de reforma agrária. (É fato, mas as partes de reforma agrária são mais curtas do que as partes de guerra em *Guerra e Paz*.)

O livro começa com a famosa frase: "Todas as famílias felizes são iguais. Cada família infeliz é infeliz a seu próprio modo". Ele fisga 99% dos leitores bem aí. É como um daqueles artigos do *Times* sobre estilo de vida: ESTUDO DE CASAIS DE STANFORD: "TODAS AS FAMÍLIAS FELIZES SÃO IGUAIS". Ó meu Deus, como? Preciso saber imediatamente!

Assim como a maior parte dos estudos sobre felicidade, os conselhos de Tolstoi se resumem a nos mandar gostar de coisas realmente tediosas, de que nunca gostaríamos se ninguém nos aconselhasse. Se você não conseguir, acrescenta Tolstoi, só poderá culpar a si mesmo caso acabe pulando de uma ponte. Mas ainda temos muito romance antes de Tolstoi nos jogar da ponte. O romance fala principalmente sobre os infelizes, incluindo assim muitas coisas de que gostamos, todas elas maravilhosamente caracterizadas. *Anna Karenina* é reconhecidamente a obra mais perfeita de Tolstoi, e não há vergonha alguma em ler esse livro enquanto empurramos a leitura de *Guerra e Paz* para aquelas longas férias que nunca chegarão.

Em seus dois grandes romances, Tolstoi força um final para nos obrigar a chegar à conclusão de que a única vida que vale a pena é a de um homem de família que trabalha junto com seus próprios lavradores. Você poderia argumentar que não tem nenhum lavrador com quem trabalhar. Tolstoi tinha uma resposta para isso. Ainda mais ideal do que a vida de um dono de lavradores era a vida dos próprios lavradores. Esses trabalhadores simples estavam mais próximos de Deus. Em uma sociedade ideal, todos seriam lavradores. É claro que o próprio Tolstoi não era lavrador. Ele trabalhava junto com eles, mas sempre que tinha vontade ia embora para casa a fim escrever um romance de mil páginas. Além do mais, sempre passava as noites no conforto de sua mansão, onde havia serviçais lhe esperando, aos quais ele não dava sinal algum de que fosse se juntar. Um desses serviçais era na verdade seu filho ilegítimo, que ele empregava como cocheiro em vez de adotar, ou libertar ou o que quer que seja.

Esse elemento de "faça o que digo, não faça o que faço" acabou por incomodá-lo. Com 82 anos, ele decidiu se tornar um simples peregrino, abandonando sua mansão, seus lavradores e sua família. Mas levou consigo um lacaio para carregar a bagagem e um médico particular. Com esse pequeno séquito, em vez de se aventurar a pé nas estradas à maneira eterna dos peregrinos russos, ele pegou o trem. Foi como a Turnê de Hipocrisia de Leon Tolstoi.

Essa montagem perfeita de comédia acabou em tragédia. Tolstoi caiu doente em uma estação de trem e passou seus últimos dias em uma cama improvisada na sala de espera da estação, com uma multidão de discípulos e repórteres descontrolados do lado de fora.

	Importância	Acessibilidade	Diversão
Anna Karenina	10	10	10
Guerra e Paz	10	7	8

FIÓDOR DOSTOIEVSKI (1821-1881)

Dostoievski foi o primeiro a perceber completamente o aspecto subliminar masoquista do romance gótico. Normalmente, no romance gótico, um mal misterioso envolve aos poucos uma pessoa ou família inocente. É claro que esse mal é latente em todos nós, e o monstro/maldição que o incorpora é uma metáfora de como todos nós seremos inevitavelmente castigados pelo simples fato de sermos humanos. Disfarçar o mal na forma de um monstro deformado ou de um castelo maligno deixa tudo menos deprimente. Mas Dostoievski seguiu outro caminho.

Ele estourou no meio literário russo com *Gente Pobre*, um romance realista explícito sobre a vida miserável da elite intelectual russa em São Petersburgo. Mesmo sem economizar na melancolia, o romance tem um final relativamente feliz, já que a maior parte da gente pobre se torna gente menos pobre. O livro foi acolhido pelos reis da literatocracia russa, principalmente pelo crítico soberano Belinsky, um socialista que pensava que Dostoievski era a grande esperança branca da propaganda política. Dostoievski era convidado para festas e comemorações, mas não era muito encantador. Era tolo, irascível e neurótico; afastava a todos com seu comportamento e seu temperamento.

Terminou de cavar sua cova social com seu livro seguinte, *O Duplo*, que era um romance gótico mórbido e não uma obra realista como seus fãs esperavam. Em *O Duplo*, um conselheiro titular do governo aos poucos perde a razão, convencido de que um *doppelgänger* está usurpando sua identidade e usando essa posição para arruinar sua vida. Não fica claro durante o livro se realmente há um *doppelgänger* ou se é o próprio conselheiro que se arruína sozinho. Mas não há nenhum comentário social mordaz, de modo que Belinsky e sua turma ficaram cem por cento decepcionados.

Mas ainda assim as coisas poderiam ter sido bem piores. Sabemos disso porque, em seguida, elas realmente pioraram. Dostoievski se envolveu com um grupo de revolucionários. Eles mais se reuniam do que agiam, mas chegaram ao ponto de comprar uma máquina de impressão e produzir um único panfleto revolucionário. Até hoje os russos não tiveram um só governante que visse graça nessa situação.

Aqui está um exemplo do que um líder russo acha engraçado. Depois de prender todos que tinham algum vínculo com esse bando inútil, o czar preparou uma pegadinha. Eles foram colocados em frente a um pelotão de fuzilamento com uma carreta ao lado, onde aparentemente estavam empilhados seus caixões. Foram vendados e a contagem regressiva começou. No último minuto, um cavaleiro chegou a galope, trazendo o perdão do czar. Os chefes de Estado simplesmente não têm mais esse tipo de senso de humor.

Os revolucionários foram então mandados para prisões siberianas. Dostoievski passou quatro anos em barracões gelados e pestilentos com mais duzentos prisioneiros, muitos deles assassinos. As condições foram duras o suficiente para matar alguns de seus colegas revolucionários. A sentença de Dostoievski exigia que ele se alistasse como soldado ao ser libertado. Juntando tudo, passaram-se quase dez anos antes que ele pudesse escrever outro livro. A condenação foi particularmente dura para Dostoievski, uma vez que os soldados e os assassinos o achavam tão desagradável quanto os *litterati* de São Petersburgo tinham achado. Esses anos são centrais em seus escritos mais maduros, que descrevem os criminosos que ele conheceu, o fervor revolucionário e seu próprio conflito com temas como a culpa e a redenção. Todo esse pesadelo é descrito em termos realistas em seu relato dos anos na prisão, *Recordações da Casa dos Mortos*. Para as pessoas que gostam de se sentir morbidamente deprimidas, é interessante compará-lo com relatos dos campos de prisioneiros dos soviéticos, que são mais recentes. Todas as outras pessoas deveriam pular essa parte e retomar os escritos de Dostoievski quando ele começa a escrever suas obras-primas, sobre o conforto relativo da pobreza civil.

Essas obras-primas são:

Memória do Subsolo

Geralmente tido como o grande romance existencialista. O próprio Nietzsche disse que o romance "chorava a verdade do sangue". Começa com uma longa diatribe sobre a natureza humana, essencialmente explicando por que nunca seremos felizes nem bons. Infelizmente para aqueles que ainda tinham alguma esperança por nossos filhos, "a verdade do sangue" praticamente a extermina.

O livro então segue detalhando algumas aventuras do Homem do Subsolo no mundo real, onde ele se comporta como um canalha covarde, guiado por uma horda de impulsos neuróticos com os quais os leitores se identificam imediatamente. Misteriosamente, essa identificação é encorajadora: pelo menos alguém está disposto a dividir nosso fardo de sermos como somos, em nosso coração canalha. O que acaba por ser deprimente é o fato de o herói de Dostoievski não ter nenhum amigo, nenhum amor, nenhuma família – sua vida é completamente vazia. Embora diga que o Homem do Subsolo representa todas as pessoas contemporâneas pensantes, Dostoievski não consegue mostrá-lo em sua existência real, em meio a um monte de outros homens, mulheres e crianças do subsolo. Mas ele remediará tal omissão em seus livros seguintes.

Crime e Castigo

O herói Raskolnikov é um intelectual pobretão que se convence a matar e roubar uma velha desprezível. Não há motivo para essa pessoa continuar viva. Não importa por qual ângulo ele olhe, fica óbvio que ele deve matar e roubar essa pessoa horrível. Na verdade, quando Raskolnikov pensa sobre isso, vê que seria covardia não matar essa pessoa. E outra: ele está falido.

Ele estraga seu plano, não obtém nada de valioso e mata, além da velha maligna, uma pessoa que estava ali por acaso. Então fica atormentado pela culpa. Doa todo o seu dinheiro e sai por aí agindo de modo tão culpado quanto possível. Mas as pessoas ao seu redor têm suas próprias angústias existenciais com que lidar. No meio dessa massa de degradação e culpa que é um romance de Dostoievski, Raskolnikov não se destaca muito.

Na verdade, todos são tão problemáticos que outra pessoa confessa o assassinato, tentando tomar sobre si a punição de Raskolnikov! Credo. Quem temos de maltratar a fim de conseguirmos ser condenados a trabalhos forçados nessa prisão? Mas, no fim, Raskolnikov encontra seu caminho em meio a um labirinto de subenredos desafiadores e chega à terra prometida: a Sibéria.

O Idiota

O idiota do título, o Príncipe Michkin, é considerado deficiente mental primeiro por sofrer de epilepsia (algo de que o próprio

Dostoievski sofria) e segundo por causa de sua bondade cristã. É uma versão sutil de uma história que Dostoievski adorava: o que aconteceria com Jesus se ele retornasse? Nesse livro, algumas pessoas reconhecem a santidade de Michkin, mas não conseguem deixar de rejeitá-lo, pois odeiam a si mesmas mais do que amam a qualquer outra coisa. A figura de Madalena, por exemplo, se recusa a ser salva por ele e foge com um canalha, porque isso é tudo que ela merece.

A histeria dos personagens é um pouco exagerada, quase burlesca. Se você der para uma dessas pessoas uma pilha de dinheiro, elas imediatamente a jogarão no fogo. Uma mulher só dormirá com um homem quando tiver certeza de que o despreza. Se dois personagens se encontram, eles nunca conversam sobre restaurantes ou sobre as notícias do momento. Em vez disso, eles ameaçam se matar, confessam seus segredos mais íntimos, então um deles tenta esfaquear o outro, depois do que eles trocam juras de amizade eterna. É como um jogo no qual o autor dá cartas aleatórias para os personagens, com emoções diferentes escritas em cada uma, e de acordo com as quais os personagens terão obrigatoriamente de agir de acordo, o que quer que tenha acontecido anteriormente.

Os Possessos

Aqui vemos o modo severo como Dostoievski trata uma célula anarquista. O título em russo é *Biesi* – literalmente Demônios, o que nos dá uma ideia de como os revolucionários são retratados.

Novamente, os personagens discursam, posam de condenados e atacam uns aos outros. Mas na verdade eles estão planejando crimes políticos pelos quais todos podem ser enforcados, então o disfarce é bem razoável. Além do mais, é tudo em tom de comédia. Muitas das cenas são extremamente engraçadas, particularmente no subenredo da patronesse das artes local e seu parasita presunçoso, Stepan Trofimovich.

Apesar de seu tema, esse romance não fala sobre a política em si, mas sim sobre os conflitos pelo poder que estouram entre os indivíduos. Esses conflitos seguem (surpresa!) um caminho perverso e sangrento, e ninguém chega nem perto de fazer nada político. Em vez disso, eles trocam tapas na cara, gritam "só disse que o amo porque o desprezo!" e anunciam que, ao cometerem suicídio, ficarão como Deus.

Pelo fato de o enredo funcionar, isso tudo é dez vezes mais interessante e plausível do que era em *O Idiota*. E também não há um personagem santo atrapalhando e cambaleando por aí, confuso porque lhe falaram que ele serviria para um romance de Tolstoi.

Os Irmãos Karamazov

O palhaço dissoluto Fiodor Karamazov tem três filhos: o sensualista Dimitri, o intelectual Ivan e o devoto Alexei. Há também rumores de que seu servo, Smerdiakov, é seu filho ilegítimo. Para terminar, ele tem uma mulher, a sedutora Grushenka, em cujo afeto, um tanto quanto maculado, ele tem como rival seu filho Dimitri.

Um dos filhos irá matá-lo antes do fim do livro. Um filho diferente será punido pelo crime. Enquanto isso, os personagens se arrastam aos pés dos monges, gabam-se de como são desprezíveis e desperdiçam dinheiro.

O livro é famoso pelo discurso do Grande Inquisidor, de Ivan – outra versão da história do Jesus Incômodo. Aqui, fala-se literalmente do retorno do Cristo, em um poema que Ivan outrora tentou escrever. Cristo é instantaneamente aprisionado pela Igreja, e a figura do Grande Inquisidor faz um longo discurso para ele, sobre como a Igreja agora trata diretamente com Satanás, porque Cristo não tem ideia de quais são as necessidades reais da humanidade. As pessoas precisam de pão, regras e milagres, não de livre-arbítrio. Dar-lhes livre-arbítrio só serve para encaminhar a maior parte delas para o inferno, além de desgraçá-las enquanto ainda estão vivas. Felizmente, a Igreja se livrou de tudo isso. No final, o Cristo fica em silêncio e beija amorosamente o Grande Inquisidor, em vez de responder. Cristo não quer dar-lhe corda, para que ele não comece a falar sobre Napoleão.

	Importância	Acessibilidade	Diversão
Memórias do Subsolo	10	7	8
Crime e Castigo	10	5	7
O Idiota	6	4	5
Os Possessos	6	5	8
Os Irmãos Karamazov	9	5	8

O Drama Realista

Esse movimento continua a tradição deprimente do realismo incômodo, ao mesmo tempo que inaugura uma nova tradição de escandinavos deprimentes. O bisavô dos escandinavos deprimentes foi o norueguês Henrik Ibsen (1828–1906).

Hoje as peças de Ibsen se parecem com os dramas mais convencionais. As peças políticas mais antigas, como *Casa de Bonecas* e *Um Inimigo do Povo*, costumam ter finais felizes. O roteiro passa por uma série de conflitos e revelações, todos centrados num assunto crucial da época. Os personagens são distintos e cheios de matizes, e seus relacionamentos mudam constantemente por causa desse assunto controverso. Em resumo, é o protótipo do filme que costuma ser indicado ao Oscar.

Mas, quando Ibsen começou a escrever suas peças, o drama típico ainda era escrito em verso. O método era o romantismo, a regra eram os cenários históricos e os roteiros não haviam mudado muito desde a época de Shakespeare.

Nas obras de Ibsen e de seus seguidores, os cenários eram contemporâneos. As falas dos atores eram exatamente iguais ao modo de falar real das pessoas comuns. Tudo no palco refletia a vida dos membros da plateia. Geralmente as peças terminavam com um suicídio, mas isso acontecia fora do palco e a reação dos personagens ao suicídio era muda. Não havia declamações sobre deuses impiedosos, nem uma pilha de corpos aparecia em cena. Em vez disso, alguém dizia: "Minha nossa, parece que Peter não estava brincando quando falava daquela arma. Quem vai contar à mãe dele?". DESCEM AS CORTINAS.

No fim da vida, Ibsen produziu obras mais obscuras e psicológicas como O Pato Selvagem e Hedda Gabler. Esta última se tornou favorita por causa de sua heroína carismática, cujo tédio por ser mulher beira o sadismo. Ambas as peças terminam com a mulher se matando, o que representa o encontro entre o feminismo e o realismo no fim do século XIX.

Enquanto Ibsen estava inventando o drama realista, August Strindberg (1849–1912) deu um passo à frente e abriu as portas do teatro experimental. Ele ficou mais famoso por seu drama tenso *Senhorita Júlia*, no qual uma garota aristocrática macula a si mesma com um criado. O poder vai se transferindo de um deles para o outro e, onde quer que esteja, é sempre poder abusivo. *Senhorita Júlia* ainda acontece no mundo real, ainda que seja em um recanto bêbado e histérico dele. Mas em *A Sonata Fantasma*, Strindberg entra no território de Ionesco. Fantasmas interagem com os mortos-vivos, uma mulher se transforma em papagaio humano, declarações honestas literalmente matam as pessoas azaradas que as ouvem. Para terminar, *O Sonho* é literalmente isso. O herói muda de forma, prolifera e faz poses em volta da "filha de Indra", uma figura crística feminina central. Strindberg escreveu essa peça depois de um episódio psicótico, e ela tem a franqueza não censurada da doença mental. Pode soar proibitiva, até embaraçosa. E é mesmo, mas é isso que faz com que valha a pena comprar o ingresso.

Na Rússia, Anton Tchekhov (1860–1904) estava escrevendo suas próprias peças ibsenitas. Os personagens são diferentes de todos os outros na literatura russa; reféns não do masoquismo, do pecado ou da política, mas da pura banalidade da vida. Assim, em uma produção inferior, eles são simplesmente banais e merecem completamente as vaias que receberam na noite de abertura de *A Gaivota*. Quando tomam vida, criam o mesmo ambiente enigmático dos contos de Tchekhov (veja a seguir: o homem enquanto barata com uma alma imortal. Tchekhov encontrou seu grande intérprete no lendário diretor Stanislavski. Seu Teatro de Arte de Moscou redimiu *A Gaivota* e seguiu produzindo, com sucesso, *Tio Vânia*, *As Três Irmãs* e *O Pomar de Cerejas*. Nota: misteriosamente, Tchekhov chamou *A Gaivota* e *O Pomar de Cerejas* de "comédias". Isso deixou gerações de frequentadores de teatro perplexos, lutando para encontrar motivos de riso nessas peças melancólicas.

	Importância	Acessibilidade	Diversão
IBSEN			
Casa de Bonecas	8	9	6
Um Inimigo do Povo	5	9	7
Hedda Gabler	8	8	6
O Pato Selvagem	7	8	6
STRINDBERG			
Senhorita Júlia	8	6	8
A Sonata Fantasma	5	5	4
O Sonho	5	4	7
TCHEKHOV			
A Gaivota	8	6	6
As Três Irmãs	8	7	5
O Pomar de Cerejas	8	6	5
Tio Vânia	7	6	6

MAIS ANTON TCHEKHOV

Existem dois Tchekhov. Um, conhecido pelos amantes do teatro, é o maluco que acreditava que *O Pomar de Cerejas* era uma comédia. Mas há também o Tchekhov que é um deus para os escritores de contos.

A alma de cada conto de Tchekhov é o horror da banalidade da vida e da indiferença da humanidade ao sofrimento. Cada conto nos oferece um pequeno refúgio de amor e significado... e então o destrói. Os contos mais característicos de Tchekhov mostram uma pessoa jovial e idealista sendo engolida e digerida pela banalidade mais impiedosa – "Iônitch", "Anna no Pescoço", "Volódia Grande e Volódia Pequeno" – ou mostram o mundo do ponto de vista de uma pessoa que já seja escrava da banalidade – "O Gafanhoto", "O Violino de Rothschild", "Numa Casa de Campo".

Aqui está um exemplo: "Enfermaria Número 6", um dos contos mais implacavelmente humanos já escritos. É sobre um médico provinciano cujas obrigações incluem a de inspecionar o hospício da região, que não é muito diferente de uma prisão mal gerida. Os poucos internos apanham e são maltratados, e Tchekhov os descreve cuidadosamente para que saibamos exatamente o que os maus-tratos significam para cada indivíduo. O doutor fica fascinado por um paciente que, apesar de louco, é brilhante, cáustico e mais interessante do que qualquer um de seus amigos provincianos. O paciente ridiculariza o doutor por causa de sua insensível colaboração com a brutalidade do sistema. E mesmo assim o doutor continua voltando para vê-lo.

Suas longas conversas com esse paciente logo começam a chamar a atenção. Médicos que gostariam de ocupar a posição dele espalham rumores de que a própria sanidade do doutor está comprometida. Em um dado momento, ele mesmo é colocado no hospício – apanha, é roubado e perde sua dignidade humana – e Tchekhov descreve cuidadosamente o seu primeiro dia de aprisionamento, de modo que possamos entender sem sombra de dúvida que agora sua vida será constituída por milhares de dias como aquele. Além do mais, ele merece esse inferno, porque sua colaboração insensível com a brutalidade do sistema era real e imperdoável. Assim como a nossa.

Não, não há nada de engraçado nisso. Nada mesmo. Vá em frente e vire a página.

	Importância	Acessibilidade	Diversão
Contos	8	10	8

CAPÍTULO 13

O CONFUSO SÉCULO XX: AINDA BEM QUE ACABOU

Agora mergulharemos nosso pé no gélido rio do século XX e em seguida voltaremos tremendo para dentro da nossa cabana. Trataremos somente de autores que tenham sido propriamente canonizados, aquelas obras que tenham garantido seu lugar no pódio. Um olhar abrangente para a literatura do século XX se expandiria além do alcance deste livro, de modo que nos concentraremos no essencial, nos "10 Mais" ou "12 Mais" ou no "Grande Número Estabelecido pela Pessoa que Contou os Autores deste Capítulo".

Essas mesmas pessoas obcecadas por números podem reparar que incluímos aqui alguns escritores que, cronologicamente, encontram-se no século XIX. Isso porque, em espírito, eles são escritores do século XX que chegaram adiantados e tiveram de esperar seu momento, conversando, até que James Joyce aparecesse. Mas o que faz com que um autor pertença ao século XX, se não um simples número?

Primeiro: o século XX é uma era de "–ismos". Nenhum escritor respeitável podia pegar em uma caneta sem um "–ismo" para guiar sua imaginação. Modernismo, simbolismo, imagismo... mesmo quando o autor não citava uma palavra que terminasse em "–ismo", a inovação era o grito do momento. Mas a principal inovação foi que os autores passaram a divulgar panfletos metalinguísticos explicando por que seus livros eram melhores do que todos os anteriores e por que quem os odiasse provavelmente era ignorante.

E também é aqui que a literatura fica deliberadamente confusa. Até esse ponto, a maior parte dos escritores tentava ser compreendida. Quando achamos que suas obras são difíceis, geralmente é por causa de sua linguagem obsoleta e referências tópicas, ou porque eles são entediantes e chatos (uma forma de dificuldade que toda geração reinventa). Porém, no início do século XX, as pessoas começaram a escrever livros que intencionalmente requerem que você e eu tenhamos um chip de computador no cérebro para entendê-los, e essas mesmas pessoas ficavam então comemorando quando ninguém os entendia.

Existem três tipos principais de dificuldade.

Primeiro: existem obras (especialmente poemas) que têm um sentido todo peculiar – o tipo que as pessoas comuns chamam de "nonsense". Os poemas prosaicos de Rimbaud e Mallarmé se passam em um mundo que não é exatamente o nosso. À medida que nos familiarizamos com ele, sua lógica começa a ficar clara. É simplesmente uma lógica diferente, que não vemos por aqui, por que aqui não precisamos comer nosso marido nem nos transformarmos em galo. Esse tipo de dificuldade varia em um *continuum* que vai desde Kafka (elementar), passando por Apollinaire (intermediário), até o russo futurista Khlebnikov (que ostentava o cérebro do lado de fora da cabeça, gritava e balbuciava "Cuco! Cuco!"). Essas obras criam uma linguagem metafórica para os sentimentos e a intuição e usam essa linguagem para tentar criar novos sentimentos e novas intuições que ninguém nunca teve antes. Também atacam os grilhões da razão, que nos seguram para não atravessarmos a fronteira dos acontecimentos concretos. E, para terminar, alguns desses autores fumavam haxixe durante cinco dias a fio sem dormir.

Segundo: existem obras, como as de Marcel Proust e as de Henry James, que usam frases tão intrincadas para expressar ideias tão sutis que é necessário um alto grau de concentração para acompanhá-las – ainda que a história seja somente sobre um caso amoroso infeliz que acontece na normalidade do mundo real. Aqui, o estilo almeja expressar a rica complexidade da experiência, do ponto de vista de uma pessoa cujo cérebro tem o tamanho de uma melancia.

Para terminar, há um grupo de escritores insensíveis que propositadamente omitem informações necessárias para a compreensão de seus livros. Ler a obra de um desses autores é como ouvir um dos lados de uma conversa pelo telefone, entrecortada por partes em latim, depois das quais a pessoa ri como se tivesse acabado de ouvir a piada mais engraçada do mundo. Ezra Pound é o maior culpado dessas acusações, seguido de perto por James Joyce.

Esses escritores imaginam que você não irá ler suas obras, mas sim estudá-las. Seus livros só são compreensíveis com a ajuda de abundantes notas explicativas. Daí o famoso comentário de Joyce: "O que exijo de meus leitores é que eles devotem toda a sua vida à leitura de minhas obras". Para nossa surpresa, a exigência de Joyce foi cumprida por muitos leitores. Em nosso sistema capitalista, chegamos a pagar pessoas chamadas "professores universitários" para que façam isso, porque... bem, isso tem algo a ver com a mão invisível. As forças de mercado querem que as obras de Joyce sejam lidas apropriadamente porque... pergunte a um economista.

A má notícia é que ainda vale a pena ler as obras desses escritores complicados. Mas nas próximas páginas tentarei eliminar um pouco da dificuldade, sem escrever o tipo de análise literária de que esses autores incompreensíveis foram os pioneiros.

CHARLES BAUDELAIRE (1821-1867)

Charles Baudelaire foi a principal influência dos simbolistas franceses, que por sua vez influenciaram tudo o mais. (É isso mesmo, tudo, de William Faulkner, passando pelo movimento punk, até a propaganda. Até mesmo as fantasias de Halloween são um pouco diferentes por causa dos simbolistas.)

Baudelaire inventou para si mesmo o culto do "dândi" e o "dandismo" – uma devoção à artificialidade afetada da qual os franceses só agora estão começando a se recuperar. O dândi era um homem que havia evoluído para além do mundo natural, o que era anátema. Os dândis já existiam na Inglaterra havia muito tempo – daí o termo em inglês –, mas eram somente homens com roupas extravagantes. Ninguém lá pensou em fazer disso um princípio existencial.

De acordo com essa filosofia, há mais na poesia de Baudelaire do que ela descreve. Victor Hugo, um dos poucos que o reconheceram enquanto ele ainda estava vivo, escreveu que Baudelaire causava em seus leitores *un frisson nouveau* – "um novo arrepio". Mesmo que tal arrepio já tenha agora mais de cem anos, a negatividade grandiosa de sua poesia ainda tem um poder fantástico.

Baudelaire não era um felizardo. Teve uma vida tão miserável que saber dos detalhes dela provavelmente é um erro. Em resumo: ele era pobre, sua poesia foi ignorada e depois suprimida, ele odiava as pessoas e elas o odiavam, e as mulheres exigiam pagamento para dormir com ele. Sua vida foi um hábitat para a sífilis; em seus últimos anos, até mesmo suas opiniões tinham um odor sifilítico. Ele descreve seu grande amor, uma atriz/prostituta negra chamada Jeanne, com a linguagem da doença: seu amor por ela é como o amor dos "vermes pela carniça". Em todos os seus banquetes são servidas frutas podres, todas as suas flores murcharam. Ninguém jamais conseguiu fazer com que a vida boêmia soasse tão nojenta.

Sua maior obra é o poema cíclico *Fleurs du Mal* [As Flores do Mal]. No mundo desses poemas, o poeta é um pária lutando para sobreviver entre beldades, a decadência moral, o ódio do mundo e a exaltação privada. Baudelaire adora palavras luxuriantes. Gosta de listar bálsamos e perfumes caros: espicanardo, mirra, olíbano, com um toque de gangrena. Anjos e vermes são tão comuns em seus poemas quanto as pessoas. Horror, embevecimento e desespero são os únicos sentimentos possíveis. Baudelaire não sabia o significado da expressão "relaxe".

Dizem que podemos saber que uma doença é incurável quando ela tem centenas de tratamentos. Do mesmo modo, existem incontáveis traduções de *Fleurs du Mal* para o inglês, e nenhuma delas consegue reproduzir o original com perfeição. Baudelaire o escreveu na forma peculiarmente francesa dos versos alexandrinos – doze sílabas com seis acentos tônicos, algo que realmente só soa bem em francês. Nessa forma, suas flores sórdidas são sutis e encantadoras; parecem pairar no ar, assombrando, aludindo, ardendo e desvanecendo. Se você consegue entender pelo menos um pouco de francês, leia esse livro em uma edição bilíngue. Se você não consegue entender nada de francês, de certo modo a beleza desses poemas vai continuar sendo só um boato. Geralmente as traduções das obras de Baudelaire em inglês soam como um mágico entoando um feitiço, usando um chapéu de feiticeiro feito de papel prateado e um roupão roxo de poliéster enfeitado com luas de feltro.

Também vale a pena conferir os *Diários Íntimos* de Baudelaire, os quais são cheios de aforismos amargurados; geralmente bem nietzschianos, mas sempre muito dândi. "A crença no progresso é uma doutrina dos preguiçosos, uma doutrina para os belgas." "O ser mais prostituído é Deus, porque ele é o mais amado por todos os indivíduos por ser a reserva comum e inextinguível de amor."

Aqui conhecemos o dândi, o super-homem baudelariano da artificialidade. E a supermulher também? – você deve estar se perguntando. Não. Baudelaire era um misógino amargurado – com a cômoda desculpa de ser um homem que está morrendo vagarosa e dolorosamente, coberto de piolhos e rodeado de chatos. Ele escreve em *Diários Íntimos*: "Sempre fiquei espantado com o fato de ser permitido às mulheres entrarem nas igrejas. Que tipo de conversa elas poderiam ter com Deus?"

	Importância	Acessibilidade	Diversão
As Flores do Mal	10	4	7
Diários Íntimos	2	9	8

Os Poetas Malditos

Paul Verlaine inventou o termo *les poetes maudits*, "os poetas malditos", para designar os escritores simbolistas franceses, rejeitados, que se destruíam com a sífilis e o absinto enquanto escreviam poemas com imagens – inspiradas em Poe e induzidas pelas drogas – de vermes, carnes sedutores e podres e o fogo do inferno. Mas podemos perdoar o leitor que pensar que o nome vem do fato de suas obras serem amaldiçoadas pela falta de sentido.

Foi nessa altura da história que, pela primeira vez, os escritores nos passaram a perna, não se esforçando para que suas obras fizessem sentido. Os sábios as entenderão e os ignorantes, não. Na verdade, se o poema fez sentido para você, é porque você não o entendeu. Deve então procurar uma pessoa descolada para explicá-lo, de modo que a poesia possa parar de fazer sentido para você também. Isso criou uma certa mística em torno desses poemas, que pode ser usada como pedra de toque dos esnobes. Mas essa técnica também é usada nas letras de muitos músicos contemporâneos importantes, como Bob Dylan e Beck, e também pela banda Oasis em "Wonderwall". Em resumo, a única coisa de que uma pessoa normal precisa para começar a adorar Rimbaud é ouvir seu poema acompanhado por uma melodia legal na guitarra.

ARTHUR RIMBAUD (1854-1891)

Rimbaud se tornou o simbolista mais conhecido fora da França por causa de sua biografia maneira. A maior parte de sua obra foi escrita antes que ele completasse 19 anos; aos 20 ele desistiu para sempre de ser escritor. Como poeta adolescente, ele era um vagabundo que ia de cidade em cidade, sujo, cabeludo e grotescamente rude. Quando se hospedou com o poeta Paul Verlaine, mais velho, ele mutilou um crucifixo (uma herança da família), chocou os vizinhos ao tomar banho de sol pelado e fez um escândalo a respeito de seus piolhos. Quando Verlaine o levou a um sarau, Rimbaud pontuou cada verso com *"Merde!"*. Quando alguém tentou removê-lo do sarau, ele esfaqueou o homem. Enquanto isso, ele buscava a iluminação poética desenfreando sistematicamente seus sentidos, o que conseguia através de vários pecados, entre os quais o absinto, o haxixe e o sexo com Paul Verlaine.

A reação de Verlaine foi a mesma de legiões de leitores: caiu de cabeça na paixão. Sob a má influência de seu amante e do absinto, Verlaine passou a maltratar a esposa e o filho. Os dois também acabaram por brigar, e no final Verlaine deu um tiro no pulso de Rimbaud e foi para a prisão por causa disso. Verlaine nunca conseguiu se recuperar realmente, e, desamparado, caiu na bebedeira. Rimbaud ficou por aí por mais um ano ou dois, com pausas repetidas para descanso na casa de sua mãe. Então, abandonou a poesia, a boemia e a homossexualidade para se tornar um homem de negócios na África.

Vale a pena ler as obras mais antigas e mais tradicionais de Rimbaud – versos rimados que incluem muitas sátiras sujas – e continuar lendo-o quando ele começa a pirar. Até mesmo seus primeiros poemas são brilhantes e surpreendentes. Quando ele se transforma no cabeludo escandaloso da época de Verlaine, cria algumas das obras mais belas e dolorosas da literatura mundial. Poemas como "Coração Roubado" e "O Barco Bêbado" são exemplos raros de poemas franceses que podem ser traduzidos para o inglês quase sem nenhum arranhão.

Sua obra perdeu todo o sentido com a poesia prosaica de seu último período. No profético e insultuoso *Uma Temporada no Inferno*, Verlaine se torna o Noivo Infernal e Rimbaud é a Virgem Tola enganada com promessas falsas. O poema tem trechos excelentes, mesmo que a incoerência o torne arrastado; é difícil enxergar à luz dos raios e do fogo infernal de Rimbaud.

Felizmente, em seus poemas prosaicos mais tardios, coletados em *Iluminações*, ele transcende todas as limitações – as dele e as nossas. Aqui, parece que Rimbaud está tentando dizer algo bom demais para ser posto em palavras. Por isso, às vezes as palavras entram em desordem; às vezes seu tom descamba num desalinho prosaico, quase banal. Mas a impressão que temos é a de que o problema é da linguagem e não do poeta. O que Rimbaud nos comunica é a esperança de uma revelação maior do que qualquer experiência possível e que, paradoxalmente, só pode ser atingida por um adolescente que pula de libertinagem em libertinagem.

Quando *Iluminações* foi publicado, com grande aclamação, o editor o apresentou como "de autoria do falecido Arthur Rimbaud". Ele não estava morto, mas morrera para a poesia. Quando um amigo perguntou se ele ainda pensava em literatura, ele balançou a cabeça com "um sorriso meio impressionado, meio irritado, como se eu tivesse perguntado: 'Você ainda brinca de pega-pega?', e respondeu simplesmente: 'Já não me importo mais com isso'". Porém, seus vários empreendimentos comerciais – entre os quais uma temporada de contrabando de armas na Etiópia – falharam. E também, com muita decepção, ele reclamava constantemente que a África era tediosa, uma terra atrasada onde até mesmo as concubinas abissínias não pareciam boas o suficiente. Por outro lado, ele conseguiu se tornar um bom amigo do pai de Hailê Selassiê, o que não é pouca coisa. Morreu aos 37 anos, de câncer, sem nunca ter escrito outro verso de poesia.

	Importância	Acessibilidade	Diversão
Poemas antigos	6	5	6
Uma Temporada no Inferno	7	4	6
Iluminações	7	4	7

RAMBO V: UMA TEMPORADA NO INFERNO

Nota: o nome Rimbaud é pronunciado "Ram-BÔ" – exatamente como um francês falando sobre o personagem de Sylvester Stallone. Por favor, Sr. Stallone, faça um filme que junte esses dois personagens, de preferência um filme de macho que envolva uma máquina do tempo e uma guerra africana.

Outros Poetas Malditos

COMTE DE LAUTRÈAMONT (1846-1870)

Esse Comte (conde) era na verdade um uruguaio chamado Isidore Ducasse que não era conde coisa nenhuma, só um ousado fabricante de pseudônimos. Sua grande obra é Os Cantos de Maldoror, poesia prosaica sobre uma figura de pura maldade solta em um ambiente maligno e voluptuoso. Ele pretendia, depois, falar das pessoas boas, mas por algum motivo nunca chegou lá. Tudo bem, já que sem dúvida ninguém teria lido uma parte como essa. Lautrèamont inaugurou, entre outras coisas, o uso livre do plágio (que hoje em dia é chamado de "apropriação"), distorcendo as palavras de muitos grandes autores franceses para que elas se encaixassem em seu contexto maligno. Às vezes engraçado, às vezes assustador, ele exerceu grande influência sobre os surrealistas.

GERARD NERVAL (1808-1855)

Um precursor, que escrevia poesia parecida com a dos simbolistas porque era um louco incurável. Tinha uma lagosta de estimação chamada Thibault, que ele levava para passear. (Espere um pouco; as lagostas passeiam? Talvez ele arrastasse a lagosta atrás de si?)

TRISTAN CORBIÈRE (1854-1875)

Encantador, adorável – e, o mais importante, fácil em comparação com seus encantadores companheiros Rimbaud e Mallarmé.

PAUL VERLAINE (1844-1896)

Depois de seu caso cataclísmico com Rimbaud, é justo dizer que Verlaine estava acabado. Nesse período, ele escreveu muitos de seus poemas no hospital, que era onde ia parar depois de suas bebedeiras. Como o obituário da *Yale Literary Magazine* descreveu, ele "morreu em um sótão, falido, empapado em absinto e ainda assim famoso". O copo onde se serve absinto é às vezes chamado de *verre Verlaine*. Sua poesia é mais formal, antiquada e doce do que a de seu amante Rimbaud; inspira mais pena do que admiração.

JULES LAFORGUE (1860-1887)

É conhecido por seus trocadilhos e jogos de palavras. Em razão disso, as traduções perdem um pouco do *je ne sais quoi*, ou do *vous ne savez quoi* se você não sabe francês. Sua poesia (assim como a de Verlaine) parece um pouco cheia demais de Pierrots para se encaixar no gosto contemporâneo. Ele exerceu grande influência sobre T. S. Eliot, entre outros, embora suas luas, cisnes e corações super-românticos tenham sido abandonados por seus admiradores modernos.

STEPHANE MALLARMÉ (1842-1898)

É conhecido sobretudo pelo poema *"A Tarde de um Fauno"*, que por sua vez é conhecido sobretudo em razão da música de Debussy inspirada nele. Esse é outro poeta que usava efeitos sonoros em sua poesia, como se quisesse especificamente que as traduções não soassem boas. Em seu *"Un coup de des"* ("Um lance de dados"), ele também usa truques tipográficos para produzir um poema que pode ser lido de modos diferentes, muito parecido com uma propaganda impressa assim: "COMPRE três BAGULHOS e leve o quarto de graça somente HOJE".

ALEXANDER BLOK (1880-1921)

O principal poeta simbolista russo, conhecido especialmente por seu poema sobre a revolução de outubro, "Doze", no qual os bolcheviques são, de algum modo, liderados por Jesus.

	Importância	Acessibilidade	Diversão
Lautrèamont	5	5	6
Nerval	4	4	7
Corbière	3	6	7
Verlaine	5	7	6
Laforgue	5	4	5
Mallarmé	5	3	6
Blok	3	5	5

(Nota: Todas as notas de Diversão nesse capítulo são dadas para um leitor que não sabe francês. Para aqueles que falam francês, deem a cada autor dois pontos extras de Diversão e subtraia um ponto de Diversão para Blok, só para pô-lo em seu lugar. Quem mandou ser russo?)

DADAÍSMO, SURREALISMO, FUTURISMO: OU, PARA RESUMIR, SIMPLESMENTE LEIA APOLLINAIRE

Na literatura, todos esses movimentos têm uma relação próxima com o simbolismo e são muito parecidos uns com os outros. (Nas artes visuais é outra história.) As diferenças são insignificantes. Os dadaístas alegavam explicitamente que o absurdo nos libertaria da prisão do passado. Os surrealistas levavam Freud a sério. Os futuristas eram italianos. Todos esses movimentos, mais recentes, abandonaram os cadáveres e o espicanardo e privilegiaram o verso livre. Na maior parte das vezes, eles não produziram textos importantes, mesmo quando belíssimos. Costuma-se ler mais o *Manifesto Surrealista* de André Breton e o *Manifesto Futurista* de F. T. Marinetti do que qualquer poesia surrealista ou futurista.

A exceção a essa regra é Guillaume Apollinaire (1880–1918). Sua poesia é tão bela quanto a de Baudelaire, mas sem a atitude adolescente, sem a podridão e sem os unguentos. Ele é engraçado, bondoso, peculiar e engenhoso. Chama Jesus crucificado de "o primeiro avião" e então cai em arroubos religiosos. Depois, é um pássaro que vive de ponta-cabeça e faz seu ninho no ar. Talvez seja melhor procurar um livro de *Poemas Selecionados*, já que os livros individuais são curtos demais. Ele também escreveu prosas anárquicas, obcecadas por sexo, sendo que a mais notável é *O Poeta Assassinado*. Amigo de Gertrude Stein, ele aparece em vários episódios tolos de sua *Autobiografia de Alice B. Toklas* (ver p. 339).

WILLIAM BUTLER YEATS (1865-1939)

Yeats é um modernista que uma pessoa comum é capaz de entender. Expressava os sentimentos normais de uma pessoa normal em poesias que soam belas até mesmo para os ouvidos com menos capacidade de discernimento. Essa acessibilidade foi tão bem recebida que Yeats ganhou o Prêmio Nobel antes mesmo de escrever as poesias agora compiladas em antologias. O comitê do Prêmio Nobel pode ter posto em prática sua política indulgente pela qual é conhecido desde aquela época.

Yeats mergulhou no mundo do nacionalismo irlandês de sua juventude. Foi um dos líderes da Renovação Literária Irlandesa e membro fundador do Teatro Abbey, concebido como ponto de partida para o drama irlandês, com temas irlandeses. Sua primeira obra completa foi um roteiro baseado em uma epopeia irlandesa, a saga Fenian, em verso. Caso mergulhasse um pouco mais na irlandesidade, ele seria um leprechaun.

A outra influência importante em sua vida intelectual foi seu interesse em religião esotérica. Yeats era um membro da Ordem Rosacruz Hermética da Aurora Dourada, um culto cheio de celebridades que praticavam a invocação de espíritos, artes divinatórias e as outras fraudes de sempre. Apesar de ter deixado de participar, Yeats nunca chegou a se esquecer de todo esse absurdo. Mesmo em sua velhice, ele e sua jovem mulher praticavam a escrita automática e falavam a sério sobre espíritos. Na verdade, Yeats sempre foi meio rouxinol e meio dodô.

O grande amor da vida de Yeats, e o nome que sempre surge quando se fala dele, é Maud Gonne. Ela era uma nacionalista irlandesa, feminista e famosa pela beleza. Quando eles se conheceram, ele era um astro literário em ascensão; mas parece que simplesmente não era interessante o suficiente para ela. Depois de dez anos perseguindo-a, ele finalmente conseguiu levá-la para a cama – uma vez. Pouco depois, ela lhe escreveu cartas falando sobre os benefícios do celibato para os artistas.

A primeira vez em que ele a pediu em casamento foi em 1891, e pediu-a de novo em 1899, 1900 e 1901. Em 1916, pediu-a uma última vez, com 51 anos de idade (ela tinha 50). Depois de receber uma recusa final, pediu a mão da filha dela, de 21 anos, que também recusou. Então ele se casou com uma outra, também de vinte e poucos anos – e traiu-a sempre que teve chance. (É nisso que dá casar com um cara rejeitado pelo grande amor de sua vida e pela filha dela.)

Quando estava entre os 50 e 60 anos de idade, com o Prêmio Nobel na estante, Yeats produziu os poemas que todo mundo cita. Eles são um milagre de concisão e lirismo, com um toque assustador de Aurora Dourada, que lhes dá um incrível poder de permanência. É a era do "e que fera brutal / sua hora por fim chegada / arrasta-se em direção a Belém / para nascer?" e "somente Deus, minha querida, / Poderia amá-la por si só / E não por seu cabelo amarelo" e "como distinguir o dançarino de sua dança?"

Muitas vezes esses poemas, infelizes, têm por tema sua idade avançada. Os jovens o veem como uma "espécie reconfortante de espantalho velho". Os soldados vão para a guerra contando piadas "como se fossem morrer pelas armas / os melhores brincam sob o sol", enquanto o velho Yeats fica em casa reclamando do clima. Ele protesta: "Tive também bela plumagem outrora" (ainda que Maud Gonne não pareça ter gostado muito dela). Em seus anos finais, Yeats lidou com o processo de envelhecimento de um modo há muito conhecido: dormindo com jovens aspirantes a poetisas e tentando não pensar em como estava sua plumagem pela manhã.

	Importância	Acessibilidade	Diversão
Poemas	10	4	7

HENRY JAMES (1843-1916)

Uma vez, H. G. Wells disse que um romance de James era como "um hipopótamo, magnífico mas patético, decidido a pegar, a qualquer custo, uma ervilha que foi parar no canto de sua toca". Isso é uma referência ao fato de que, embora a escrita de James seja elaborada e grandiosa, geralmente seus personagens ficam enrolados em minúcias de escrúpulos. Esse escrúpulo paralisa qualquer vida que estivesse ameaçando surgir no meio deles. A vida que há neles é a vida da mente; eles passam o romance inteiro pensando em vez de agirem ou até de falarem. Além disso, esses personagens pensam coisas que ninguém nunca pensou e nem sempre pensam coisas que todos pensam. Por exemplo: eles nunca pensam "Que corpão!". Nunca pensam nada sobre o corpo de ninguém, para o qual são completamente cegos. Nunca se perguntam se as pessoas gostam deles ou pensam sobre o que vão comer. Não têm neuroses, de modo que nunca pensam que são inúteis, feios ou gordos; e também nunca pensam que são brilhantes ou bonitos.

Em vez disso, gostam de pensar sobre o que outras pessoas estão pensando. Pensam sobre as conjecturas uns dos outros, enquanto temem a predisposição à conjectura que o outro possa ter. Os personagens de James têm tanta prática nisso que, em geral, simplesmente já sabem o que a outra pessoa está pensando. Quando a telepatia deles falha, ficam a se perguntar, impotentes, o que fulano acreditava que sicrano pensava sobre a questão expressa nos olhos de Verena.

Outro princípio jamesiano é a frase convoluta. Essas frases são uma espécie de muro literário: embora existam outras estruturas parecidas, nenhuma é tão longa sem motivo aparente. (Aliás, algumas frases de *A Taça de Ouro* podem ser vistas do espaço.) Sentimentos e percepções múltiplas são colocados em cada uma delas, em uma sintaxe que parece fluir em todas as direções, menos para a frente. Para você ter uma ideia, aqui está uma frase de *Os Embaixadores*: "Nada poderia ter sido mais estranho do que o senso de si mesmo com que Strether naquele momento apercebeu-se de que tal senso estaria muito distante do senso de seu passado, e que estava literalmente começando ali e então". Você nunca verá Henry James escrevendo "O cão latiu". Sempre será assim: "Se o cão não houvesse estado, desde o momento em que ela entrou pela porta no fluxo perplexo de expectativa em que a haviam deixado as dicas do Sr. Barton, latindo...".

Geralmente, as obras de James são divididas em três períodos. O primeiro período consiste em romances fáceis e ritmados como *O Americano* e *Retrato de uma Senhora*. Aqui, os personagens às vezes realizam proezas de telepatia jamesiana, mas nenhuma das frases coloca um problema de epistemologia. Esses romances têm um tema recorrente, em que americanos inocentes e bondosos são desvirtuados por europeus corruptos e sofisticados. Esses europeus são geralmente motivados por um monte de dinheiro vivo. (Todos os americanos dos romances de Henry James são herdeiros de grandes fortunas.) Mas até os europeus decadentes não são depravados o suficiente para reparar no corpo de alguém.

O período intermediário inclui a obra *A Outra Volta do Parafuso*, no qual uma preceptora tenta salvar duas crianças de fantasmas do mal (do mal = reparavam nos corpos alheios, quando eles ainda possuíam corpos). Em livros como *Os Espólios de Poynton* e *Pelos Olhos de Maisie*, James aprofundou seus estudos sobre a consciência, especialmente sobre a consciência da culpa. Às vezes a culpa é sexual; às vezes é a ganância. É sempre algo que o leitor faria sem pensar duas vezes. Mas a magnanimidade de James é muito satisfatória. Nosso prazer chega a ser estranhamente voyeurístico.

Pelo fato de a pessoa culpada ser muito corrupta, um inocente é obrigado a fazer algo para consertar a culpa no lugar dela. Por vezes o Inocente simplesmente abandona o Culpado e vai morar com o Outro Inocente. Mas às vezes o Inocente tem que abrir mão do Outro Inocente e ficar com o Culpado para sempre, em um casamento infeliz. Se fosse de outro modo, dois "certinhos" poderiam se desviar e começar a fazer sexo e a ganhar dinheiro.

No terceiro período de James, seus temas e conflitos continuam os mesmos, mas ele os transforma em longas e obscuras corridas de obstáculos. *Os Embaixadores, As Asas da Pomba, A Taça de Ouro* — quando você tiver terminado qualquer um desses, poderá sentir cada músculo do seu cérebro. Toda a energia de James se volta para construir estruturas de frases fractais. Os enredos são estáticos; as únicas mudanças no decorrer da história são sobre o que o Inocente pensa sobre o que o Outro Inocente sabe sobre a culpa do Culpado. Quando já não pode evitar que as coisas se desenrolem, James corajosamente tenta evitar que o leitor descubra o que elas são. Enquanto isso, a falta de acontecimentos que os Inocentes aguentam os muda sutilmente, de pessoas que pensam frases longas e nunca chegam às vias de fato para pessoas mais amargas e mais sábias que pensam frases longas e nunca chegam às vias de fato. Às vezes o choque de descobrir que alguém chegou às vias de fato os mata. No desenlace, há uma questão que fica sem resposta, uma linha de enredo pendente. Para James, uma finalização seria demasiado parecida com o sexo.

INOCENTE ATÉ QUE SE PROVE O CONTRÁRIO

Ninguém sabe se James fez sexo alguma vez. Quer tenha feito, quer não, ele provavelmente tinha tendências homossexuais. Se não houve sexo, pode ter sido (ou não) por causa de um ferimento em seus testículos, que sofreu cumprindo seus deveres como bombeiro voluntário. Se houve sexo, ele mentiu sobre isso, descrevendo a si mesmo uma vez como "celibatário inveterado".

Esse rótulo de celibatário grudou em James, mesmo que a história nos ensine que a maior parte das pessoas dá suas escapadinhas sexuais e que até o pior dos danos físicos não impede ninguém de fazer, com outra pessoa, algo que faria um dos personagens de James caírem fulminados no ato.

	Importância	Acessibilidade	Diversão
O Americano	4	7	8
Os Europeus	4	7	8
Retrato de uma Senhora	8	5	6
Os Bostonianos	7	5	6
Os Espólios de Poynton	7	5	6
A Outra Volta do Parafuso	10	5	6
Pelos Olhos de Maisie	6	3	6
As Asas da Pomba	10	2	8
Os Embaixadores	10	2	8
A Taça de Ouro	8	2	7

GERTRUDE STEIN (1874-1946)

Certa vez, Gertrude Stein reprovou Hemingway de modo memorável, dizendo que "Observações não bastam para fazer literatura". Mas seu livro mais popular é uma prova duradoura de que elas bastam. *A Autobiografia de Alice B. Toklas* é um compêndio de observações brilhantes e palhaçadas excêntricas da brilhante Paris da excêntrica década de 1920. É claro que não é uma autobiografia – na melhor das hipóteses, é uma autobiografia que Stein pôs na boca de sua companheira de longa data, Toklas. Essa tal de Toklas só pensa em Stein e em seus amigos famosos; é um exercício pelo qual Stein criou seu próprio Boswell.

O núcleo do livro é o salão de Gertrude Stein – um encontro informal, mas historicamente crucial, de artistas, escritores, beldades da alta roda e personalidades variadas, que acontecia aos sábados na casa de Stein em Paris. Antes de se tornar o ponto de encontro das mentes essenciais da era modernista, sua casa era ponto obrigatório de hospedagem dos artistas que expunham suas obras no Salon des Independants. Na época, entre esses artistas estavam Picasso (melhor amigo de Stein), Matisse, Braque e Juan Gris. Esse livro os mostra estragando suas vidas amorosas, imitando práticas de circo, soltando comentários espirituosos – agindo juntos como gênios de vinte e poucos anos. Se essa é a geração perdida, podemos nos perder também? Muito bem escrita e totalmente descolada, a *Autobiografia* é a maior contribuição do século XX àquele gênero infame porém delicioso: a fofoca.

Entre as observações com que a própria Stein nos brindou, temos: "Ali não há nenhum ali". (Nesse caso, Oakland, Califórnia.) Só esse comentário merece registro em uma enciclopédia; mas os fãs também dão a Stein os créditos de ser a mente suprema por trás do modernismo e por trás do estilo esparso da ficção contemporânea. Suas manifestações eram respeitadas por figuras distintas como Apollinaire e Ernest Hemingway. Suas obras resistiram a toda uma revivificação, principalmente pelo fato de as melhores serem muito difíceis e nós simplesmente não termos a energia necessária para lidar com outro James Joyce. É mais fácil mantê-la exilada do cânone e nos voltarmos ao trabalho sem fim de nos livrarmos de Ezra Pound. Mas até o escarnecedor mais hostil ao experimentalismo dela admitirá que Stein tinha uma afinidade mágica com a linguagem.

Vamos começar com as coisas que qualquer tolo consegue ler. Sua primeira obra publicada foi *Três Vidas*, um conjunto de contos baseados em *Trois Contes*, de Flaubert. Radicais na época, hoje eles parecem belos, mas relativamente convencionais, talvez devido à grande corrente de steinismo que entrou na atualidade. O único vislumbre da narrativa decadente posterior de Stein é o fato de que os contos não têm uma continuidade ordenada do começo ao fim, mas dão voltas, repetindo premissas e frases para criar ladainhas da vida concreta. O mais famoso, "Melanctha", fala sobre uma mulher negra na cidade fictícia de Stein, Bridgepoint. Esse conto foi considerado como um retrato solidário da vida dos afro-americanos na época – por Richard Wright, entre outros –, mas atualmente a linguagem soa incômoda. Quando Stein diz que um personagem é "um preto retinto, grande e viril", ou fala sobre a "alegria livre e terrena dos negros", sentimos certo desagrado. Senão, vejamos: "Rose Johnson era uma negra alta, bem desenvolvida, taciturna, burra, infantil" – certo, paremos por aí. Richard Wright pode ir encher a cara. Isso é racismo. E realmente, em 1938, Stein (que era judia) liderou uma campanha para premiar Adolf Hitler com o Prêmio Nobel da Paz.

Vamos parar e respirar fundo. Pode ficar tranquilo: não vamos falar mais nada sobre as visões políticas de Stein, e aceitaremos sua arte em seus próprios termos. Você também pode optar por pular para o próximo autor, maldizendo Gertrude Stein e todas as suas obras. Ninguém vai culpá-lo, não importa o que você decidir.

Depois de *Três Vidas*, Stein mudou radicalmente de estilo e produziu uma descomunal obra de mil páginas, *The Making of Americans* [O Jeito de Ser dos Norte-Americanos]. Esse é seu primeiro livro no estilo extremamente hermético pelo qual ela é famosa, e suas obras continuam a ser pouquíssimo lidas hoje em dia. Aqui, ela ultrapassa todas as obras experimentais de seus contemporâneos e avança cem anos de um único salto.

Para ter uma ideia dessa obra, é preciso compreender a repetição. Repetir sempre é compreender mais e mais; repetir a verdade de todos cria o amor à repetição na vida de cada um. Comecemos novamente. Alguns têm por ser o amar a repetição que está sempre em cada um, saindo dele (como diria Stein).

Alguns acham que esse estilo se parece com a tortura chinesa da água. Nas primeiras páginas do livro, Stein diz: "Se ficarem mortificados pelas repetições constantes deste livro, não aprenderão nada com elas". Se você conseguir aguentar as repetições constantes das frases abstratas de Stein, vislumbres de profundidade aparecem. Pode-se encontrar aí alguma filosofia e um genuíno senso estético intimamente ligado a ela. Há também uma musicalidade na linguagem, e suas estratégias sintáticas engenhosas sutilmente transformam o inglês em algo diferente; é como a linguagem de um milhão de pessoas falando ao mesmo tempo, ou a voz das folhas de relva de Whitman, ou as vozes que você começa a ouvir em sua cabeça depois de horas de tortura chinesa da água.

Muitas pessoas vão preferir se engalfinhar com Stein em doses menores. Tanto seu adorado livro de poesia, *Tenros Botões*, quanto a coleção *Geografia e Peças* são mais fáceis de desfrutar. Eles têm toda a graça de *A Autobiografia de Alice B. Toklas*, mas na forma de uma miscelânea luxuriante. Também brindam o leitor com pequenos koans irritantes. Um exemplo:

ÁGUA CHOVENDO.

A água extraordinária e difícil faz, em tudo e totalmente, um prado e uma pulsação.

Isso também pode nos fazer perceber que Gertrude Stein inventou todos os movimentos mais confusos da poesia contemporânea, esperou que eles se expandissem e então saiu rindo. Mas mesmo que você não suporte esse tipo de coisa, há algo de tirar o fôlego quando vemos alguém fazer uma coisa pela primeira vez, e ainda por cima fazer com tanta leveza e tão bem.

SE A ROSA TIVESSE O MESMO NOME

O verso "Uma rosa é uma rosa é uma rosa" veio a representar as repetitivas frustrações da obra de Stein. Ela reciclou esse verso em vários de seus escritos; em sua primeira ocorrência no poema "Sagrada Emily", era "Rosa é uma rosa é uma rosa é uma rosa", em que a primeira Rosa era o nome de uma mulher.

Stein fez esse comentário sobre a ridicularização que o verso atraiu: "Agora ouçam! Não sou tola. Eu sei que na vida cotidiana não saímos falando 'é uma ... é uma ... é uma...'. Sim, não sou tola; mas acho que naquele verso a rosa ficou vermelha pela primeira vez em cem anos na poesia inglesa".

Hemingway, depois de sua amarga querela com Stein, respondeu o seguinte: "Uma puta é uma puta é uma puta". Stein poderia ter treplicado que "Um imitador é um imitador é um imitador", já que, como o próprio Hemingway disse antes da querela dos dois, todo o seu estilo literário era baseado em *Três Vidas*. (Ver p. 374.)

	Importância	Acessibilidade	Diversão
A Autobiografia de Alice B. Toklas	6	8	10
Três Vidas	10	8	8
The Making of Americans	4	-1	2
Tenros Botões	8	2	8
Geografia e Peças	4	2	8

FRANZ KAFKA (1883-1924)

Em seu emprego em uma corretora de seguros, Kafka adquiriu um estilo preciso e despretensioso, que fazia com que acontecimentos bizarros parecessem tão claros quanto os danos causados pela ausência de uma guarda em um combustor de frangos. Graças a essa prosa declarativa e calma, sua ficção é completamente convincente, tornando simples e inevitáveis as premissas surreais. Um macaco escreve *Um Relatório para a Academia*, sobre sua captura e o processo gradual de educação nos modos humanos; um estudioso dos ratos escreve a história da grande artista rata Josefina, a Cantora. Ambos têm o ar de alguém que, com toda a sinceridade, está tentando explicar um problema que o vem incomodando há muito tempo.

A história mais famosa, "A Metamorfose", começa com a famosa frase: "Quando, certa manhã, Gregor Samsa acordou de sonhos intranquilos, encontrou-se em sua cama metamorfoseado em um gigantesco inseto". O inseto – que parece ser uma barata, ainda que Kafka seja sensível demais para com os sentimentos de seu herói para chamá-lo pelo nome – é um homem comum visto pelos olhos da culpa judaica. Kafka fez esse tropo ilógico pegar no tranco então o larga isolado em um mundo de preocupações insignificantes (Estou atrasado para o trabalho!) e objetos domésticos surrados. A família de Samsa não está mergulhada somente na dor, mas também em dificuldades práticas. Os servos se vão, os locatários notificam sua saída. Logo sua irmã diz: "Precisamos nos livrar da ideia de que isto é Gregor. Se fosse Gregor, ele perceberia que os seres humanos não podem viver com tal criatura e teria ido embora". Para a infelicidade de todos nós, há algo de dolorosamente familiar em sua atitude.

Kafka passou a vida no centro de uma família judia burguesa, sob a mão de ferro de seu pai despótico. Como resultado direto, o combustível da maior parte da ficção de Kafka é a culpa. Isso fica mais claro em seu romance *O Processo*. Aqui, Joseph K. acorda certa manhã em sua pensão e descobre que está sob custódia policial. Um inspetor está acampado no quarto ao lado do seu; mas, em vez de inspecionar o que quer que seja, ele simplesmente informa que K. está preso, sem dar nenhuma explicação de qual crime ele cometeu. K. não vai nem mesmo ser levado; na verdade, encorajam-no a ir para o trabalho. O resto do romance envolve o esforço infrutífero de K. para descobrir a natureza de seu crime e de se defender contra a acusação. É claro que sua vida entra em colapso e, mesmo sem conseguir explicação alguma, ele recebe a punição.

O Castelo se passa em um ambiente parecido, de oficialidade fútil e fatal. O herói (outro K.) foi para uma cidade pequena que é dominada pelo castelo, um reino de burocracia, inacessível e quase mítico. Os aldeões cuidam dos assuntos do castelo respeitosamente, insistindo em que suas operações são impecáveis. Mas K. sempre testemunha as malfeitorias e a incúria de seus representantes. Sem sucesso, K. tenta obter acesso ao castelo, e ao oficial Klamm, durante todo o romance.

América, que é mais alegre e engraçado, fala sobre um jovem chamado Karl que emigra para os Estados Unidos. Parece que Kafka não sabia nada sobre a América. De modo descuidado, ele forja uma nação de acordo com suas necessidades imaginativas. Sua maior invenção é o Teatro Natural de Oklahoma, um esquema não muito escondido que serve de isca para mandar os incautos para empregos indignos no Oeste. Kafka pretendia que Karl acabasse por encontrar um final feliz ali, mas morreu antes que concluísse o romance. Assim, nunca descobriremos como Kafka lidaria com a alegria.

Embora as obras de Kafka tenham nuances políticas claras, ele as via antes de tudo como parábolas religiosas. O oficialismo é, de algum modo, aquele do Deus judaico, e nosso veredicto de culpados está embutido no tecido da criação. Em algum lugar, alguém está sendo salvo; mas, aqui onde vivemos, isso não passa de um rumor persistente. Quando lhe perguntaram se ele realmente acreditava que não havia esperança, Kafka respondeu, "Muita esperança! Uma quantidade infinita de esperança! Mas não para nós".

Quase todas as obras de Kafka foram publicadas postumamente; todos os seus três romances ficaram inacabados sob vários aspectos. Ele é um dos muitos autores que pediram que suas obras fossem queimadas, solicitando especificamente a seu amigo Max

Brod que o fizesse. Mas, em vez disso, Brod publicou todas. Isso realmente nos faz pensar se não perdemos um monte de obras-primas porque os amigos dos autores acreditavam no cumprimento das promessas.

ENTOMOLOGIA E ETIMOLOGIA

Embora a criatura de "A Metamorfose" geralmente seja chamada de "inseto" nas traduções, a palavra em alemão que Kafka usa, *Ungeziefer*, significa simplesmente "praga". Assim, alguns acreditam que Kafka não queria que pensássemos que a criatura é um inseto, mesmo que tenha muitas pernas, goste de ficar pendurada no teto, tenha dificuldade para se virar quando está de costas e tenha uma carapaça.

Da mesma maneira, nossos leitores podem pensar que o termo "kafkiano", geralmente aplicado aos excessos surreais de burocracia, se origina do nome do autor. Mas como não há prova de tal conexão, é melhor pensar que isso é só uma coincidência notável.

	Importância	Acessibilidade	Diversão
Contos	10	6	7
O Processo	10	6	7
O Castelo	6	4	6
América	5	5	7

T. S. ELIOT (1888-1965)

Na poesia de Eliot, todos os maiores sonhos de nossa civilização estão perdidos – tanto no sentido de estarem perdidos para sempre quanto perversamente, no sentido de que os sonhos estão andando às cegas em torno do poema, trombando com as coisas. Seus poemas são cheios de citações e ecos da literatura de pelo menos três culturas e em pelo menos cinco línguas.

O objeto preferido de Eliot é o lixo. Enquanto suas mulheres definham em quartos cheios de arte, joias e perfumes, de onde elas não conseguem escapar, seus homens vagueiam por ruas sujas, sentindo-se medíocres e diminuídos, com citações de Shakespeare e Dante rodando em seu cérebro. Aqui, a falta de beleza é mais bela que a beleza em si. Quando o narrador de "A Canção de Amor de J. Alfred Prufrock" diz: "As sereias cantando uma para a outra ouvi; não penso, porém, que cantarão para mim", ele é mais intenso do que um Odisseu crasso. Logo sentimos que só um covarde morreria heroicamente; uma grande alma encara sua insignificância nos olhos e termina a vida murmurando lamúrias.

Quando foi publicado em 1922, "A Terra Devastada" foi uma sensação e ajudou a criar um público para o modernismo. O poema foi muito editado por Ezra Pound, e Eliot dizia que ele havia "feito de tudo para transformar 'A Terra Devastada' de uma confusão de passagens boas e ruins em um poema". Parece que havia muitas passagens ruins, já que Pound tirou quatrocentas linhas. Além disso, o título original era "Ele Imita a Polícia com Muitas Vozes Diferentes". É difícil imaginar o livro fazendo sucesso com esse título, mas ele realmente descreve muito bem o estilo de colagem do poema. Vozes aleatórias se sucedem: duas mulheres da classe trabalhadora conversando em um pub, uma citação de *A Tempestade*, um pouco dos comentários de Eliot, alguns versos de uma canção popular, tudo isso junto. Às vezes aparece uma linha de história, mas Eliot a abandona no momento seguinte, junto com toda a realidade à qual ela pertence. O poema termina balbuciando uma glossolalia:

Quando fiam uti chelidon – Ó andorinha andorinha
Le Prince d'Aquitaine à la tour abolie
Tais fragmentos escorei em minhas ruínas
Quando então Ile se lhe ajustou. Hyeronimo está bravo novamente.
Datta. Dayadhyam. Damyata.
Shantih Shantih Shantih

Espera-se que o leitor encontre o sentido disso tudo sozinho, já que fica claro que o poeta não o fez. Esse é o começo de uma era em que os poemas não conseguem mais se comunicar sozinhos, e os autores se apoiam cada vez mais na crítica – feita tanto por eles mesmos quanto por estudiosos obsequiosos – como chave da obra. O poema vem com os ingredientes, enquanto outra pessoa dá a receita e o leitor cozinha a refeição. Os leitores (que geralmente são preguiçosos demais para cozinharem por si mesmos) não gostaram nem um pouco dessa decisão dos autores de terceirizar para eles a maior parte do trabalho. "Deixe eu ver se entendi", eles dizem. "Você fez tudo isto difícil de propósito?" Os vanguardistas simplesmente sorriem com petulância e respondem: "Sem trabalho não há diversão. Além disso, velino Жəjb bicicleta".

O outro poema famoso de Eliot – e talvez a obra mais citada do século XX – é "A Canção de Amor de J. Alfred Prufrock". Prufrock representa o homem comum do século XX, e esse não é um poema de amor, mas um poema sobre a futilidade de se esperar o amor, ou o heroísmo, ou o sentido em um mundo de Prufrocks. As citações mais conhecidas resumem a *vie de* Prufrock:

> Ouso eu comer um pêssego?
> Medi minha vida em colheres de café
> Não! Não sou o príncipe Hamlet, nem deveria ter sido
> Envelheço... envelheço... / dobrarei a barra de minhas calças.

Esse poema é maravilhoso, e é a obra mais acessível de Eliot; até mesmo a pessoa menos habilidosa consegue cozinhá-lo em cinco minutos.

Na meia-idade, Eliot se converteu do unitarismo para o anglicanismo. Como ele disse, "Sou anglo-católico em religião, classicista em literatura e monarquista em política". Podemos dispensar suas visões políticas, colocando-as no mesmo pé de seu amor por colchões surrados e charutos explosivos, como a parte estúpida inevitável de qualquer mente brilhante. Mas sua religião se tornou um tema crucial em sua poesia mais tardia. "Quarta-feira de Cinzas", por exemplo, é um poema mariano – sobre os sentimentos do poeta em relação à Virgem Maria. (George Orwell achava tão ridículo que ele insistia que Eliot não estava falando sério. Mas ele estava.) *Quatro Quartetos*, que Eliot considerava sua obra-prima, é uma série de poemas religiosos que lidam com assuntos como o tempo, a salvação e a modernidade. Aqui, a linguagem abstrata pode ser desconcertante. Passagens como "Distraído da distração pela distração" não são exatamente atraentes. Ainda assim, os poemas têm seus bons momentos, são uma expressão profunda dos sentimentos religiosos de Eliot e... tudo bem, são chatos demais.

P.S. SOBRE UM S

T. S. Eliot foi chamado de antissemita por causa de poemas como "Burbank com Baedeker; Bleistein com um Charuto" e versos como "Os carniceiros de olhos vermelhos rastejam / De Kentish Town e Golders Green" (partes tradicionalmente judias de Londres).

Ele realmente era antissemita. Mas o que nos parece mais importante hoje é que, como o poeta Tom Raworth ressaltou, sem a inicial S, seu nome, escrito ao contrário, daria *toilet* ("banheiro" em inglês).

	Importância	Acessibilidade	Diversão
J. Alfred Prufrock, A Terra Devastada, Os Homens Ocos	10	6	9
Quarta-feira de Cinzas, Quatro Quartetos	7	4	5

WILLIAM CARLOS WILLIAMS (1883-1963)

Enquanto T. S. Eliot provavelmente foi o poeta mais bem-sucedido de seu tempo, Williams foi de longe o mais influente. A grandeza da poesia moderna tem sua fonte nesse despretensioso obstetra que viveu e morreu em Nova Jersey.

Ele era amigo de Pound e Eliot, mas reprovava o estilo alusivo e as citações deles em latim, francês, cartagiano etc. Como disse Marianne Moore, Williams escrevia num "inglês americano puro e simples, que os cães e os gatos conseguem ler". Um verso muito citado das poesias de Williams é "Não há ideias a não ser nas coisas". Essa crença na materialização das ideias e na aura abstrata das coisas é exemplificada por um poema que entrou em muitas antologias:

    tantas coisas dependem
    de um
    carrinho de mão
    vermelho
    lustroso de água
    da chuva
    ao lado das galinhas
    brancas

Esse é um grande exemplo da literatura de ingredientes. Em vez de nos dizer alguma coisa, Williams levanta a questão: "Mas o que é isso que depende de um carrinho de mão vermelho lustroso de água da chuva ao lado das galinhas brancas? Qual a diferença entre isso e aquilo que depende de um carrinho de mão vermelho lustroso de água da chuva ao lado das galinhas marrons?" Essa especificidade (não há ideias a não ser nas coisas) é a matéria de sua poesia. Veja este outro pequeno poema, que também foi muitas vezes compilado, intitulado "Isso É Só Para Dizer":

Comi
as ameixas
que estavam
na geladeira

aquelas que
você provavelmente
estava guardando
para o café da manhã

Perdoe-me
estavam deliciosas
tão doces
e tão geladas

Esse poema tira seu poder da especificidade do momento em que ele acontece. Por exemplo: qualquer um pode ver que seria um poema diferente se fosse sobre um strudel de maçã, pois acarretaria então o fim de um casamento.

Você talvez diga (muitos disseram): "Como essa poesia pode ser melhor do que os recados que deixo quando eu como as coisas que outras pessoas deixaram na geladeira?" Assim é o poema: você pode fazer uma pausa, saborear o momento dele e louvá-lo como bela arte. Ou pode alegar que seus recados pedindo desculpas dão de dez a zero na poesia de Williams. De qualquer modo, para melhor ou para pior, nem todas as poesias de Williams são tão simples quanto essa. Acontece que existem muitas ideias nas coisas e algumas delas são, paradoxalmente, muito abstratas. Veja este trecho de "A Descida":

A descida acena
    como a ascensão acenou.
        A memória é uma espécie

de realização,
        um tipo de renovação
            até
uma iniciação, uma vez que os espaços que ela abre são lugares novos
        habitados por hordas
            até agora inconscientes,
de novos tipos –
    uma vez que seus movimentos
        almejam novos objetivos
(mesmo que antes estivessem abandonados).

Nenhuma derrota é feita inteiramente de derrota – uma vez
que o mundo que ela abre é sempre um lugar
    antes
        insuspeitado. Um
mundo perdido,
    um mundo insuspeitado,
        acena para novos lugares
e nenhuma brancura (perdida) é tão branca quanto a memória
da brancura

    A maior parte dos gatos e dos cães teria certa dificuldade para ler isso. Mas um humano que tenha se esforçado e diz que não vê nada nesse poema deveria fazer meia-volta e se esforçar novamente.
    Um livro com as poesias de Williams inclui tanto essas excursões para a filosofia quanto muitas coisas triviais que as acompanham humildemente. Ainda que uma edição de *Poemas Selecionados* seja quase suficiente, é extremamente recomendável conseguir um de seus livros. Os mais famosos são *Primavera e Tudo o Mais* e seu livro *Paterson*, sobre a cidade de Nova Jersey, onde ele passou a vida. Qualquer ideia de que Williams é simplório ou pouco poético vai desaparecer depois de algumas páginas dessas obras ricas e

profundamente aclamadas. E você nunca mais vai olhar para um obstetra do mesmo modo novamente.

GRAÇAS A DEUS

Williams não acreditava em Deus da mesma maneira desagradável que T. S. Eliot, nem acreditava em ditadores desagradáveis como Ezra Pound. Ele se considerava socialista, mas não vale a pena mencionar isso, uma vez que o socialismo é tão comum nos poetas norte-americanos quanto as orelhas longas são normais nos coelhos.

O GRANDE ROMANCE AMERICANO

Esse foi o título do único romance de Williams, a história de um pequeno carro Ford azul que se apaixona por um caminhão Mack, entre outras coisas. Vale a pena dar uma olhada, se não mais, somente porque o livro prova que os obstetras também sabem ser engraçados.

	Importância	Acessibilidade	Diversão
Primavera e Tudo o Mais	10	5	8
Paterson	8	3	8

EZRA POUND (1885-1972)

Ezra Pound era mais importante como empresário literário do que como poeta. Como ajudava e favorecia Eliot, promovia Joyce incansavelmente e era conselheiro literário de vários outros modernistas importantes, ele mudou a imagem da literatura pela pura força de vontade. Foi um dos autodidatas mais prósperos da história, transformando-se de um jovem opiniático e desaforado vindo do Meio do Nada, em Idaho, em um foco de opiniões e de vida cultural na Europa. Pound pôs lenha na fogueira modernista e foi um líder não tanto pelo exemplo, mas sim pelo adorado som de sua própria voz. Foi primeiro um imagista e depois um vorticista – dois movimentos que duraram pouco mas se disseminaram muito, dedicados a varrer da literatura o empolado estilo vitoriano.

Suas obras de crítica popular, *ABC da Literatura*[*] e *Guia para a Curtura*, são uma boa introdução às melhores partes de sua mente. São ofensivas, fora dos padrões e brilhantes; e também são brilhantemente estúpidas. Aqui está um gostinho: "É minha intenção neste livrinho TOMAR POSIÇÃO em tantos tópicos quanto possível, o que significa que farei algumas declarações que bem poucos homens podem PERMITIR-SE FAZER, pela simples razão de que essa escolha de lados poderia prejudicar sua renda (diretamente), seu prestígio ou 'posição' em qualquer um dos 'mundos' profissionais. Dada a minha liberdade, posso ser tolo de usá-la, mas seria estúpido se não o fizesse". Seu tom bate com o de um troll em uma rede social da internet.

Não é surpresa alguma que, em sua transformação final, Pound tenha se tornado fascista. Na Segunda Guerra Mundial, ele trabalhou para Mussolini, fazendo transmissões de rádio contra os EUA, contra os judeus e contra a conspiração bancária internacional. Depois da guerra, foi processado por traição. Alegou insanidade e, como resultado, passou doze anos em um hospício. Hoje em dia, diríamos que Ezra Pound tinha um transtorno de personalidade, que é o que os clínicos modernos inventaram para evitar dizer que o paciente é um pé no saco.

Ele ficou mais famoso por sua obra menos lida, os *Cantos*, um livro grande cheio de palavras obsoletas, ataques ao sistema bancário ("usurocracia"), farpas antissemitas e passagens tiradas de fontes como o *Federalist*, Homero, Adam Smith, Dante, Propércio, um explorador cartaginês chamado Hanão o Navegador e o governante tártaro Oulo. Pound adorava fazer citações em línguas

---

[*] Publicado pela Editora Cultrix, SP, 1970.

estrangeiras, inclusive algumas que ele não falava: quando começa com os ideogramas chineses, o leitor não deve se amedrontar, porque o próprio Pound não os entendia. Os *Cantos Pisanos*, escritos quando ele estava preso, no final da Segunda Guerra Mundial, são geralmente considerados os mais interessantes, e podem ser lidos separadamente por aqueles que efetivamente conseguirem lê-los.

A maior parte das pessoas olha para os *Cantos* e depois se volta, assustada, para os poemas curtos de Pound. Os mais acessíveis e gratificantes são suas traduções livres de poesias chinesas, coletadas em *Cathay*. Aqui, sua tendência à erudição histérica é contida pela simplicidade austera dos originais. Pelo fato de ele ter um dom lírico impressionante (que costumava enterrar sob loucuras econômicas e alusões obscuras), esses poemas são límpidos, belos e costumam ser as melhores versões traduzidas dos originais em chinês, mesmo quando Pound não entendia bem os detalhes. (Ele os escreveu baseando-se nas traduções toscas de Ernest Fenollosa; infelizmente, o próprio Ernest aprendera chinês com um professor japonês.)

Os outros poemas curtos de Pound são muitas vezes arrebatadores e frustrantes. Uma boa edição de *Poemas Selecionados* servirá como introdução. Para se aproximar de uma obra de Pound, traga consigo todos os dicionários que possuir e saiba que vai passar mais tempo procurando coisas nos dicionários do que lendo o texto de Pound propriamente dito.

TRANSTORNO DE PERSONALIDADE FASCISTA

Eis uma citação de uma carta escrita no fim da vida de Pound: "A NAACP (Associação Nacional para o Progresso de Pessoas de Cor) é liderada por judeus e não por pretos". Com isso ele queria dizer que a usurocracia judaica estava por trás da inquietação racial nos EUA, por causa de uma incógnita razão usurocrata. Pound era um homem adiante do seu tempo. Se tivesse vivido o suficiente, poderia ter sido um obstáculo para o Movimento Tea Party.

POR OUTRO LADO

Aqui está seu poema mais famoso e mais curto, sobre sua surpresa ao ver três pessoas bonitas em seguida na multidão de uma estação de trem.

Na Estação do Metrô

A aparição desses rostos na multidão;
Pétalas em um galho preto, molhado.

	Importância	Acessibilidade	Diversão
Guia para a Curtura, ABC da Literatura	2	9	8
Poemas curtos	5	4	6
Os Cantos	5	1	4

JAMES JOYCE (1882-1941)

Joyce passou a vida escrevendo. Como resultado, sua biografia não é muito interessante. Ele viveu em muitas cidades diferentes – Dublin, Paris, Trieste –, onde se sentava e escrevia. Sua companheira de toda a vida, Nora, era uma mulher amorosa mas relativamente simples, que se irritou com suas obras mais tardias. O primeiro encontro deles foi em 16 de junho, data imortalizada como *Bloomsday*, o dia em que os acontecimentos de *Ulisses* ocorrem. Mas o fato mais importante a se saber sobre James Joyce é que na maior parte da vida ele foi sustentado pela editora Harriet Shaw Weaver, por puro e simples amor pela literatura. Ela também criou uma editora somente para que as obras dele fossem publicadas. Sem essa patronesse, não teríamos *Ulisses* nem *Finnegans Wake*. Isso permite aos leitores frustrados culparem mais uma pessoa pela dor de cabeça com que ficam ao tentar ler as obras de James Joyce.

Joyce escreveu uma peça, *Exilados*, e um volume de poesia, geralmente publicado como *Música de Câmara*. São rudimentares e sem importância, o que é um alívio, já que não são muito bons. Joyce não era um daqueles autores depressivos que alcançam o auge aos 21 anos e estão acabados aos 30. Quando ele engrenou, produziu quatro livros inteiros, e cada um desses livros se tornou um Everest que todo aspirante a intelectual tem que escalar.

Dublinenses

Essa é uma coleção de contos realistas bons, mas convencionais. São fragmentos da juventude de Joyce, vivida em Dublin, escritos em uma linguagem às vezes simples, às vezes lírica, sempre normal, raramente fantástica. A abordagem corajosa de muitas cenas contrasta bem com o tom elegíaco da vida interna dos personagens. Alguns desses contos ("Arábia", "O Morto") são muito bem escritos. Mas ainda assim são muito tediosos se comparados a tudo o mais que Joyce escreveu ou se comparados a histórias similares de Flaubert ou Tchekhov. Na verdade, *Dublinenses* é como a primeira sala na retrospectiva de um grande artista, onde você encontra pinturas derivativas feitas quando o artista tinha 21 anos de idade e ainda não tinha encontrado seu estilo.

As pessoas adoram dizer que *Dublinenses* mostra que Joyce era um escritor que só produzia obras-primas. Isso apesar do fato evidente de que o livro não é uma obra-prima; parece que há algo de irresistível naquele primeiro passo hiperbólico que cruza a linha entre o verdadeiro e o falso. Esses mesmos loroteiros gostam de dizer que essa coletânea é "uma boa introdução a Joyce". Na medida em que essas obras são muito mais fáceis do que seus trabalhos mais tardios, isso é verdade. Por outro lado, esses contos se parecem menos com *Ulisses* do que com os atos de assobiar ou passar o dia fazendo compras, ou com um balão em forma de bicho. Uma vez que "Joyce" realmente quer dizer *Ulisses*, esses contos lhe darão somente uma ilusão de que você sabe alguma coisa sobre as obras do autor.

Retrato do Artista Quando Jovem

Agora sim. Muitas pessoas leem esse livro como se ele fosse uma espécie de *Ulisses Light*. Não é exatamente isso, ainda que tenha em seu tom a mistura de lamento e paródia que constitui a assinatura química joyciana. É um *bildungsroman*; e, como muitas obras desse estilo, é autobiográfico e contém exposições da concepção artística de Joyce, que vão fascinar as pessoas que se importam com as concepções artísticas dos outros.

O enredo é: Joyce *versus* Jesuítas. Começa nas profundezas da infância, quando encontramos o pequeno James (que aqui se chama Stephen Dedalus) tentando resolver o quebra-cabeça de sua vida em meio a valentões, padres e lições. Nunca houve evocação tão poética de um internato católico. Quando Dedalus decide que sua vocação não é o sacerdócio, mas sim escrever poesia e correr atrás das garotas, chegamos a ficar tristes.

A boa notícia é que *Retrato do Artista* pode ser lido por qualquer um. Não que seja sempre fácil; quem não estiver familiarizado com a história da Irlanda ou com a religião católica deve escolher uma versão com notas. Mas, ao contrário das obras posteriores de Joyce, você não tem que carregar outro livro que explique o livro que você está lendo. E é também, simplesmente, um ótimo romance. Não é um tipo de literatura que o mundo nunca viu antes. Não forçará seu cérebro a criar conexões neurais completamente novas quando estiver lutando para compreendê-lo. Está mais para uma introdução a Joyce do que para um *Ulisses Light*.

STEPHEN HERÓI

Essa foi uma versão anterior de *Retrato do Artista*, que é mais próxima da juventude real de Joyce e menos saborosa. Obrigatória para os adoradores de Joyce; para todas as outras pessoas, é algo a se colocar na lista de coisas para ler se você viver mil e cem anos.

Ulisses

Pretensioso, gárrulo, grandioso, implacável. *Ulisses* é tanto um marco de nossa literatura quanto um peso em nossas costas. Muitos odeiam essa obra porque a mensagem oculta em cada palavra é "Sou mais inteligente do que você". Por essa mesma razão, muitos a reverenciam, mesmo aqueles que se divertiram tanto com o livro quanto se estivessem engolindo pedras. Para terminar, algumas pessoas o amam genuinamente. Mas essas pessoas devem ficar bem quietas, já que ninguém vai acreditar nesse amor.

Existem razões para esse amor: *Ulisses* é uma experiência que muda a vida de muitos, e não só por causa da oportunidade que ele abre para que alguns jovens sintam-se mais inteligentes do que os outros. Ninguém nunca colocou tanto de seu talento em um só lugar. Cada página transborda de trocadilhos, impressões perspicazes, ideias legais, profundidade psicológica e vinte outras coisas que acabei esquecendo. E *Ulisses* é também um romance cômico, daqueles que são realmente muito engraçados. É claro que você tem de entender as piadas para que elas tenham graça, o que não é brincadeira.

Poderíamos dizer que Joyce simplesmente inventou uma maneira interessante de tornar muito difícil a leitura de um romance realista. Mas a dificuldade é o que interessa; o romance em si é só um pano de fundo. Se você for paciente e passar pela dificuldade, *Ulisses* é como uma colherada de estrelas de nêutrons; a densidade de seu entretenimento é maior que a de qualquer outra coisa.

Esse livro tem influenciado muitos autores, e geralmente é uma má influência. Com ele, a literatura se transforma em um campeonato de quem cospe mais longe. Assim como os românticos ensinaram gerações de crianças que elas podiam viver no mundo dos sonhos, Joyce ensinou gerações de escritores iniciantes que, quanto mais ilegível fosse seu livro, mais chances teria de ser lido por milhares de anos.

Na verdade, *Ulisses* é uma corrente de ideias terríveis, que se redimem pela força esmagadora de um tipo particular de gênio.

Os outros autores só conseguem imitar as ideias ruins; não conseguem reproduzir o gênio particular, se é que conseguem reproduzir qualquer gênio que seja. Resultado: quanto mais diretamente um escritor foi influenciado por Joyce, mais provável é que ele seja marginalizado hoje em dia. Nem o próprio Joyce consegue sempre escapar das sinucas em que se mete. Vamos começar analisando essas sinucas.

Odisseia

Joyce baseou a estrutura do livro na *Odisseia*. Stephen Dedalus (o mesmo substituto de Joyce de *Retrato do Artista Quando Jovem*) é Telêmaco. Leopold Bloom, um cabo eleitoral judeu, fica com o papel de Odisseu. Cada capítulo (a não ser um, aleatoriamente) espelha uma parte da *Odisseia*. Esse espelhamento é muito vago. Se ninguém lhe dissesse que ele existe, você não o teria percebido.

E outra: a *Odisseia* não tem absolutamente nada a ver com a história de Joyce. Até Ezra Pound, uma das pessoas que mais apoiavam Joyce, chamou isso de *"affaire de cuisine"*, que significa algo que é importante para o *chef* mas não para a refeição. A melhor coisa que podemos dizer sobre todo esse assunto da *Odisseia* é que ela pode proporcionar um entretenimento inofensivo para as pessoas que desejam solucionar as charadas que o livro traz.

A única correspondência que importa é a do relacionamento entre Leopold Bloom e Stephen Dedalus. Para os leitores que estão familiarizados com Homero, a posição de Bloom como um pai substituto para Stephen tem algum poder dramático, especialmente no final. Todas as outras correspondências são completamente sem importância, o que, quando paramos para pensar no assunto, faz com que Joyce pareça um pouco tonto. Assim, coloque na cabeça o seguinte: não pare para pensar no assunto.

Joyce deu a cada capítulo o nome do episódio da *Odisseia* ao qual ele corresponde. Porém, os nomes desses capítulos foram deixados de fora do livro. Mas eles ainda são chamados por esses nomes pelos críticos literários. Também usaremos esses nomes, porque não há outros e os capítulos não são numerados, e já que todos fazem isso mesmo... (Por favor, não pare para pensar no assunto. Obrigada.)

Hamlet

Há inúmeras referências a *Hamlet* em *Ulisses*, incluindo discussões sobre o significado da peça. Há também uma segunda série de correspondências em que Stephen é Hamlet, assombrado pela ideia (fantasma) dos pais. Isso não deveria funcionar, não tem como funcionar. Mas funciona; o tema parece absolutamente natural, e, ao contrário do material da *Odisseia*, é algo que existe dentro do livro (na cabeça de Stephen, em conversações) em vez de ser imposto aos personagens por um autor que não liga para o que eles sentem.

Pastiches

Em alguns capítulos – mas muito poucos –, Joyce imita vários estilos de escrita ou oratória. Por exemplo: o capítulo dos Bois do Sol é escrito com uma série de pastiches de literatura, arrumados em uma linha temporal que vem do Inglês Antigo até o presente, e mostra como cada estilo poderia ser mais difícil de compreender. Tem Inglês Médio, tem partes imitando Lawrence Sterne, tem uma aparição gótica.

Esses pastiches não têm nada a ver com nada. A explicação mais comum para os pastiches dos Bois do Sol é que, uma vez que a cena é ambientada na maternidade de um hospital, esses pastiches mostram a gestação e o desenvolvimento da literatura inglesa. Só podemos torcer para que essa não fosse a pretensão de Joyce, pois é algo mortalmente sem graça.

Do mesmo modo, não há uma razão específica por que a visita de Leopold Bloom a um pub (no capítulo do Ciclope) deveria terminar num tom épico irlandês e em linguagem jornalística. Esses tours aleatórios para o pastiche parecem ser episódios de autocomplacência. Mas são construídos de forma tão brilhante que costumam ser (nem sempre) também uma complacência para com o leitor.

Circe

Também conhecida como a sequência de Nighttown. Aqui, no meio do livro, Joyce escreve uma sequência de sonhos de 150 páginas na forma de um roteiro de peça teatral vanguardista. AI MEU DEUS ESSA PARTE É MUITO DIFÍCIL? Até o fim, não há uma informação sequer referente ao enredo. No "mundo real" do romance, os personagens estão na boca do lixo, tomando todas. Na sequência de sonho, eles estão sendo eleitos ditadores, construindo cidades de fantasia, sendo repreendidos pelos fantasmas de seus pais, sendo transformados em mulheres, sendo humilhados sexualmente e por aí vai. Precisaria de uma página inteira para listar todas as coisas que acontecem, a não ser pelo fato de que elas não estão realmente acontecendo.

A única desculpa para a sequência de Nighttown é que ela expressa em ações os dramas subconscientes dos personagens. Até certo ponto isso é compreensível, mas na maior parte do tempo parece que Joyce está se exibindo sem motivo. É brilhante e impressionante. Mas ninguém consegue se exibir sem motivo durante 150 páginas sem dar nos nervos.

Excremento

Joyce acompanha seus personagens continuamente, o que significa que ele também os acompanha ao banheiro. Eles fazem os números um e dois e não se esquecem de peidar. Muitos leitores antiquados rejeitam *Ulisses* só por essa razão. Para os sensíveis, essas partes de *Ulisses* não serão as mais apreciadas, aquelas que você lê muitas e muitas vezes em êxtase. Mas a experiência de excreção é tão bem descrita que chega a ser surpreendente e interessante.

E, afinal, o livro é uma corrente de consciência, a vida como ela é. Podemos até desejar que nossa consciência se desligasse no momento em que entrássemos no banheiro e só voltasse quando estivéssemos lavando as mãos. Infelizmente...

Corrente de Consciência

Este assunto precisa de sua própria caixa. Dá para colocar uma caixa aqui?

OBRIGADA

A maior parte do livro é escrita na forma de correntes de consciência, geralmente pelo ponto de vista de Dedalus e Bloom, mas mudando ocasionalmente para a mente de outros personagens também. O estilo de corrente de consciência de Joyce é radical e radicalmente difícil de entender. Como meio de representar a consciência, é cheio de falhas, já que em geral as pessoas não acham complicado entender o que elas mesmas estão pensando.

Por exemplo, na vida real, quando você pensa em Randolph, sabe de modo implícito se Randolph é seu irmão, seu gato ou uma marca de sabão. Logo, uma passagem como "Randolph caiu no banheiro" faz sentido automaticamente. Em *Ulisses*, uma frase como essa só pode ser decodificada juntando-se referências enigmáticas a Randolph, tapetes de banheiro e ração, nas páginas 116, 289 e 551.

E outra: na vida real, as impressões passageiras nos vêm pré-rotuladas como memórias, sentimentos, pensamentos ou imaginações. A única maneira de representar esses rótulos na ficção é com "ele pensou" e "ele lembrou". Joyce não queria essa sucata truncando seu estilo. De modo que, quando lemos *Ulisses*, geralmente é impossível saber se algo está acontecendo agora, décadas atrás ou na terra do faz de conta.

E também as impressões não verbais (sons, cheiros, visões) são representadas junto com pensamentos como "Preciso pegar ração quando for para casa", sem nenhuma distinção. Juntando tudo isso, um trecho que fale de Randolph seria assim:

> Preciso pegar ração quando for para casa. Na transportadora da Macklin's, naquela primavera. Embalado como uma estrela-do-mar na palma da mão, garras para dentro e para fora como a respiração. Branco? Branco. Alguns dizem que eles podem ser treinados a ir ao banheiro.
> Fortes barulhos vieram, Jessop pulando para o lado. Azul deslizante enquanto passava o bonde.

Ao ler as correntes de consciência de Joyce pela primeira vez, sentimo-nos como se estivéssemos presos na mente de um paciente com demência. Só aos poucos nos acostumamos a juntar as peças. A escrita segue o ritmo do pensamento, mas só pode ser lida no ritmo de uma lesma – uma lesma que fica voltando atrás o tempo todo para pegar alguma coisa que perdeu.

Agora vejamos a história por trás dessas experimentações narrativas.

Tudo acontece em 16 de junho de 1904. Stephen Dedalus acorda pela manhã e interage com seu amigo/inimigo Buck Mulligan e o inglês Haines. Então vai ver Deasy, o homem para quem dá aulas. Deasy confia-lhe uma carta ao editor sobre febre aftosa. Mais tarde, Dedalus passa pela biblioteca Quaker, onde discute sobre Shakespeare com muitos tipos literatos. Vemo-lo mais tarde na maternidade do hospital, onde ele se encontra com Leopold Bloom pela primeira vez. Vamos passar para Bloom.

Na mesma manhã, Leopold Bloom fica sabendo que sua esposa Molly receberá a visita de um homem, Blazes Boylan, com quem provavelmente fará sexo. Ele não faz nada a respeito, e ficamos sabendo que ele e Molly já não fazem sexo há muito tempo, desde que seu filho Rudy morreu, ainda criança. Bloom sai e vai cuidar de seus negócios, com isso em mente. Em um pub, ele é abordado por um bêbado antissemita; retirando-se para uma praia, ele se masturba clandestinamente, olhando para três garotas que estão por perto. Então visita a maternidade do hospital, onde uma mulher que ele conhece vai ter um bebê; faz companhia a um grupo de estudantes bêbados, entre os quais Stephen Dedalus; e acaba na boca do lixo.

Dedalus se vê em apuros. Ele se machuca e Bloom o leva para sua casa de táxi. Dedalus e Bloom conversam amigavelmente, mas Dedalus recusa a oferta de um local para passar aquela noite. A próxima parte do romance é escrita do ponto de vista de Molly Bloom. Ela pensa sobre o sexo com Boylan um pouco mais cedo, então pensa sobre muitas outras escapadas sexuais de sua vida e acaba se lembrando de quando aceitou a proposta de casamento de Bloom: "sim eu disse sim eu caso Sim".

Isso talvez pareça não ter muito conteúdo, em vista da dificuldade insana que é entender o que está acontecendo. Provavelmente não há um leitor de *Ulisses* que nunca se canse de forçar cada neurônio de seu cérebro, capítulo após capítulo, para finalmente discernir que, mais uma vez – novidade! –, um grupo de irlandeses está bebendo. Quase todos os leitores terão em mente, sempre, quantas páginas ainda faltam para o fim do livro.

Mas muitos leitores acham que a experiência vale a pena. Infelizmente, não há como saber se você se encaixa nessa categoria sem antes ter lido pelo menos trezentas páginas do livro.

DIREITOS E DEVERES DAQUELE QUE SE GABA

A não ser em alguns grupos pequenos e esparsos, não é boa ideia dizer que você leu *Ulisses*. Se você disser que não gostou, as pessoas vão entender assim: "Eu não era inteligente o suficiente para entender o livro e sou covarde demais para admitir". Se disser que gostou, vão entender: "... porque sou mais inteligente do que a média das

> pessoas". Se fizer questão de dizer que entendeu o livro, mas ainda assim não gostou, mesmo que acreditem em você, tudo o que seus companheiros ouvirão será: "Eu sou mais inteligente até do que todos os intelectualoides que gostam de *Ulisses*". É como anunciar que você faz parte da Mensa*.
>
> Assim como acontece com a Mensa, a única hora boa para dizer que você faz parte do clube do *Ulisses* é quando alguém fala isso primeiro. E, mesmo assim, talvez valha a pena fingir que você não leu o livro, na esperança de que esse fanfarrão não o incomode novamente.

Finnegans Wake

Hoje, todos concordam que Joyce foi longe demais com esse livro. *Finnegans Wake* levou dezessete anos para ser escrito. É uma corrente de trocadilhos imersa em jogos de palavras, pastiches e mais nada. O livro começa no meio de uma frase e termina no meio da mesma frase. Inclui palavras de sessenta e tantas línguas; partes de palavras alemãs são ligadas a partes de palavras em inglês; palavras em francês são soletradas de modo a deixar evidente sua semelhança com palavras em inglês. O resultado soa muito notável, mas é só. Veja só o começo (aqui, na tradução de Augusto de Campos):

> riocorrente, depois de Eva e Adão, do desvio da praia à dobra da baía, devolve-nos por um commodius vicus de recirculação devolta a Howth Castle Ecercanias.
>
> Sir Tristrão, violista d'amores, através o mar breve, não tinha ainda revoltado de Norte Armórica a este lado do áspero istmo da Europa Menor para loucomover sua guerra penisolada: nem tinham os calhões do altomsawyerrador pelo rio Oconee sexagerado aos gorgetos de Laurens County enquanto eles iam dublando os bebê-bados todo o tempo: nem avoz de umachama bramugira mishe mishe a um tauftauf tuespatruísquio: nem ainda embora logo mais

---
* Associação que reúne somente superdotados. (N. T.)

veniesse, tinha um novelho esaurido um velho e alquebrando isaac: nem ainda, embora tudo seja feério em Vanessidade, tinham as sesters sósias se enrutecido com o uníduo nathandjoe. Nem um galão de papamalte haviam Jhem ou Shen recebado à arcaluz e auroras antes o barcoíris fora visto circularco sobre a aquaface.

O livro tem 650 páginas, e todas são assim.

Pouquíssimas pessoas leem *Finnegans Wake* inteiro, de modo que aqueles que escrevem dissertações sobre o livro devem ser a maior parte dos leitores. O livro é ideal para escrever dissertações, por motivos óbvios. Existem livros inteiros escritos por esses dissertadores que oferecem uma chave para *Finnegans Wake*. É vã a esperança de compreender o livro sem a ajuda de um guia assim. O próprio Jorge Luis Borges reconheceu seu fracasso:

> Examinei o livro com algum espanto, decifrei nove ou dez charadas e li, aterrorizado, os elogios feitos pelo N.R.F. e pelo T.L.S. Os sagazes autores desses elogios alegam ter descoberto as regras desse complexo labirinto verbal, mas se abstêm de aplicá-las ou formulá-las; e também não analisam uma única linha ou parágrafo... Suspeito que eles partilham de meu espanto essencial e de minhas olhadelas inúteis e parciais no texto... *Finnegans Wake* é uma concatenação de charadas feita num inglês de sonho, difícil de não ser categorizado como frustrado e incompetente.

Uau! E parabéns para ele por ser o primeiro a dizer isso.

	Importância	Acessibilidade	Diversão
Dubliners	9	7	6
Retrato do Artista Quando Jovem	10	5	8
Ulisses	10	1	8
Finnegans Wake	5	1	4

MARCEL PROUST (1871-1922)

A obra-prima de Proust, *Em Busca do Tempo Perdido*, é famosa por seu tamanho: com sete volumes, faz com que até mesmo *Guerra e Paz* pareça um rascunho. Suas frases são construídas nessa mesma escala gigantesca, passando de pensamento a pensamento em digressões incansáveis e suntuosas, que enchem meia página. Às vezes, Proust parece abarrotar uma única frase com todas as ideias que já teve. Outras vezes, encontrar o significado da frase é como perseguir um gato em um cômodo cheio de cadeiras dobráveis. Mas, quando você se habitua ao exercício, essas frases começam a se parecer com uma série de ovos Fabergé. Cada uma delas é engenhosa, supercômica e tão bela que é difícil acreditar que são feitas somente de palavras.

O primeiro volume, *No Caminho de Swann*, é o que costuma ser mais lido – principalmente por ser o primeiro, mas também por ser o mais perfeito. Começa com a notória madalena, que com seu sabor desperta uma corrente de memórias, que por sua vez desperta a escrita do livro. Essa passagem também desperta em muitos jovens animados o desejo de comprar madalenas, só para terem a desilusão de descobrir que na verdade elas não passam de bolinhos Ana Maria sem recheio.

Saímos dos bolinhos sem recheio para entrar na infância do narrador, quando o encontramos neurótico e desesperado, esperando que sua mãe lhe dê um beijo antes de ele ir dormir. Enquanto isso, no andar de baixo, os adultos recebem um amigo da família, Charles Swann. Proust então nos leva, através do prolongado espanto infantil, para um conto sobre o caso de amor destrutivo entre Swann e a cortesã Odette.

Swann se apaixona por Odette sem razão; até mesmo contra sua razão. Ela não é seu tipo físico, já que é muito magra e pálida. Ela é obtusa, desonesta e tem um gosto medíocre, enquanto Swann é um sábio e um *connoisseur*, idolatrado pelas anfitriãs da aristocrática Faubourg Saint-Germain. Ele é tão urbano que só o über-urbano

Proust poderia tê-lo criado. Mas, quando Swann começa a amar sua prostituta magrela, transforma-se em um emaranhado de sentimentos precipitados. Sua queda gradual nas complicações amorosas prefigura as aventuras posteriores do próprio narrador.

Esse narrador (chamado pelo nome – Marcel – somente uma vez durante o livro) é e não é Proust. Enquanto Proust era gay e judeu, em seu livro ambos os adjetivos são projetados em outros personagens. E são projetados em abundância. O livro é especialmente cheio de gaysismos clandestinos, principalmente os do Barão de Charlus, cujos amores são descritos por Marcel com requintes homofóbicos. Vale a pena ler até o fim só para ver Proust perder totalmente o controle e identificar praticamente todos os personagens masculinos que viemos a conhecer em seis volumes como homossexuais enrustidos. O grande amor da vida de Marcel, Albertine, também é suspeita de lesbianismo. (O personagem de Albertine foi baseado no chofer e amante inconstante de Proust, Albert. O interessante é que Albertine gosta muito de um motorista que a encoraja em sua infidelidade.)

Quando Marcel começa a crescer e a se apaixonar por "garotas", também começa a frequentar o elegante grupo da Duquesa de Guermantes e o promissor salão de Mme. Verdurin. A vida desse salão tem sua própria biografia, e sua ascendência gradual à proeminência é um dos aspectos mais fascinantes de *Em Busca do Tempo Perdido*. Sendo ele próprio frequentador da alta sociedade, Proust estava perfeitamente situado para desmistificar esse mundo. Nenhum diploma de sociologia nos ensina mais sobre as relações humanas do que o que se pode aprender com o progresso do salão de Verdurin, que passa da marginalidade chique à tendência da moda – sem mudar essencialmente nessa transição. Dezenas de pessoas passam por esses salões; enquanto isso, Marcel deixa de ser garoto e se torna um homem. Ele finalmente retorna à sociedade, depois de uma longa ausência, para descobrir que agora é um dos antiquados.

Durante esse percurso, encontramos um pouco de amor, mais amor e mais amor insano. A paixão central é a obsessão de Marcel pela traidora Albertine. Passagens inteiras nos volumes cinco e seis são dedicadas a esse caso amoroso. Há até uma parte em que poderíamos jurar que Proust está bêbado e escrevendo as mesmas páginas várias vezes. As tentativas vãs de Marcel para controlar sua amante, seu tédio quando ela lhe é fiel e o desespero enorme e infundado quando ela se vai são repetidos, estendidos e embelezados com a monomania da obsessão e da paixão reais. É verdade: como você bem pôde imaginar, isso dá sono. Mas é uma sonolência doce, não o sono enfadado e pesado que sentimos lendo Milton.

A leitura de *Em Busca do Tempo Perdido* pode levar de três meses a um ano. Você talvez se pergunte se vale a pena dedicar um ano de sua vida a um único livro, por melhor que seja. Tudo o que se pode dizer é que o livro vai fazer daquele ano um ano melhor. Este é um daqueles livros que desejamos que nunca termine – e, de fato, ele quase não termina de tão comprido que é. Na verdade, é mais ou menos como estar apaixonado.

	Importância	Acessibilidade	Diversão
Em Busca do Tempo Perdido	10	4	10

VIRGINIA WOOLF (1882-1941)

Muitas escritoras já haviam escrito grandes obras e até mesmo conquistado a fama, mas Virginia Woolf foi a primeira a tentar reinventar um gênero. Provavelmente não é por coincidência que ela era uma feminista ferrenha. E certamente não é por coincidência que tinha independência financeira.

Ela mesma faz as duas afirmações em seu ensaio "Um Quarto Só para Si". Nele, Woolf explica a falta de conquistas artísticas femininas: uma pessoa sem instrução e sem tempo para o lazer provavelmente não conseguirá escrever um *Paraíso Perdido* às pressas, em noites de insônia. Mas parece que a instrução e o lazer não são suficientes: as condições de Woolf para o esforço literário incluem não só o quarto solitário do título como também uma renda independente, servos e vinhos finos. Woolf também propõe que as escritoras deveriam criar um novo tipo de literatura, pois a mente das mulheres é essencialmente diferente da dos homens. Esta, por exemplo, é uma frase feminina. Esta foi escrita por um homem confederado. As frases femininas expressarão algo que as mulheres vivem e os homens, não, de modo que então descobriremos o que é. (Woolf não é muito clara nesse ponto.)

O aspecto mais destacado da obra madura de Woolf não é a feminilidade, mas os pontos de vista alternados. O tempo flui continuamente, mas passa de uma consciência para a outra, geralmente sem aviso. Se Nancy está passando o sal para Reginald, ouvimo-la pensando: "Ele não percebe. Essa sua falta de atenção, é claro que é tolice eu ficar tão ofendida". Então, no parágrafo seguinte: "Ah, o sal, reparou Reginald. Para que isso?". Pode acontecer de ficarmos na consciência de Reginald por páginas e mais páginas ou, senão, por um único parágrafo. Até mesmo o chato mais pomposo é mostrado (visto de dentro) envolto por Grandes Questões, pontadas de compaixão e abismos de insegurança.

Em *Rumo ao Farol*, o primeiro romance escrito nesse estilo maduro, as estrelas são duas mães de família convencionais, a Senhora Ramsay e sua hóspede, a pintora liberal Lily Briscoe. Através delas, da família Ramsay e de qualquer um que aparecer, Woolf nos descreve um dia na casa de verão dos Ramsay. Ela então acelera o tempo e dez anos se passam em uma fração de segundo. As árvores cresceram e a Primeira Guerra Mundial já passou. Só para constar, a Senhora Ramsay morreu. Somos então jogados de volta no tempo real e na casa de verão, mas a maior parte de nossos pontos de vista já era. A natureza solitária e nua desse último dia é uma poderosa representação de uma família desolada. Seus membros restantes não conseguem sentir nem pensar o suficiente, e a própria consciência parece ter enviuvado.

A heroína epônima de *Mrs. Dalloway* é uma versão menos maternal e mais sensível da Senhora Ramsay. Seu dia (aqui só há um dia) se centra na festa que vai dar naquela tarde. Enquanto isso, sua antiga paixão, Peter Walsh, voltou da Índia para ajudá-la a se lembrar do passado. Um terceiro personagem não relacionado, Septimus Smith, voltou da Primeira Guerra Mundial e ficou psicótico. Seguimos esses três, geralmente através da consciência de espectadores inocentes, desde manhã até de noite. Ainda que Septimus não dure até o fim do romance, este termina com uma nota animadora, com a Senhora Dalloway refletindo que está contente pelo fato de aquele jovem ter se matado, pois isso fez com que ela apreciasse mais a vida. Valeu, dona.

As Ondas é uma obra mais experimental. Seus maneirismos são tão improváveis que só podemos representá-los com uma citação:

– Eu amo – disse Susan – e odeio. Desejo somente uma coisa. Meus olhos são duros. Os olhos de Jinny se fragmentam em um milhão de luzes... Ainda que minha mãe ainda costure minhas meias brancas, faça a bainha de meus aventais e eu seja criança, eu amo e odeio.

– Mas quando sentamo-nos juntos, próximos – disse Bernard –, fundimo-nos um no outro com frases. Somos rodeados pela névoa. Criamos um território imaterial.

– Vejo o besouro – disse Susan. – É preto, vejo; é verde, vejo; estou presa em monossílabos. Mas você escapa; escorrega; levanta voo, com palavras e palavras em frases.

Como você deve ter adivinhado, "disse", aqui, não quer dizer "disse". Não quer dizer nem ao menos "pensou". Indica um amalgamado de consciências que precede o pensamento e a fala. O livro inteiro é escrito dessa forma. Ele acompanha a vida de seis amigos, do modo representado nesse "dizer", que está carregado de metáforas. Aliás, está tão carregado de metáforas que mal consegue caminhar. No começo isso é ridículo e pretensioso; mas, à medida que você vai se acostumando com a linguagem, ela se transforma, com êxito, em uma representação da vida pré-verbal.

Um dos livros mais antigos de Woolf voltou a ser apreciado, principalmente por transgredir as questões de gênero. *Orlando* é melhor que a propaganda que o envolve. Foi escrito para Vita Sackville-West, que foi amante de Woolf por um curto período. Conta a história de um jovem nascido na Inglaterra renascentista; ele vive por centenas de anos, durante os quais inesperadamente se transforma em uma mulher. Embora o assunto "gênero" definitivamente se apresente, há também algo de realismo mágico, piadas metalinguísticas pós-modernistas sobre o fato de essa história estar sendo contada e também todos os prazeres de um romance histórico. É alegria pura.

O GRUPO DE BLOOMSBURY

Woolf foi um dos membros mais ilustres do círculo de Bloomsbury. Este era um grupo de amigos que moravam em Bloomsbury e se encontravam muito. Não há nenhum outro significado no nome, então não perca tempo procurando um sentido oculto. Os outros membros importantes de Bloomsbury foram John Maynard Keynes e E. M. Forster. O ponto intelectual em comum entre os tratados keynesianos de economia, os experimentos de Woolf em prosa e os romances graciosos e convencionais de Forster é que todos eles foram escritos em inglês por ingleses que andam sobre duas pernas.

E AQUELA LOUCURA EM VOGA

Virginia Woolf, apesar de ser feliz no casamento, bem de vida, ovacionada por seus contemporâneos e ter servos que lhe traziam vinhos finos, se matou. Ela sofreu de uma doença mental intermitente desde

> a infância; e quando sentiu que a doença estava voltando, aos cinquenta e poucos anos, ela graciosamente se retirou de cena. Escolheu o método do afogamento e mostrou ter uma veia pragmática, prudentemente colocando pedras nos bolsos para que servissem de peso. (É claro que ninguém a viu, então pode ser que ela tenha tentado se matar durante horas, boiando inúmeras vezes.) Mas, se você for se afogar, saiba: pedras nos bolsos são a solução.

ERNEST HEMINGWAY (1899-1961)

Há pouco, fiz a provocativa afirmação de que a ficção de Hemingway deriva tanto da de Gertrude Stein que, na verdade, ele não passa de um imitador. É claro que se trata de uma tremenda simplificação, e é isso que faz com que a afirmação seja engraçada. Embora o próprio Hemingway reconhecesse a dívida que tinha com Stein, ele também copiou Sherwood Anderson, Guy de Maupassant e Pound, entre outros, e – imagino eu que isso não seja segredo algum – tinha também uma voz literária própria e característica.

Hemingway é mais lembrado como um escritor macho. Praticamente sozinho, ele criou o tipo do romancista macho, que escreve com uma mão enquanto dá uma surra em um mané com a outra. Ele caça ursos com um garfo e se sente mais à vontade numa terra de ninguém. É triste lembrarmos que essa tradição de pose masculina pode ter sido culpa da mãe de Hemingway, que o vestiu de menina durante seus primeiros dois anos de vida. Mas não lhe fez mal nenhum o fato de que, quando jovem, Hemingway era lindo de tirar o fôlego; o perene fascínio que ele exercia sobre as mulheres não tem mistério.

O estilo claro e de poucos adjetivos de Hemingway, que se apoiava fortemente no uso da conjunção "e" e na repetição de palavras como "grande" e "bom", foi durante certo tempo o estilo favorito na prosa americana, especialmente para os homens. Os adjetivos deram lugar aos grunhidos. A prosa devia ser "escassa, muscular e atlética". Uma frase que usasse o vocabulário de uma criança da primeira série era simplesmente mais verdadeira. Alguns autores ainda se saíam bem com o estilo floreado de Faulkner (ver p. 382), mas só se viessem do Sul, soubessem pescar com isca e fedessem a uísque.

A essência desse estilo é o que ele não diz. Uma das técnicas preferidas de Hemingway era escrever uma história sem mencionar o acontecimento mais importante. O exemplo mais famoso é "Colinas como Elefantes Brancos", em que um casal jovem planeja um aborto sem nunca mencionar o nome do ato. Hemingway pensa que inventou esse truque do nada, mas é claro que nossos leitores mais espertos reconhecerão essa técnica como uma retomada interessante do gótico não mencionável, também conhecido como "não mencione a guerra". (Em "O Grande Rio de Dois Corações", o tema não mencionado é literalmente a guerra.)

Apesar desse pequeno truque de obscurecimento, o lema de Hemingway era que "O trabalho de um escritor é falar a verdade". "Verdade", para ele, eram os acontecimentos, e não os sentimentos e pensamentos de alguém sobre os tais acontecimentos. Essa técnica dava a seus personagens – homens e mulheres – um certo nivelamento machão de afeto, como um personagem assassino de um filme de ação com o apelido de "O Homem da Manutenção". Não é que as emoções nunca sejam mencionadas. Mas elas devem ser descritas de maneira tosca, mal explicada e masculina: "Quando sua esposa e seu filho morreram naquele incêndio, Jake percebeu que se sentia tão mal quanto era possível. Ele se sentiu mal por muito tempo, ainda que fosse algo de que um homem não deve falar. Mas mesmo assim não havia *desgracia*, então o mau sentimento não mudou seu coração". (Inventei isso.)

Primeiro Hemingway ganhou reputação com seus contos, que receberam alguma aclamação da crítica. Mas seu primeiro grande sucesso foi *O Sol Também se Levanta* (publicado na Europa como *Fiesta*), um retrato triste e frugal sobre a Geração Perdida que fica perambulando por Pamplona. Aqui, o personagem principal sofre de impotência literal e simbólica. E a história espelha isso, quase amando, quase acontecendo, mas sempre caindo novamente em um caminho que demanda mais atenção do que ação. (A impotência não era autobiográfica. Nem precisa se animar.) Então veio *Adeus às Armas*, uma história de amor bela e discreta, baseada nas experiências de Hemingway como motorista de ambulância na Primeira Guerra Mundial. Nos dois romances, o estilo lacônico às vezes faz com que os personagens pareçam entediados. Isso transmite a falta de rumo da geração, sinaliza crises existenciais e, convenientemente, é muito legal e descolado.

Por Quem os Sinos Dobram fala sobre a Guerra Civil Espanhola, e outra história de amor instalada ali. Notabilizou-se por apresentar a ideia de que, quando o sexo é amor verdadeiro, ele tem a força de um terremoto. "Mas sentistes a terra tremer?", Robert Jordan pergunta para Maria. Felizmente, Maria não só sentiu como também "morreu". (Jordan não morreu, mas é só uma questão de educação deixar a mulher morrer primeiro.) Aqui, Hemingway tenta alcançar emoções elevadas, e seu estilo vazio faz com que os personagens pareçam inadequadamente insípidos. É como o amor e a guerra entre bonecos de madeira. Mas, por longos períodos, o livro funciona por causa do assunto tratado, uma das grandes causas perdidas da história, o que abre espaço para passagens como "Se você nunca viu o dia da Revolução em uma pequena cidade onde todos se conhecem e sempre se conheceram, você não viu nada".

Seu último romance importante foi *O Velho e o Mar*, no qual um pescador cubano velho e simples luta durante três dias para içar um marlim para cima de um barco a vela que tem a metade do tamanho do peixe. No final, ele amarra o marlim ao lado do barco e o peixe é comido por tubarões enquanto ele navega de volta. (Mesmo tendo pescado nessas águas infestadas de tubarões durante toda a sua vida, tal possibilidade nunca lhe ocorreu.) Esse romance é como um livro infantil para pessoas que estão na segunda infância. O velho é acompanhado por um rapaz completamente leal, que faz tudo para ele por simples reverência à sua sabedoria como pescador. Esse personagem só pode ter sido baseado na última esposa de Hemingway.

Os contos de Hemingway estão entre os clássicos do gênero, e seu estilo geralmente se expressa melhor neles. Muitos deles são famosos, como "A Vida Breve e Feliz de Francis Macomber", sobre um corno fraco que se transforma em um homem de verdade quando sai para caçar um leão – e acaba levando um tiro de sua esposa, que não quer um marido que não seja corno. Provavelmente o mais famoso de todos é "Um Lugar Limpo e Bem Iluminado", que é sobre como às vezes vamos para uma cafeteria só para sair de casa. Nele, Hemingway designou como "nada" aquilo de que tentamos fugir nessa situação: "Era tudo um nada e um homem também era um nada... Alguns viviam nele e nunca o sentiam, mas ele sabia que era tudo nada y pues nada y nada y pues nada".

Ele também escreveu não ficção, especialmente *Morte na Tarde*, uma descrição das touradas feita por um fã, e *Paris É uma Festa*, um relato das memórias (criando uma mitologia em torno do autor) de sua alegre juventude em Paris, escrita nos anos finais de Hemingway. Este último é notável por retratar de modo negativo os autores rivais de Hemingway, principalmente Gertrude Stein e F. Scott Fitzgerald, e pela versão de si mesmo como um completo servo da verdade. Ainda assim, o livro tem um charme duradouro. "Assim era Paris quando éramos muito pobres e muito felizes" – e assim Hemingway termina o livro. A felicidade é infecciosa.

Nota: Em seus anos finais, Hemingway ganhou o apelido de "Papá". Para essa autora, isso soa tão embaraçoso quanto um casal que chama um ao outro de "Mãe" e "Pai". Mas referir-se ao "Papá Hemingway" é um belo modo de evocar todas as coisas que tornavam esse cara ridículo; então, agradeço ao primeiro que o chamou assim.

TRÊS TRUQUES DE HEMINGWAY
PARA UMA FICÇÃO MASCULINIZADA

- Referindo-se a toda uma classe de pessoas, faça uma generalização que, de tão específica, literalmente não possa ser verdadeira. Exemplo (tirado de "Sr. e Sra. Elliot"): "Eles não tentaram [conceber um filho] muitas vezes no barco porque a Sra. Elliot ficava muito enjoada. Ela ficava enjoada e, quando ficava enjoada, ficava enjoada como as sulistas ficam enjoadas. Isso é, as mulheres da parte sul dos Estados Unidos. Como todas as sulistas, a Sra. Elliot desfazia-se rapidamente quando tomada pelos enjoos marítimos".

Não há nada que esse homem não saiba sobre as sulistas que viajam de barco, não senhor. Ele é um homem do mundo!

- Refira-se a uma experiência universal. Certifique-se de que todos saibam imediatamente do que você está falando. Então trate o assunto como um mistério que só os iniciados conhecem. Aqui Hemingway dá um exemplo em *Adeus às Armas*: "Tentei falar sobre a noite e sobre a diferença entre o dia e a noite, e de como a noite era melhor, a não ser que o dia estivesse muito limpo e frio, e não consegui; assim como não consigo falar agora. Mas se você já passou por isso, saberá".

E se você não passou por isso, também saberá, porque ele acabou de falar.

- Use o ponto de vista de um homem simples da terra e faça com que ele exponha sua filosofia. Lembre-se – os homens simples são diferentes de você e de mim! Não dê ao seu personagem pensamentos que você teria. Aqui está Santiago em *O Velho e o Mar*: "O peixe também é meu amigo", disse ele em voz alta. "Nunca vi ou ouvi falar de tal peixe. Mas preciso matá-lo. Fico contente que não precisamos tentar matar as estrelas. Imagine se todos os dias um homem tivesse que tentar matar a lua, ele pensou. A lua foge. Mas imagine se todos os dias um homem tivesse que tentar matar o sol? Nascemos com sorte, ele pensou".

A chave para essa técnica é imaginar que Arthur Rimbaud teve um derrame. Agora escreva um de seus poemas usando somente as poucas palavras de que ele se lembra. É assim que os camponeses pensam o tempo todo, pois estão mais próximos da poesia da terra.

QUATRO CASAMENTOS E QUATRO FUNERAIS

A primeira esposa de Hemingway, Hadley, é retratada com doçura em *Paris É uma Festa*, no qual ele faz alusões obscuras às pessoas ricas que estragaram seu amor inocente. Por pessoas ricas, entendemos que ele estava se referindo à sua rica segunda esposa, Pauline Pfeiffer. Este segundo casamento foi marcado pelo azar: Hemingway pegou carbúnculo na lua de mel, e sua obra principal no período em que estava com Pauline foi um conto intitulado "Homens sem Mulheres".

Mas Hemingway não era homem de ficar sem mulheres, então deixou Pauline e colocou a lendária jornalista Martha Gellhorn em sua cama. Ela durou alguns anos e acabou cedendo seu lugar para outra jornalista, Mary Welsh, que ficou até o fim, salva por sua boa vontade em fazer vista grossa às muitas escapadas de Hemingway com jovens.

Seu casamento só terminou com o suicídio de Hemingway. Esse suicídio já podia ser esperado havia muito tempo; não só por causa das muitas doenças mentais e físicas de Hemingway, mas porque o pai, o irmão e a irmã dele também se mataram.

	Importância	Acessibilidade	Diversão
Contos	10	10	8
Adeus às Armas	8	7	7
O Sol Também se Levanta	9	8	8
Por Quem os Sinos Dobram	6	7	7
O Velho e o Mar	7	10	4
Paris É uma Festa	5	10	10

F. SCOTT FITZGERALD (1896-1940)

Maltrapilho e cavalheiresco, mas com um talento precoce e (não diga que isso não importa) muito bonito, Fitzgerald saiu do meio-oeste americano para ir a Princeton, onde foi um grande literato do campus. Entrou na faculdade bem a tempo de não ser convocado para lutar na Primeira Guerra Mundial e conheceu e namorou a glamourosa debutante Zelda Sayre. Infelizmente, ele não estava à altura do nível financeiro dela e teve que publicar seu primeiro romance, *Este Lado do Paraíso*, antes de conseguirem noivar. O romance trouxe-lhe fama, eles se casaram, e juntos se tornaram o casal propaganda da glamourosa juventude da era do jazz. Scott bebeu, Zelda tinha problemas mentais, Scott bebeu, as finanças se tornaram um problema, eles ingressaram na turma literária de Paris, Scott bebeu, Zelda foi hospitalizada, Scott bebeu e escreveu dezenas de contos para revistas ilustres a fim de sustentá-los, reclamando de que não lhe restava tempo para suas obras importantes. No final, Scott estava acabado, contando tostões em Hollywood. Morreu, enfartado, aos 44 anos.

As pessoas acham que muitos romances são chatos porque tiveram que engoli-los no colegial. Em muitos casos, elas estão cobertas de razão. Mas essa impressão é completamente errada no caso da obra-prima de Fitzgerald, *O Grande Gatsby*. Escrito de modo peculiar, refletido e romântico, este é um "romance profiterole": um deleite para os olhos, recheado com um creme delicioso. E, não por acaso, é o romance menos autobiográfico dos quatro escritos por Fitzgerald. Conta a história de Jay Gatsby, um personagem rico e misterioso que dá grandes festas em sua propriedade em Long Island. Nick Carraway – vizinho de Gatsby e nosso narrador – acaba por descobrir que, em vez de ser o patrício heroico que alega, ele é na verdade Jay Gatz, um zé-ninguém, vindo de lugar nenhum, que fez fortuna com contrabando. Com seu dinheiro e suas camisas chiques, ele espera conquistar a bela Daisy Buchanan, uma nativa verdadeira, que já é casada e é tão fútil quanto possível. Vários enredos bem desenvolvidos sucedem-se rapidamente, envolvendo casos amorosos, o desmascaramento do mau caráter dos ricos, um grande par de óculos que simbolicamente veem tudo e um trágico acidente de carro que leva Gatsby à morte. Desiludido, Nick abandona as classes mais altas para definhar em Long Island, e as classes altas não percebem, pois são diferentes de nós.

Nenhum dos outros romances de Fitzgerald oferece a mistura perfeita de arte, espirituosidade e frivolidades que encontramos em *Gatsby*. Aqui vai um resumo geral do restante de suas obras:

Este Lado do Paraíso

Um jovem glamouroso e idealista do meio-oeste sai pelo mundo, é rejeitado por uma bela garota, fica desiludido e bebe.

Belos e Condenados

Um jovem glamouroso e bem-nascido espera pela herança, desperdiça sua vida, casa, cai na dissolução com sua esposa e bebe.

Suave É a Noite

Um psiquiatra glamouroso se muda para o sul da França com sua já insana esposa, tem um caso, perde a esposa, desespera-se e bebe.

O Último Magnata

Um produtor de filmes glamouroso se apaixona por uma figurante. O livro não foi terminado; pode-se imaginar que, caso fosse, o personagem ficaria desiludido e beberia.

Os contos de Fitzgerald vão do "tolo, feito puramente para pagar o aluguel", às pequenas joias engenhosas. Às vezes, alguns dos contos mais tolos são maravilhosamente interessantes; falam sobre a parte de sua autobiografia em que um jovem conhece uma jovem em meio ao brilho e ao desencantamento da era do jazz. O mais famoso desses é "Diamante do Tamanho do Ritz", no qual o herói é transportado à luxuosa morada secreta da família que possui o tal diamante. As últimas obras de Fitzgerald, *As Histórias de Pat Hobby*, são uma série engraçada, inteligente e infeliz sobre um roteirista pinguço que tenta ganhar a vida em Hollywood, escrita na época em que essa descrição servia como uma luva em Fitzgerald.

	Importância	Acessibilidade	Diversão
Este Lado do Paraíso	5	9	7
Belos e Condenados	5	8	6
O Grande Gatsby	10	7	10
Suave É a Noite	8	6	7
O Último Magnata	5	9	8
As Histórias de Pat Hobby	4	10	9

WILLIAM FAULKNER (1897-1962)

Faulkner é o maior expoente do gótico sulista. Seus personagens são pessoas arruinadas, assombradas, condenadas pelo pecado original da escravatura, deprimidas por terem perdido a Guerra Civil, e envergonhadas pelo fato de a tia Rose ter fugido com um caixeiro-viajante. Todos os contos de Faulkner são sobre esse sul condenado, e todas as coisas desagradáveis que acontecem com seus personagens – até mesmo as cáries – são colhidas daquilo que foi plantado pela guerra entre os estados.

Por vezes seu estilo é muito simples. Em livros como *Luz em Agosto*, encontramos um fluxo livre de prosa parecido com o de Hemingway. Somente algumas imagens barrocas flutuam nesse fluxo, como um manequim descartado da loja como tralha inútil. Muitas obras suas também usam a técnica da corrente de consciência, principalmente *Enquanto Agonizo*, na qual o ponto de vista circula entre uma série de personagens e cada capítulo leva o nome da corrente de consciência correspondente. Nesse livro, Faulkner funde o lirismo moderno com dialetos interioranos, passando por frases que vão desde o "Num tinha mais nada que fazer" até o "Contra o escuro corredor ele parecia materializar-se das trevas, inclinar-se como um cavalo de corrida em roupas de baixo no resplendor inicial".

Outros romances – principalmente *Absalão, Absalão* – são escritos em um estilo muito modernista caracterizado pela complexidade sintática, pelos arroubos góticos e pelo vocabulário antiquado, o que às vezes passa do limite e entra no campo da mais pura bagunça. Em sua paixão por empilhar adjetivos, ele acaba caindo em redundâncias como "recalcitrância teimosa" e "estupefação incrédula". Quando lemos: "Qual criatura no sul desde 1861, negro homem mulher ou mula, teve tempo ou oportunidade não somente para ser jovem, mas até para saber o que era ser jovem", ficamos divididos entre a pena pelas mulas que tiveram a infância roubada e ficamos a imaginar os negros do Mississippi, que, aparentemente, não eram homens nem mulheres. Um dos personagens diz com inocência que não precisa de luz elétrica para ler uma carta antiga. Seu pai responde: "Talvez você esteja certo; talvez até mesmo a luz do dia, para não dizer essa invenção que o homem teve que criar por necessidade agora que, aliviado do ônus de suar para viver, aparentemente regride (ou evolui) à condição de animal noturno, seria demais para lê-la".

Se você suspender sua estupefação incrédula, esse estilo pode ser muito gratificante, permitindo que Faulkner mantenha um emocionalismo quase histérico através de uma série de acontecimentos completamente improváveis. Mas os leitores – e os aclamadores – tendem a gravitar em direção àqueles romances de Faulkner que aliviam esse estilo com passagens mais simples, como *Enquanto Agonizo* e *O Som e a Fúria*.

Sob pilhas de adjetivos, todos os seus romances são um engraçado espetáculo de aberrações. Irmãos idiotas aparecem várias vezes, assim como mulheres degradadas e homens que guardam um segredo de família – um avô negro, por exemplo. *Santuário* inclui um estupro com uma espiga de milho, assassinato e escravidão sexual; *Luz de Agosto* tem contrabando, assassinato, incêndio criminoso e castração. Há então a trilogia dos Snopes, *O Povoado*, *A Cidade* e *A Mansão*, que mostra a ascensão da maligna e esquálida família Snope na cidade de Jefferson. Só o primeiro romance já nos brinda com um incêndio criminoso, bigamia, prostituição e um filho deficiente mental que se apaixona por uma vaca.

Um aviso final para o leitor: nenhum dos personagens de Faulkner jamais teve um momento de felicidade. Se eles gargalham, é a gargalhada forçada e histérica dos condenados. Eles não têm lembranças felizes nem esperanças. Se eles se divertem com alguma coisa, é sempre com algo obscuro, encoberto pelo tabu, provavelmente envolvendo o sexo com um vegetal ou com um animal de fazenda. Eles vão pagar por isso, seja com sangue, seja vivendo sob o medo da excomunhão de todos os negros homens mulheres e mulas. Em alguns casos, a família pode optar pela castração. Quando morrem, seu luto se resume a nada, ou dura pelo resto de sua vida de solteirona amargurada. Se Adorno disse a famosa frase "Não há mais poesia depois de Dachau", a frase de Faulkner era "Depois da escravidão, a forca". E outra: mesmo que em sua visão política explícita Faulkner fosse antirracista, em sua ficção ele geralmente canaliza mediunicamente as suposições racistas de sua terra natal. Não somente usa termos pejorativos como também incorpora ocultamente as crenças racistas, página após página.

	Importância	Acessibilidade	Diversão
Enquanto Agonizo	9	5	9
O Som e a Fúria	9	3	7
Absalão, Absalão	6	1	7
Luz de Agosto	6	6	7
Trilogia Snopes	6	2	6

CAPÍTULO 14

CONCLUSÃO:
ALÉM DA LITERATURA OCIDENTAL

É claro que a história da literatura evoluiu muito desde a época de William Faulkner. Às vezes ela se move em círculos, às vezes nos leva até o oceano e anda sobre as águas, outras vezes vai da cama para a geladeira e de volta para a cama. A grande conclusão é que, apesar da forte determinação de produzirem formas novas e radicais, os escritores vêm reproduzindo formas criadas e aperfeiçoadas em séculos anteriores – mas acrescentando gírias contemporâneas e personagens negros pensantes.

Isso não impediu os críticos e os escritores de anunciarem novas revoluções literárias a intervalos de alguns anos. O romance pós-moderno foi elogiado como uma expressão atual da fragmentação da consciência do século XX, apesar de ter suas origens no século XVIII. Alguns vanguardistas posaram de rebeldes usando "apropriações" – citações longas e sem os devidos créditos a outros escritores, misturadas ao seu próprio texto. Essa técnica foi atacada, chamada de plágio puro e simples – assim como foi quando Ben Jonson e Lawrence Sterne perpetraram a mesma coisa centenas de anos atrás. Autores que se apresentam como personagens em suas próprias obras (como fez Chaucer) são tratados como intrépidos rebeldes. Uma mudança muito discutida é o fim do público leitor de poesias, outrora uma forma muito popular. Mas quase todos ainda consomem as poesias na forma de letras de músicas – assim como as pessoas faziam na Grécia antiga. Na verdade, a maior diferença entre essas formas antigas e suas versões contemporâneas é que, quando elas surgiram antigamente, ninguém as chamava de novas.

Um desenvolvimento mais alarmante – e convincente – é o coro que se junta para proclamar a morte da literatura. De acordo com essa tese, não é só a poesia que está morrendo. Também estamos assistindo ao fim do romance. Enquanto isso, o teatro sério tem sido obrigado a se apresentar em locais tão pequenos que seriam considerados desumanos se o público fosse composto de vacas e não de amigos dos atores. Realmente, à nossa volta, temos várias provas de que as horas que os jovens outrora dedicavam à leitura são agora dedicadas aos jogos de computador, ao Facebook, aos esportes radicais mais recentes (parkour, BMX, traje planador) e às amizades indesejadas. Parece mesmo que os nossos netos não conseguirão apreciar as sutilezas de um Flaubert e de um Cervantes, ainda que consigam pular de uma escada de incêndio para um avião em voo rasante.

Algumas pessoas negam essas mudanças, alegando que o prazer de um bom livro sempre estará entre nós. Bem, foi isso que disseram sobre a varíola e sobre Kahlil Gibran. E não se devem ouvir essas pessoas, porque elas são chatas. Em vez disso, ouça a mim, que vou entretê-lo com besteiras divertidas e aterrorizantes.

Então aqui estamos nós, no mundo pós-literatura. (Finja que estamos no mundo pós-literatura. Obrigada.) Neste reino além da imaginação, as pessoas perderam a capacidade de usar o pensamento crítico, de sentir empatia e de mastigar com a boca fechada. Pode-se conseguir um diploma de professor sem saber ler. Todos falam em monossílabos, e sua ideia de presença de espírito é usar a palavra "pwn"* em lugares onde ela não se encaixa. Se você perguntar para um amigo "Mas o que tudo isso significa?", ele só conseguirá, de má vontade, lhe oferecer um salgadinho. Todas as mulheres, mesmo as gordas e baixinhas, usam leggings. E Kahlil

---

* Gíria da internet usada no contexto da língua inglesa, derivada de um erro de ortografia do jogo *WarCraft*, em que o verbo *own* "dominar" apareceu escrito "pwn". (N. T.)

Gibran está de volta. Para danar tudo de vez, só falta voltar a varíola. E já voltou. Epidêmica.

Felizmente, ainda faltam muitos anos para esse mundo de pesadelo chegar. A literatura está aguentando firme, e somos todos livres para desfrutar desses maravilhosos artefatos de genialidade, contanto que permaneçamos dentro de uma área designada. Ao terminar esta viagem, vamos reservar um momento para apreciar as grandes conquistas sociais desses autores. Menos de cem anos depois de *Ulisses* ser proibido por corromper a moral pública, agora o livro é ensinado nas escolas e a moral pública foi para o lixo. Graças ao trabalho dos grandes romancistas, as pessoas agora são totalmente conscientes de seus sentimentos – e todos em torno deles são conscientes de que elas são conscientes de seus sentimentos, por mais que todos tentem escapar disso. Ainda assim, a literatura continua sendo o melhor modo de as pessoas inteligentes se divertirem sem acabar sob o jugo de companhias indesejadas ou tendo de cuidar de um bebê. Para terminar, a varíola foi erradicada, e que ninguém tente me dizer que isso é só uma coincidência.

Espero que este livro tenha lhe dado novas e incríveis percepções sobre essa grande tradição. Espero que tenha lhe dado vontade de ler alguns dos livros descritos aqui, e que você tenha se divertido com ele. Se nada disso aconteceu, o mínimo que posso fazer é poupá-lo de perder ainda mais tempo; por isso, vou escrever eu mesma um comentário negativo para você copiar e colar no site da Amazon. Aqui está:

"Esse livro chegou depois de CINCO SEMANAS (!!!!) que pedi, com metade das páginas destruídas e com manchas de água que parece estarem criando mofo. (ECA!) Além disso ele não me deu boas ideias sobre nenhuma grande tradição, não me deu vontade de ler nenhum dos livros descritos e eu não me diverti com ele. E, no fim, varíola! Muito obrigada, Amazon!"

Linha do Tempo

**Grandes Momentos na
História da Literatura Ocidental**

A Vida dos Grandes Escritores

LINHA DO TEMPO: GRANDES MOMENTOS NA HISTÓRIA DA LITERATURA OCIDENTAL

1200–1 a.C.

1150–850 a.C.: PROVAVELMENTE NASCE HOMERO, PROVAVELMENTE ESCREVE ALGUNS POEMAS, TALVEZ TENHA EXISTIDO MESMO!

Homero
Safo (FIM SÉC. VII–COMEÇO SÉC. VI a.C.)

ANOS DE GLÓRIA DA TRAGÉDIA GREGA:

Ésquilo (525–456 a.C.)
Sófocles (496–406 a.C.)
Eurípides (480–406 a.C.)

A COMÉDIA ANTIGA NÃO É ENGRAÇADA

Aristófanes (446–386 a.C.)

A COMÉDIA MÉDIA TAMBÉM NÃO É ENGRAÇADA

A COMÉDIA NOVA TAMBÉM NÃO É ENGRAÇADA

ROMA SE TRANSFORMA EM IMPÉRIO (27 a.C.)
Virgílio (70–19 a.C.)
Ovídio (43 a.C.–17)
Horácio (65–8 a.C.)

1–900 APROXIMADAMENTE

O IMPÉRIO ROMANO SE TRANSFORMA EM UMA VERGONHOSA BAGUNÇA (37–177)

Santo Agostinho (354–430)

SÉCULO V: QUEDA DE ROMA, VIVA! (476)

Beowulf (700–900)

1200–1400 APROXIMADAMENTE

IDADE MÉDIA EM ALGUM LUGAR POR AQUI, ENTRE ISSO E AQUILO

A Canção de Rolando (MEADOS DO SÉC. XII)
Dante vai para o inferno (1300)
Petrarca (1304–1374)
Boccaccio (1313–1375)

| LINHA DO TEMPO: |
| GRANDES MOMENTOS NA HISTÓRIA DA LITERATURA OCIDENTAL |

CHAUCER (1343–1400) ESCREVE *OS CONTOS DA CANTUÁRIA*, O PRIMEIRO LIVRO A SER CHAMADO DE PRIMEIRO ROMANCE SEM TÊ-LO SIDO

1500–1600 APROXIMADAMENTE

AUGE DA RENASCENÇA (QUE SIGNIFICA "RE-NASCIMENTO" OU "VOLTA DOS MORTOS-VIVOS" EM FRANCÊS) (1525)

> *Zumbis aterrorizam a Europa*
> *Rabelais (1494–1553) causa náuseas na Europa*
> *Pulemos um monte de coisas aqui, passando direto*
> *1600: Shakespeare! Agora sim!*
> *John Donne (1572–1631)*

1600–1700 APROXIMADAMENTE

1616: SHAKESPEARE E CERVANTES MORREM NO MESMO DIA, PROVAVELMENTE POR CAUSA DO CIGARRO

> *John Bunyan (1628–1688)*
> *Molière (1622–1673)*

1649: REVOLUÇÃO INGLESA, REI SÓRDIDO DECAPITADO, VIVA!

> *Infelizmente isso culmina em Milton (1608–1674)*

1660: REI VOLTA, TUDO É PERDOADO

> *Isso lamentavelmente resulta em John Dryden (1631–1700)*
> *Alexander Pope (1688–1744)*
> *Daniel Defoe (1660–1731)*
> *Jonathan Swift (1667–1745)*

1700–1800 APROXIMADAMENTE

SÉCULO XVIII: VOLTAIRE, ROUSSEAU, TODA A PARAFERNÁLIA DO ILUMINISMO QUE FOI A CAUSA DOS ESTADOS UNIDOS (OBRIGADA, ATEUS FRANCESES!)

MUITOS OUTROS LIVROS CHAMADOS DE "O PRIMEIRO ROMANCE": *PAMELA, ROBINSON CRUSOÉ, AS VIAGENS DE GULLIVER*

**LINHA DO TEMPO:
GRANDES MOMENTOS NA HISTÓRIA DA LITERATURA OCIDENTAL**

FIM DO SÉCULO XVIII: SURGEM OS POETAS ROMÂNTICOS

William Blake (1757–1827)
Lorde Byron (1788–1824)
Percy Bysshe Shelley (1792–1822)
John Keats (1795–1821)

POR VOLTA DE 1820: OS POETAS ROMÂNTICOS SIMPLESMENTE SE RECUSAM A ARRUMAR UM EMPREGO

Deus os extermina (1821–1827)
Johann Wolfgang von Goethe (1749–1832)
Henry David Thoreau (1817–1862)
Walt Whitman (1819–1892)
Emily Dickinson (1830–1886)
Nesta época, as Brontë não conseguiam fazer sexo (1834–1849)

1836: PRIMEIRO ROMANCE DE DICKENS, O ÚLTIMO HOMEM A ESCREVER UM ROMANCE DE 700 PÁGINAS TODO ANO SEM SER VICIADO EM COCAÍNA

O REALISMO CHEGA À FRANÇA E SE TORNA EXPLÍCITO DEMAIS (POR VOLTA DE 1840)

1856: *Apesar disso,* Madame Bovary *é muito bom*

O REALISMO CHEGA À RÚSSIA, SOCORRO! (POR VOLTA DE 1860)

1866: *Tipo,* Crime e Castigo, *entende o que quero dizer?*
1891: *Melville morre esquecido*
1899: Moby Dick *é lido do começo ao fim pela primeira vez*

1900–2000 APROXIMADAMENTE

1900: O SÉCULO XX DÁ AOS ESCRITORES UMA DESCULPA PARA PARAREM DE FAZER SENTIDO

1922: *ULISSES* REALMENTE NÃO FAZ SENTIDO ALGUM

1922–1950: OS ESCRITORES LUTAM PARA FAZER AINDA MENOS SENTIDO DO QUE *ULISSES*

**LINHA DO TEMPO:
GRANDES MOMENTOS NA HISTÓRIA DA LITERATURA OCIDENTAL**

MEADOS DA DÉCADA DE 1920: HEMINGWAY E FITZGERALD: "OLHEM PARA MIM, EU MORO EM PARIS"

1962: HEROICAMENTE, FAULKNER MORRE DE OUTRA COISA QUE NÃO O ALCOOLISMO

2000–INFINITO

1960–2020: A TELEVISÃO, A PROPAGANDA, A INTERNET E A INVENÇÃO DA MARGARITA PERFEITA ENFRAQUECEM O CARÁTER HUMANO

2045: MORRE A ÚLTIMA PESSOA CAPAZ DE VOTAR COM RESPONSABILIDADE

2065: ASCENSÃO DOS HÍBRIDOS ENTRE O HOMEM E O JUMENTO

2070–INFINITO: UTOPIA

LINHA DO TEMPO: A VIDA DOS GRANDES ESCRITORES

GRÉCIA

Homero (TALVEZ SÉC. VIII a.C.)
Hesíodo (SÉCULO VII a.C., provavelmente)
Safo (FIM SÉC. VII a.C.–COMEÇO SÉC. VI a.C.)
Píndaro (FIM SÉC. VI a. C.–MEADOS SÉC. V a.C.)
Ésquilo (525–456 a.C.)
Sófocles (496–406 a.C.)
Eurípides (480–406 a.C.)
Aristófanes (446–386 a.C.)
Menandro (342–291 a.C.)

ROMA

Catulo, Inventor da Namorada (84–54 a.C.)
Virgílio (70–19 a.C.)
Ovídio (43 a.C.–17)
Horácio (65–8 a.C.)
Marcial (42–102)
Juvenal (60–140)
Lucano (39–65)
Sêneca (4–65)
Luciano (125–180)
Santo Agostinho (354–430)

IDADE MÉDIA

Beowulf (APROXIMADAMENTE 700–900)
A Canção de Rolando (MEADOS DO SÉC. XII)
A febre de Artur começa no COMEÇO DO SÉC. XII
e continua por uns duzentos anos
Gawain (FIM DO SÉC. XIV)
Abelardo & Heloísa, DO FIM DO SÉC. XI (ele) ao começo do SÉC. XII
Romance da Rosa (SÉC. XIII)
Chaucer (1343–1400)
Gawain (FIM DO SÉC. XIV)
Dante (1265–1321)

A RENASCENÇA

Petrarca (1304–1374)
Boccaccio (1313–1375)

LINHA DO TEMPO: A VIDA DOS GRANDES ESCRITORES

Benvenuto Cellini (1500–1571)
François Villon (1431–DEPOIS DE 1463)
François Rabelais (1494–1553)
Michel de Montaigne (1533–1592)
Miguel de Cervantes Saavedra (1547–1616)
Christopher Marlowe (1564–1593)
Sir Thomas Wyatt (1503–1542)
Sir Philip Sidney (1554–1586)
Sir Walter Raleigh (1552–1618)
Edmund Spenser (1552–1599)
William Shakespeare (1564–1616)
Ben Jonson (1572–1637)

OS PURITANOS

Robert Herrick (1591–1674)
Richard Lovelace (1618–1657)
Sir John Suckling (1609–1642)
Thomas Carew (1595–1640)
John Donne (1572–1631)
George Herbert (1593–1633)
Henry Vaughan (1622–1695)
Abraham Cowley (1618–1667)
Richard Crashaw (1612–1649)
Andrew Marvell (1621–1678)
John Bunyan (1628–1688)
John Milton (1608–1674)
Hudibras *de Samuel Butler* (1663–1678)
A Anatomia da Melancolia *de Sir Robert Burton* (1621)
O Pescador Completo *de Izaak Walton* (1653–1676)

O FUNDO DO POÇO

Samuel Pepys (1633–1703)
John Dryden (1631–1700)
A Mulher do Campo *de Wycherley* (1675)
Assim É o Mundo *de Congreve* (1700)
Tudo por Amor *de Dryden* (1678)
Rei Lear *de Nahum Tate* (1681)
Veneza Preservada *de Thomas Otway* (1682)

Aphra Benh (1640–1689)
John Wilmot, Conde de Rochester (1647–1680)
Madame de La Fayette (1634–1693)
Molière (1622–1673)
Corneille (1606–1684)
Racine (1639–1699)
La Fontaine (1621–1695)
Mme. de Sévigné (1626–1696)

A ERA DA RAZÃO

Alexander Pope (1688–1744)
Joseph Addison (1672–1719)
Richard Steele (1672–1729)
Daniel Defoe (1660–1731)
Samuel Richardson (1689–1761)
Henry Fielding (1707–1754)
Samuel Johnson (1709–1784)
James Boswell (1740–1795)
Jonathan Swift (1667–1745)
Laurence Sterne (1713–1768)
Thomas Gray (1716–1771)
Frances Burney (1752–1840)
Oliver Goldsmith (1730–1774)
Voltaire (François Marie Arouet) (1694–1778)
Denis Diderot (1713–1784)
Choderlos de Laclos (1741–1803)
Jean-Jacques Rousseau (1712–1778)
Marquês de Sade (1740–1814)

OS ROMÂNTICOS

Robert Burns (1759–1796)
William Blake (1757–1827)
William Wordsworth (1770–1850)
Samuel Taylor Coleridge (1772–1834)
Robert Southey (1774–1843)
Lorde Byron (1788–1824)
Percy Bysshe Shelley (1792–1822)
Mary Shelley (1797–1851)

LINHA DO TEMPO: A VIDA DOS GRANDES ESCRITORES

John Keats (1795–1821)
Johann Wolfgang von Goethe (1749–1832)
Alexander Pushkin (1799–1837)
Alfred Tennyson (1809–1892)
Robert Browning (1812–1889)
Sir Walter Scott (1771–1832)
Victor Hugo (1802–1885)
Alexandre Dumas, pai (1802–1870) e filho (1824–1895)

OS ESTADOS UNIDOS

Washington Irving (1783–1859)
Ralph Waldo Emerson (1803–1882)
Henry David Thoreau (1817–1862)
Edgar Allan Poe (1809–1849)
Walt Whitman (1819–1892)
Emily Dickinson (1830–1886)
Nathaniel Hawthorne (1804–1864)
Herman Melville (1819–1891)
Mark Twain (Samuel Langhorne Clemens) (1835–1910)
Stephen Crane (1871–1900)

BELO REALISMO

Jane Austen (1775–1817)
Charlotte (1816–1855), *Emily* (1818–1848) e *Anne* (1820–1849) *Brontë*
Charles Dickens (1812–1870)
William Makepeace Thackeray (1811–1863)
Thomas Hardy (1840–1928)
Rudyard Kipling (1865–1936)
Oscar Wilde (1854–1900)
Edith Wharton (1862–1937)
D. H. Lawrence (1885–1930)

REALISMO INCÔMODO

Stendhal (Marie-Henri Beyle) (1783–1842)
Honoré de Balzac (1799–1850)
Gustave Flaubert (1821–1880)
Émile Zola (1840–1902)

Joseph Conrad (Józef Teodor Konrad Korzeniowski) (1857–1924)
Nikolai Gogol (1809–1852)
Leon Tolstoi (1828–1910)
Fiódor Dostoievski (1821–1881)
Henrik Ibsen (1828–1906)
August Strindberg (1849–1912)
Anton Tchekhov (1860–1904)

O CONFUSO SÉCULO XX

Charles Baudelaire (1821–1867)
Arthur Rimbaud (1854–1891)
Comte de Lautrèamont (1846–1870)
Gerard Nerval (1808–1855)
Tristan Corbière (1845–1875)
Paul Verlaine (1844–1896)
Jules Laforgue (1860–1887)
Stephane Mallarmé (1842–1898)
Alexander Blok (1880–1921)
Guillaume Apollinaire (1880–1918)
William Butler Yeats (1865–1939)
Henry James (1843–1916)
Gertrude Stein (1874–1946)
Franz Kafka (1883–1924)
T. S. Eliot (1888–1965)
William Carlos Williams (1883–1963)
Ezra Pound (1885–1972)
James Joyce (1882–1941)
Marcel Proust (1871–1922)
Virginia Woolf (1882–1941)
Ernest Hemingway (1899–1961)
F. Scott Fitzgerald (1896–1940)
William Faulkner (1897–1962)

Impressão e acabamento:

tel.: 25226368